本书为河南省社会科学院区域经济重点学科重点著作
本书获河南省社会科学院出版资助

中原经济区研究

主　编　喻新安
副主编　陈明星
　　　　王建国
　　　　郭小燕

河南人民出版社

图书在版编目(CIP)数据

中原经济区研究/喻新安主编. —郑州:河南人民出版社,2010.12
ISBN 978-7-215-07456-9

Ⅰ.①中… Ⅱ.①喻… Ⅲ.①地区经济—经济发展—研究—河南省 Ⅳ.①F127.61

中国版本图书馆 CIP 数据核字(2010)第 263285 号

河南人民出版社出版发行
(地址:郑州市经五路66号 邮政编码:450002 电话:65788050)
新华书店经销 河南省瑞光印务股份有限公司印刷
开本 710 毫米×1000 毫米 1/16 印张 27
字数 460 千字
2010 年 12 月第 1 版 2010 年 12 月第 1 次印刷

定价:70.00 元

序　言

王梦奎

　　历届河南省委、省政府领导都殚精竭虑，谋划河南发展，在不同时期提出过振兴河南经济的思路和规划，都有进展。现在提出建设中原经济区的战略构想和发展纲要，是河南发展战略的进一步丰富和完善。我看了几份专题研究报告和发展纲要草案，觉得这是很有价值的前期研究和准备工作，提出的发展思路，反映了积极进取的精神，对河南省和整个中原地区的发展具有重要的战略意义。

　　5年前，2005年11月2日，在编制"十一五"规划的时候，我在郑州说过，"河南是中国的缩影，好比负载沉重的大船，启动起来很不容易。现在这艘大船启动起来了，并且在快速前进"。"十一五"以来河南有了更大的发展，现在和全国一样，处在可以大有作为的战略机遇期。我相信，通过实施中原经济区的发展规划，河南这艘已经启动的大船，一定能够更好更快地前进。

　　2010年9月初，河南省委宣传部副部长赖谦进同志和河南省社会科学院副院长喻新安同志，到北京向我介绍河南省谋划中原经济区的情况，邀我参加9月5日由国务院发展研究中心和河南省委宣传部联合举办的"中原经济区发展战略座谈会"，并留下喻新安同志参与完成的《中原崛起若干重大问题研究报告》和省发改委草拟的《河南省建设中原经济区初步设想》，征求我的意见。他们说，省委书记卢展工同志也要出席座谈会，这两份材料将提交座谈会讨论参考。我很愉快地答应了,但那天我和展工同志都因为参加中央十七届五中全会关于制定"十二五"规划建议起草组的会议而未能出席这个座谈会。展工同志当面向我说了关于提出中原经济区建设的由来和他的设想,我很受启发。过了不久,9月18日,中国国际经济交流中心和北京大学又在北京联合举办"建设中原经济区高层研讨会",我在会上讲了我的一些想法。会后我看到,河南有关媒体摘发了我发言的内容,加了一个很"抢眼"的标题:《纳入国家总体战略,一条理由足够》,尽管不大全面和准确,但大体反映了我的观点。

《中原经济区研究》一书即将出版,作者要我为之作序。我感到盛情难却,也义不容辞。这是一份大型的综合性的研究报告,据我见闻所及,也是"前无古人"的,有开创之功,对中原经济区建设将会产生积极的促进作用。我对中原经济区建设没有更多新的见解,愿把我在研讨会上说过的话再加陈述,以表达对中原经济区建设的献芹之诚,对《中原经济区研究》出版的祝贺,并求教于本书的广大读者。

国家正在编制"十二五"规划。我完全赞成把中原经济区建设作为国家区域发展总体战略的一个有机组成部分,列入"十二五"规划,在资金、项目和政策方面给予支持。这不仅有利于河南和中原地区的发展,也有利于整个国家发展的全局,中原经济区的发展不是一个地区性、局部性的问题,而是一个带战略性的全局问题。研究报告和纲要就中原地区发展的战略意义、区位优势、基础条件提出许多理由,都是有根据的,我都赞成。河南有1亿人口,包括和河南接壤的其他省的部分地区,整个中原地区有更多人口,这一点分量已经够重了,在现阶段国家发展战略中是应该占有相当地位的。

我从研究问题和完善中原经济区规划的角度,提几点建议。这些都不是什么高深之论,在河南关于中原经济区的研究和规划中,想必早已注意到了。我当时提的建议,有些或许已经被采纳。这当然都是我乐于看到的。

第一点,要注重提高经济增长质量和转变发展方式。现在,从增长速度、经济总量这些反映经济数量方面的指标看,河南经济的表现都比较好,增长速度高于全国,但经济增长质量和发展水平方面,河南还有比较大的差距。例如三产比重、城市化水平、研发经费占国内生产总值的比重、科技队伍和教育水平、城乡居民收入增长等方面,差距都比较明显。按照现在的规划,有的到 2015 年还达不到目前全国的平均水平,因为过去基础比较差。河南经济增长速度高于全国平均水平,而经济增长质量和发展水平提高的速度低于全国平均水平,这说明河南还处在粗放的、比较低的发展阶段。这也是全国性的问题,河南在这些方面更加突出。我希望中原经济区的发展规划和建设,要把提高经济增长质量、转变发展方式放在更加重要的位置。

第二点,关于指标设置。建设中原经济区纲要草案提出的许多奋斗目标,都是积极的,鼓舞人心的,大多也是可行的。也有一些指标,还可以再加斟酌。例如,"提前 1—2 年实现全面建设小康社会的奋斗目标",我以为不必这样提。2020 年能够实现全面建设小康社会的目标,就是河南对中国现代化的重大贡献了。我不是拖后腿,是觉得这样提没有什么意义,实践中还可能产生简单追求指标的偏差。20 世纪 80 年代提出"三步走"发展战略,2000 年实现小康,邓小平只说过人均 800 美元。2000 年这个目标达到了,但从实际经济发展水平和人民生活看,发现这样的小康还是低水平的、不全面的、发展很不平衡的,这不奇怪,不论是小康还是现代化,都有一个从低到高的发展过程。所以,党的十六大提出全面建设小康社会,21 世纪头 20 年还是建设小康社会,这样的战略口号巧妙地实现了"三步走"战略第二步和第三步的衔接。全面建设小康社会,中央提的具体指标只有一个,就是人均 GDP 翻两番,当然由此可以推算出经济增长速度。国家统计局设计出建设小康社会进程的监测指标,是有意义的,但不必把它当成一个很精确的标准。小康社会和现代化一样,反映的都是社会经济发展的总体水平和状态,要从比较长的时间来观察和判定,有些方面也是不容易量化的,比如政治建设、经济体制、社会和谐,提前 1—2 年实现不好说。实际上,一些发展水平比河南高得多的地方,例如上海和北京,现在已经高于全国 2020 年预期水平,并没有宣布哪一年提前实现了全面小康。河南不必根据某几个指标,提出提前 1—2 年实现 2020 年全面建设小康社会的目标,何况届时河南可能还会有一些反映经济增长质量和发展水平的指标低于全国平均数。

发展指标有总量和人均。总量和人均都有意义,总量往往可以反映实力,人均往往可以反映富裕程度。我建议,中原经济区建设规划目标的设置,不仅要讲总量,也要注重人均。河南经济总量全国第五,当然可以自豪,但河南有1亿人口,有的省只有几百万人口,不好比。河南人口占全国1/13,经济总量占全国1/17。中国在全世界的位置也是这样,中国经济总量世界第二,占世界不到10%,但人口占20%以上。这样才能看到差距。

第三点,要强调改革经济体制,强化区域经济功能。提出和建设中原经济区,要发挥我们决策高效、组织有力、集中力量办大事的制度优势,但一定要注重企业和市场的作用。这样才能真正成为经济区。关于中原经济区所涵盖的范围,我主张区分广义中原经济区和狭义中原经济区。狭义的中原经济区就是河南省;广义的中原经济区要延及河南周边地区,但河南是大块头,是主导。中原经济区延及周边省份接壤地区,行政互不隶属,也不可能只靠行政手段。河南和周边接壤地区双方发展水平都比较差,经济协作关系没有密切到应有的程度,几次跨省的经济协作,例如20世纪80年代搞的晋冀鲁豫和豫皖苏鲁经济协作,成就都不理想,除自然条件限制外,恐怕和经济管理体制的缺点有很大关系,行政区域、行政主导阻断了地区之间市场的内在联系。在市场经济条件下,经济联系本质上是横向的。不论在省际和省内,都要充分发挥企业和市场的作用,打破行政区划界限和市场分割,使经济活动真正渗透并联为一体。我认为,这对于中原经济区的建设至关重要。

最近得到的好消息是,中原经济区建设在河南已经进入具体实施阶段,国务院有关部门也在积极推动把中原经济区建设列入国家"十二五"规划。我衷心祝愿中原经济区建设取得预期成功,祝愿中原地区经济繁荣和人民幸福。

2010年12月15日

目 录

引 言 ……………………………………………………………… 1

第一章 导论 ……………………………………………………… 9
    一、区域布局与区域发展战略理论阐释 ……………………… 9
    二、经济区的设立与中国区域发展新阶段 …………………… 13
    三、经济区的设立与中国区域关系的优化 …………………… 19
    四、经济区的设立与中国内地经济增长极形成 ……………… 29

第二章 建设中原经济区的时代背景 …………………………… 40
    一、转型发展与全面建设小康社会 …………………………… 40
    二、全国区域布局的优化与完善 ……………………………… 45
    三、中原崛起的历史进程与现状分析 ………………………… 49
    四、中原崛起的新形势与新使命 ……………………………… 55

第三章 国内经济区建设的经验借鉴 …………………………… 61
    一、海峡西岸经济区 …………………………………………… 61
    二、关中—天水经济区 ………………………………………… 64
    三、沈阳经济区 ………………………………………………… 66
    四、黄河三角洲高效生态经济区 ……………………………… 68
    五、鄱阳湖生态经济区 ………………………………………… 69

六、北部湾经济区……………………………………………… 71
　　七、成渝经济区………………………………………………… 74
　　八、晋陕豫黄河"金三角"区域协调发展综合试验区………… 75
　　九、各经济区建设的经验借鉴………………………………… 79

第四章　中原的历史变迁与区域界定……………………………… 83
　　一、中原的概念………………………………………………… 83
　　二、中原历史文化传承………………………………………… 86
　　三、中原历史地理沿革………………………………………… 97
　　四、中原地理区域的界定……………………………………… 101

第五章　中原经济区的内涵特征及构建条件……………………… 103
　　一、经济区与行政区的区别…………………………………… 103
　　二、对构建中原经济区的基本认识…………………………… 106
　　三、中原经济区的空间范围及内涵…………………………… 114
　　四、中原经济区的基本特征及其构建基础…………………… 121

第六章　建设中原经济区的重要意义……………………………… 125
　　一、有利于国家区域经济布局的进一步完善………………… 125
　　二、有利于国家统筹协调梯次推进发展重大战略的实施…… 129
　　三、有利于国家在中部地区形成新的经济增长板块………… 133
　　四、有利于河南在全国经济发展大局中发挥自身优势和
　　　　明晰发展定位………………………………………………… 137
　　五、有利于坚持走一条不以牺牲农业和粮食、生态和环境
　　　　为代价的"三化"协调发展路子…………………………… 142
　　六、有利于遵循经济发展规律特别是区域经济发展规律,加快经济
　　　　发展方式转变………………………………………………… 145

第七章 建设中原经济区的SWOT分析 …… 149

- 一、建设中原经济区的优势 …… 149
- 二、建设中原经济区的劣势 …… 157
- 三、建设中原经济区的机遇 …… 165
- 四、建设中原经济区的挑战 …… 171

第八章 建设中原经济区的目标定位和基本路径 …… 177

- 一、中原经济区的建设思路和目标要求 …… 177
- 二、中原经济区在全国发展大局中的战略定位 …… 184
- 三、中原经济区的发展布局 …… 189
- 四、构建中原经济区的基本路径 …… 197

第九章 河南省建设中原经济区的战略支撑 …… 201

- 一、坚持科教强省战略 …… 201
- 二、坚持文化强省战略 …… 207
- 三、坚持人才强省战略 …… 213
- 四、坚持开放强省战略 …… 219

第十章 河南省建设中原经济区的战略任务 …… 225

- 一、坚持不以牺牲粮食、农业为代价的"三化"协调道路 …… 225
- 二、发挥"三个基地、一个枢纽"作用 …… 230
- 三、不断破解"四难" …… 236
- 四、统筹城乡协调发展 …… 240
- 五、坚持发挥文化优势 …… 243
- 六、建设全国生态屏障 …… 246
- 七、做大做强中原城市群 …… 249
- 八、努力构建和谐中原 …… 251

第十一章　河南省建设中原经济区的战略重点 ……………… 258

一、建立现代产业体系 ……………………………… 258

二、建立现代城镇体系 ……………………………… 264

三、建立自主创新体系 ……………………………… 269

四、推进产业集聚区建设 …………………………… 275

第十二章　中原经济区经济发展方式转变 …………………… 282

一、经济增长方式与经济发展方式 ………………… 282

二、经济发展方式转变的必要性 …………………… 287

三、转变经济发展方式的方向 ……………………… 293

四、转变经济发展方式的重点 ……………………… 298

五、积极推动农业发展方式转变 …………………… 308

第十三章　中原经济区内生机制培育 ………………………… 314

一、加快推进市场化进程 …………………………… 314

二、积极扩大消费需求 ……………………………… 319

三、着力增强自主创新能力 ………………………… 322

四、加快发展县域经济 ……………………………… 325

五、大力发展民营经济 ……………………………… 330

六、进一步推进垄断行业改革 ……………………… 335

七、加快构建开放型经济体系 ……………………… 339

八、推进体制机制创新与软环境建设 ……………… 344

第十四章　中原经济区一体化发展 …………………………… 347

一、中原地区区域合作的历程与经验 ……………… 347

二、深化中原城市群的合作与共赢 ………………… 354

三、加快黄淮地区发展 ……………………………… 360

四、促进中原经济区城乡协调发展 ………………… 363

五、推进中原经济区跨省区域合作 ………………………………… 365

六、构建中原经济区区域合作机制 ………………………………… 369

第十五章　与相关经济区(圈)的互动与合作 ………………… 372

一、相关经济区(圈)概况 ………………………………………… 372

二、互动合作的基础条件 …………………………………………… 377

三、互动合作的主体及其功能定位 ………………………………… 380

四、深化互动合作的总体思路 ……………………………………… 381

五、深化互动合作的重点领域 ……………………………………… 384

六、深化互动合作的方式途径 ……………………………………… 388

第十六章　中原经济区建设的保障体系 ………………………… 390

一、加强现代化综合交通体系建设 ………………………………… 390

二、加强人力资源开发与利用 ……………………………………… 395

三、进一步深化改革创新 …………………………………………… 398

四、加强资源节约和环境保护 ……………………………………… 402

五、加强政府公共服务能力建设 …………………………………… 407

六、加强和谐社会建设 ……………………………………………… 409

参考资料 ……………………………………………………………… 413

后　　记 ……………………………………………………………… 419

引　言

　　河南省在谋划"十二五"发展的过程中,遵循规律,审时度势,提出了建设中原经济区的战略构想。这一战略构想自提出以来,在省内外引起了强烈反响。提出建设中原经济区,属于区域发展的顶层设计,算起来,建设中原经济区从酝酿、论证,到被广泛认可,形成决策,差不多有一年时间。回头看,中原经济区顶层设计的过程,是认识不断深化的过程、思想不断解放的过程、取得广泛共识的过程、赢得多方支持的过程。中原经济区的顶层设计大体经历了四个阶段：

　　第一阶段,思想发动阶段。从2009年12月到2010年3月。就是从卢展工到河南履职主政开始。在这一阶段,中共河南省委书记卢展工进行了大量调研,他敏锐地洞察并及时纠正了一些干部认识、看待问题的局限性,如有的干部不能全面准确理解行政区和经济区的概念,往往行政区划意识浓厚而区域经济意识淡薄。他在与干部交换意见时提出：要突破行政思维的束缚,用区域经济的发展理念,站在全局和战略的高度审视自己。他认为,对离省会比较远的市县来说,从行政区的角度来看可能比较偏远,但从经济区的角度来看就成了区域经济开放和发展的前锋、前沿,是全省与沿海地带衔接、对中西部辐射引领的重要地区。2009年12月24日至25日,中共河南省委召开经济工作会议,卢展工在会议上提出：要坚持"重在持续、重在提升、重在统筹、重在为民"的实践要领,强调"要在中原崛起总体战略的基础上,研究形成一个比较完整、比较系统的和中央促进中部地区崛起规划相呼应、相衔接的总体纲要、总体规划,把这些年河南省在发展中形成的、经过实践证明是正确的发展思路整合起来,持续地做下去"。2010年2月21日,卢展工在省委常委、副省长孔玉芳,省委常委、秘书长曹维新的陪同下,到河南省社会科学院调研座谈,在听取了部分专家学者的发言后,卢展工发表重要讲话,提出要重点研究一些问题,包括中原崛起总体思路的系统化问题,区域经济发展新格局下的河南定位问题,河南的比较优势研究,中原崛起战略布局问题,河南转变经济发展方式问题,中原文化对河南经济社会发展的影响力、带动力、支撑力问题,将河南的一些弱势转化为优势问题等。在3月初的一次省委常委会上,卢展工提出要深入思考和研究"什么是中原"、"什么是中原崛起"、"为什么要中原崛起"、"怎样实现中原崛起"、"河南能否走在中部崛起前列"等基本问题。这一阶段有一个清晰的思路,就是中共河南省委主要领导用全局的眼光、系统的思维和区域经济的理念,提出问题,开启思路,引导、启发各级干部审视自我,谋划未来。

第二阶段,系统研究阶段。2010年3月到6月。主要是依靠智囊机构、职能部门、专家学者深入研究,拿出可供选择的方案。根据省委要求,从3月下旬开始,省政府组织了由河南省社会科学院、河南大学、河南省科学院、中共河南省委政策研究室、中共河南省委农村工作办公室、河南财经学院、河南日报报业集团、郑州大学、河南省政府发展研究中心以及河南省发展和改革委员会、河南省统计局、河南省财政厅、河南省政府金融服务办公室、河南省农业厅、河南省工业和信息化厅、河南省住房和城乡建设厅、河南省商务厅、河南省人力资源和社会保障厅、河南省能源规划建设局等职能部门的研究人员共50余人组成的课题组开始了为期3个多月的集中研究。在此期间,省领导与课题组专家多次直接交换意见,进行指导。2010年4月7日,卢展工在全省主要领导干部深入贯彻落实科学发展观加快经济发展方式转变专题研讨班的讲话中指出:当前,要结合"十二五"规划的编制,认真总结梳理我省这些年来的发展思路,形成与国务院促进中部地区崛起规划相衔接的比较系统的中原崛起实施纲要。在研究制定实施纲要时要注意几个问题:一要把握优势,认真研究,充分发挥河南在区位、文化、人口、粮食等方面的优势;二要准确定位,明确河南在全国发展大局中特别是在中部地区崛起中的影响、带动和示范作用;三要弄清概念,科学界定中原、中原崛起、中原城市群的内涵,引导各级各地在中原崛起中找准位置、作出贡献;四要持续思路,坚持重基础、重集思广益、重科学决策,始终围绕中原崛起、河南振兴、"三化"协调发展、推进"两大跨越"等重大战略方针来研究,以思路的持续确保加快经济发展方式转变的持续。按照省委的要求,课题组进行了艰苦的研究工作。研究过程大体分为几个步骤:①中原经济区研究。分为五个研究小组,在一个半月时间里,各小组分头研究,经过组内和联组多次讨论、修改,形成五个分报告:《中原与构建中原经济区研究》、《新形势下中原崛起的内涵和标志研究》、《加快中原崛起重大意义研究》、《新形势下如何实现中原崛起问题研究》、《河南省走在中部崛起前列研究》,在此基础上形成总报告《中原崛起若干重大问题研究报告》。其间,委托河南省社会科学院、郑州大学、河南大学的相关专家围绕"中原"的概念、范围及其历史演变进行集中研究,并分别提交了研究报告,进行了集中汇报和讨论。②中原新型城镇化研究。分为10个研究小组,研究内容分别是:《关于传统城镇化有关问题研究》、《国外城镇化发展研究》、《关于新型城镇化的内涵研究》、《中原新型城镇化目标研究》、《河南城镇综合承载能力研究》、《建设中原新型城镇化示范区的意义研究》、《河南走新型城镇化道路的路径选择》、《中原新型城镇化示范区建设需要解决重大问题研究(一)》、《建设中原新型城镇化示范区需要解决重大问题研究(二)》、《建设中原新型城镇化示范区重大问题研究(三)》,大体用了一个月时间,分别形成了10个研究报告。③起草《加快中原发展建设纲要》(初稿)。这些资料翔实、有理有据的研究报告,为中原崛起战略思路的选择奠定了坚实基础。

第三阶段,形成共识阶段。2010年7月到11月中旬。7月2日,省委召开专题研究河南发展的战略思路问题的常委扩大会议,省委常委、副省长、省直有关厅局负责人、有关专家学者参加会议。省发改委代表课题组做了专题汇报,提交三份汇报材料:《关于建立河南"三化"协调示范区初步设想的汇报》、《关于河南省建设中原经济区初步设想的汇报》、《关于中原新型城镇化示范区初步设想的汇报》。专家学者、有关领导先后发言,多数同志赞成将建设中原经济区作为河南的战略选择。在听取大家发言的基础上,卢展工书记发表了重要讲话,他在比较了可供选择的几种方案后,深刻阐述了构建中原经济区的初步考虑、基本目的和重要意义。"7·2"会议事实上为河南战略思路的选择确定了基调。会议明确要求进一步深化研究，适时启动《中原经济区建设纲要》的编制工作。7月16日，河南省委召开经济形势分析会，卢展工书记进一步强调：牢牢把握国家加大促进中部地区崛起力度这一宝贵机遇，坚持把完成"十一五"规划与制定"十二五"规划结合起来，从全国发展大局出发，找准河南的定位，发挥河南的优势，做出河南的贡献。从7月上中旬开始，各类谈论中原经济区建设的活动频繁举办。省委宣传部、统战部、政研室分别召开了多次座谈会、研讨会、论坛。省政协把为建设中原经济区建言献策列为常委会议题。建设中原经济区的战略构想得到了经济学界、各民主党派和全省上下的广泛赞同，成为几个月里河南各地街谈巷议的话题和亿万人民的基本共识。建设中原经济区的构想，也得到了中央领导的高度关注，引起了海内外的强烈反响。从8月至10月，河南省及国家有关学术机构在北京举办了五次学术研讨会和汇报座谈会。全国人大、全国政协领导人韩启德、陈昌智、罗富和、厉无畏、蒋正华，著名经济学家刘国光、吴敬琏、厉以宁、王梦奎、李京文、郑新立、张卓元、韩康、卢中原等参加了上述活动。参加会议的领导和经济学家不约而同地力挺中原经济区，异口同声呼吁把中原经济区上升为国家战略。经过几个月努力，课题组完成了《中原经济区建设纲要（草稿）》（以下简称《纲要》），10月30日、11月12日，河南省委先后两次召开常委（扩大）会议，对《纲要》进行讨论研究，又广泛征求了各省辖市党委、省委各部委、省直机关各单位党组（党委）、各人民团体党组的意见。卢展工书记、郭庚茂省长还分别召开了民主党派、无党派人士、工商联负责同志座谈会和省级老干部座谈会，专家学者、基层干部群众座谈会，充分听取了对《纲要》的意见和建议。显然，这一阶段，是发扬民主、凝聚共识、深化认识的阶段。

第四阶段，决策实施阶段。从中共河南省委八届十一次全会开始。2010年11月15—17日，河南省委召开八届十一次全会，审议并原则同意《中原经济区建设纲要（试行）》。至此，建设中原经济区进入具体实施阶段。全会提出，中原经济区是中原崛起、河南振兴的载体和平台，是探索一条不以牺牲农业和粮食、生态和环境为代价的"三化"协调科学发展路子的载体和平台，是明晰定位、整合优势、凝聚合力的载体和平台，是河南扩大对外开放、加强交流合作、实现互利共赢的载体和平台。中原经济区是客观的存在，建设中原经济区是历史的必然,有利于国家区域经济布局的进一步完善,有利于国家统筹协调梯次推进发展重大战略的实施,有利于国家在中部地区形成新的经济增长板块,有利于河南在全国发展大局中明晰发展定位、发挥自身优势,有利于河南坚持走一条不以牺牲农业和粮食、生态和环境为代价的"三化"协调科学发展的路子,有利于遵循经济发展规律特别是区域经济发展规律,更好地深入贯彻落实科学发展观、加快经济发展方式转变。全会综合考虑发展基础和发展潜力,提出了建设中原经济区的总体目标。全会强调,实现建设中原经济区的目标任务,必须贯彻"四个重在"的实践要领,有效运作、求实求效,突出科学发展、"三化"协调、载体建设、改革开放、改善民生、服务大局等六项原则。要优化中原经济区战略布局,以郑州和与之毗邻城市为核心区、以全省各省辖市为主体区、以联动发展的周边地区为合作区,融入全局、发挥优势、准确定位、互动联动,构筑区域经济融合发展、主体功能互促互补、国土空间高效利用、人与自然和谐相处的区域发展格局。要强化战略支撑,着力构建十大支撑体系。努力把中原经济区建设成为全国"三化"协调发展示范区,全国重要的经济增长板块,全国综合交通枢纽和物流中心,华夏历史文明重要传承区。

《中原经济区建设纲要(试行)》已经河南省委八届十一次全会原则通过,研读《纲要》,有几个问题,有必要特别加以说明和回答。

其一,中原经济区是一个什么样的概念?第一点,它是一个区域经济的概念。就是说,中原经济区,是以河南为主体,延及周边若干区域,具有鲜明特点、独特优势,经济相联、使命相近,相对独立的区域经济综合体。第二点,它又是一个总体战略的概念。河南这些年在实现中原崛起中,先后提出过"一高一低"、"'三化'协调"、"两大跨越"等战略目标以及构建中原城市群、东引西进等战略举措。建设中原经济区,是把实践证明有效的东西在新的形势下加以持续、延伸、拓展和深化,形成一个总集成,搭建一个总平台,寻找一个总抓手。再一点,它还是一个承载使命的概念。中原是中国的缩影和面临问题的写照。中原兴,中部兴;中部兴,中华兴。建设中原经济区的意义就在于,加快自身发展,推动中部崛起,促进东中西互动,服务全国大局。

其二,怎样理解建设中原经济区,凸显中原战略"腹地效应"?"腹地效应"是指最大化地发挥腹地的资源优势,承接中心经济地带的经济资源,做大腹地经济。"中原腹地效应",既是一个地理概念,更是一个功能概念。在地理上,中原是中国之中,古人称"得中原者得天下",可见,中原是根基,是正道,是人心,是底气。在现代中国经济坐标中,中原位于京广、陇海兰新两大经济带主轴的交会区域,处于承东启西、连南通北的战略地位,所以,中原是沿海到广袤内地的要冲、要道、要塞,是实现产业梯次推进的中介、通道、载体。从功能看,中原地区交通发达,基础设施完善,劳动力资源丰富,发展潜力巨大。中原与周边地区的产业链具有强烈的互补性,可为西部原材料工业提供市场,也可为东部加工业提供供应链。因此,建设中原经济区,可以在中部构筑具有强大集聚作用和辐射作用的核心增长极,中原经济区有可能演化为促进周边地区发展的倍增器。在这里,中原"腹地效应"也是倍增效应。

其三,怎样解释有了中部崛起规划纲要,却又搞中原经济区建设纲要?这是必须回答、也不难回答的问题。首先要明白,目前国家实行区域发展总体战略,促进四大板块协调发展,但东、中、西和东北内部的区域差异仍然较大,区域政策的空间尺度偏大,于是近年来以明晰区域定位、细化区域政策、规范地区发展走向为特征的新一轮区域布局已经悄然展开。再看中部。中部现在是六个省,国家统计统一口径还是九个省,包括黑龙江、吉林、内蒙古。无论九个还是六个,中部的概念仅仅是经济发展水平的一个概括,并不是具有内在紧密联系的区域经济概念。按中部六个省来说,湖南是"向南"的,要融入泛珠三角;江西要成为上海的"后花园";安徽主动融入长三角;湖北属于长江经济带;山西受京津冀经济圈吸引更大。所以中部六个省仅仅是发展水平比较接近,并不具有紧密的内在联系,无论从历史上还是现实,都是这个状况。河南的情况比较特殊,它远离上海、广州、北京这些大的核心城市,隔山跨河,想靠都靠不上。由此就形成了一个巨大的、比较独立的区域,这个区域内工业门类比较齐全,河南工业就涵盖了39个大类中的38个,自我配套、自我修复能力比较强。这是历史形成的。河南周边的一些地区,除个别地市以外,多数比河南还要差一些,受到河南的影响和辐射很大。由此形成了一个相对独立的区域,就是中原经济区。所以,提出建设中原经济区,不仅与中部崛起规划纲要不重复、不冲突,而且很好地弥补了国家大的宏观政策空间尺度大的不足,更加有利于中部崛起目标的实现。

其四,中原经济区是跨省域的,与周边省份的关系怎么处理?中原经济区是以河南为主体,延及周边若干地区的区域经济综合体。关于中原经济区的战略布局,《纲要》提出了三类地区,一是以郑州和与之毗邻城市为"核心区",二是全省各省辖市为"主体区",三是联动发展的周边地区为"合作区"。既然是"合作",就要自愿、互利。现在,对中原经济区的范围采取淡化的办法,"延及周边",具体哪些地方,比较模糊,因为需要论证、沟通、协商,不能一厢情愿,不能"拉郎配"。但要强调的是,中原经济区既然是区域经济的概念,就不必担心河南周边的地方不加入。区域的内在联系是客观存在的,不以人的意志为转移。如果加入有利于发展,加入就会成为共识和自觉行动。须知,福建当年提出建设海西经济区,周边的地区都是积极响应的,有的省里还正式发文件,要求相关地区加入海西经济区。

其五,建设中原经济区,会不会得到国家大力支持?我们相信,建设中原经济区一定能得到国家大力支持。因为在未来全面建设小康社会的10年里,国家实施扩大内需战略和"三化"同步推进战略,中原地区将承担更大责任,发挥更大作用。还要看到,在我国改革发展的不同时期,总会有一些区域承担特殊使命,发挥特殊作用,成为国家振兴的新看点,因而得到国家特殊的支持。回顾过去的30多年,展望未来的发展走向,可以得出的结论和预期是:20世纪80年代看深圳,90年代看浦东,新世纪看内地,第二个10年看中原。国家支持建设中原经济区,是为国家培育新的增长极和带动极,对区域协调发展,对发展战略的转变,都将产生重大而深远的影响。因此,我们坚信,中原经济区建设一定能上升为国家战略,一定能得到"先行先试"等支持政策,也一定能在国家发展全局中发挥更大的作用。

其六,建设中原经济区怎样起好步、开好局?中原经济区建设千头万绪,最重要的,是坚持以解放思想为"总开关"。因为建设中原经济区最大的困难,不是缺资金、项目等硬件,而是来自传统思想观念、传统思维方式方面的阻挠。从这个意义上说,解放思想的进程,将影响、制约、决定中原经济区建设的进程。各级党委和政府要从习惯于行政干预、行政命令,到树立经济区理念,尊重经济规律、尊重市场主体,尽量发挥市场的作用。要突破经济发展的"路径依赖",走出"干我们熟悉的"、"干我们会干的"、"干我们能干的"产业选择困境。建设中原经济,对改进领导工作提出了新的课题和全新的要求。各级领导的发展理念要正确。要以人为本、为民惠民,绝不能再搞什么政绩工程、面子工程。思维方式要适应。要提倡发散思维、逆向思维、动态思维,提高思维的综合性、开放性、创造性。社会的价值导向、社会氛围要相应调整。要从官本位价值导向,转变为"创业、创造、创新"为荣的社会价值导向,形成合作、和谐、奉献为上的社会氛围。

第一章 导　论

新中国成立以来，随着我国区域发展战略的不断调整，区域布局不断完善优化，区域发展进入新阶段。目前，我国已形成了长江三角洲、珠江三角洲和环渤海经济圈三大增长极，增强了东部地区经济发展的活力，同时也带动了全国经济的快速发展。而幅员辽阔的内陆地区尚未形成与之相应的增长极，如何培育形成我国内陆地区经济增长极，使之与沿海三大增长极相互呼应，共同支撑未来中国经济的发展，至关重要。

一、区域布局与区域发展战略理论阐释

(一)增长极理论

增长极理论是西方发展经济学非均衡发展理论体系中具有代表性和广泛影响的流派，其主要是研究区域经济发展问题，也即生产要素空间最优配置的问题。增长极理论由法国经济学家弗朗索瓦·佩鲁于20世纪50年代首先提出。他认为，在现实经济生活中，经济增长"并非同时出现在所有地方，它以不同的强度首先出现于一些增长点或增长极上，然后通过各种渠道向外扩散，并对整个经济产生不同的终极影响"。也就是说，所谓增长极就是区域经济发展过程中，经济增长首先集中在某些具有创新能力的行业和主导部门，并通过吸收和扩散效应，带动其他相关产业的发展，最终促进整个经济的发展。

增长极理论认为，经济增长在地理空间上不是均匀发生的，它以不同强度

呈点状分布。其中,存在着一种具有支配效应的推进性单元。这种推进性单元,一般有规模较大,增长较快,处于垄断地位,有创新的性质,投入产出联系广泛而密切,能强烈地促使其他经济部门增长的特点。推进性单元可能是企业,或是同部门内的一组企业,或是彼此达成合作协议的一组企业。在任何时期内,正在增长中的经济区域都有这样一些推进性单元。随着经济的发展,原有的推进性单元可能失掉它的推进性,而如果要维持经济增长,它将由另外的推进性单元所取代。增长极是具有空间集聚特点的、以推进性主导工业部门为中心的、高度联合的一组工业,它不仅本身能迅速增长,而且通过乘数效应,推动其他经济部门的增长。

增长极对区域经济的作用主要表现在:第一,集聚经济。集聚经济是由于从事某项经济活动的若干企业或联系紧密的某几项经济活动集中于同一区域而产生的。如某一专业化生产的多个生产部门集中在某一区域,可以共同培养与利用当地熟练劳动力,加强企业之间的技术交流和共同承担新产品开发的投资,从而使经济活动活跃,形成良性循环。集聚经济的实质是通过地理位置的邻近而获得综合经济效益。第二,规模经济。规模经济是由于经济活动范围的增大而获得内部的节约。如可以提高分工程度、降低管理成本、减少分摊广告费和非生产性支出的份额,使边际成本降低,从而获得劳动生产率的提高。第三,外部经济。外部经济效果是增长极形成的重要原因,也是其重要结果。经济活动在某一区域内的聚集往往使一些厂商可以不花成本或少花成本获得某些产品和劳务,从而获得整体收益的增加。

增长极理论形成、完善和发展对于区域经济的发展提供了重要的理论支撑和理论指导。比较借鉴增长极理论区域经济非均衡发展思想及其政策主张,对于全面认识我国区域经济差异现状及其发展趋势,进一步调整完善我国区域经济发展战略,强化政府区域经济政策对我国区域发展的驱动作用具有重要的启示意义。

(二)大推进理论

大推进理论又称平衡发展理论,源于英国著名的发展经济学家罗森斯坦·罗丹1943年写的《东欧和东南欧的工业化问题》一文,是关于发展中国家各工业部门必须同时平衡发展的一种理论。大推进理论认为,外部因素对区域经济的发展具有决定性作用,其核心是利用外部力量通过对相互补充的部门同时进行投资,创造出互为需求的市场,解决因市场需求不足而阻碍经济发展的问题,同时还可以降低生产成本,增加利润,提高储蓄率,进一步扩大投资,消除供给不足的"瓶颈"。对于发展中国家而言,要想实现摆脱贫困、经济快速发展的目标,最为有效的方法是快速实现工业化,而工业化实现的最大障碍是资本形成不足,因此,必须对各个工业部门全面地、大规模地进行投资,使各个工业部门都能够快速成长,工业化才能实现,经济才会发展。对各个工业部门进行全面投资,能够创建不同的企业,形成整体的规模效应,发挥外部经济效应。同时,工业部门的发展需要有完善的基础设施以及其他发展基础作为保障,而且各工业部门的"起飞"还需要突破某一"临界速度",因此,为了克服单项投资无法实现的规模效应障碍,形成集合型生产能力,并超越工业"起飞"的"临界速度",必须采取"大推进"的战略,增强对工业的投资强度和广度。

大推进理论为落后地区制定了一条严格条件约束下的道路狭窄的经济增长路线,它的提出得到了部分经济学家的支持和响应,但不可否认的是其仍然存在理论缺陷。大推进理论忽略了资本的稀缺性以至无法满足全部工业部门的"起飞"需求,众多的工业项目无法同时建成,资本的分散无法为关系国计民生的关键部门提供充足的支持,并且所有的工业部门之间的关联效应较差,集体合力难以形成,因此大推进理论在一定程度上是理想化理论。大推进理论虽然缺乏现实意义,但在很多方面启发了人们的思维,并引发了一场意义深远的长久的关于落后国家和地区经济发展模式的争论。

(三) 均衡发展理论

均衡发展理论最早由美国经济学家纳克斯提出。1953年,美国发展经济学家纳克斯在其《不发达国家的资本形成》一书中,提出了"贫困恶性循环"理论。纳克斯认为,发展中国家或落后国家之所以贫困是因为在其内部存在着"贫困恶性循环"。"贫困恶性循环"的内涵有二:从供给角度看,发展中国家的人均收入水平低下,在消费一定的前提下,居民的储蓄率较低,低储蓄水平引起资本稀缺,造成资本供给不足,进而无法扩大生产规模,难以提高生产率,使该国处于低产出的状态,低产出又决定了居民的低收入,于是便形成了"低收入—低储蓄能力—资本供给不足—低生产率—低产出—低收入"的恶性循环;从需求角度看,居民的收入水平低下意味着低购买力,造成投资引致不足,进而导致资本形成不足,又使生产规模难以扩大;生产率难以提高,又造成居民的低收入;于是形成了"低收入—低购买力—低投资引致—低资本形成—低生产率—低产出—低收入"的恶性循环。而解决这两种恶性循环的关键,是实施平衡发展战略,即同时在各产业、各地区进行投资;既促进各产业、各部门协调发展,改善供给状况,又在各产业、各地区之间形成相互支持性投资的格局,不断扩大需求。因此,平衡发展理论强调产业间和地区间的关联互补性,主张在各产业、各地区之间均衡部署生产力,实现产业和区域经济的协调发展。

均衡发展理论在一定程度上是一种合理化假设,没有考虑到现实中一般区域通常不具备平衡发展的条件;欠发达区域不可能拥有推动所有产业同时发展的雄厚资金,少量资金的分散投放使得优势产业的发展无法得到保证。即使发达区域也由于其所处区位以及拥有的资源、产业基础、技术水平、劳动力等经济发展条件不同,不同产业的投资会产生不同的效率,因而也需要优先保证具有比较优势的产业的投资,而不可能兼顾到各个产业的投资。因此,尽管均衡发展战略令人神往,但现实中很难做到。从世界各国区域发展的实践来看,至今也没有提供均衡增长的经验实证和成功案例。由此可见,区域经济均衡发展实际是行不通的。

(四)梯度推移理论

梯度推移理论起源于美国哈佛大学费农教授首创的"工业生产生命周期阶段论"。该理论认为,工业各部门及各种工业产品,都处于生命周期的不同发展阶段,即经历创新、发展、成熟、衰退等四个阶段。此后威尔士等人对该理论进行了验证,并作了充实和发展。区域经济学家将这一理论引入到区域经济学中,便产生了区域经济发展梯度转移理论。在研究区域之间经济发展的关系问题时,所谓梯度是指区域之间经济总体水平的差异,而不仅仅是技术水平的差异。该理论认为,区域经济的发展取决于其产业结构的状况,而产业结构的状况又取决于地区经济部门,特别是其主导产业在工业生命周期中所处的阶段。与产品生命周期相对应,可以把经济部门分为三类,即产品处于创新到成长阶段的是兴旺部门;产品处于成长到成熟阶段的是停滞部门;产品处于成熟到衰退阶段的是衰退部门。因此,如果一个地区的主导产业部门由处于创新阶段的专业部门所构成,则说明该区域具有发展潜力,因而将该区域列入高梯度区域;反之,如果主导部门是衰退部门则属于低梯度区域。

该理论认为,创新活动(包括新产品、新技术、新产业、新制度和管理方法等)是决定区域发展梯度层次的决定性因素,而创新活动大都发生在高梯度地区,然后,依据产品周期循环的顺序由高梯度区域向低梯度区域推移。梯度转移过程主要是通过多层次的城市系统扩展开来的。这是因为创新往往集中在城市,而且城市从环境条件和经济能力看比其他地方更适于接受创新成果。具体的梯度推移有两种方式,一种方式是创新从发源地向周围相邻的城市推移;另一种方式是从发源地向距离较远的第二级城市推移,再向第三级城市推移,依次类推。这样,创新就从发源地推移到所有的区域。

梯度推移理论打破了片面强调"均衡布局"的传统区域布局模式,从客观实际出发,承认地区发展非均衡的现实,认为条件较好的地区应较快地发展起来,并通过产业和要素从高梯度区域向低梯度区域的转移,带动落后地区的发展。改革开放以来,在计划经济向市场经济过渡的初始阶段,该理论符合经济发展的客观规律和中国特定经济发展阶段的客观要求,对于中国区域经济发展战略的转变提供了理论指导。

二、经济区的设立与中国区域发展新阶段

(一)我国区域发展战略的演进

我国是一个幅员辽阔、人口众多的发展中大国,各地区的自然、经济、社会条件差异显著,区域发展不平衡是我国的基本国情。新中国成立以来,在社会主义现代化建设的各个历史时期,党中央都高度重视区域协调发展问题。我

国的区域发展战略也经历了一个与时俱进、不断完善、不断丰富的过程,区域发展格局逐步趋于合理。区域发展战略的演进,大体经历了三个阶段。

1. 均衡发展战略(1949年至1978年)

新中国成立时,我国工农业基础相当薄弱,社会生产力水平极端落后,且地域分布上极不平衡,占国土面积86.5%的内地的GDP仅占全国的54.6%,而占国土面积13.5%的沿海地区的GDP占全国的45.4%。为了改变旧中国遗留下来的工业基础薄弱、沿海与内地布局畸轻畸重的格局,同时,鉴于新中国成立初期的国际政治环境和出于战备的考虑,国家实施了均衡发展战略,即利用计划经济体制、沿海的基础和适当外援,促使工业布局向内地推进,形成全国工业布局相对均衡、各大经济协作区自成体系且相互促进的格局。依据这种战略,国家把50%以上的基本建设资金投入内地,在落后的内地区域进行了大规模的开发建设,试图强行拉平沿海地区和内地的经济技术发展差距,以求区域经济的均衡发展。实施区域经济均衡发展战略的基本内容表现为三个方面:一是平衡生产力分布,重点加强内地建设。在"一五"时期,我国进行了以156项重点项目为中心的工业基本建设①,同时还有国内自行设计建设的、投资在1000万元以上的694项重点工程。以当时的沿海和内地的划分②,150项项目中沿海占32项,只占全部项目的1/5;国内建设的694个项目,内地占68%,在1952—1957年,全国工业年均增长率15.5%,其中内地增长率为17.8%,而沿海为14.4%。二是强调建立区域独立的工业体系。1958年6月,中共中央发出加强协作区工作的文件,决定把全国划分为东北、华北、华东、华南、华中、西南和西北七个经济协作区,并要求各协作区尽快建立大型工业骨干和经济中心,形成若干个具有比较完整的工业体系的经济区域。1958年以后,各省市都致力于建立独立的、自成系统的工业体系,所谓"一省一盘棋、各省成体系",基本建设"星罗棋布、遍地开花"。1970年全国计划会议又把全国划分为10个经济协作区,指出在"四五"时期要建立不同水平、各有特

---

① 在"一五"时期156项重点项目中,有4项在"一五"时期没有实施,2项重复计算,实际施工建设的是150项。
② 按当时的划分,沿海地区包括辽宁、河北、天津、北京、山东、江苏、上海、安徽、浙江、福建、广东和广西,其余为内地。

点、各自为战、大力协同的经济协作区。三是转向以备战为中心,以三线建设为重点的轨道。1965年中共中央作出加速全国各省市战略后方建设的决策,把全国划分为一、二、三线地区。① 根据这一决策,经济建设的投资重点为三线地区,工厂布点要"靠山、分散、隐蔽",有的要"进洞"。在"三五"(1966—1970年)时期,内地基本建设投资占全国的66.8%,其中三线建设的投资占全国的52.7%;"四五"(1971—1975年)时期,内地基本建设投资占全国的53.5%,其中三线建设的投资占全国的41.1%。通过三线建设,在内地建成了一批重要的工业项目,形成了一些新的工业中心。

20世纪70年代中后期,我国对外关系开始改善,面临的国际环境发生了较大变化,国家的投资重点有所东移。但从总体上看,改革开放前,我国的宏观区域经济发展战略是区域经济均衡发展战略。这种战略的实施,对于促进区域经济平衡发展,实现全国生产力的均衡布局方面取得了很大的成就。一大批国家重点项目在中西部地区的投资建设,一批沿海地区的老企业的内迁,在较短的时间内为中西部地区奠定了城市化和工业化基础。30年中,内地工业产值增加了40多倍,在全国工业总产值中的比重,由新中国成立初期的28%提高到36%,相当于1949年全国工业总产值的10倍多。正是由于这一时期的工业和公路、铁路的建设,才为后来的改革开放和迎接沿海地区经济的"扩散效应"提供了有力的支撑。但不容否定,国家在内地大规模的投资并未产生良好的效益,地区间的差距并未缩小。重要的原因是用国防原则代替了经济原则,特别是在三线建设时期,许多企业按"山、洞、散"的要求选址,违背了聚集产生规模效益的经济规律,没有形成"发展极",使项目建成之后不配套,生产能力过剩,并使以后的调整付出了昂贵的代价;再者,国家大中型企业"嵌入"式的封闭体制,"发展极"的扩散效应难以发挥,对地方经济并未产生很好的带动作用。所以东西部地区的人均国民收入差距仍然很大,1952年至1965年相对缩小了12.6%,而1965年至1978年则又扩大了11.8%。

---

① 所谓一、二、三线是按我国地理区域划分的,一线地区为地处东南沿海的战略前沿;二线为中部地区;三线地区为战略后方,包括两大片,一是云、贵、川三省及湘西、鄂西地区的西南三线,另一是陕、甘、宁、青及豫西、晋西地区的西北三线。

2. 非均衡发展战略（1978年至20世纪90年代中期）

我国改革开放之前的区域均衡发展战略所采取的生产力空间配置西移措施，虽然在一定程度上控制和缩小了区域间的发展差距，但却是以降低区域资源配置效率为代价的。党的十一届三中全会后，我国开始进行经济体制改革和实施对外开放政策，对资源配置和区域经济发展战略也开始作相应的调整，从强调区域经济平衡发展转而重视国民经济整体发展速度和宏观经济效益，着重充分发挥和利用各区域优势尤其是东部沿海区域的经济技术区位优势，分阶段、有重点、求效益地展开区域经济生产力布局，在总体上实施了区域经济非均衡发展战略。在此战略方针的指导下，国家开始实施东部优先发展战略，在政策优惠、资金投入、建设项目、工作力度等方面开始向东部大力倾斜。一是对外开放向东部倾斜。国家先从东部沿海地区开始扩大对外开放，到20世纪90年代初，先后创办了4个经济特区，开放了14个沿海城市，开辟了13个经济技术开发区和长江三角洲、珠江三角洲、闽南三角地带以及山东、辽东半岛及海南岛，开发开放上海浦东，形成了拥有2亿多人口的沿海开放地带。二是优惠政策向东部倾斜。国家对东部沿海开放地区从财政、税收、信贷、投资等方面给予了一系列优惠。三是投资布局向东部倾斜。1981—1985年，东部沿海地带11省、区、市的工业基本建设投资占全国的比重由"五五"期间的44%提高到46%；1986—1989年，几乎所有沿海省份的投资份额都有所提高，投资份额前6名的省市依次为广东、上海、辽宁、山东、江苏、北京，全部都是东部沿海的省份；1995年，在全国的全社会固定资产投资19445亿元中，东部地带为12188.4亿元，占据62.7%。四是体制改革向东部倾斜。国家的许多改革方案和措施，或是先在东部区域试行和实施，或是较多地考虑东部区域的情况和需要，对东部区域的经济发展产生了有利的促进作用。这一期间，由于东部沿海地区在对外开放上的先行及享有相应的政策优惠和国家的投资倾斜、改革倾斜，以珠江三角洲和长江三角洲为中心的东部沿海省份获得了大大高于全国平均速度的增长率，经济发展呈现出快速增长的态势。

总的来说，这一时期实施的区域经济非均衡发展战略，无疑取得了举世瞩目的巨大成效。就我国国民经济的整体发展而言，这一战略的实施，造就了带动国民经济整体增长的经济核心区和增长极，促进了整个国民经济的高速增长,加快了我国改革开放进程,使我国的经济实力迅速上升,缩小了与发达国家之间的差距,为20世纪末实现国内生产总值比1980年翻两番的战略目标,以及人民生活达到小康水平作出了巨大贡献。但同时这一战略的实施,也致使我国东西部差距迅速扩大,从而在经济、政治和心理上都给经济发展滞后的广大中西部地区造成了很大不平衡。据统计,在国民收入占全国的比重指标上,1978年东部为53%,中部为30.8%,西部为16.2%,1994年则变为东部58.2%,中部27.4%,西部14.4%。东部上升了5.2个百分点,中部、西部则分别下降了3.4个百分点和1.8个百分点。

3. 协调发展战略(20世纪90年代中后期以来)

经过改革开放20多年来的发展,东部地区和中西部地区经济都有了很大发展,但由于东部地区更快的发展,使东西部差距迅速扩大,差距已十分明显。针对地区差距带来的突出矛盾,根据邓小平同志关于"两个大局"的构想,党中央审时度势,统揽全局,对区域经济非均衡发展战略进行调整,转向实施区域经济协调发展战略。1996年3月八届人大四次会议通过的《中华人民共和国国民经济和社会发展"九五"计划和2010年远景目标规划纲要》中,把坚持区域经济协调发展,逐步缩小地区发展差距,促进中西部经济发展作为今后15年我国经济和社会发展必须贯彻的一条重要方针。党的十六大明确提出,要"积极推进西部大开发,促进区域经济协调发展","加强东、中、西部经济交流和合作,实现优势互补和共同发展";党的十六届三中全会确立了"统筹区域发展"战略;党的十六届五中全会则又进一步提出了我国区域发展总体战略,即"坚持实施推进西部大开发,振兴东北地区等老工业基地,促进中部地区崛起,鼓励东部地区率先发展的区域发展总体战略,健全区域协调互动机制,形成合理的区域发展格局"。"十一五"规划纲要对促进区域协调发展作了全面阐述,明确了促进区域协调发展的内涵;明确了实施推进西部大开发,振兴东北地区等老工业基地,促进中部地区崛起,鼓励东部地区率先发展的区域发展总体战略;明确了健全市场机制、合作机制、互助机制和扶持机制的区域协调互动机制;明确了按照优化开发、重点开发、限制开发和禁止开发的不同要求,推进形成主体功能区的基本思路和方向。党的十七大对我国区域发展的战略目标再次进行了部署,强调必须"统筹区域发展","缩小区域发展差距","推动区域协调发展","城乡、区域协调互动发展机制和主体功能区布局基本形成",等等。"西部大开发"、"振兴东北等老工业基地"及"中部崛起"等一系列重大举措,为完善区域发展战略,形成区域协调发展格局指明了方向,奠定了基础。

与区域均衡发展战略和区域非均衡发展战略相比,区域协调发展战略最大的特点是突破了单极思维模式,实现了从"单极思维"到"多级思维"、从"单极突进"到"多轮驱动"的转变,符合现阶段我国发展的客观规律。实施区域协调发展战略,对于积极推进西部大开发,有效发挥中部综合优势,支持中西部地区加快改革发展,振兴东北地区等老工业基地,鼓励东部有条件地区率先基本实现现代化,逐步形成东、中、西经济互补,南、中、北经济联动,互相促进,协调发展的区域经济格局,意义重大。因此,区域协调发展战略尽管实施时间不长,但效果明显。经过几年的推行,东部沿海地区"率先发展",中部崛起进程加快,西部大开发成果显著,东北振兴初见成效。

(二)经济区设立与中国区域发展新阶段

近年来,随着区域协调发展战略的逐步深入,国家先后批复了多个地区发展规划。2007年6月,国务院批准重庆市和成都市设立"全国统筹城乡综合配套改革试验区",先行试验统筹城乡发展的重大改革措施;2007年12月,国务院又批准了武汉城市圈和湖南长株潭城市群为"全国资源节约型和环境友好型社会建设综合配套改革试验区"。2009年,国家先后批复了《珠江三角洲地区改革发展规划纲要》、《支持福建加快海峡西岸经济区的若干意见》、《江苏沿海地区发展规划》、《横琴总体发展规划》、《关中—天水经济区发展规划》、《辽宁沿海经济带发展规划》、《促进中部地区崛起规划》、《中国图们江区域合作开发规划纲要》、《黄河三角洲高效生态经济区发展规划》、《鄱阳湖生态经济区规划》等10个区域规划。2010年7月之前,又批复了《重庆"两江新区"总体方案》、《长江三角洲地区区域规划》、《深圳经济特区一体化》、《海南国际旅游岛建设发展规划纲要》等区域规划。随着这些地区规划获批、政策性指导意见的实施,以及各经济区的相继设立,我国区域发展进入新阶段,呈现出"多极并存"、"多轮驱动"的发展格局。

未来,我国区域布局有望形成东部、中部、西部和东北地区"四大板块";长江经济带、陇海兰新经济带、东部沿海经济带和京广经济带等"四大经济带",长江中下游经济带、黄河中游经济带、环渤海经济圈、东海经济圈和南海经济圈等"五个核心增长圈";大长三角经济圈、泛渤海经济圈、大珠三角经济圈、东北经济圈、海峡经济圈、中部经济圈、西南经济圈、西北经济圈等"八大经济圈";珠三角城市群、海峡西岸城市群、长三角城市群、山东半岛城市群、京津冀城市群、辽中南城市群、长江中游城市群和中原城市群等"十大城市群";中原经济区、环鄱阳湖经济区、皖江城市带承接产业转移示范区、成渝经济区、关中—天水经济区、北部湾经济区、海峡西岸经济区等"若干经济区",将构筑形成"多极并存"的发展格局。多个经济增长极并存的格局,是现阶段我国区域经济布局的一个最基本的特征,以增长极为基础构造区域经济布局,是"十二五"时期中国经济发展战略面临的重要理论与实践问题。

三、经济区的设立与中国区域关系的优化

(一)我国的区域布局格局

新中国成立以来,随着我国区域发展战略的不断调整,我国区域布局也在不断调整和变化,由新中国成立初期的沿海与内地"两大区域",到20世纪80年代中后期的东部、中部和西部"三大地带",再到2004年提出的东部、中部、西部和东北地区"四大板块"与优化开发区、重点开发区、限制开发区和禁止开发区"四大功能区",直至到目前的"多极并存"发展格局。

1. "两大区域":沿海与内地(1949—1985年)

新中国成立初期,依据地理区位条件的不同,我国区域布局被划分为两大区域,即沿海与内地。按照当时的划分,沿海地区主要包括辽宁、河北、天津、北京、山东、江苏、上海、安徽、浙江、福建、广东和广西,其余为内地。在此基础上,又细分为东北、华北、华东、中南、西南、西北等六大区(1954年撤销)。六大区域既是行政区又是经济区,其职能之一是促进各行政区内各省区市的分工与协作。1958年成立了东北、华北、华东、华中、华南、西南、西北七大经济

协作区,要求各区尽快分别建立大型的工业骨干企业和经济中心。1961年,又恢复成立了华北、东北、华东、中南、西南和西北等六个区党的中央局,以加强对建立比较完整的区域性经济体系工作的领导,从而把1958年成立的七大经济协作区调整为华北、东北、华东、中南、西南和西北等六大经济协作区,后因"文化大革命",经济协作区被撤销。20世纪60年代中期,鉴于我国周边形势的变化,特别是中苏关系恶化,"三五"计划做出了全国按照一、二、三线进行整体布局,集中力量建设"三线"地区的决策。1970年,在编制"四五"计划时,决定以大军区为依托,将全国划分为西南区、西北区、中原区、华南区、华北区、东北区、华东区、闽赣区、山东区、新疆区等十个经济协作区。从1970年至1985年,仍沿用沿海与内地的"两分法"。

2. "三大地带":东部、中部和西部(1986—2003年)

20世纪80年代中期,针对我国幅员辽阔、地区差异大的国情,加之改革开放后经济格局发生了重大变化,国家在制定第七个五年计划时,按照经济发展水平和地理位置相结合的原则,把全国划分为东、中、西部三大经济地带。开始,东部包括了辽宁、河北、北京、天津、山东、江苏、上海、浙江、福建、广东、海南、广西,共12个省区市(1988年,海南撤区建省);中部包括黑龙江、吉林、内蒙古、山西、河南、安徽、湖北、江西、湖南,共9个省区;其余陕西、甘肃、青海、云南、贵州、四川、重庆、宁夏、西藏、新疆,共10个省区市属西部(1997年,重庆改为直辖市)(以下简称"老三区")。实施"西部大开发"战略之后,将原属东部的广西和原属中部的内蒙古划入西部,由此形成了新三大地带的地域框架(简称"新三区")。

在三大区区际或各区域内部还正式或非正式地产生了一系列二级甚至三级经济区。20世纪80年代中期,国务院特设三个规划办公室,并为建立上海经济区(包括上海、江苏、浙江、安徽、江西五省市)、东北经济区(包括东北三省和内蒙古的东部地区)、环渤海经济区(包括北京、天津、唐山、秦皇岛等城市圈)开展了多年的规划、组织工作。90年代初、中期,按照市场经济规律和经济内在联系,依托中心城市和交通要道,相关部门和部分学者推出了"七大经济区"的概念,即长江三角洲及沿江地区、环渤海地区、东南沿海地区、西南和华南部分省区、东北地区、中部五省地区和西北地区共七大跨省区市的经济区域。同时,随着"第二条欧亚大陆桥"和"大京九"的建设并贯通,有关部门、有关省区和部分学者提出了建设铁路沿线经济带的构想。21世纪初期,综合考虑地理区位、经济技术水平、市场开放和政治因素(实现国家长治久安和加强民族团结),有关部门对"东、中、西"赋予了新的含义,并在此基础上提出了一批重点发展区。如,在西部提出"三大经济带";在中部提出"长江、陇海、京广、京九、京哈等交通干线沿线地区";在东部则提出"环渤海、长江三角洲、闽东南地区、珠江三角洲等经济区域"。

3."四大板块":东部、中部、西部和东北地区(2004年以来)

20世纪90年代中后期,国家对区域发展战略作出重大调整,着手实施区域协调发展战略,区域发展布局进入新阶段。1999年9月,党的十五届四中全会提出"国家要实施西部大开发战略"。"十五"计划纲要则更加明确地提出了"实施西部大开发战略,促进地区协调发展"的主张。2002年11月,在党的十六大报告中,提出促进地区协调发展,其中提到了振兴东北。到2003年10月份,中央和国务院制定了振兴东北老工业基地的11号文件,里面提出了振兴东北的若干政策措施、指导方针、目标原则等,"东北振兴"战略呼之欲出。2004年3月5日,温家宝总理在政府工作报告中提出了"促进中部地区崛起"的口号。2004年12月,中央经济工作会议再次提到促进中部地区崛起。2005年3月,温家宝总理在政府工作报告中提出,抓紧研究制定促进中部地区崛起的规划和措施。2006年2月15日,温家宝总理主持召开国务院常务会议,研究促进中部地区崛起问题。"中部崛起"战略进入国家重要日程。在完善"十五"时期相继实施的地区发展战略的基础上,"十一五"规划则进一步细化,提出了"坚持实施推进西部大开发,振兴东北地区等老工业基地,促进中部地区崛起,鼓励东部地区率先发展的区域发展总体战略","四大板块"空间布局格局呈现出来。东部地区包括河北、北京、天津、山东、江苏、上海、浙江、福建、广东、海南,共10个省市;中部地区包括山西、河南、安徽、湖北、江西、湖南,共6个省;西部地区包括陕西、甘肃、青海、云南、贵州、四川、重庆、宁夏、西藏、新疆、广西、内蒙古,共12个省区市;东北地区包括黑龙江、吉林、辽宁、内蒙古东部五盟市(呼伦贝尔市、兴安盟、通辽市、赤峰市和锡林郭勒盟),共3省和内蒙古5盟市。

同时,"四大板块"区域内部包含诸多城市群、城市圈或经济区。如东部地区的长三角地区、珠三角地区、京津冀经济圈、海峡经济区、江苏沿海地区、黄河三角洲经济区;中部地区的中原经济区、中原城市群、武汉都市圈、长株潭城市群、鄱阳湖生态经济区、皖江城市带承接产业转移示范区、太原城市圈等;西部地区的北部湾经济区、关中—天水经济区、成渝经济区等;东北地区的辽宁沿海经济带、辽中南城市群等。

4."四大功能区":优化开发区、重点开发区、限制开发区和禁止开发区

为了优化国土资源开发,规范空间开发秩序,形成具有合理的空间开发结构,统筹城乡、区域、人与自然和谐发展,国家"十一五"规划纲要明确提出:"根据资源环境承载能力、现有开发密度和发展潜力,统筹考虑未来我国人口分布、经济布局、国土利用和城镇化格局,将国土空间划分为优化开发、重点开发、限制开发和禁止开发四类主体功能区。"所谓优化开发区是指国土开发密度已经较高、资源环境承载能力开始减弱的区域;重点开发区是指资源环境承载能力较强、经济和人口集聚条件较好的区域;限制开发区是指资源环境承载能力较弱、大规模集聚经济和人口条件不够好并关系到全国或较大区域范围生态安全的区域;禁止开发区是指依法设立的各类自然保护区域。根据上述要求,国家发改委从2007年上半年开始组织开展主体功能区规划的研究和编制工作。按照规划编制的初步设想和安排,主体功能区划分将以县为单位;区划工作分为国家和省两个层次进行;国家区划负责提出全国性主体功能区,覆盖部分国土;对于国家规划没有划定的区域,由省级规划完成,最后达到国土全部覆盖。

从主体功能区提出直到目前为止,围绕其划分的可行性、科学性和实现途径等问题,争论一直很大。比如,一个地区的资源环境承载力,并不是固定不变的,而会随着技术水平和经济结构的变化而变化。因此,究竟怎样才能对一个地区的资源环境承载力做出客观和准确判断?再比如,理论和实践都说明,一个地区从长期来看究竟具有怎样的发展潜力,并不完全、甚至并不主要取决于其自身所具有的资源环境承载力,而主要取决于其在更大范围内动员和利用社会资源的能力。那么,根据一个地区当前的资源环境承载力,如何对其今后的发展前景做出判断?这些疑虑和争论,说明主体功能区作为一种新的区

域战略和思路,不仅有许多重大理论问题,还有许多现实政策问题需要进一步研究。

(二)区域冲突与区域竞争

计划经济体制条件下,中央政府以指令性的计划投资和生产、管制价格、集中税收与统一金融为基础。在这种"四位一体"的管理体制下,地方政府只是充当中央计划的执行者,不具有独立利益主体的地位,缺乏经济管理权力和资源配置功能,区域之间的冲突和竞争不明显。改革开放以来,随着经济体制变革,一元经济利益主体逐步为国家、区域、企业和个人等多元经济利益主体所取代,地区经济利益主体地位不断加强,企业的经济利益得到政策的承认并在一定程度上体现。但是,从传统产品经济向市场经济转变过程中,新旧体制并行产生了许多前所未有的新矛盾,并使以前较为隐蔽的矛盾显性化、复杂化、多样化。这些矛盾在不同层次的经济中均有所反映。在区域层次上这些矛盾的共同特征是冲突加剧。尤其是近年来,随着我国经济的持续快速增长和融入全球化的步伐加快,国内各地区之间为争取自身有利的发展条件和优势地位,提升本地区的经济水平,在要素资源(如外资、能矿资源、人才)、产业项目、产品贸易、政策环境、区域形象等诸多领域,不断展开或直接或间接、或明或暗的角逐、争夺或竞赛。

总的来看,改革开放以来,我国区域竞争和冲突可以划分为三个阶段,即"争资金、争市场、争份额"阶段;"争要素"阶段;"争名分"阶段。这三个阶段没有明确的界限,也就是说,在"争资金、争市场、争份额"阶段也包含着"争要素"成分,在"争要素"中也存在着"争资金、争市场、争份额"内容,而主要的区别就在于这一期间,这个要素表现得更为突出罢了。

1."争资金、争市场和争份额"(20世纪80年代至90年代初)

20世纪80年代至90年代初,中国区域经济领域发生了两轮区域经济冲突。这两轮区域经济冲突的基本线索是:重复建设(即盲目引进与重复布局)→原料大战→市场封锁→价格大战。回眸过去的两轮区域大战,与80年代的相比较,90年代的区域经济冲突在规模、涉及范围、破坏性程度等方面都要甚于前一次。总的来说,从改革开始至社会主义市场经济体制确立,区域冲突大致可分为以下三个阶段。

第一阶段(1980—1984年)为盲目布局与盲目引进阶段。在"分灶吃饭"等改革措施实施后,各地区获得了一定的财政、投资与外贸等权力,地方经济利益得到明确承认。同时,当时的价格体系存在较多的问题且仍然具有较大的刚性,其中对区域经济关系影响很大的主要问题是,比较而言能源与原材料的价格偏低而加工业产品的价格偏高。在这种背景下,出于对财政收入的追求,各地区竞相向见效快、价高利大的加工工业投资,竞相从国外引进这些加工工业的设备与技术,重复引进颇多。由于各地区财力有限,资金分散,投资规模小,大部分新建企业与规模经济要求相去甚远。这一阶段的冲突造成全国性投资膨胀、区域产业结构趋同、企业规模不经济以及加工能力与能源、原材料的供给严重失衡等恶果,并为下一阶段的冲突升级埋下了种子。

第二阶段(1985—1988年)为原料大战阶段。在原材料供应严重短缺的情况下,各地区为了不使本区内的加工能力闲置,政府、企业甚至个人纷纷加入原材料大战行列,区域经济大战此起彼伏,而且冲突剧烈。资源省区采用各种强制性手段明令禁止区内农副产品与原材料输出,到处封关设卡。当时有人惊呼"再没有不设防的城市"。加工省区则以抬高价格、强行闯关等方式抢购。这一阶段的冲突使全国与区域经济关系进一步混乱。由于投入物的售价不断被抬高,中间产品、最终产品的价格轮番上涨,全国物价总水平上涨幅度大,通货膨胀日益严重。与此同时,扭曲的价格信号导致农副产品及原材料的需求虚假,经过涨价与产量扩张的交替影响,许多农副产品与原材料过剩,大量资源浪费或闲置,许多农民与小的原料生产厂家损失惨重。

第三阶段(1989—1992年)为市场封锁阶段。在农副产品、原材料出现过剩的同时,加工产品因盲目生产也普遍出现供大于求的现象。为了治理过热的经济而采取的紧缩政策加大了企业的市场压力与需求约束。在这种情况下,卖方市场向买方市场转变,市场开始疲软,各地经济增长趋于缓慢,市场成了企业发展、地方财政收入增加以及社会劳动者收入提高的关键。于是,以保护本地市场不被侵占为主要内容的区域间市场封锁逐步蔓延,各种以经济、行政乃至法律手段建立起来的关卡遍布全国各地。地区封锁具有传导性,在一些地方制订并实施了封锁规定后,其他地方便纷纷效仿,因没采取封锁的地区普遍认为"早封锁得利,迟封锁吃亏,不封锁遭殃"。区域市场封锁加剧引发了全国市场疲软、经济滑坡、区域间经济联系断裂等问题。此外,在紧缩的货币政策影响下,企业不仅产品价值实现困难,而且周转资金严重短缺。为了维护本地经济发展,除采取市场封锁外,各级地方政府还插手资金流转领域,清理企业债务时采取"先区内后区外"的清欠原则,致使"三角债"愈来愈复杂,最终中央政府不得不出面组织清理"三角债"与限产压库工作。

2. "争要素"(20世纪90年代至21世纪初)

1992年,我国确立社会主义市场经济体制为经济体制改革的目标模式,但一些冲突仍然存在,而且冲突所造成的许多后果至今仍影响着地区经济与国民经济的发展。随着体制目标模式的确立,"八五"初期出现了全国性的、以集体经济和私营经济为主、各种经济成分全面异常扩张为特征的第二轮区域重复建设与区域对抗,导致了"八五"后期全国经济过热及随后的市场需求不足,并恶化了之前就已存在的"假冒伪劣"产品与"三角债"等一系列问题。可以说,1992年以来不仅没有找到有效克服或管理之前产生的冲突的办法,而且发生了新一轮影响更广泛的区域经济冲突。

新一轮重复建设与20世纪80年代初相比,具有参与者更多因而扩张速度更快、其导致的恶性价格战的负效应更大等特点。"九五"计划确定了化工、机械、汽车、电子与建筑五大产业为支柱产业。以化工产业为例,大量低水平的重复建设造成了生产能力过剩、资金和资源的大量浪费,雷同的低水平产品过多又导致了企业的恶性竞争,企业亏损,甚至濒临破产。但"九五"规划编制时全国有23个省区市把化学工业作为支柱产业。目前大多数化工产品能力严重过剩,企业开工率仅为60%左右。有的整个行业的生产能力最多发挥50%。尽管如此,但仍有不少地区热衷于上化工项目。

除五大支柱产业外,其他行业也普遍存在重复建设问题。以羊绒衫与农用车为例,1992年,全国羊绒衫生产厂不足10家,随着羊绒市场利好,全国各地纷纷上羊绒衫项目,至1998年在不到6年的时间里全国大小羊绒制品加工企业已达2600家,加工能力达2000万件(目前利用率不到一半),加工能力是原绒产量的5倍,产量大于市场需求5倍以上,全国性开工不足与压价竞争在所难免。原绒价格已从最高时的240元/斤下降至40~60元/斤,同时国际市场羊绒价格也随之下跌,羊绒衫价格更是一跌再跌,不仅极其严重地伤害了牧民的利益,而且导致国家羊绒出口一项损失超过1亿美元,加工厂家自然是多败俱伤。农用车市场自90年代初开始火爆,面对需求旺盛的市场,不仅农机企业纷纷转产,众多汽车企业集团也加入农用车市场的角逐。1997年全国农用车生产企业达247家,平均每省区市8家,各地为了争夺有限的市场而展开了一场恶性价格战,结果同样是一损俱损。1997—1998年全国农用车产量增长了7.6%,但利润总额却减少了20多亿元。随着卖方市场向买方市场的转变,区域间价格战所涉及的领域越来越多,近几年来,行业自律价与自律公约层出不穷。这一方面说明越来越多的利益主体认识到了区域冲突的危害,有切肤之痛,同时也从一个侧面反映了90年代以来区域重复建设问题是何等严重。

3."争名分"(2007年以来)

2007年以来,随着国家批准重庆市和成都市设立"全国统筹城乡综合配套改革试验区"以及武汉城市圈和湖南长株潭城市群为"全国资源节约型和环境友好型社会建设综合配套改革试验区",我国区域经济发展实践中一个引人注目的现象是:以前往往是各地"争资金"、"争市场",今天转向了"争名分",地方政府积极打破行政区的约束,主动倡导或争取设立相关的经济合作区。继重庆、成都"统筹城乡综合配套改革试验区"和武汉城市圈、长株潭城市群"'两型'社会试验区"以来,皖江城市带承接产业转移示范区、海峡西岸经济区、关中—天水经济区、黄河三角洲高效生态经济区、鄱阳湖生态经济区、北部湾经济区等一批地区发展规划,获得国家批复,上升为国家战略。由此伴生,除"珠三角"、"长三角"、"环渤海"、"京津冀"、"黄淮海"等人们熟知的区域概念外,"海西经济区"、"关中—天水经济区"、"成渝经济区"、"中原经济区"、"长株潭一体化"、"郑汴一体化"、"西咸一体化"等一系列新名字也频频见诸媒体。各地的"名分之争",其实质是区域竞争的深化和新的表现形式,其目的主要在于,希望以区域规划的整体诉求,获得国家层面的认可,进而争取或多或少的一些优惠或者支持政策措施。同时在招商引资、集聚生产要素等方面获取竞争优势。

(三)经济区设立与区域关系优化

1. 经济区设立优化了区域空间布局

经济区的设立,对于完善我国区域布局,优化区域关系,意义重大。《广西北部湾经济区发展规划》、《珠江三角洲地区改革发展规划纲要》、《支持福建加快海峡西岸经济区的若干意见》、《江苏沿海地区发展规划》、《辽宁沿海经济带发展规划》、《黄河三角洲高效生态经济区发展规划》、《长江三角洲地区区域规划》、《深圳经济特区一体化》、《海南国际旅游岛建设发展规划纲要》等区域规划和政策性意见的相继实施,北部湾经济区、海西经济区、黄河三角洲高效生态经济区等经济区的设立,加上"珠三角"、"长三角"、"京津冀"、山东半岛城市群等地区,我国东部沿海地区发展布局格局基本形成。武汉城市圈和湖南长株潭城市群"全国资源节约型和环境友好型社会建设综合配套改革试验区"、"皖江城市带承接产业转移示范区"、《促进中部地区崛起规划》、《鄱阳湖生态经济区规划》等获得国家批示,以及中原经济区有望上升为国家战略,中部地区将形成中原经济区和长江中游经济带(武汉都市圈、长株潭城市群、皖江城市带和环鄱阳湖城市群)"两大支柱"共同支撑中部地区崛起的战略格局。《关中—天水经济区发展规划》的获批,使关中—天水经济区有望成为我国西北地区重要的增长极。成渝经济区有望获批,成渝地区将成为带动我国西南地区经济社会快速发展的重要增长极。《辽宁沿海经济带发展规划》、《图们江区域合作规划纲要》等获批,辽宁沿海地区和图们江地区将形成推动东北振兴的战略引擎。

2. 经济区设立深化了区域分工与协作

近年国务院相继批准实施诸多区域规划和区域性的政策性文件,特别是2009年,审批数量之多、时间之密集等,前所未有。总览这些获批的区域规划,它们有个共同的特征,就是依据地域特色、竞争优势以及产业基础,制定合理的、体现区域特色的发展定位。比如,黄河三角洲高效生态经济区的"环渤海地区重要的增长区域、全国重要的特色产业基地、全国重要的后备土地资源开发区、全国重要的高效生态经济示范区";皖江城市带承接产业转移示范区的"合作发展的先行区、科学发展的试验区、中部地区崛起的重要增长极、全国重要的先进制造业和现代服务业基地";鄱阳湖生态经济区的"全国大湖流域综合开发示范区、长江中下游水生态安全保障区、加快中部崛起重要带动区、国际生态经济合作重要平台";关中—天水经济区的"全国内陆型经济开发开放战略高地、统筹科技资源改革示范基地、全国先进制造业重要基地、全国现代农业高技术产业基地和彰显华夏文明的历史文化基地";等等。合理的发展定位，为区域发展指明了方向和重点，同时也为区域的分工与协作奠定了基础。经济区的设立有望成为一个新的探索，就是体现区域特色，优化区域关系，促进良性竞争。因为经济区更强调经济内在联系，强调要素市场配置，降低交易成本，最重要的是消除行政壁垒。另外，从国家层面上看，可以形成整个国家范围内不同特色、不同重点、优势互补的大框架。这样，在布局、引导上会出现差异化发展。

3. 经济区设立推动了区域经济快速增长

当前我国区域经济中的一个突出问题，就是空间开发无序现象十分严重。区域经济的持续增长以过度占用土地、矿产、水等资源和环境损害为代价，不同区域都不同程度地存在着忽视资源环境承载力的盲目开发现象。经济区设立是国家意志落实为区域规划的顶层发展战略的具体体现，用区域发展的空间约束，摒弃各自为战、盲目发展、"诸侯割据"，从而实现区域的科学发展、可持续发展。以海西经济区为例，中央的"十一五"决策提出后，"海西"建设得到了各部委的大力支持。国家发展和改革委员会派出代表团到福建调研，专门研究海西问题；铁道部投资 1000 多亿元修建温福、福厦等数条大铁路；交通部在福建上马了多条高速公路、港口建设项目。此外，共有十几个部委和中央直属企业与福建签了协议书、备忘录等文件，大力支持海峡西岸建设。同时，随着驱动发展的引擎"功率"越来越强大，国内外金融机构纷纷抢滩海峡西岸经济区。国内主要银行均在海峡西岸设有分支机构；有 4 个国家和地区的 7 家银行在福建省开设了 7 家代表处；有 6 个国家和地区的 12 家银行在福建省设立了 16 家营业性机构；有 11 家外资银行机构获准经营人民币业务；有 83 家台、港、澳资企业投资入股福建省 23 家农村合作金融机构。2008 年，福建省 GDP 总量首次超过 10000 亿元，达 10863 亿元，增速达到 13%；人均 GDP 突破 3 万元。

四、经济区的设立与中国内地经济增长极形成

目前,我国已形成了以上海为中心的长江三角洲,以广州、深圳为中心的珠江三角洲和以北京、天津为中心的环渤海经济圈三大增长极。三大增长极的形成、发展和壮大,进一步增强了东部地区经济发展的活力,同时也带动全国经济的快速发展。然而,这三大增长极都分布在东部沿海地区,而幅员辽阔的内陆地区尚未形成一个与之相应的增长极,这不仅制约我国内陆地区的发展,同时也影响着全国发展的大局。如何培育形成我国内陆地区重要的增长极,使之与沿海三大增长极相互呼应,共同支撑未来中国经济的发展,理应成为学界关注和研究的重大课题。

(一)内陆地区经济增长极研究进展

增长极理论告诉人们,要使一个国家或一个地区的经济迅速起飞,则必须根据区域不平衡发展状况,创造增长极,使条件优越的地区尽早达到起飞的临界点,进而实现经济全面崛起。我国非均衡战略的实施,不仅促进了国民经济的持续快速发展,同时也培育形成了长江三角洲、珠江三角洲和环渤海经济圈等三大增长极。目前,这三大增长极已被国内外公认为中国经济的三大增长极,然而,对于谁是中国的第四增长极、第五增长极,官方和学界众说纷纭,争论不断。目前已经提出的准第四增长极主要有东北地区、中部地区、长武郑、华中金三角、海峡西岸经济区、成渝经济区、北部湾经济区、"西三角"、辽宁沿海经济带、鄱阳湖生态经济区和武汉城市圈。而提出第五增长极的则有"汉三角"、湖北省、长株潭、中原经济区等几个地区。

关于国家第四增长极之争,主要集中在东北地区和中西部地区。振兴东北老工业基地的提出,拉开了国家第四、第五增长极争论的大幕。2003年,振兴东北老工业基地战略的实施,开始让人们憧憬东北将成为继珠江三角洲、长江三角洲和京津唐地区之后的中国内地经济第四增长极,并将开创一个"新东北时代"。李靖宇等(2004)认为,把东北部地区建设成开发型的现代装备

生产基地、高新技术产业化基地、能源产品深加工基地、绿色农业基地与生态林业基地，使之成长为继珠江三角洲、长江三角洲、环渤海经济圈之后的中国第四大经济增长极。

与此同时，有关专家也提出不同的意见，认为中部地区应成为国家第四增长极。秦尊文(2003)指出由武汉、长沙、南昌构成的华中"金三角"，在地理上与大北京、长三角、珠三角之间能形成一个菱形四角的互动架构，则可望成为拉动中国发展的"四驾马车"。2005年，他又撰文提出，中部地区具有较强的经济实力和经济联系，丰富的自然资源和雄厚的产业基础，突出的区位优势和优越的交通条件，较雄厚的科技实力和不竭的创新能力，完全可以建设成为中国经济增长"第四极"。童中贤(2008)认为，整合中原城市群、武汉都市圈和长株潭城市群，涵盖以武汉、郑州、长株潭为中心的武汉城市圈(1+8)、中原城市群(1+8)、长株潭城市群(3+5+1)以及河南的驻马店、信阳等组成的空间区域，共同构筑形成长武郑大都市带，打造中国经济增长第四极。同时，还有专家认为，加快以武汉为首的武汉城市圈建设，完全有可能形成中部地区强劲的增长极，并通过加强与中部各城市圈的联动协作，进而发展成为继长江三角洲经济圈、珠江三角洲经济圈和环渤海经济圈之后的全国第四增长极。

地区发展上升为国家战略，使第四极之争日益激烈化。叶飞文(2006)提出，可把海峡经济区建设成为继珠江三角经济区、长江三角洲经济区、环渤海经济区之后中国经济的第四个重要增长极，进一步实现经济的腾飞。厉无畏(2008)认为，北部湾的区位优势很好，它处于东部沿海和西部地区的交会处，既是西部地区重要的出海通道，也是华南通向西南的战略要道，既能承接东部带动西部，又能推动东、中、西共同合作发展，所以它应当成为中国第四个经济增长极。曹志来(2009)指出辽宁沿海经济带可成为中国经济第四增长极。童小平(2009)认为，成渝经济区实力高于大武汉城市群、中原城市群、长株潭城市群、关中城市群等，资源聚集好、产业基础好、城市基础好、要素功能好、发展潜力比较大，将仅次于长三角地区、珠三角地区、京津冀地区，是最有条件成为中国第四增长极的板块。陆大道(2009)也认为，国家的经济重心，支柱是长三角、珠三角、京津地区，就现在的发展看，成渝经济区有条件、有实力成为中国第四增长极。傅修延(2010)认为，建设鄱阳湖生态经济区，有利于加快两大经济带(沿干线铁路经济带和沿长江经济带)的融合发展,最终导致以武汉、长沙、南昌为复合中心的中部经济板块的形成,并有望成为中国的第四增长极。

"西三角"概念提出,使第四极之争再掀波澜。2009年3月,全国"两会"期间,重庆市常务副市长黄奇帆在中共中央政治局常委、全国人大常委会委员长吴邦国参加重庆代表团审议时,就正式抛出了"西三角经济圈"的概念,其核心内容是,分布在西部的重庆经济圈、成都经济圈、以西安为中心的关中城市群联合,大西南与大西北联手,共同打造中国第四增长极。魏后凯(2010)认为,离两江新区最近的三省市(重庆、四川和陕西),最有条件率先启动区域合作,打造成为媲美珠三角、长三角和环渤海的中国经济第四极。

第五增长极也是专家学者探讨的热点。陆大道、陆玉麒(2003)较早地提出了"汉三角"或"汉长昌大三角"这一空间板块概念,认为建设由武汉、长沙、南昌组成的"汉三角",使之成为继长江三角洲、京津唐、珠江三角洲、辽中南四大沿海城市集聚区之后的中国"第五个区域增长极",是21世纪中国宏观空间布局战略中的一个重要之举。陆玉麒、董平(2004)又进一步提出,从未来的发展趋势看,由武汉、长沙、南昌组成的"汉三角"将是中国"第五个区域增长极",建设"汉三角"是21世纪中国宏观空间布局战略中的重中之重。徐勇等(2003)认为,所谓第五增长极,泛指人口高度密集、耕地资源稀缺、以传统农业为主导产业的地区,通过引入新的生产要素,挖掘新的动力,构建新的增长模型,促进经济增长、社会进步、生态改善、群众安居乐业,实现区域协调发展。这一地区主要包括中部腹地的湖南、湖北、江西、安徽、河南、山西,也包括东北三省的农业地区,西部的川西平原、渝东山地、陕南地区,甚至包括东部地区的传统农业地区。《潇湘晨报》(2003)撰文指出,依托区位优势以及其他方面的优势,长株潭将成为发达地区和沿海地区产业向内地转移和扩散的最佳选择承接地、中国未来经济第五增长极。廖涵、肖晓勇等(2005)认为,湖北应成为中国经济的第五增长极。何平(2010)在其《构建"中原经济区"》一文中指出,要把"中原经济区"构建成为全国经济发展的第五个重要增长极。

(二) 内陆地区增长极评析

关于第四增长极、第五增长极之争,仁者见仁,智者见智,都能举出诸多优势、有利条件、重大意义来论证其观点。但是,总的来说,无论是作为第四增长极,还是第五增长极,并非就是人为认定,也不是个别专家学者或地方官员想当然的事情,而是有诸多指标来衡量的,其中最重的就是,其在国家区域发展格局中具有战略意义,具有较强辐射带动能力。

第一,我们从第四增长极来看,东北地区和中部地区在我国区域发展格局占据十分重要的地位。东北地区总面积80.8万平方公里,总人口1.1亿,分别占全国的8.4%和8.2%。2008年,实现生产总值2.8万亿元,占全国的9.4%。东北地区是我国老工业基地,工业基础较好,自然资源较为丰富,但是由于计划经济色彩较为浓厚,虽然改革开放已有30多年,但东北地区在许多方面还不能适应市场经济大环境的要求,出现发展滞后、资源枯竭等一系列问题,经济增长质量和效益比较低。中部地区国土面积102.8万平方公里,总人口3.6亿,分别占全国的10.7%和26.7%。2008年,实现生产总值6.3万亿元,占全国的21.0%。中部地区是我国粮食生产基地、能源原材料基地、现代装备制造基地、高技术产业基地和综合交通运输枢纽。但是,在中部地区发展过程中,也存在着"三农"问题比较突出、工业化和城镇化水平比较低、国民经济运行的质量不高等矛盾和问题。增长极理论认为,经济增长通常是从一个或数个"增长中心"逐渐向其他部门或区域传导。也就是说,作为增长极它首先不是一个大的综合部门或区域,而是作为这个大的综合部门或区域中的一个"点"存在的。当然这个"点"有大也有小。东北地区和中部地区作为中国经济第四增长极,这个极是不是包括整个地区呢?答案显然是否定的。因此,把东北地区或中部地区作为第四增长极显然是不合适的。

"西三角"概念的提出,始于2009年3月的全国"两会"期间,其核心思想就是依托重庆、成都、西安等中心,联合重庆经济圈、成都经济圈和以西安为中心的关中城市群,大西南联手大西北,共同打造中国第四增长极。"西三角"空间范围涉及重庆经济圈、成都经济圈和关中城市群的61个城市,国土面积37.8万平方公里,总人口1.4亿,占全国的3.9%和10.5%。2008年实现生产总值1.58万亿元,占全国的7.1%。"西三角"经济区拥有成都、重庆两个统筹城乡综合配套改革试验区以及关中—天水经济区,是我国重要的先进制造业基地、高新技术产业基地、国防科技产业基地和科教资源聚集区,自然资源丰富,产业集聚程度高,科技支撑能力强,是我国西部地区发展水平较高,发展潜力较大的区域,在国家经济发展中占有较为突出的地位。"西三角"经济区的提出,具有重要意义,但是在如何促进区域的协调发展、加强区域分工协作以及机制构建、资源整合、产业协同等方面,还有待于深入探讨。

表1-1 2008年准第四增长极主要指标情况

名称	国土面积（万平方公里）	占全国比重（%）	总人口（万人）	占全国比重（%）	GDP（亿元）	占全国比重（%）
东北地区	80.8	8.4	10874	8.2	2.82	9.4
武汉城市圈	5.8	0.6	2995	2.3	0.7	2.3
"西三角"	37.8	3.9	14000	10.5	2.2	7.1
海峡西岸经济区	27.3	2.8	8603	6.5	1.91	6.4
成渝经济区	20.6	2.1	9841	7.4	1.58	5.3
中部地区	102.8	10.7	35466	26.7	6.3	21.0
北部湾经济区	4.25	0.4	1260	0.9	0.2	0.7
华中"金三角"	16.6	1.7	7334	5.5	1.7	5.9
鄱阳湖生态经济区	5.12	0.5	2007	1.5	0.4	1.3
辽宁沿海经济带	5.65	0.6	1800	1.4	0.7	2.3
"长武郑"都市带	25.1	2.6	12917	9.7	2.8	9.4

华中"金三角"和"长武郑"大都市带是有关专家学者提出位于中部地区的国家第四增长极。两大准第四增长极资源条件、区位优势等基本相同,而不同之处就是空间范围不同。"华中金三角"包括武汉都市圈、长株潭城市群以及以南昌、九江为中心的赣北城市群,同时加上湖北的宜昌、荆州和湖南的岳阳、益阳、常德,国土面积16.6万平方公里,总人口7334万人,分别占全国的1.7%和5.5%。2008年,实现生产总值1.7万亿元,占全国的5.9%。"长武郑"大都市带除中原城市群、武汉都市圈以及长株潭城市群外,还包括城市圈之间没囊括进去的驻马店、信阳两市,分布着武汉、郑州、长沙等一个副省级城市、两个省会城市、21个地级市和37个县级市共61个城市,国土面积25.1万平方公里,总人口1.3亿,分别占全国的2.6%和9.7%。2008年,实现生产总

值2.8万亿元，占全国的9.4%。无论是国土面积、人口规模，还是从经济发展状况来看，华中"金三角"、"长武郑"大都市带不仅在中部地区，而且在国家发展格局中均占据重要地位。站在中部崛起和全国发展大局的角度来看，培育形成国家重要的经济增长极，具有可行性和可能性。

成渝经济区是西部最为发达的地区，经济规模大，人口数量多，经济密度大，经济发展速度较快，潜力较大。成渝经济区包括重庆的31个区县和四川的15地市，总面积达20.6万平方公里，总人口9840.7万人，分别占全国的2.1%和7.4%。2008年，实现生产总值1.58万亿元，占全国的5.3%。成渝地区会不会成为新的增长极？林凌（2009）认为，这是西部唯一"够格"的地区。毫无疑问，站在西部说，川渝经济板块是"够格"的重要增长极，但是，要说能在全国排上第四增长极的位置，目前"贴签"未免为时尚早。

北部湾经济区、鄱阳湖生态经济区、辽宁沿海经济带、海峡西岸经济区以及武汉城市圈等经济区或城市圈，无论是从国土规模（海西经济区除外）、人口规模，还是从经济总量上，在国家发展格局中地位和作用不是十分突出，其只是在某一个或几个方面在全国具有示范意义，但是要想打造成为中国经济发展的第四极难度很大，任务很重，同时也不现实。作者认为，这几大经济区或者城市圈主要目标，主要是打造成为国家次一级的增长极或者促进地区经济发展核心增长极。

第二，从第五增长极来看，"汉三角"主要包括湖北省的武汉市、鄂州市、黄冈市、黄石市、咸宁市、孝感市、天门市、仙桃市、潜江市、荆门市；湖南省的长沙市、株洲市、湘潭市、岳阳市、常德市；江西省的南昌市、九江市、景德镇市等，涵盖28个城市，总面积15.4万平方公里，总人口6866万人，占全国的1.6%和5.2%。2008年，实现生产总值1.7万亿元，占全国的5.6%。"汉三角"和华中"金三角"的空间范围大致相同，与华中"金三角"相比，少了宜昌、荆州两市，而增加了荆门市，同时少了益阳市。和华中"金三角"一样，构建形成全国重要的增长极具有一定的可行性。

中原经济区以河南省为主体，延及周边一些省份毗邻地区，总面积20多万平方公里，总人口超过1.5亿人，2008年实现地区生产总值2万多亿元，无论是土地规模、人口规模，还是经济发展，在国家区域经济发展中，都占据十分重要的地位。中原经济区是国家粮食生产基地,肩负着国家粮食安全;是国家能源原材料基地,为东部地区发展乃至全国的发展作出突出贡献;是国家重要交通枢纽,承东启西,连贯南北;等等。同时又是面临问题最多、最复杂的区域。因此,把中原经济区打造成为国家重要的增长极,具有必要性、重要性和可行性,对于促进中部地区崛起、完善国家区域经济布局等方面,意义重大。

湖北省和长株潭城市群是中部地区重要省份和中部六大城市群之一,也是国家"两型"社会示范区,在中部占据举足轻重的地位。但是作为国家第五增长极,在全国发展大局中的地位和作用稍显不足。因此,湖北省和长株潭城市群不应陷入国家第五增长极之争,当务之急,就是要联合武汉都市圈、长株潭城市群、环鄱阳湖生态经济区和皖江城市带承接产业转移示范区,共同打造长江中游经济带,培育形成国家重要的经济增长极。

以上所提诸多地区构建成为第四增长极、第五增长极,也具有可行性和必要性。这些增长极均拥有诸如区位优势、资源优势、产业优势等基础条件,在区域经济发展中占有举足轻重的地位,起到至关重要的作用。但是在全国区域发展的大局中,能否起到引领整个区域经济发展,辐射带动更大区域发展,有待商榷。另外来说,关于长江三角洲、珠江三角洲和环渤海经济圈等三大增长极,具体排名尚未有明确说法,何来第四、五增长极之说。所以,笔者认为,关于第四、第五增长极之争,没有多大意义,各地区应把目标定位在国家重要的增长极或者是区域重要的增长极上。再者说来,关于第四增长极、第五增长极,并不是人为认定,而是在于其在国家全局中的地位或经济发展实力等综合指标来衡量的。

(三)构建我国内陆地区经济增长极的思考

我国内陆地区一级经济增长极如何布局,确实需要经过慎重考虑,既要考虑区域经济增长极布局的必要性,又要考虑可行性。所谓必要性就是从促进区域经济协调发展的目的出发,是否需要在一个新的区域建立增长极,以及内陆地区应该建立几个经济增长极更合适的问题。所谓可行性就是所选区域是否具有成为经济增长极的基本条件,以及有没有可能成为区域经济增长极的问题。从必要性的角度来看,至少需要在中部、西北、西南三个区域分别建立四个经济增长极,四个内陆地区增长极同东部已经形成的三个增长极连成轴线,遥相呼应,基本形成我国区域经济协调发展格局。

从可行性的角度来分析,如何确定四个新的区域增长极所依托的城市及城市群,需要考虑以下四个方面的因素:一是具有比较区位优势,即所选定的增长极不仅自身能够发展,而且能够辐射带动周围区域发展,并且通过交通主干线的连接,形成点轴相连的区域发展格局;二是符合区域经济合理布局原则,充分利用区域资源禀赋,发挥自身的比较优势,为全国的区域经济合理分工奠定基础;三是具有较大的城市规模,初步具备成为全国性生产中心、贸易中心、金融中心、服务中心的条件;四是已形成有特色的主导产业,并凭借产业链条延伸产生聚集效应。综合以上四个因素,加快我国内陆地区经济发展,要培育形成以中原经济区为中心的中部地区北部增长极、以长江中游经济带为中心的中部地区南部增长极、以关中—天水经济区为中心的西北增长极、以成渝经济区为中心的西南增长极等四大增长极。

第一,以中原经济区为中心的增长极。加快中原经济区建设,将形成对沿陇海兰新经济带的有力支撑,加强与长三角的对接,强化对大西北的辐射带动,与沿江经济带共同支撑中部地区"东融西拓"的战略布局;同时,依托《国家促进中部地区崛起规划》中的沿京广、沿京九经济带,在内陆地区逐步形成从环渤海到珠三角整个内陆的完整发展布局,构筑沿海经济带向内陆地区纵深推进的战略格局。

中原经济区要立足区位、粮食、文化、城市群和人力资源等优势,实施加快中原崛起、河南振兴总战略,坚持"重在持续、重在提升、重在统筹、重在为民",围绕加快发展、加快崛起这一中心任务,着力保障国家粮食安全,探索不以牺牲农业和粮食、生态和环境为代价的"三化"协调科学发展路子;着力调整经济结构,提高经济发展质量和水平;着力深化改革,扩大开放,增强发展活力;着力改善和保障民生,全面发展社会事业,促进社会稳定和谐,打造形成国家"三化"协调发展示范区、国家粮食生产核心区、文化改革创新发展试验区、国家生态文明建设示范区、国家重要的综合交通枢纽和国家经济发展的重要增长极,在支撑中部崛起、密切东中西联系、服务全国大局中发挥更大作用。

第二,以长江中游经济带为中心的增长极。包括武汉城市圈、长株潭城市群(3+5+1)、鄱阳湖生态经济区和皖江城市带承接产业转移示范区,涉及229个县(市、区),总面积28.5万平方公里,总人口1.2亿,分别占全国的3.0%和9.3%。通过其辐射带动作用,带动湖北、湖南、江西和安徽省的其他地区的发展,同时依托便利的交通条件,向上联系成渝经济区,向下连接长江三角洲,同时,通过江西和湖南呼应珠三角。2008年,实现生产总值2.6万亿元,占全国的8.6%。

武汉都市圈要以转变经济发展方式为核心,以改革开放为动力,以推进基础设施、产业布局、区域市场、城乡建设、环境保护与生态建设"五个一体化"为抓手,创新体制机制,增强可持续发展能力,实现区域经济一体化,把武汉城市圈建设成为全国宜居的生态城市圈,重要的先进制造业基地、高新技术产业基地、优质农产品生产加工基地、现代服务业中心和综合交通运输枢纽,成为与沿海三大城市群相呼应、与周边城市群相对接的充满活力的区域性经济中心,成为全国"两型"社会建设的典型示范区。

长株潭城市群要以"两型"社会建设为契机,进一步解放思想,大胆创新,全面推进各个领域改革,在重点领域和关键环节率先突破,尽快形成有利于资源节约和生态环境保护的体制机制,加快转变经济发展方式,促进经济社会发展与人口资源环境相协调,率先积累传统工业化成功转型的新经验,率先形成城市群发展的新模式,把长株潭城市群建设成为全国"两型"社会建设的示范区,中部崛起的重要增长极,全省新型工业化、新型城市化和新农村建设的引领区,具有国际品质的现代化生态型城市群。

鄱阳湖生态经济区要以促进生态与经济协调发展为主线,以体制创新和科技进步为动力,转变发展方式,创新发展途径,加快发展步伐,着力构建安全可靠的生态环境保护体系、调配有效的水利保障体系、清洁安全的能源供应体系、高效便捷的综合交通运输体系;重点建设区域性优质农产品生产基地,生态旅游基地,光电、新能源、生物及航空产业基地,改造提升铜、钢铁、化工、汽车等传统产业基地,全力打造全国大湖流域综合开发示范区、长江中下游水生态安全保障区、加快中部崛起重要带动区和国际生态经济合作重要平台,努力把鄱阳湖地区建设成为全国生态文明与经济社会发展协调统一、人与自然和谐相处的生态经济示范区。

皖江城市带承接产业转移示范区要立足安徽,依托皖江,融入长三角,连接中西部,积极承接产业转移,不断探索科学发展新途径,努力构建区域分工合作、互动发展新格局,全力打造成为合作发展的先行区、科学发展的试验区、中部地区崛起的重要增长极、全国重要的先进制造业和现代服务业基地,努力把皖江城市带建设成为产业实力雄厚、资源利用集约、生态环境优美、人民生活富裕、与长三角有机融合、全面协调可持续发展的示范区。

第三,以关中—天水经济区为中心的增长极。包括陕西省西安、铜川、宝鸡、咸阳、渭南、杨凌、商洛(部分区县)和甘肃省天水所辖行政区域,面积7.98万平方公里,2008年末总人口为2939万人,占全国的0.8%和2.2%,直接辐射区域包括陕西省陕南的汉中、安康,陕北的延安、榆林,甘肃省的平凉、庆阳和陇南地区。同时,利用陇海线、兰新、兰青、包兰线等铁路干线和横穿西北的"欧亚大陆桥"高等级公路,进一步发挥对乌鲁木齐、西宁、兰州和银川等省会城市的辐射带动作用,促进西北经济快速增长。2008年,实现国内生产总值4747.4亿元,占全国的1.6%。

关中—天水经济区应按照"一核、一轴、三辐射"的战略布局,着力转变发展方式,推进自主创新,优化经济结构,强化产业支撑,加强基础设施建设,完善公共服务设施配置,加强生态环境建设,积极推进城乡一体化,不断提高区域经济实力和竞争能力,率先建成内陆开放型经济区,率先构建创新型区域,率先实现城乡一体化发展,率先建成基本公共服务均等化示范区,全力建设"一个高地、四个基地",即全国内陆型经济开发开放战略高地、统筹科技资源改革示范基地、全国先进制造业重要基地、全国现代农业高技术产业基地和彰显华夏文明的历史文化基地,形成"建设大西安、带动大关中、引领大西北"的发展新格局。

第四,以成渝经济区为中心的增长极。可以通过重庆到贵阳的高速公路,借贵阳与广西、云南联系起来,在北部湾建立成渝经济带的出海口,使成渝经济带对整个西南地区产生辐射带动作用。成渝经济区要依托重庆、成都为核心,充分发挥"双核"优势,打造形成"双核五带"布局格局,做大做强重庆、成都规模,全力打造经济繁荣、社会和谐、环境优美的国际大都市;重点建设沿长江发展带、成绵乐发展带、成内渝发展带、成遂渝发展带、渝广达发展带等五大经济带;重点发展装备制造业、汽车及零配件、电子信息产业、航空制造及研发、冶金和材料产业、化工产业、轻纺食品和医药产业等八大产业,着重建设全国重要的重大装备制造业基地;有重要影响的汽车摩托车整车及零部件生产研发基地;国家电子信息产业基地;国家民用航空、航天研发制造基地;国家重要的石油天然气化工和盐化工基地,全力打造国家新的重要增长极、引领西部大开发大开放的核心区、国家统筹城乡改革发展的试验区、长江上游生态文明建设的示范区,形成辐射带动西南乃至西部地区重要增长极。

第二章 建设中原经济区的时代背景

"实现中原崛起"的概念,自提出至今已近 20 年。近 20 年间,中原崛起保持了好的态势、好的趋势和好的气势,已站在了一个新的历史起点上。在应对国际金融危机冲击的背景下,伴随着新一轮区域发展布局的推进,加快转型发展、协调发展、科学发展,已成为各地区谋划"十二五"时期发展战略的关注重心。在新的发展时期,要谱写中原崛起新篇章,也必须以大视角启迪大智慧,以大思路谋划大战略。

一、转型发展与全面建设小康社会

河南有 1 亿人口,实现中原转型崛起,全面建设小康社会,是亿万中原儿女的共同心愿和根本福祉。国际金融危机加速了世界经济格局的重构,推动了产业梯度转移和区域经济发展格局的调整,河南要持续保持良好发展势头,就必须充分利用国家的区域发展政策契机,以更加主动的姿态、更加开放的胸怀,积极谋划转型发展,在参与和融入区域竞争中寻求自己的发展定位,在全面建设小康社会上取得新成效。

(一)转型发展是新时期河南发展的必然选择和迫切任务

国际金融危机对我国经济的冲击,表面上是对经济增长速度的冲击,实质上是对经济发展方式的冲击。不加快经济发展方式转变,资源难以为继、环境难以为继、民生难以为继、发展难以为继。当前,河南经济发展方式转变与国内外形势发展需要不相适应,与加快解决经济运行中突出矛盾的要求不相适应,与积极参与国际国内经济合作和竞争、有效应对国际经济风险挑战的要求不相适应,总之与实现科学发展的要求还有很大差距,走科学发展之路,推动经济发展全面转型,破解经济社会发展中的矛盾和问题,对河南而言尤为迫切。①

转型崛起是河南经济社会继续保持较快发展势头的需要。改革开放以来特别是近年来,河南经济社会保持了较高的增长速度。2003—2009 年,河南省生产总值年增长速度分别达到 10.8%、13.7%、14.2%、14.4%、14.4%、12.1% 和 10.9%,均高于全国 GDP 年增长速度。但河南经济增长主要依靠投资拉动,消费和出口拉动有限。2000—2009 年,全省投资对经济增长的贡献率从 33.6% 上升到 70.8%,是经济增长最主要的拉动力;消费对经济增长的贡献率从 60.7% 下降到 28%。2009 年全省经济 10.9% 的增速中,投资拉动在 8 个百分点以上。国际金融危机使河南省经济增长模式的"软肋"凸显,2009 年初全省经济急速下滑就是例证。事实证明,如果不改变主要依赖物质投入、拼资源环境、靠外延扩张的传统发展方式,走转型崛起之路,保持经济平稳较快发展的目标就难以实现。而发展速度一旦过低,不仅全面小康战略目标难以实现,而且会引发一系列矛盾和社会问题。

转型崛起是提高河南经济发展质量和效益的需要。河南已成为全国重要的经济大省。但河南人口多、底子薄、发展不平衡的基本省情没有根本改变,经济大而不强、增长质量和效益不佳的问题十分突出。2009 年,全省生产总值 19480 亿元,居全国第 5 位,地方财政一般预算收入 1126 亿元,居全国第 9 位;人均财政收入 1133 元,全国倒数第一。公共服务人均支出居全国后列。2009 年城镇居民人均可支配收入只相当于全国平均水平的 83.7%,居全国第 16 位;农民人均纯收入只相当于全国平均水平的 93.3%,居全国第 17 位。河南经济增长的质量和效益低的主要原因是产业结构不合理、投资消费失衡、经济发展严重依赖能源原材料等资源性产业(处在产业链的前端、价值链的低端)。所以,只有痛下决心,大力调整结构,实现转型崛起,才能改变经济发展

---

① 参见喻新安:《转型崛起:河南的必然选择与理性决断》,《黄河科技大学学报》2010 年第 3 期。

高速度低效益,甚至有速度无效益的窘况。

转型崛起是实现河南经济社会可持续发展的需要。河南粗放型的经济增长方式与人口、资源、环境的矛盾也越来越突出。河南是全国第一人口大省,许多自然资源总量位居全国前列,但人均资源占有水平相对不足,人均耕地面积比全国平均水平少0.16亩,人均水资源占有量仅为全国平均水平的1/5;2009年全省单位生产总值、单位工业增加值能耗分别比全国平均水平高7.3%、32.3%;河南环境承载能力较弱,水质、大气、土壤等污染严重,化学需氧量排放居全国第5位,二氧化硫排放居全国第2位,亩均化肥施用量比全国平均水平高90%。河南经济总量已经达到较大规模,如果再依靠高投入、高消耗、高污染的增长模式,资源、环境将难以承受。所以,一定要走转型崛起之路,大力发展绿色经济、循环经济、低碳经济等战略性新兴产业,实现由"高碳"模式向"低碳"模式转变,减少对自然资源的依赖。同时,统筹推进经济社会发展与人口控制、资源节约、环境保护,努力以较小的资源环境代价,实现经济社会发展与资源、环境的相适应,人口与资源、环境相和谐。

(二) 全面建设小康社会进入加速推进阶段

党中央对全面建设小康社会提出的明确要求,是河南实现科学发展的重要指针。在新的发展形势和时代背景下,河南面临着新的任务:2015年实现人均地区生产总值36000元,城镇化率提高到48%,即生产总值年均增长10%以上,城镇化率每年提高2个百分点。党的十七届三中全会也全面描绘了新一轮农村改革发展的美好图景,明确提出了到2020年农民人均纯收入比2008年翻一番的目标任务。为贯彻落实党的十七届三中全会精神,2008年10月,河南出台《关于贯彻落实党的十七届三中全会和胡锦涛总书记视察河南时重要讲话精神,进一步推进农村改革发展的意见》,进一步明确河南促进农民增收的"三步走"目标,即到2010年,农民人均纯收入达到5000元;2015年达到7000元;2020年达到10000元,赶上并力争超过全国平均水平。要实现这一目标,意味着到2020年,全省农民人均纯收入要保持年均7.4%的增幅。作为农业大省、人口大省,要顺利完成这一目标是非常艰巨的。这就要求河南以实现社会协调发展和全面进步为指导思想,以提高人民的生活水平为出发点和落脚点,坚持"四个重在",求实求效,用发展和改革的办法解决前进中的问题。通过把中原崛起的工作谋划好、落实好,努力实现跨越式发展,在促进中部地区崛起中发挥更大作用、走在中部地区前列,通过推进中原崛起来加快全面建设小康社会进程。

全面建设小康社会的重点难点都在农村,河南是全国第一农业大省,也是第一农业人口大省,2009年河南农业从业人员比重达到46.5%,高于全国平均水平8.2个百分点,解决"三农"问题任重道远。从地区发展上看,中原城市群、黄淮地区、豫北地区和豫西、豫西南地区经济社会发展不平衡,全面小康的实现程度也不一致。从结构转换来看,城镇化和产业结构调整是重点,河南城镇化率为37.7%,甚至低于部分西部省份,城镇化道路漫长。从产业结构看,现代农业尚未形成规模,工业技术层次低,总体竞争力不强,第三产业发展滞后,无论是就业比重还是增加值比重都低于全国平均水平。从区域创新能力看,全面提高人口素质是重点。这也是河南把人口压力逐步转化为人力资源优势,实现人口大省向人力资本强省转变的迫切需要。从自然资源和社会环境看,可持续发展是重点,河南要加快发展方式转变,形成节约能源资源和保护生态环境的产业结构、增长方式、消费模式。

实现中原崛起,是要建成一个惠及1亿人口的发展水平更高、更全面、更均衡的小康社会。中原崛起是从一个起点开始不断向终点趋进的过程。经过改革开放以来的发展,河南正在向全面小康迈进,社会主义现代化建设进入了一个新的发展阶段,但是,欠发达仍是当前的主要特征。首先是人均水平低。反映一个地区经济发展水平的三大人均指标,即人均生产总值、城市居民人均可支配收入、农民人均纯收入,2009年全省分别仅为全国平均水平的80.5%、83.7%、93.3%;几个重要经济指标所占的比例也明显低于人口的比例:2009年,河南人口占全国的7.1%,国内生产总值占5.7%,城镇固定资产投资总额占5.9%,地方财政收入占3.5%,社会消费品零售总额占5.4%,进出口贸易总额仅占0.6%。其次是结构不合理。如三次产业中第一产业比重高于全国平均水平3.86个百分点,农业省份的特征明显;城镇化水平更是远远落后于全国平均水平。中原崛起过程,正是工农差别、城乡差别、地区差别逐步缩小,工业化、城镇化水平逐步提高,社会保障体系健全,社会主义民主完善,广大人民过上富足生活的过程。

（三）转型发展与全面建设小康社会对区域发展战略提出新要求

适应经济发展新阶段的需要，提高可持续发展能力。2009年河南人均生产总值达到2998美元，基本达到了国际上公认的进入社会矛盾凸显期和黄金发展期并存的标准。国际经验表明，这一时期如果应对得当，经济社会发展就会步入良性轨道，实现全面协调可持续发展，反之就会出现社会矛盾加剧甚至社会动荡的局面。河南是人口大省、财政穷省，保障和改善民生的要求更为紧迫，任务更为艰巨。如果不在保障和改善民生上下更大功夫，推动经济发展方式加快转变，不仅有悖于发展目的，难以扩大消费需求，而且社会难以和谐，甚至会影响社会稳定，进而影响或迟滞实现中原崛起进程。此外，从全球范围看，资源环境已成为制约发展的突出矛盾，再靠过去那种以过度消耗资源和牺牲环境为代价来推动经济增长已难以为继。如果再不通过转变发展方式来节约集约利用资源、保护生态环境，将会出现资源承受不起，环境容纳不下，社会接受不了，发展难以持续的局面。因此，必须顺应经济发展新阶段的需要，加快转变经济发展方式，切实提高可持续发展能力。

适应全球需求结构重大变化，增强抵御国际市场风险能力。国际金融危机使世界经济需求结构发生了重大变化，国际市场需求受到抑制，贸易保护主义抬头，全球贸易和投资增长短期内难以恢复到危机前的水平。而我国长期以来经济增长高度依赖国际市场，对外贸易顺差偏大、投资率偏高、消费率偏低的特征非常明显。河南与全国相比，经济增长也存在内需与外需、投资与消费失衡问题。河南经济总量中外贸出口规模较小，但能源原材料工业受出口间接拉动比重很大。因此，面对后国际金融危机时期国际国内需求结构变动格局，靠高出口、高投资拉动经济增长已难以为继，如果再不通过转变发展方式调整需求结构、增加经济内生动力，经济快速增长将难以保持下去，而发展速度一旦过低，不仅全面小康战略目标难以实现，而且会引发一系列矛盾和社会问题。

适应"后危机时期"竞争形势，抢占制高点、争创新优势。现在正处于经济全球化和国内经济市场化的时代背景下，经济发展面临国际国内双重竞争压力。后国际金融危机时期，国际国内需求不足问题将长期存在，企业、区域之间的竞争将更加激烈。谁的综合竞争力强,谁就能够掌握发展的主动权;竞争力上不去,即便是有市场,也未必能占住。当前,世界主要国家和国内不少地区都在为经济发展作战略筹划,纷纷把新能源、新材料、生物医药、节能环保、低碳技术、绿色经济等作为新一轮产业发展的重点,抢占国际国内经济发展新的制高点。而从总体上看,河南综合竞争力还比较弱,如果不通过推进经济发展方式加快转变,调整经济结构、产业结构,提高自主创新能力,在新一轮区域竞争中不仅不能实现"弯道超车",而且难以继续走在中部地区前列,还有可能位次后移,甚至拖全国全面建设小康社会的后腿。因此,必须发挥比较优势以及科技研发、技术应用上的后发优势,集中引进和突破一批关键技术,加快高新技术产业发展,改造提升传统产业,加速产业结构优化升级,推动经济发展走上创新驱动的发展轨道。

二、全国区域布局的优化与完善

为应对全球金融危机,抓住经济结构调整带来的新一轮发展机遇,2008年以来,国家出台了大量的区域发展规划和产业振兴规划,在拼接着中国"十二五"规划版图的同时,也昭示着新一轮区域发展布局的战略宗旨。作为全国人口大省、农业大省,河南承东启西、连接南北,处于沿海经济带沟通西北内陆地区的关键位置,在新一轮全国区域发展布局中理应有所作为。

(一)国际金融危机对区域发展布局的影响

新中国成立之初,为迅速改变旧中国遗留下来的不合理的产业布局和国防建设的需要,国家利用计划经济体制,集中全国的资源,重点对中西部地区进行了大规模的投资和建设。这一战略思想持续了近30年,并在总体上促进了全国生产力的均衡布局,随着一大批国家重点项目在中西部地区的投资建设,一批沿海地区的老企业的内迁,在较短的时间内为中西部地区奠定了城市化和工业化基础。但不容否定,由于违背了聚集产生规模效益的经济规律,一味以国防原则代替经济原则,加之国家大中型企业"嵌入"式的封闭体制,"发展极"的扩散效应难以发挥,导致国家在内地大规模的投资并未产生良好的效益,地区间的差距并未缩小。①

改革开放以来,在国家梯度发展战略下,国家不断鼓励具有相对发展优势的地区实行与之相适应的经济政策,并制订了包括经济特区、经济带、经济圈在内的一系列区域发展规划,实现了经济由点到线、由线到面的布局,依托良好的资源优势,辐射和带动了一大批与之相关的经济区域的共同成长,为我国经济快速稳定协调发展发挥了重要的作用。② 我们耳熟能详的长三角、珠三角、环渤海等国家重点经济带以及相继实施的东部率先、西部开发、东北振兴、中部崛起的区域发展战略,使各地区比较优势得到了不同程度的发挥。尤其是近10多年来在中央的指导和各级政府的领导下,全国区域经济布局更趋合理,区域经济协调发展取得了更大的成效,已初步形成以城市群为龙头的区域发展基本格局。

随着中国经济的快速发展,人民生活水平有了很大的提高,劳动力成本也随之有所提升,特别是国际金融危机的爆发,推动了国际国内产业分工的深刻调整,各国和地区正瞄准需求紧缩和结构变化的"空当",加快产业结构调整和区域布局,全球产业重新洗牌的趋势愈加明显,我国东部沿海地区产业向中西部地区转移步伐也在加快,大量企业为降低生产成本,谋求在市场低谷时重新调整生产布局,将生产基地或目标市场由沿海向内陆转移。

当前,随着经济的发展和我国市场经济体制的不断完善,人才、物资、资金、技术、资本、信息等不同生产要素的跨区域流动更加便利和频繁。不同地区的资源优势在市场中获得了更为有效的价值认定,在新一轮经济发展过程中,各地区原有的资源优势将面临一个重新定位的过程,经济结构调整、产业转移和区域合作将更趋活跃。这其中,中西部地区丰富的自然资源、社会人文资源、区位优势以及人口和市场优势,将吸引着更多的市场参与和关注,中西部地区也将在日益完善的市场经济体系中迎来更大的发展机遇。③

---

① 参见江浩:《论中国区域经济发展战略的演进和布局调整》,《合肥工业大学学报(社会科学版)》2005年第19卷第3期。
② 参见孔丽频:《各地资源优势将面临重新定位》,2010年9月13日《中国改革报》。
③ 参见孔丽频:《各地资源优势将面临重新定位》,2010年9月13日《中国改革报》。

(二)新一轮全国区域布局态势分析

自国际金融危机发生之后,人们发现,市场空间是广阔的。任何一个地方的发展,必须纳入大区域经济的轨道,才能有出路,有前途。在这种背景下,我国区域经济出现了从未有过的破局性转变,表现在三种积极的现象:地方经济向区域经济转化;产业重组、市场重组得到优化组合;区域协调发展取得了阶段性成果。具体表现为:各地的区域经济联盟、区域合作机制、区域经济空间组合、区域功能分工等,出现了实质性的快速发展。例如,泛珠三角、长三角的概念开始从学术概念向应用性概念转变,其范围开始扩容。《珠三角区域改革发展规划纲要》把珠三角区域经济推向了一个新的发展目标。广西为了加快构建我国大西南出海国际大通道,提出了北部湾经济区划概念。江苏重新制定了苏南、苏中、苏北和江苏沿海经济开发的大战略。上海浦东、天津滨海新区开始着手改革新的综合试验。

目前,为应对全球金融危机,抓住经济结构调整带来的新一轮发展机遇,2008年以来,国家出台了大量的区域发展规划和产业振兴规划,陆续批复了珠江三角洲地区、海峡西岸经济区、江苏沿海地区、关中—天水经济区、中部地区崛起、黄河三角洲高效生态经济区、海南国际旅游岛等十多个区域发展规划。其中,上升到国家层面的区域规划数量超过前四年的总和,速度前所未有。以沿海地区为例,有10多个省份都在进行重大战略谋划,争取国家战略性区域政策支持。2008年以来,国务院批准的沿海区域发展规划和开发举措就有10余项。这些区域规划,既有对长三角和珠三角的重新部署,也有将沿海地区相对薄弱的辽宁沿海、江苏沿海、天津滨海、福建海峡西岸、河北沿海、广西北部湾等地区的开放发展升级为国家战略并给予政策倾斜支持。这是1988年沿海地区全面开放20年后,中央对沿海地区开放开发的重新部署。

归纳来看,近年来出台的这些区域规划和政策性文件都有很强的针对性,都是有的放矢的,这些区域规划和政策性文件主要集中在四类区域①:一是有利于培育经济增长极和提高国家综合国力和国际竞争力的区域,比如长江三

---

① 参见河南省发展和改革委员会:《中原崛起若干重大问题研究报告》,2010年4月。

角洲的指导性意见、珠江三角洲的规划纲要、江苏和辽宁沿海地区的区域规划等。二是有利于推进国际区域合作和提升对外开放能力的区域,如广西北部湾经济区发展规划、图们江合作开发规划纲要等。三是有利于破解特殊困难和提升自我发展能力的地区,如广西、新疆、西藏、宁夏、青海等地区,国家先后搞了一些促进这些民族地区加快发展的政策性文件和指导性意见。四是有利于探索区域发展、区域管理先进模式的地区,比如上海浦东新区、天津滨海新区、成渝统筹城乡综合配套改革试验区、武汉城市圈和长株潭"两型"社会的试验区等。

陆续发布的区域规划,在拼接着中国"十二五"规划版图的同时,也昭示着新一轮区域发展布局的战略宗旨所在,即摒弃各自为战、盲目发展的"诸侯割据"状态,打破行政经济发展模式,用区域发展的空间约束,并以国家意志落实为区域规划的顶层发展战略的方式,以求实现科学发展、可持续发展。因为,当前我国区域经济中的一个突出问题,就是在行政区经济的大环境下,一味追求 GDP 增长,致使空间开发无序现象十分严重,资源更加匮乏,生态环境更加恶化。区域经济的持续增长以过度占用土地、矿产、水等资源和环境损害为代价,不同区域都不同程度地存在着忽视资源环境承载力的盲目开发现象。而通过打破行政区经济的发展模式,能在一定程度上遏制盲目开发行为,有助于形成有限开发、有序开发、有偿开发资源环境的局面。

(三)河南在新一轮全国区域布局中应有所作为

国家大规模展开沿海地区区域规划,是立足全球战略层面的战略部署,有重大的意义。但是,也可能对中西部经济的赶超产生"挤压"。作为全国人口大省、农业大省,河南承东启西、连接南北,处于沿海经济带沟通西北内陆地区的关键位置,在新一轮全国区域发展布局中理应有所作为。根据国家《促进中部地区崛起规划》要求,河南今后一个时期的战略布局需要重点考虑以下四个方面:

一是密切与其他经济区的联系。河南承东启西、连南贯北,区位优势十分突出,战略位置极其重要,要抓住我国产业由东部向中西部转移的战略机遇,延展东西两翼,密切与长三角、珠三角、环渤海、海西等经济区以及成渝、关中—天水等西部重点开发地区的联系,东部平原农区主动承接产业转移,西部丘陵山区要发挥重化工业基础较好的优势,积极推动产业升级,增强对其他区域的辐射带动能力。

二是强化集聚发展。加快生产要素集聚,强化郑汴新区的核心地位,加快发展洛阳新区,发展壮大郑汴洛工业走廊,依托陇海和京广两大交通干线,建设两大产业带,促进生产要素向交通节点城市集聚。

三是加强与邻省的合作。超越行政区以拓展经济区域,推进区域发展,以经济、文化联系为纽带,开展跨省区域协调发展试验,促进资源和要素在更大范围流动和重组,实现各行政区的优势互补,促进资源和要素的优化配置,从而促进经济结构的调整与升级,提高经济运行的质量和效益。

四是加快承接产业转移。产业转移是指一个国家或地区的某些产业向其他国家或地区转移的现象或过程。国际金融危机下的劳动密集型企业,在本来不堪成本上升困扰的时候又叠加了订单大幅下滑的难题,生存更加举步维艰。许多沿海发达地区的企业正在考虑将企业搬迁到土地、劳动力、环保和能源成本更加低廉的中西部地区。这一趋势变化为中西部地区经济发展提供了千载难逢的机遇。为此,要深入实施"大招商、招大商"战略,更新招商理念,创新招商方式,积极承接产业转移,加速工业化进程,为地方经济平稳较快发展奠定坚实的基础。河南是中部地区的一个农业省份,劳动力资源成本优势突出,通过承接产业转移,可以加速农村人口向城镇转移,推进工业化、城镇化和农业现代化进程。

三、中原崛起的历史进程与现状分析

"崛起"不是生存,也不是一般的发展,而是指一个国家或地区成长为具有世界影响的大国或对全局有重要影响力的强势地区。所谓中原崛起,简言之,就是经过长期努力,使河南成为与其历史传承、地理位置、人口数量相适应的中国经济强省、文化强省,区域综合竞争力显著提高,实现经济、社会、政治、文化、生态的全面、协调、可持续发展。

(一)"中原崛起"的提出与演进

从目前可以查到的文献看,最早提出"中原崛起"概念的是李长春同志,时间是1992年1月。时任河南省省长的李长春同志以《加快改革开放,实现中原崛起》(收入1997年中共中央党校出版社出版的《团结奋进 振兴河南》一书)为题撰文提出,"从全国一盘棋的战略出发,为促进东、中、西部经济的协调发展,必须加快中原的振兴和崛起",并指出,"在党的十四大精神指引下,中原一定能够再度崛起"。

2003年3月,《人民日报》对时任中共河南省委书记李克强作了题为《埋头苦干 实现中原崛起》的访谈。李克强指出:目前我国经济正由东向西梯度推进,世界性产业转移也由我国沿海向内地延伸,河南这样一个中部省份要紧紧抓住这个机遇,充分发挥区位优势和比较优势,加快工业化和城镇化,推进农业现代化,努力实现中原崛起。

2003年7月,河南省委七届五次全会召开,全会通过的《河南省全面建设小康社会规划纲要》对实现中原崛起的基本途径、发展布局、战略举措、政治建设和文化建设进行了系统阐述,并第一次以省委全会的名义和全会决议的形式,向全省人民发出"实现中原崛起"的号召。此后,河南省委、省政府对中原崛起的内涵和目标进行了进一步的梳理和凝练。2005年8月,胡锦涛总书记在视察河南时充分肯定了实现中原崛起的奋斗目标和工作思路,指出中原崛起符合中央的精神、符合河南的实际、符合全省干部群众的愿望,要求聚精会神抓好落实,努力推动河南经济社会实现更大发展,在促进中部地区崛起中走在前列。2006年10月,省八次党代会对新形势新阶段下加快中原崛起进行再动员再部署,提出全面贯彻落实科学发展观加快中原崛起的历史任务。2008年7月,省委八届八次全会进一步阐释和丰富了中原崛起的内涵和总目标。

(二)中原崛起的内涵与标准

在所有表述河南发展和前景的"话语体系"中,"实现中原崛起"无疑是最为明晰、凝练和透彻的表达,最富有时代精神,最具有感召力、凝聚力和号召力,其内涵和标准呈现出随着实践的深化而不断拓展的动态特征。

1. 中原崛起的内涵

实现中原崛起,是关系河南历史定位和长远发展目标的战略构想和谋划,关乎河南改革开放发展的大局,关乎中国第一人口大省的历史走向,关乎全省广大人民群众的切身利益和福祉。这里从四个维度对中原崛起加以审视,可以发现它包含了四个要素:

首先,从河南自身所处的社会发展阶段审视,中原崛起意味着河南完成从农业社会到工业社会的转变,基本实现工业化;意味着建设经济强省的宏愿得以实现,多灾多难的中原大地重现历史的辉煌;意味着"全面小康"在中华文明的发祥地成为现实,中原儿女交出无愧于先人的合格答卷。这对一个传统农业大省来说,无疑是一场深刻的"社会革命"。

其次,从河南与同处于经济相对落后地位的中西部省份比较来审视,中原崛起意味着河南的发展要走在中西部地区前列。当前,国际金融危机加速了世界经济格局的重构,推动了产业梯度转移和区域经济发展格局的调整,在包括中部崛起在内的多个区域经济发展总体战略部署基本完成的背景下,未来区域竞争将更趋激烈,中原崛起"不进则退"、"慢进亦退"。

再次,从河南面临的新形势新任务新要求来审视,中原崛起意味着河南的发展要有更强的稳定性、协调性和可持续性,通过经济发展方式的转变、发展模式的创新等途径,不仅要实现量的扩张与质的提升、大而强与富而美的统一,还要实现文化软实力与经济硬实力的统一;不仅要推进物质文明加快发展,还要推进政治文明、精神文明和生态文明共同发展;不仅要以发展生产力、实现共同富裕为目的,还要以提高人民素质、实现人的全面发展为最终目标。

最后,从作为经济区概念的角度审视,中原崛起意味着河南经济发展辐射力和带动力的增强,构筑起对全国区域经济协调发展具有全局意义的"中原平台"。从更为广义的外延出发,中原不仅包括河南省,还包括与河南地缘相亲、人缘相通的周边地区,如山西省的长治市、晋城市,河北省的邯郸市、邢台市,山东省的聊城市、菏泽市、临清市等。目前,这些地区已与河南省的新乡、安阳、焦作、濮阳、鹤壁、济源组成跨省区域性经济合作组织——中原地区经济技术协调会,并已展开不同层次的合作,有着进一步聚焦中原崛起的基础和条件。因此,从这一意义上说,中原崛起不仅仅是河南的崛起,更是中原经济板块的整体崛起。而作为其主体,河南有着更多的责任,也应有更大的作为。

2. 中原崛起是河南几届省委、省政府决策思路的继续和拓展

在经济发展的战略指向上,由提出"加快发展,缩小差距"、"把人口大省建设成经济强省",到明确"实现人均国内生产总值到2020年比2000年翻两番以上,达到3000美元,使全省的发展走在中西部地区前列";在战略目标确定上,从提出"一高一低",到强调"两个较高";在发展战略上,经历了由实施"三大战略"(科教兴豫、开放带动、可持续发展),到"四大战略"(加上"城镇化战略"),再到"五大战略"(加上"中心城市带动战略");在发展途径上,从提出"围绕农业上工业、办好工业促农业",到明确"以工业化为主导,以城镇化为支撑,以推进农业现代化为基础";在发展布局上,从提出发展大城市、中小城市、小城镇"三头并举",到明确"建设大郑州",培育"中原城市群经济隆起带","形成若干个带动力强的省内区域性中心城市和新的经济增长极"。这一切,反映了认识不断深化的过程、思路不断聚焦的过程。

3. 中原崛起标准的不断深化

2003年7月,省委七届五次全会通过的《河南省关于全面建设小康社会的规划纲要》,界定了中原崛起的标准,包括三层意思,即到2020年人均国内生产总值达到3000美元、基本实现工业化、走在中西部地区前列。这显然是在经济层面并从与全国比较、与中西部其他地区比较和河南自身的社会嬗变三个维度,对中原崛起深刻而精辟的诠释。2003年12月,在省委七届六次全会的讲话中,时任省委书记李克强进一步阐述中原崛起的标准——"中原崛起的目标,核心是经济内容,也包括了人文指标和社会稳定的内容。实现中原崛起,加快经济发展是第一要务,同时,必须推进经济政治文化协调发展,必须改革发展稳定全面推进"。2006年10月省八次党代会提出,实现中原崛起,就是要按照科学发展观的要求,经过坚持不懈的努力,基本实现工业化,人均生产总值等主要发展指标赶上或超过全国平均水平,建成惠及全省人民更高水平的小康社会,建成农业先进、工业发达、文化繁荣、环境优美、社会和谐、人民富裕的新河南。2003年省委七届五次全会提出,中原崛起的核心标志是"到2020年人均国内生产总值赶上全国平均水平";2006年省八次党代会修改为"到2020年人均生产总值等主要发展指标赶上或超过全国平均水平";

2008年省委八届八次全会进一步修改为"到2020年人均生产总值等主要发展指标超过全国平均水平"。由"赶上"到"赶上或超过"再到"超过",是依据中原崛起的态势作出的必要调整。

(三)中原崛起的实践探索

"实现中原崛起",凝聚了河南决策层励精图治、在中原大地书写壮丽诗篇的坚定决心,道出了亿万中原儿女的共同心声,它不是一般的经济目标,而是立足省情,深思熟虑作出的政治决断。从目标的确立到思路的形成以及现实的实践过程,中原崛起经历了艰辛的历程。

初步探索阶段(20世纪90年代初至2003年初)。这一时期,省委、省政府明确了"团结奋进,振兴河南"的方针;确立了"一高一低"(经济增长高于全国水平,人口自然增长率低于全国水平)的目标;作出了"围绕农字上工业,上了工业促农业"的决策;提出了"中原城市群"理念;推动了县域经济"十八罗汉"闹中原;实施了高速公路、机场等重大基础设施建设。

破题启动阶段(2003年初至2004年底)。这一时期,省委、省政府制定了《河南省关于全面建设小康社会的规划纲要》;提出中原崛起的目标(实现人均国内生产总值2020年比2000年翻两番以上,达到3000美元);明确"工业化、城镇化、农业现代化"的"三化"路径;确定了中原城市群等四个板块的区域布局;提出并实施了开放带动主战略;推动以郑东新区为核心的"大郑州"建设等。

大力推进阶段(2005—2009年底)。省八次党代会明确提出"两大跨越"(由经济大省向经济强省跨越、由文化大省向文化强省跨越)、"两个建设"(和谐中原建设、党的建设)的任务。省委八届五次全体(扩大)会议,号召贯彻中央"坚持科学发展、着力改善民生、构建和谐社会"三项要求,奋力开创中原崛起新局面,主要包括推进工业强省建设、文化强省建设、和谐中原建设、新农村建设、平安河南建设、河南形象建设、党的建设。

全面提升阶段(2010年以来)。虽然经过不懈努力,河南的发展已经站在新的历史起点上,但人口多,底子薄,基础弱,人均水平低,发展不平衡的基本省情仍然没有根本改变。在此认识基础上,河南省委、省政府提出,以"四个重在"作为河南科学发展的总体要求与实践要领,重点解决钱从哪里来、人往哪里去、粮食怎么保、民生怎么办等问题。

(四)中原崛起的成效与"瓶颈"

近年来,河南上下围绕崛起谋发展、围绕跨越做文章,在中原崛起的征程上迈出了坚实的步伐,整体进入工业化中期阶段,成为全国重要的经济大省、新兴工业大省和有影响的文化大省。目前,全省粮食总产量实现连续 7 年增产、连续 5 年超千亿斤、连续 11 年居全国第 1 位;全省工业总量于 2005 年升至全国第 5 位,跻身全国第一方阵,并实现了由文化资源大省向全国有影响的文化大省的转变。尤其是在应对国际金融危机挑战中,保增长、保民生、保稳定取得明显成效,经济走势呈现惊心动魄的"V"形反转,经济回升向好趋势不断巩固,在逆境中迈出了中原崛起新步伐。

但同时必须清醒地看到,全省经济社会发展还存在不少困难和问题,主要表现在:一是受危机影响和自身长期积累的深层次矛盾制约,经济增长的质量效益仍不理想,部分行业和企业生产经营仍较困难,外贸出口预期目标没有完成;二是人均财政收支水平处于全国后列,社会事业历史欠账较多,公共服务、民生改善与广大群众期盼仍有较大差距,一些涉及群众切身利益的问题还没有得到很好解决;三是经济社会发展进入转型期,各种利益诉求增多,安全生产、社会治安、矛盾化解、社会管理等工作面临新压力,和谐社会建设面临新挑战,统筹经济社会协调发展难度加大。此外,世界经济全面复苏的基础并不稳固,可能是一个缓慢而复杂的过程,一些国家债务危机还在暴露,金融领域风波未平,各国刺激经济政策进退的抉择十分艰难,全球大宗商品价格上涨较快,世界经济不确定、不稳定因素仍然很多。因此,对于中原崛起而言,国际因素和国内因素相互影响,短期矛盾和长期矛盾相互交织,"两难"问题增多,加快中原崛起面临的形势依然复杂。

(五)中原崛起的历史方位

当前,河南正处于工业化、城镇化双加速的发展阶段,既形成了经济增长的强劲内在需求、巨大发展空间,客观上又持续加大着资源消耗和环境承载压力;正处于转变发展方式的关键阶段,既有利于优化经济结构、提升产业整体层次,又形成了尽快改变粗放型发展方式的倒逼压力;处于统筹城乡经济社会发展一体化的重要阶段,既具备以工促农、以城带乡的有利条件,又面临破解"三农"难题、破除城乡二元结构的巨大压力;正处于"黄金发展期"与"矛盾凸显期"相交织的特殊阶段,既有加快发展、走向富裕的共同期待,又有价值观念、行为方式、利益诉求的相互碰撞;正处于应对金融危机、保持经济平稳较快发展的特定阶段,既存在经济格局深刻调整、市场格局重新洗牌的机遇,又面临国际国内经济不确定性、扩大开放难度加大的挑战。

我们应准确把握这一特征,坚持"重在持续、重在提升、重在统筹、重在为民",努力保持好态势、好趋势、好气势,用深化改革的办法来解决发展中的问题,用扩大开放的途径来破解发展中的制约,用加快发展的步伐来实现发展的目标。

四、中原崛起的新形势与新使命

经过全省人民的艰苦奋斗,河南经济社会发展保持了好的态势、好的趋势和好的气势,中原崛起已站在了一个新的历史起点上。在新的发展时期,要结合新形势,体现新要求,顺应新期待,完成新使命。

(一)中原崛起面临的国际国内新形势

近年来,国内外政治经济环境发生了深刻变化,特别是2008年爆发的席卷全球的国际金融危机,对世界经济产生着广泛而深远的影响,对河南的发展也将产生深刻影响。

从国际环境来看。经济全球化的大趋势不会改变,但世界经济增长模式将进入一个艰难的调整过程,全球经济复苏势头向好,但仍不稳固,且经济形势复杂性增强。全球资源、市场争夺呈现不断加剧的态势,各国对市场的开放更趋谨慎,各种隐性的或变相的保护主义抬头。国际政治格局继续朝着多极化方向发展,但围绕气候变化等焦点问题的博弈更加激烈,对能源安全和粮食安全更加关注,改革国际货币金融体系、完善全球治理结构的斗争更加复杂,西方发达国家在对我国经济进行牵制和遏制上有可能达成默契和形成"战略同盟"。世界科技创新正孕育着新的突破,全球产业结构进入新一轮调整升级时期,既为我们在局部领域实现跨越式发展提供了难得契机,也使我们在抢占战略制高点方面面临着更加严峻复杂的挑战。

从全国发展形势看。我国仍处于重要战略机遇期,科学发展观将发挥更加强大的指导和统领作用,经济社会发展将保持长期向好的基本态势,国家宏观调控在更加审慎的前提下日趋娴熟,作为发展中大国回旋余地大的优势将长期存在。但是,传统"大进大出"、粗放型增长模式越来越难以为继,经济社会进入了必须以转型促发展的新阶段,加快转变经济发展方式成为新阶段的重要历史任务;社会矛盾和社会风险可能进入高发期,和谐社会建设任务艰巨、难度明显加大;利益主体日趋多元,在利益格局基本形成的大背景下,改革攻坚更具复杂性和艰巨性。

从省内看,当前,河南正处于工业化、城镇化加快推进的发展阶段,发展动能和发展潜力巨大,内生增长机制日益增强,真抓实干的发展氛围更加浓厚,发展理念和竞争意识提升,投资环境和产业承载能力日益改善,国家扩大内需战略和促进中部地区崛起战略深入实施,这都为加快中原崛起、顺利实现全面建设小康社会宏伟目标奠定了坚实基础。但同时,也能看到,河南发展也面临着诸多挑战。一是在发展水平较低的阶段,要完成转变经济发展方式的历史任务,河南省面临着传统比较优势日益缩小、新的竞争优势形成缓慢的双重挑战。二是在人口多、底子薄、人均水平低的基本省情尚未根本改变的情况下,要与全国人民一道或提前完成全面建设小康社会的宏伟目标,河南面临弥补历史欠账、推进跨越发展的双重任务。三是在担负着保障国家粮食安全重要责任的前提下,要完成在促进中部地区崛起中走在中西部地区前列的历史使命,河南面临着国家战略定位固化和区域经济布局边缘化的双重倾向。四是在利益主体多元化、利益格局基本形成的时期,深化体制改革、推进机制创新越来越多地涉及利益关系的深层次调整,改革攻坚需要更大的魄力、更高的智慧和更强的统筹协调能力。

(二)中部崛起的形势和压力

2009年国家制定了《促进中部崛起规划》,明确提出了中部崛起总体目标、重点任务和各项政策措施等,为中部各省加快发展提供了难得的机遇。

《促进中部地区崛起规划》(以下简称《规划》)明确指出,当前中部地区面临诸多制约长远发展的矛盾和问题:"三农"问题突出,农业稳定发展和农民持续增收难度增大,统筹城乡发展任务繁重;工业化水平不高,发展方式依然粗放,产业亟待调整和振兴;城镇化水平较低,中心城市的辐射带动能力不强,农村富余劳动力转移和城镇就业压力较大;地区发展不平衡,革命老区、民族地区、贫困地区发展相对滞后,扶贫开发任务艰巨。基于上述基本判断,《规划》要求中部地区要"着力自主创新,调整优化结构,积极承接产业转移,大力推进新型工业化进程;着力优化空间布局,培育城市增长极,壮大县城和中心镇,积极稳妥地推进城镇化;着力加强农业基础,切实改善农村面貌,加快推进农业现代化,促进城乡一体化发展"。为今后一个时期,加快中部地区崛起、实现经济社会全面协调可持续发展指明了方向和路径。

作为经济总量最大、人口数量最多、人口密度最大的省份,河南必须走在中部崛起前列。因为,这既是中央对河南的要求,是亿万中原儿女的期待,也是现实的迫切需要。党中央、国务院一直高度重视河南的发展,胡锦涛总书记明确要求"河南贯彻科学发展观,抓住机遇、实现跨越式发展,在促进中部地区崛起中发挥更大作用、走在中部地区前列"。而河南辉煌的历史和卓越的实践,铸就了中原儿女自尊自强、奋发进取、不甘人后的宝贵精神;改革开放以来取得的巨大成就为走在前列打下坚实基础;人民群众希望河南总体上欠发达的状况能够尽快改变。当然,河南经济社会发展面临的矛盾和制约因素还相当突出,实现跨越式发展还面临诸多挑战,所以现实也要求加快实现中原崛起、河南振兴。

当前,促进河南走在中部崛起前列具有一系列优势和条件:比较优势明显,有好的发展态势;战略谋划能力不断提升,有好的发展气势;优势潜力得到进一步发掘,有好的发展趋势。但是,由于河南还存在产业结构不合理、投资结构亟待优化、要素结构不合理、外贸出口严重滞后和城镇化水平较低等问题,尤其是全国范围内的区域竞争日趋激烈,河南在发展中面临的竞争压力正在不断加大。

中部各省根据自身发展实际,制定了特色鲜明的区域性发展规划,湖北和湖南正在加快建设"资源节约型和环境友好型社会",安徽大力推进"皖江城市带承接产业转移示范区"建设,江西围绕"鄱阳湖生态经济区"发展,积极探索经济与生态协调发展的新模式。从河南发展形势看,受国际金融危机影响,全省经济增长势头有所减缓,主要宏观经济指标增速有所回落,在中部地区位次也出现了一定的下滑。地区生产总值增速由2007年的14.6%下降为2009年的10.7%,位次由第1位下降到第5位;规模以上工业增加值增速由2007年的24.2%下降为2009年的14.6%,位次由第3位下降到第5位;城镇固定资产投资增速由2007年的36.4%下降为2009年的31.3%,位次由第2位下降到第6位;社会消费品零售总额增速虽然由2007年的18.48%上升为2009年的19.14%,但在中部六省中的位次却由第2位下滑到第5位;地方财政收入增速由2007年的26.93%下降为2009年的11.61%,位次由第3位下降到第5位。面对其他省份的激烈竞争,河南发展"不进则退、慢进亦退"。因此,河南需要采取更加有力的措施,加快发展速度、提升发展质量,实现经济社会又好又快发展,走在中部崛起前列。

表2-1 2009年中部六省主要经济发展指标比较 （单位:亿元,元,%）

指标		河南省	湖北省	湖南省	江西省	安徽省	山西省
GDP	绝对值	19480	12961	13060	7655	10063	7358
	增长率	10.9	13.5	13.7	13.1	12.9	5.4
人均GDP	绝对值	20477	22433	20226	17123	16391	21544
	增长率	10	12.8	13.1	16.3	13.5	6.1
财政收入	绝对值	1126.06	800.43	844.96	581.23	863.89	805.8
	增长率	11.6	12.7	16.9	19	19.2	7.7
城镇居民人均可支配收入	绝对值	14372	14367	15084	14022	14086	13997
	增长率	8.6	9.2	9.1	9	8.4	6.7
农民人均纯收入	绝对值	4807	5035	4909	5075	4504	4244
	增长率	7.9	8.1	8.8	8	7.2	3.6

数据来源:《中国统计年鉴(2010)》。

（三）新形势赋予中原崛起新使命

新形势要求河南更加突出中央领导对河南发展的新要求，更加注重转变经济发展方式，更加注重"三化"协调发展，在继续解放思想上迈出新步伐，在坚持改革开放上实现新突破，在推动科学发展上取得新进展，在促进社会和谐上见到新成效。总的来看，新的形势对中原崛起提出了以下几个方面的新要求：

第一，必须以科学发展观统揽中原崛起全局。党中央提出了科学发展观、构建和谐社会等一系列重大战略思想，更加强调全面协调可持续发展，更加强调转变经济发展方式。在研究制订中原崛起建设纲要过程中，有必要对中原崛起的内涵和目标加以丰富与拓展，使之更好地体现鲜明的时代特征。中原崛起第一要务是经济崛起，构建和谐社会、提前步入全面小康是中原崛起的落脚点，促进城乡、区域、经济社会、人与自然全面协调可持续发展是实现中原崛起的基本要求，推动经济结构转型升级和发展方式转变是实现中原崛起的重要途径。

第二，必须围绕支撑中部地区崛起战略实施来推动中原崛起。国家启动实施促进中部地区崛起战略和规划，进一步明确了中部地区在全国区域协调发展格局中的战略定位。中部各省都在根据形势变化，对自身发展目标进行调整，新的形势要求根据区域竞争格局的变化，对中原崛起的内涵主动进行调整。中原崛起要围绕"三个基地、一个枢纽"和构建"两横两纵"经济带，进一步提升中原城市群和沿陇海兰新经济带实力，增强发展活力、动力与竞争力，巩固在中部地区发展格局中的战略地位，形成支撑中部地区崛起的重要板块。

第三，必须服务于完善提升全国区域经济布局来谋划中原崛起。随着国家西部大开发、振兴东北老工业基地、促进中部地区崛起、支持东部地区率先发展等战略的实施，海峡西岸经济区、皖江城市带、关中—天水经济区等10多个区域发展规划先后上升为国家战略。全国区域经济布局正在发生新的变化，客观上东部地区从南到北已渐已形成泛珠三角经济区、海西经济区、泛长三角经济区、环渤海经济区，在这几大经济区环绕下，就是河南所在的中原地区，这一区域需要构建中原经济区，实现中原崛起，从而打造连接东部地区和西部地区的经济通道,强化对国家扩大内需战略的支撑,加快承接国内外产业转移步伐,形成东中西互动、优势互补、相互促进、共同发展的区域发展新格局。

第四,必须立足于国际国内环境和中原地区经济社会发展现状来加快中原崛起。原来我们对于中原崛起内涵和目标的认识,是基于当时国际国内环境和全省经济社会发展基础作出的,也是符合当时河南实际的。但随着近年来的发展,国际国内环境和河南经济社会发展已发生了一些新的变化,有必要在此基础上,对未来10年的经济社会发展的奋斗目标加以提升。要充分结合基本省情,拓展区域范围,兼顾承担国家粮食安全的重任,支撑国家扩大内需战略,探索不以牺牲农业和粮食为代价,加快新型城镇化进程、推进"三化"协调发展的路子,振兴并弘扬中原文化,构建和谐社会,促进中华文明和中华民族的伟大复兴。

第三章　国内经济区建设的经验借鉴

2009年以来,国家相继批复了十四个区域振兴规划。区域规划的密集出台,不仅培育出更多的区域经济增长极,而且有利于促进区域协调发展,改变区域发展失衡带来的消极影响。各经济区在建设发展中积累了宝贵的经验,为中原经济区的建设发展提供了有益借鉴和参考。

一、海峡西岸经济区

海峡西岸经济区是以福建为主体,面对台湾,邻近港澳,北承长江三角洲,南接珠江三角洲,西连内陆,涵盖周边,具有自身特点、独特优势、辐射集聚、客观存在的经济区域,是我国沿海经济带的重要组成部分,在全国区域经济发展布局中处于重要地位。海峡西岸经济区是一个涵盖经济、政治、文化、社会等各个领域的综合性概念,总的目标任务是"对外开放、协调发展、全面繁荣",基本要求是经济一体化、投资贸易自由化、宏观政策统一化、产业高级化、区域城镇化、社会文明化。经济区以福建为主体,涵盖浙江、广东、江西3省的部分地区,人口为6000万—8000万人,预计建成后的经济区年经济规模在17000亿元以上。

(一) 发展背景

海峡西岸经济区战略是在福建省原有发展战略,尤其是在海峡西岸繁荣带战略基础上提出的,这个概念在2004年1月初举行的福建省十届人大二次会议上首次被完整、公开地提出。这一发展思路秉承科学发展、和谐发展、和平发展的理念,力求在促进福建又好又快发展中服务全国发展大局和祖国和平统一大业。2005年1月福建省十届人大三次会议作出了《促进海峡西岸经济区建设的决定》,省第八次党代会对加快推进海峡西岸经济区建设作出了全面部署,进一步明确了海峡西岸经济区建设的内涵、意义和总体部署。2009年5月6日,国务院发布了《关于支持福建省加快建设海峡西岸经济区的若干意见》,表明发展"海西"上升为中央决策和国家战略。

(二)重要意义

加快建设海峡西岸经济区,是中央决策和国家战略的重要组成部分,具有重大的经济意义和政治意义。一是有助于福建在新一轮发展中树立新理念、形成新思路、开辟新空间,充分发挥沿海港口、外向带动、对台合作、生态资源和对内连接等优势,实现经济社会在新的起点上更高水平、更优效益的又好又快发展。二是完善沿海地区经济布局、推动海峡西岸其他地区和台商投资相对集中地区发展的重大举措,将为促进中部崛起、西部开发提供一条快捷顺畅的对外开放战略通道,不断拓展福建发展空间,推进福建与长江三角洲和珠江三角洲的经济对接,形成从环渤海湾到珠江三角洲沿海一线的完整发展布局。三是加强两岸交流合作、推进祖国和平统一大业的战略部署,将进一步促进海峡两岸经济紧密联系、互动联动、互利共赢,使福建成为两岸经贸合作、文化交流和人员往来的结合部、先行区和重要通道。

(三)战略定位

海峡西岸经济区的战略定位:一是两岸人民交流合作先行先试区域。发挥海峡西岸经济区独特的对台优势和工作基础,努力构筑两岸交流合作的前沿平台,实施先行先试政策,加强海峡西岸经济区与台湾地区经济的全面对接,推动两岸交流合作向更广范围、更大规模、更高层次迈进。二是服务周边地区发展新的对外开放综合通道。从服务、引导和促进区域经济协调发展出发,大力加强基础设施建设,构建以铁路、高速公路、海空港为主骨架、主枢纽的海峡西岸现代化综合交通网络,使之成为服务周边地区发展、拓展两岸交流合作的综合通道。三是东部沿海地区先进制造业的重要基地。立足现有制造业基础,加强两岸产业合作,积极对接台湾制造业,大力发展电子信息、装备制造、石油化工等产业,加快形成科技含量高、经济效益好、资源消耗低、环境污染少、人力资源优势得到充分发挥的在全国具有竞争力的先进制造业基地和两岸产业合作基地。四是我国重要的自然和文化旅游中心。拓展闽南文化、客家文化、妈祖文化等两岸共同文化内涵,突出"海峡旅游"主题,使之成为国际知名的旅游目的地和富有特色的自然文化旅游中心。

(四)发展目标

海西经济区的发展目标是建设成为经济持续发展、文化更加繁荣、综合竞争力不断增强、人民群众安居乐业的和谐区域,实现经济又好又快发展新目标。转变经济发展方式、推进经济结构调整取得重大进展,在优化结构、提高效益、降低消耗、保护环境的基础上,综合经济实力显著增强,2012年人均地区生产总值接近或达到东部地区平均水平,地方财政收入突破千亿元,着力科学发展先行,力争在一些领域走在全国前列;2017年人均地区生产总值比2000年翻两番,比全国提前三年实现全面建设小康社会目标;2020年地区生产总值接近或达到4万亿元,科学发展达到新的水平。闽台经济融合不断加强,海峡区域合作取得突破性进展,两岸共同发展的新格局基本形成;增创改革开放新优势;推动闽台交流合作新拓展;开创统筹协调发展新局面;形成科学合理的主体功能区新布局;促进文化建设新发展;构建和谐社会取得新成就。

(五)发展布局

一是延伸两翼、对接两洲。发展壮大闽东北一翼和闽西南一翼,强化福州省会中心城市重心辐射作用,促进闽东北地区加快发展,推动与长江三角洲的对接;发挥厦门经济特区龙头示范作用,加强闽西南区域产业分工协作和市场融合,推动与珠江三角洲的对接。二是拓展"一线两岸四地"。充分挖掘沿海港口、外向带动和对台合作优势,突破两点,进一步增强福州、厦门的辐射带动功能,发挥泉州创业型城市支撑带动作用和漳州、莆田、宁德拓展一线的骨干作用,促进全省沿海的全面繁荣。依托台商投资区、海峡两岸(福建)农业合作试验区、海峡两岸(三明)现代林业合作试验区等载体平台,不断拓展闽台交流合作。全面提升闽港、闽澳合作水平。三是纵深推进、连片发展。发挥三明、南平、龙岩纵深推进的前锋作用,借助生态、资源、对内连接等优势,依托出省快速铁路和高速公路,山海联动,东西贯通,不断向纵深拓展发展空间,密切与周边及广大内陆地区的经济联系。四是和谐平安、服务全局。

二、关中—天水经济区

关中—天水经济区包括陕西省西安、铜川、宝鸡、咸阳、渭南、杨凌、商洛(部分区县:商州、洛南、丹凤、柞水一区三县)和甘肃省天水所辖行政区域,面积7.98万平方公里,2007年末总人口为2842万人,直接辐射区域包括陕西省陕南的汉中、安康,陕北的延安、榆林,甘肃省的平凉、庆阳和陇南地区。

(一) 重大意义

加快关中—天水经济区建设与发展,有利于增强区域经济实力,形成支撑和带动西部地区加快发展的重要增长极;有利于深化体制机制创新,为统筹科技资源改革探索新路径、提供新经验;有利于构建开放合作的新格局,推动西北地区经济振兴;有利于深入实施西部大开发战略,建设大西安、带动大关中、引领大西北;有利于应对国际金融危机的影响,承接东中部地区产业转移,促进区域协调发展。

(二) 战略定位

关中—天水经济区的战略定位:一是全国内陆型经济开发开放战略高地。优化对外开放格局,创新区域合作机制,拓展对外开放空间,提升对外开放水平。二是统筹科技资源改革示范基地。推进科技创新体制改革,加快产学研一体化,统筹军民科技互动发展,促进科教优势向经济优势转化,为建设创新型国家探索新路径。三是全国先进制造业重要基地。以装备制造业和高技术产业为重点,打造航空航天、机械制造等若干规模和水平居世界前列的先进制造业集群,培育一批具有国际竞争力的企业和知名品牌。四是全国现代农业高技术产业基地。以杨凌国家级农业高新技术产业示范区为依托,发展新型农业生产方式,建设现代农业技术推广服务平台。五是彰显华夏文明的历史文化基地。充分发挥历史文化资源集聚优势,建设国际文化交流平台,打造一批具有世界影响的历史文化旅游品牌,展现和弘扬中华优秀传统文化。

(三)发展目标

关中—天水经济区的发展目标:2020年,经济总量占西北地区比重超过1/3,人均地区生产总值翻两番以上,城乡居民收入水平大幅提高。创新能力有新提升,科技创新能力和综合科技实力居全国领先地位,基本建成以西安为中心的统筹科技资源改革示范基地、新材料基地、新能源基地、先进制造业基地、现代农业高技术产业基地。交通、水利、市政、信息等基础设施得到根本改善。实现西(安)咸(阳)经济一体化,城镇化率达到60%。公共服务达到新水平,努力实现基本公共服务均等化。生态环境建设取得新进展。

(四)空间布局

构筑"一核、一轴、三辐射"的空间发展框架体系。"一核":即西安(咸阳)大都市,是经济区的核心,对西部和北方内陆地区具有引领和辐射带动作用。"一轴":即宝鸡、铜川、渭南、商洛、杨凌、天水等次核心城市作为节点,依托陇海铁路和连霍高速公路,形成西部发达的城市群和产业集聚带。"三辐射":即核心城市和次核心城市依托向外放射的交通干线,加强与辐射区域的经济合作,促进生产要素合理流动和优化配置,带动经济区南北两翼发展。以包茂高速公路、西包铁路为轴线,向北辐射带动陕北延安、榆林等地区发展;以福银高速公路、宝鸡至平凉、天水至平凉等高速公路和西安至银川铁路为轴线,向西北辐射带动陇东平凉、庆阳等地区发展;以沪陕、西康、西汉等高速公路和宝成、西康、宁西铁路为依托,向南辐射带动陕南汉中、安康和甘肃陇南等地区发展。

三、沈阳经济区

沈阳经济区由沈阳、鞍山、抚顺、本溪、营口、阜新、辽阳、铁岭8个城市组成，区域面积7.5万平方公里，占全省的50.95%；总人口2359万人，占全省的54.9%。沈阳经济区是全国城市化水平最高的地区之一，是全国综合交通运输体系最发达的地区之一，也是全国建立最早、规模最大、门类齐全、配套完整的重要装备制造业和原材料工业基地。

（一）发展背景

2003年以来，沈阳经济区日益明确了走中国特色新型工业化道路的目标，闯出了区域一体化发展的新路子。2010年4月，经国务院同意，国家发改委正式批复沈阳经济区为国家新型工业化综合配套改革试验区。沈阳经济区作为全国老工业基地核心区和典型代表，以新型工业化为主题进行综合配套改革，在体制机制创新方面先行先试率先突破，加快一体化发展进程，加速建设世界级装备制造业基地和国家重要原材料工业基地，探索解决老工业基地体制机制性矛盾，带动东北等老工业基地向新型工业化转变。

（二）重大意义

沈阳经济区获批为国家新型工业化综合配套改革试验区对辽宁、东北乃至全国战略意义重大。有利于总体解决老工业基地体制机制性矛盾，带动东北老工业基地向新型工业化转变；有利于促进我国参与东北亚经济合作，拓展全国对外开放新空间；有利于加快资源型城市经济转型，增强可持续发展能力；有利于实施全国区域发展总体战略，构建区域协调发展新格局。

（三）战略定位

沈阳经济区战略定位为：一是国家新型产业基地重要增长区。打造具有国际竞争力的先进装备制造业基地，高加工度原材料工业基地，全国重要的技术研发、转化、创新基地,东北地区现代商贸、物流、金融中心。二是建设老工业基地体制机制创新先导区。针对老工业基地振兴发展中的深层次矛盾和问题,先行先试、率先突破、创新体制机制,建设区域创新体系,形成较为完善的综合配套改革政策体系。三是建设资源型城市经济转型示范区。以资源型城市经济转型为重点,大力扶持发展接续替代产业,培植多元化产业发展模式。四是建设以新型工业化带动现代农业发展的先行区。建立以工促农、以城带乡长效机制,壮大县域经济,形成城乡经济社会发展一体化格局。五是建设节约资源、保护环境、和谐发展的生态文明区。提高经济增长的质量和效益,节约利用资源,建设以循环经济为核心的新型工业体系、可持续利用的资源保障体系、和谐宜居的生态环境体系。

(四)发展目标

到2015年,沈阳经济区地区生产总值年均增长15%以上,规模以上工业增加值年均增长20%,万元GDP能耗降低15%,全社会研究与开发经费占地区生产总值比重年均增长1%,化学需氧量、二氧化硫排放量分别削减23%、20%,城镇化率达到70%,经济实力和区域国际竞争力明显增强。到2020年,沈阳经济区将基本实现区域经济一体化,综合经济实力达到中等发达国家水平,成为东北亚地区重要的经济中心。

(五)发展布局

沈阳经济区综合配套改革将充分发挥城际连接带聚集效应,着力构建"一核、五带、十群"。"一核"即建设沈阳特大经济核心区。充分发挥沈阳的核心带动和辐射作用,逐步发展成为东北亚国际性中心城市。"五带"即打造沈抚、沈本、沈铁、沈辽鞍营和沈阜等五条城际连接带。"十群"即以五条城际连接带为载体,打造沈西先进装备制造、沈阳浑南电子信息、沈阳航空制造、鞍山达道湾钢铁深加工、营口仙人岛石化、辽阳芳烃及化纤原料、抚顺新型材料、本溪生物制药、铁岭专用车改装和阜新彰武林产品加工等10个主业突出、优势明显的重调整区域产业结构。

四、黄河三角洲高效生态经济区

黄河三角洲位于渤海南部黄河入海口沿岸地区,包括山东省的东营、滨州和潍坊、德州、淄博、烟台市的部分地区,共涉及 6 个设区市的 19 个县(市、区),总面积2.65万平方公里,总人口约985万人。2009 年 11 月 23 日国务院正式批复《黄河三角洲高效生态经济区发展规划》,中国三大三角洲之一的黄河三角洲地区的发展上升为国家战略,成为国家区域协调发展战略的重要组成部分。发展黄河三角洲高效生态经济,旨在促进环渤海地区整体实力的提升,保护环渤海和黄河下游生态环境,把生态建设和经济社会发展有机结合起来,促进发展方式根本性转变,推动这一地区科学发展。

(一)重大意义

推进黄河三角洲高效生态经济发展,有利于实现开发建设与生态保护的有机统一,开创高效生态经济发展新模式,为其他地区提供有益借鉴;有利于增创区域发展新优势,加快环渤海地区一体化发展,完善全国沿海经济布局;有利于加快培育环境友好型产业,保护环渤海和黄河下游生态环境,实现区域可持续发展;有利于拓展发展空间,为我国有效应对国际金融危机冲击,保持经济平稳较快发展发挥重要作用。

(二)战略定位

黄河三角洲高效生态经济区的战略定位:一是全国重要的高效生态经济示范区。加强以国家重要湿地、国家地质公园、黄河入海口为核心的生态建设与保护,实现经济社会发展和生态环境保护的有机统一,为全国高效生态经济发展探索新路径、积累新经验。二是全国重要的特色产业基地。建成全国重要的高效生态农业基地和循环经济示范基地。三是全国重要的后备土地资源开发区。发挥盐碱地和滩涂资源丰富的优势,推进土地集约高效开发,为环渤海地区拓展发展空间提供有力的土地资源保障。四是环渤海地区重要的增长区域。重点加强与环渤海地区和东北亚各国的经济技术交流合作,成为支撑环渤海地区发展的又一重要区域。

(三)发展目标

到 2015 年,基本形成经济社会发展与资源环境承载力相适应的高效生态经济发展新模式,力争人均地区生产总值翻一番。生态环境不断改善,节能减排成效显著;产业结构进一步优化,循环经济体系基本形成;基础设施趋于完善,水资源保障能力和利用效率明显提高;公共服务能力得到加强,人民生活质量大幅提升。到 2020 年,人与自然和谐相处,生态环境和经济发展高度融合,可持续发展能力明显增强,生态文明建设取得显著成效,形成竞争力较强的现代生态产业体系,开放型经济水平大幅提高,社会事业蓬勃发展,率先建成经济繁荣、环境优美、生活富裕的国家级高效生态经济区。

(四)空间布局

形成核心保护区、控制开发区和集约开发区合理分布的总体框架。核心保护区主要包括自然保护区、水源地保护区和海岸线自然保护带,约占区域面积的 14% 左右。要严格限制各类开发建设活动,稳定生态系统结构,维持生物多样性等生态服务功能,构筑生态安全屏障。控制开发区主要包括沿海岸线的浅海滩涂、高效生态农业区以及黄河现行和备用入海流路。综合开发利用滩涂资源,因地制宜发展农副产品生产和加工、观光休闲农业等产业,在资源环境承载能力相对较强的特定区域,适度发展低消耗、可循环、少排放的生态工业。集约开发区主要包括陆域沿海防潮大堤内以盐碱荒滩地为主的成块连片未利用地和国家级及省级开发区、城镇建设用地,是集聚产业、人口的重要区域和推进工业化、城镇化的重点开发空间。

五、鄱阳湖生态经济区

鄱阳湖生态经济区是以江西鄱阳湖为核心,以鄱阳湖城市圈为依托,以保护生态、发展经济为重要战略构想,把鄱阳湖生态经济区建设成为全国生态文明与经济社会发展协调统一、人与自然和谐相处的生态经济示范区和中国低碳经济发展先行区。地理范围包括南昌、景德镇、鹰潭3市,以及九江、新余、抚州、宜春、上饶、吉安市的部分县(市、区),共38个县(市、区)和鄱阳湖全部湖体在内,国土面积5.12万平方公里,占江西省国土面积的30%,人口占江西省的50%,经济总量占江西省的60%。2009年12月12日国务院正式批复《鄱阳湖生态经济区规划》,标志着建设鄱阳湖生态经济区正式上升为国家战略。这是新中国成立以来,江西省第一个纳入国家战略的区域性发展规划。

(一)重大意义

鄱阳湖流域既是一个相对独立的生态系统,又对长江流域生态环境有着重要的影响。建设鄱阳湖生态经济区有利于探索生态与经济协调发展的新路子,有助于推动工业文明向生态文明迈进,为转变发展方式、实现科学发展提供示范;有利于探索大湖流域综合开发的新模式,有助于保护"一湖清水",维护湿地复合生态系统的完整性和生物多样性,保障长江中下游水生态安全;有利于构建国家促进中部地区崛起战略实施的新支点,为我国开展国际生态经济合作交流提供重要平台;有利于树立我国坚持走可持续发展道路的新形象。

(二)战略定位

鄱阳湖生态经济区的战略定位:一是全国大湖流域综合开发示范区。鼓励率先探索生态、经济、社会协调发展的新模式,走出一条生态良好、生产发展、生活富裕的文明发展之路,为全国其他湖区综合开发和治理发挥示范作用。二是长江中下游水生态安全保障区。发挥保障长江中下游水生态安全的重要作用,大力加强生态建设和环境保护,切实维护生态功能和生物多样性,着力提高调洪蓄水能力,构筑区域生态安全体系。三是加快中部崛起重要带动区。建成全国粮食安全战略核心区和生态高效农业示范区,建成区域性的先进制造业、商贸和物流中心,培育若干在全国有重要影响的重大产业集聚基地,建设国际知名的生态旅游区和休闲度假区,争当中部地区崛起的排头兵。四是国际生态经济合作重要平台。切实保护鄱阳湖"一湖清水",全方位、立体式展示中国坚持生态与经济、人与自然和谐发展的新成就;广泛开展国际经济和技术交流,探索建立国际生态经济合作新机制。

(三)发展目标

按照统筹规划、分步实施的原则,分阶段推进鄱阳湖生态经济区建设:2009—2015年为先行先试、强基固本阶段,主要任务是创新体制机制,夯实发展基础,壮大生态经济实力,初步形成生态与经济协调发展新模式。奋斗目标是:生态建设取得显著成效,生态产业体系初步形成,生态文明社会初步构建。2016—2020年为深入推进、全面发展阶段,主要任务是构建保障有力的生态安全体系,形成先进高效的生态产业集群,建设生态宜居的新型城市群,为到21世纪中叶基本实现现代化打下良好基础。

(四)空间布局

根据自然生态系统的不同特征和经济地域的内在联系,将鄱阳湖生态经济区划分为湖体核心保护区、滨湖控制开发带和高效集约发展区。一是湖体核心保护区。范围为鄱阳湖水体和湿地,以1998年7月30日鄱阳湖最高水位线(吴淞高程湖口水位22.48米)为界线,面积5181平方公里,强化生态功能,禁止开发建设。二是滨湖控制开发带。范围为沿湖岸线邻水区域,以最高水位线为界线,原则上向陆地延伸3公里,核定面积3746平方公里,构建生态屏障,严格控制开发。三是高效集约发展区。范围为区域其他地区,面积4.22万平方公里,集聚经济人口,高效集约开发。

六、北部湾经济区

广西北部湾经济区地处我国沿海西南端,主要由南宁、北海、钦州、防城港四市和玉林、崇左两个市物流中心"4+2"所辖行政区域组成,陆地国土面积4.25万平方公里,2008年末总人口1300万人(不含玉林、崇左)。2008年1月16日,国家批准实施《广西北部湾经济区发展规划》。广西北部湾经济区是我国西部大开发和面向东盟开放合作的重点地区,对于国家实施区域发展总体战略和互利共赢的开放战略具有重要意义。

(一)发展现状

北部湾经济区经济继续保持强劲增长,主要经济指标增幅高于全区平均水平。2009 年 GDP 达 2450.23 亿元,占全区的比重达 31.8%。财政收入 332.39 亿元,占全区的 34.4%。规模以上工业增加值 570.9 亿元,占全区的比重达 25.2%。全社会固定资产投资总额 1994.51 亿元,占全区的 35%。进出口总额 66.39 亿美元,占全区的 46.7%,对全区进出口总额增长的贡献达 62.7%。沿海港口货物吞吐能力突破 1 亿吨,吞吐量达 9407 万吨。新增贷款突破 1000 亿元,占全区的 54.6%。

(二)重大意义

加快推进北部湾经济区开放开发,有利于推动广西经济社会全面进步,从整体上带动和提升民族地区发展水平,振兴民族经济,巩固民族团结,保障边疆稳定;有利于深入实施西部大开发战略,增强西南出海大通道功能,促进西南地区对外开放和经济发展,形成带动和支撑西部大开发的战略高地;有利于完善我国沿海沿边经济布局,使东、中、西部发展更加协调,联系更加紧密,为国家经济社会发展战略注入新的强大动力;有利于加快建设中国—东盟自由贸易区,深化中国与东盟面向繁荣与和平的战略伙伴关系,服务国家整体外交战略。

(三)战略定位

立足北部湾、服务"三南"(西南、华南和中南)、沟通东中西、面向东南亚,充分发挥连接多区域的重要通道、交流桥梁和合作平台作用,以开放合作促开发建设,努力建成中国—东盟开放合作的物流基地、商贸基地、加工制造基地和信息交流中心,成为带动、支撑西部大开发的战略高地和开放度高、辐射力强、经济繁荣、社会和谐、生态良好的重要国际区域经济合作区。

(四)发展目标

经过10到15年的努力,把北部湾经济区建设成为我国沿海重要经济增长区域,在西部地区率先实现全面建设小康社会目标。到2020年,人均地区生产总值超过全国平均水平,经济总量占广西的比重提高到45%左右。经济结构更加优化。合理的产业结构基本形成,三次产业协调发展,自主创新能力和产业竞争力显著增强,现代产业基地、区域新能源发展和能源安全保障基地基本形成,社会主义新农村建设取得重大进展,城乡协调互动发展,城镇化水平稳步提高,中心城市辐射带动作用显著增强。开放合作不断深入。国际区域经济合作区基本建成,经济外向度大幅提高,开放合作的体制机制基本建立。生态文明建设进一步加强。海陆生态环境质量保持优良,成为南中国海海洋生态安全重要屏障区。人民生活全面改善。

(五)空间布局

根据经济社会发展需要和海岸线的自然条件,将北部湾经济区海岸线划分为7种类型:港口及工业岸线、城镇建设岸线、旅游观光岸线、休闲游憩岸线、养殖岸线、生态保护岸线、其他岸线。

根据空间布局和岸线分区,规划建设5个功能组团:①南宁组团。主要包括南宁市区及周边重点开发区,发挥首府中心城市作用,重点发展高技术产业、加工制造业、商贸业和金融、会展、物流等现代服务业,建设保税物流中心,成为面向中国与东盟合作的区域性国际城市、综合交通枢纽和信息交流中心。②钦(州)防(城港)组团。主要包括钦州、防城港市区和临海工业区及沿海相关地区,发挥深水大港优势,建设保税港区,发展临海重化工业和港口物流,成为利用两个市场、两种资源的加工制造基地和物流基地。③北海组团。主要包括北海市区、合浦县城区及周边重点开发区,发挥亚热带滨海旅游资源优势,开发滨海旅游和跨国旅游业,重点发展电子信息、生物制药、海洋开发等高技术产业和出口加工业,拓展出口加工区保税物流功能,保护良好生态环境,成为人居环境优美舒适的海滨城市。④铁山港(龙潭)组团。主要包括北海市铁山港区、玉林市龙潭镇,充分发挥深水岸线和紧靠广东的区位优势,重点建设铁山港大能力泊位和深水航道,承接产业转移,发展临港型产业,建设海峡两岸(玉林)农业合作试验区。⑤东兴(凭祥)组团。主要包括防城港东兴市、崇左凭祥市城区和边境经济合作区及周边重点开发区,发挥通向东盟陆海大通道的门户作用,发展边境出口加工、商贸物流和边境旅游,拓展凭祥经济技术合作区功能,建立凭祥边境综合保税区。

七、成渝经济区

成渝经济区规划初稿提出,成渝经济区包括重庆 31 个区县和四川 15 个市,区域面积 20.6 万平方公里,2008 年户籍人口为 1.016 亿。目前,成渝经济区已纳入国家区域规划编制工作范畴,是继长三角、京津冀之后,第三个纳入国家总体战略的跨省经济合作规划。意味着今后国家重大项目布局、体制改革探索等产业、政策机遇会随之而来,也是加快西部发展的重要一步。

(一)发展现状

成渝经济区,是西部地区经济最发达、经济密度最高的地区。区域经济密度是全国平均水平的 3.2 倍,是西部地区平均水平的 14 倍,2008 年,实现 GDP 14041 亿元,占川渝两省市的 79.8%、西部的 24.1%、全国的 4.7%。经济区内资源要素富集,水资源、天然气资源、矿产资源、生物资源非常丰富,天然气储量占全国的 60% 以上,铝土矿与硫铁矿储量分别占全国的 1/4 以上,铜矿储量占全国的 1/3,中药材产量占全国药材总产量的 1/3 以上,是全国最大的中药材基地。

(二)发展目标

规划初稿提出,到 2015 年,建成西部地区重要的经济中心,地区生产总值占全国的比重达到 6.5%,城镇化率达到 52%。到 2020 年,成渝经济区区域一体化格局基本形成,成为我国综合实力最强的区域之一,人均地区生产总值达到 4.7 万元,城镇化率达到 60%。

(三)战略定位

规划初稿明确成渝经济区五大发展定位:西部大开发的增长极或经济高地,建成以重庆、成都为核心的西部地区综合实力最强区域;国家重要的先进装备制造业、现代服务业、高新技术产业和农产品基地;统筹城乡发展的示范区;深化内陆开放的试验区;长江上游生态安全保障区。

(四)发展布局

发展"双核五带":重庆发展核心。包括重庆主城九区,打造经济繁荣、社会和谐、环境优美的国际大都市。成都发展核心。包括成都五城区和青白江等14个县,建设城乡一体化、全面现代化、高度国际化的大都市。此外,还将建设沿长江发展带、成绵乐发展带、成内渝发展带、成遂渝发展带、渝广达发展带。

八、晋陕豫黄河"金三角"区域协调发展综合试验区

试验区位于黄河中游,陇海经济带的中段,是华北、西北、中原的接合部,同时也是山西、陕西、河南三省的接壤地区,涉及3个省份,运城市、临汾市、渭南市、三门峡市4个地市,47个县(市、区)。总面积约5.8万平方公里,2653.4万亩;人口约为1700万人,其中农业人口1159.1万人。该区域各地市不仅区位毗连,地缘、地貌相近,历史文化相融,而且资源丰富,交通便捷,这为试验区一体化发展奠定了必要的客观条件。(见图3-1)

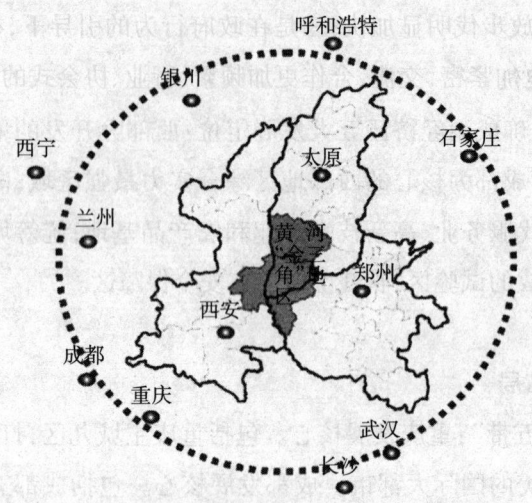

图3-1 晋陕豫黄河"金三角"区域协调发展综合试验区区位图

(一)发展历程

第一阶段:起步阶段。1985年11月,在国务院能源基地规划办公室(以下简称"能源办")组织召开的长治会议上,首次提出了建立晋陕豫黄河"金三角"经济协作区的倡议书。1986年9月,三门峡、运城、渭南三市在国务院能源办公室的指导下,成立晋陕豫黄河三角经济协作区。1990年,在第五次晋陕豫黄河三角协作区专员、市长联席会议上,将协作区的名称定为"晋陕豫黄河'金三角'经济协作区"。在这一阶段,联席会议发挥了重要作用,为区域合作健康发展奠定了坚实的基础。在联席会议的组织下,建立了区域合作机制,明确了专员、市长联席会议的地位,成立了专员、市长联席会议领导下的联合办公室,建立了联络员制度,区域合作工作进入常态化管理。

第二阶段:探索阶段。该区域探索寻找区域经济合作发展的模式,并在实践中大胆尝试,取得了一定的成效。1992年,该协作区率先在机电、金属、化轻、木材领域进行了合作尝试,围绕这四个领域组建了四个企业集团。在这一阶段,协作区按照建设社会主义市场经济体制的要求,在探索区域合作发展的道路上进行了有益尝试,在思想观念和驾驭市场经济方面都有所收益,主要表现为:一是区域分割、行政壁垒意识有所减弱,思路更加解放,市场经济观念显著增强;二是积极组织协调协作区内部发展事宜,积极参与国内其他地区的区域合作,对外开放步伐明显加快;三是在政府行为的引导下,社会各类经济组织之间的联系更加紧密,交流、合作更加频繁,行业、协会式的群体优势发挥作用,经济实力在不断壮大、增强。2001年至2005年,协作区发展处于停滞状态。这期间,协作区专员、市长联席会议停止了召开,政府层面的合作停滞,但部分职能部门之间的合作还在继续。

第三阶段:加速阶段。2008年,三门峡、运城、渭南和临汾再次提出建设国家晋陕豫黄河"金三角"区域协调发展综合试验区的构想。当年4月,召开第一次联席会议。当年7月,三省政府将《关于将建设国家晋陕豫黄河金三角区域协调发展综合试验区的请示》联合上报国家发改委。2009年年初,温家宝总理、李克强副总理分别对争取建设国家晋陕豫黄河"金三角"区域协调发展综合试验区做出批示,由国务院交国家发改委进行研究推进。3月26日,国家发改委在印发的《2009年促进中部地区崛起工作要点》中,明确要求"开展晋陕豫黄河金三角地区协调发展综合试验区相关工作"。10月26日,国务院印发了《国务院关于促进中部地区崛起规划的批复》,国务院在批复的《促进中部地区崛起规划》中,明确将晋陕豫黄河"金三角"地区开展的区域协调发展试验纳入国务院中部崛起规划。至2010年5月,三省四市共召开了6次市长联席会议和多次其他不同层次的联席会议,推进试验区建设。2010年8月国家发展和改革委员会在《促进中部地区崛起规划实施意见》中写道:"深化中部地区省际间合作,支持中部地区与西部毗邻地区开展合作,指导晋陕豫黄河金三角地区编制区域合作规划。"

(二)发展特点

一是经济发展方式比较粗放。试验区是一个依托资源发展的典型范例,区域内四市矿产资源都很丰富,且特色明显。临汾市含煤面积1.54万平方公里,占该市总面积的56%,总储量达629亿吨。运城市铝矾土和无机盐储量丰富,三门峡市和渭南市已探明黄金储量400多吨,预测总储量1000吨以上,居全国第三。该区域产业发展的支柱为重工业,且发展还处于初级阶段。二是特色优势产业初步形成。试验区能源、矿产、特色农业和旅游资源丰富,相关产业已经形成一定规模,为共同打造我国重要的能源、原材料、特色农产品生产加工基地和精品旅游目的地及文化产业集聚地奠定了良好基础。三是区域各地市经济实力相对均衡。试验区四地市不仅产业结构相近，总体经济实力也基本都在同一水平线上。四是区域经济合作日趋成熟。晋、陕、豫毗邻地区地域相连、条件相近、经济相融、人缘相亲，在历史上就形成了紧密的经济联系和人员往来。经过20多年的区域合作实践，"晋陕豫黄河三角经济协作区"在实现规划编制、合作机制建立、基础设施建设、产业合作等方面取得了较为显著的成效，积累了丰富的经验。

(三) 合作成果

在交通建设方面。一是桥梁建设。1991年11月投资1.22亿元，开工建设了三门峡黄河公路大桥，1993年11月竣工。1992年4月投资1.25亿元，开工建设了风陵渡黄河公路大桥，1994年11月竣工。1999年底又建成通车了总投资8300万元的乡宁黄河公路大桥。这三座桥梁是协作区联合向三省和国家有关部门申报、立项，被国家交通部列为重点建设项目。二是高速公路建设。覆盖全区的高速公路网络基本建成，各地市之间公路通达、便捷。三地市通过协作，联手建设了三个航运区：分别是黄河三潼段（三门峡大坝至潼关）、平陆三门峡至灵宝冯佐段和黄河石禹段（乡宁县石坪至河津县禹门口）。黄河航运是协作区在解决了黄河横向交通连接后，实现黄河水系纵向利用的重大举措。航运开通大大降低了河两岸的运输成本。

在农业协作方面。一是联合治蝗。二是黄河滩涂开发。各地市联合研究实施了黄河滩涂综合开发项目，被国家区域办列入全国区域开发研究项目。三是农业新技术推广应用。

在市场建设方面。协作区把培育市场体系，推动市场发育放在重要位置，努力促进区内外物资、金融、技术、人才市场的发展。1991年，协作区市制定了《晋陕豫黄河金三角经济协作区区域经济技术合作互惠办法》。第一，强化了商品流通。成立了协作区商贸委员会，拟定了《关于建立晋陕豫黄河金三角商贸市场的初步意见》。第二，密切了物资流通。在资源流通方面经过多年的协作发展，形成了以金属、建材、木材、化轻、机电、生产资料为主的6个专业物资流通网络，并建立了金属、化轻、机电、木材4个物资企业集团。第三，金融市场联系密切。1986年6月成立了晋陕豫金三角人民银行联谊网。三地市开办了同业拆迁、票据贴现、债券发行、证券市场、信誉评估咨询等业务，建立起了较完善的金融市场体系。

在旅游产业方面。协作区各地市，实行区域联合，建立无障碍旅游协作区，实现客源互送、品牌共建，成效显著。第一，全面开放旅游市场。2004年，签署了"晋陕豫黄河金三角旅游合作协议书"，推进各地市旅游业的合作与发展。2009年运城、临汾、渭南、三门峡在四地市共同推出黄河"金三角"旅游"一证游"。第二，建立了信息交流制度。由各地市旅游局牵头，组织各自主要旅行社联合编制旅游线路，统一对外报价，联合制作旅游宣传品，联手开发国内外旅游市场。第三，开展旅游外延性合作。

九、各经济区建设的经验借鉴

（一）具有鲜明的区域特色和功能定位

一个特定区域，不论其位于东部、中部还是西部，都具有优势与劣势，都面临机遇与挑战，都和周边地区存在竞争和合作关系，确定区域的战略定位对于未来的发展具有十分重要的意义。各区域规划对定位、方向、目标各不相同，体现了对不同区域的针对性和指导性，但都体现了对全国及本区域所能发挥的重要功能与作用。如海西经济区定位为两岸人民交流合作先行先试区域，服务周边地区发展新的对外开放综合通道，东部沿海地区先进制造业的重要基地，我国重要的自然和文化旅游中心。沈阳经济区定位为建设国家新型产业基地重要增长区，建设老工业基地体制机制创新先导区，建设资源型城市经济转型示范区，建设以新型工业化带动现代农业发展的先行区，建设节约资源、保护环境、和谐发展的生态文明区。鄱阳湖生态经济区的定位是：全国大湖流域综合开发示范区、长江中下游水生态安全保障区、加快中部崛起重要带动区、国际生态经济合作重要平台。关中—天水经济区的定位是：全国内陆型经济开发开放战略高地、统筹科技资源改革示范基地、全国先进制造业重要基地、全国现代农业高技术产业基地、彰显华夏文明的历史文化基地。黄河三角洲高效生态经济区的定位是：全国重要的高效生态经济示范区、全国重要的特色产业基地、全国重要的后备土地资源开发区、环渤海地区重要的增长区域。

(二) 优化区域内产业结构和空间布局

各经济区将产业发展和产业结构升级作为区域发展的关键，优化区域内的空间布局，以中心城市作为核心增长极，推进区域内经济一体化发展，带动周边地区经济快速发展，形成资源要素优化配置、地区优势充分发挥的协调发展新格局。如海峡西岸经济区以市场为导向、高新技术为支撑、产业转型升级为重点，大力推进农业产业化和新型工业化，积极发展服务业，加快培育特色优势产业，不断推动产业集聚，着力培育产业集群，形成主导产业、特色产业、高新技术产业相互配套、协调发展、具有较强竞争力的现代产业体系。北部湾经济区不断做强做大优势产业，为了加快推进区政府重点支持的11个重点产业园区建设，将在管理体制、土地、资金、政策、招商等方面给予重点支持。

(三) 把生态环境保护作为重要环节

在加快经济发展的同时，各经济区都将生态环境保护放在了重要的位置，坚持把生态保护作为生态文明建设的基础，走经济生态化、生态产业化的发展道路，统筹生态环境保护和经济发展、社会进步、民生改善，促进生态保护和经济建设协调发展、环境优化和民生改善同步提升。鄱阳湖规划和"黄三角"规划更是把生态环境保护作为发展的前提和重点。鄱阳湖是我国唯一的世界生命湖泊网成员，是国际重要湿地，也是亚洲最大的越冬候鸟栖息地，享有广泛的国际关注。建设鄱阳湖生态经济区，在经济社会又好又快发展的同时，保护好鄱阳湖的生态环境，保护好江西的青山绿水。"黄三角"规划开宗明义提出坚持生态优先，实现可持续发展原则，牢固树立生态文明观念，在保护中开发，高效生态经济的发展，体现可持续发展理念，推进产业结构生态化、经济形态高级化，促进经济体系高效运转和高度开放，实现开发与保护、资源与环境、经济与生态的有机统一。

(四)创新体制机制和发展模式

各经济区摒弃了纳入国家战略就可以向中央要更多的优惠政策的思想,突出了体制机制创新和争当全国某一领域改革先行试验区。国家在重庆、成都建立国家城乡统筹发展综合试验区,允许土地的产权市场交易,对于缓解日益紧张的用地困难问题是一种新的体制机制突破。珠三角规划提出了具体的改革开放和体制创新的任务:以行政管理体制改革为突破口,深化经济体制和社会管理体制改革,健全民主法制,在重要领域和关键环节先行先试,率先建立完善的社会主义市场经济体制,为科学发展提供强大动力。如农村经济体制改革方面,支持有条件的地方发展多种形式的规模经营,逐步实现集体建设用地与国有土地同地同价,建立城乡统一的土地市场,开展城镇建设用地增加与农村建设用地减少挂钩试点,支持惠州、佛山、中山等市开展统筹城乡发展综合改革试点等;金融改革与创新方面,提出建立金融改革创新综合试验区,研究开放短期出口信用保险市场,深化境外投资外汇管理改革,选择有条件的企业开展国际贸易人民币结算试点等。

(五)成立了富有效率的组织体系和运作机制

晋陕豫黄河"金三角"区域协调发展综合试验区之所以成为全国唯一打破区域行政规划的试验区,关键在于成立了富有效率的组织体系和运作机制。从领导体制和组织形式看来,试验区实行了专员、市长联席会议、联合办公室和部门与行业协作网络三个层次的组织体系,实现了"政府搭台、部门联网、企业唱戏"。专员、市长联席会议是试验区重大问题的决策机构,研究协作区内的重大课题,确定重大项目,共同协商,形成共识,这是政府对跨区域经济协作宏观调控的成功典范。1986—2000年,共召开了13次专员、市长联席会议。为了落实联席会议的各项决议,加强协作区各方的联络、协调等服务工作,1986年,由各地市抽人成立在专员、市长联席会领导下的常设办事机构协作区联合办公室,承担协调、服务、督促、检查的职能,是专员、市长联席会议的参谋和助手。行业协作网络是各地各职能部门之间联系与沟通的纽带,通过协作网络,职能部门立足于经济合作,务实地开展活动,在金融、信息、交通、旅游、科教、文化等众多领域达成了广泛的共识与默契,收到了积极的效果。行业协作网络负责具体项目的协调实施,是实施政策与措施的最有效终端。

第四章　中原的历史变迁与区域界定

中原地区自古以来就是主导中华文明发展的核心区,是中国历史上大多数时间的政治中心、经济重心和文化核心。随着历史的变迁,中原的历史区域概念也发生了一定的变化,但以河南为主体连接周边则是永恒不变的。大致界定为:西临华山,北至太行山—漳河一线,南界沔水—淮河一线,东达泰山—泗水一线。

一、中原的概念

在殷墟甲骨文和西周金文中,"中"和"原"都是作为单音节词出现的。"中"字最早出现在殷墟甲骨文,义为徽帜,"古时有大事,聚众于旷地,先建中焉,群众望见中而趋赴,群众来自四方,则建中之地为中央矣,然则中本徽帜,而其所立之地,恒为中央,遂引申为中央之义,因更引申为一切之中"。"原"字最早出现在西周金文,《尔雅》云"广平曰原"。"中原"作为一个双音节词出现,最早出现于《诗经》,如《诗经·吉日》云"瞻彼中原,其祁孔有",《诗经·小宛》云"中原有菽,庶民采之",意为原野之中,是指宽广平坦之地即平原或原野,是一个通用的地理名词。后来,"中原"逐渐演变为一个固定的名词,成为一个区域地理概念和历史文化概念,其内在意义也因此而更为丰富。

（一）广义的"中原"指黄河中下游的大部分地区

大约在春秋时期出现了特指的中原地域概念，但是并没有被人们所普遍接受。先秦时期，华夏民族的活动范围在黄河中下游地区，河南地区是其活动中心区域，故称为"中原"。如夏朝的政治中心在嵩山与伊洛河流域一带，故今洛阳及其附近被认为是"天下之中"。西周时，周成王秉承武王遗志，欲将都城迁至洛阳，何尊青铜器铭文谓之"宅兹中国"，说明古代"中原"又称"中国"，是天下之中心。秦汉时期，随着疆域的扩大，汉族的活动范围扩大到华北地区。由此，当与江淮地区和北方"五胡"相对而言时，"中原"指的就是华北地区，如《史记·平津侯主父列传》所载"身为禽于中原"。经过两汉时期的发展，中原一词仍然是原野和地理概念并存。逮至魏晋，中原地区作为一个相对完整、固定的地理概念逐渐为人们所接受。特别是在六朝时期，由于西晋王朝覆亡，黄河流域被少数民族占领，大批居民南迁，这些离乡背井的人虽然漂泊在异乡，但仍然时时刻刻不忘故土，因而过去不被人们提起或看重的"中原"开始作为一个地区概念频频出现在人们的口头上，中原一词作为特定地理区域的意义才最终明晰起来，并得到全社会的认同，得到强化固定。据不完全统计，《晋书》中出现"中原"近百次，而以东晋时期出现的频率最高，且大多与东晋君臣光复中原之志有关，如"中原沦没"、"中原乱离"、"北定中原"、"克复中原"、"中原向化"、"中原倾覆"、"中原鼎沸"等。在此，"中原"一词已不是指平原或原野，而是指区别于边疆地区的黄河中下游地区。此后，无论是偏安江南的宋、齐、梁、陈等朝，还是宋人李纲说"自古中兴之地，起于西北则足以据中原而有东南"（《宋史·李纲传》）、陆游诗曰"王师北定中原日"，明人谓"伏惟北京，圣上龙兴之地，北枕居庸，西崎太行，东连山海，南俯中原"（《明成祖实录》卷一八二"永乐十四年十一月壬寅"条），"中原"一词大都是指黄河中下游地区。甚至今人在解释"中原"一词时，也称："古称河南及其附近之地为中原，至东晋南宋亦有统指黄河下游为中原者。"（《辞海》，中华书局1936年）

(二)狭义的"中原"指今河南省行政区划所属之地

先秦两汉时期,"中原"有时指洛阳或函谷关以东的平原地区,即现代意义上作为特定区域概念的"中原"。如《左传·僖公二十三年》载,晋公子重耳流亡至楚国,受到楚成王的礼遇,当问及如何报答楚国时,重耳回答说:"若以君之灵,得返晋国,晋楚治兵,遇于中原,其辟君三舍。"从晋、楚各自的地理位置来看,两国分别处于今天中原地区的南北两面,故所谓"遇于中原",必是指两者之间的中间地带,大体为今天的河南地区。魏晋以后,"中原"一词专指河南的意义趋于普遍。如《北史·任城王澄传》:"崤、函帝宅,河、洛王里,因兹大举,光宅中原。"崤即崤山,函即函谷关,洛即洛水,均在今河南省境内。

"对狭义的'中原'的界定,学术界一般都认为是今天的河南省,而不包括其他地区。"(王星光:《中原历史文化遗产可持续发展研究》,科学出版社 2009 年 5 月版)之所以会有这样的认识,吴家振先生认为主要是因为广义的中原涵盖面过宽,不利于中原文化本身研究的深入,且本属于黄河流域的一些区域文化研究成果斐然,从而使广义的中原渐渐失去了依托,也就自然而然地倾向于狭义了。(《论中原文化的内涵特征》,载《学习论坛》1995 年第 2 期)从吴先生的表述中不难体会到,这种情况的出现是地域文化研究兴起后的事情。赵保佑先生则认为,今天的河南之所以称为中原是因为其"位于古代中国的中部平原"(《中原文化及其现代价值》,载《中州今古》2001 年第 5 期),这一说法集中在了地理位置上。王星光先生据张志孚《中州文化》指出,中原作为河南的代称有其历史和地理的原因,自古以来河南就被冠以"中原"、"中州"等名,这与其符合河南古代特征和地理位置有关,另外在这个代称身上还能够令人追忆起辉煌的历史发展时期,所以直到今天仍被人们用作河南的代称。虽然前后三种说法可以互为补充,但后一种说法明显要比前两种说法更具学理化,更令人信服。如今,人们习惯上称河南为"中原",使用的就是"中原"的狭义概念。

二、中原历史文化传承

(一)"中原"的历史文化意义

中原不仅是一个区域地理概念,也是一个历史文化概念。随着时代的变化,"中原"一词不断被赋予不同的历史文化意义,成为国家正统、先进文明和精神家园的象征。

中原是国家正统的象征。中原居天下之中,是中华民族的发祥地,又是多个王朝的都城所在地,所以,中原自古以来就是国家正统的象征,尤其是在国家处于分裂状态之时,中原作为国家正统的象征意义就更加为人们所认同了。三国时期,魏、蜀、吴三足鼎立,虽然有人主张以刘备为代表的蜀汉为正统,但人们真正认可的还是曹魏,重要的原因就是曹魏据有中原。所以,自陈寿以来的史学家都把曹魏作为这一时期的国家正统。东晋、南朝和南宋时期,汉族虽然迫于形势在江南建立政权,但始终不免有偏安心理,实际上也是把中原作为国家正统的象征。

中原是先进文明的象征。中原是中华文明的主要发祥地,中华文化的核心区。在中华文化的发展进程中,中原文化至少在北宋之前一直处于领风气之先的地位,是中华文化的典型代表。所以,一提起中原,人们不仅会想到它处于天下之中的地理位置,更会想到它的文明和文化。战国时期出现的"夷夏之辩",以及后来鸿儒大贤对中原文化的推崇,都强化了人们对中原文化的认同。唐朝大文豪韩愈在称赞南岳衡山的时候,不忘突出中原文化的滋润与影响:"衡山之神既灵,而郴之为州,又当中州清淑之气,蜿蜒扶舆,磅礴而郁积。"(《送廖道士序》)中原作为先进文明的象征,已经深深根植于人们的文化意识中。

中原是精神家园的象征。中原一直是中华民族精神家园的象征,在国家分裂或南北分治的时候,这种精神家园的象征意义就更为明显。自三国时期开始,中国曾经出现过几次南北分治的局面。每当这个时候,那些被迫南渡的中原人士身在异乡,心系中土,把中原作为精神家园,始终放不下那一份眷恋。

翻一翻《晋书》,就会不时看到"中原沦没"、"中原乱离"、"中原覆没"、"中原丧乱"、"中原大乱"、"克复中原"等词汇,看到南渡士人北望神州、感慨万端、新亭对泣的场景。至于南宋著名诗人陆游"王师北定中原日,家祭勿忘告乃翁"的诗句,更是寄托了一代诗人对故国的情思与眷恋,对祖国统一的强烈渴望。

(二)中原的历史兴衰

中原居天下之中,北以黄河与太行山为依托,南以桐柏山与大别山为拱卫,西以伏牛山为锁钥,连接秦岭,东面是一望无际的大平原,可谓是"八荒争凑,万国咸通"。许多王朝看重中原的地理优势,选择在中原建都,中原自然而然地长期处于全国政治、经济、文化中心地位。然而,这样一种独特的地位,也使中原成为四战之地,中国历代发生的大规模战争,有许多都与中原相联系。在中华民族长达5000年的发展历程中,中原有过曾经的辉煌,也有不堪回首的败落。

三皇五帝时期,中原代表着文明。黄帝建都在今天的新郑,其后裔颛顼、帝喾主要活动在今濮阳一带。《颛顼历》是当时自然科学研究成果的代表作,一直沿用到西汉武帝时期,因误差积累太大,才推出新历。中原是裴李岗文化、仰韶文化和龙山文化的核心区域,农耕文明的发轫地,科技文明的开辟地。

夏商周时期,中原代表着国家。中华文明在这里闪现出第一道曙光,中国的国家雏形在这里形成。三代都城多选址在中原,自此开始,中原长期处于全国政治、经济、文化的中心地位。大禹在阳城(阳城地望一说在今登封市告成镇)建立了我国历史上第一个奴隶制国家——夏。随着考古工作的进展,夏代的历史逐渐清晰地展现出来。灭夏建立的殷商的主要活动区也在中原,这是继夏代之后中国历史上第二个奴隶制王朝。

东汉和魏晋时期,中原代表着融合。这一时期,中华民族开始了大流动与大融合。在中华民族的流动与融合中,儒学深入人心,佛教传入中土,玄学盛行于时,初步形成了儒家、道家和佛教在思想文化领域三分天下的局面,而道教在中原地区的兴盛及其对道家文化的皈依,也一定程度上促进了中华传统文化的形成。

唐宋时期,中原代表着繁荣。唐朝以洛阳为东都,突出了中原的战略地位。唐太宗时期,河南道的户籍在全国所占比重已上升到9.47%,唐玄宗天宝期间上升为19.28%。中原科学文化得到了迅速发展,尤其是在文化方面,出现了以杜甫、白居易、韩愈、李贺为代表的一大批著名文学家,河南籍诗人约占唐代诗人总数的一半以上。北宋建都汴梁(今开封市),称东京,洛阳改称西京,应天府(今商丘)为南京,大名府(今河北省大名)为北京,中原作为国家政治、经济中心的规模空前扩展。北宋一朝,政治制度、法律制度、经济制度、教育制度、文官制度等多有建树,从而促进了经济、社会、文化、科技的快速发展。四大发明中的指南针、活字印刷、火药均完成于北宋时期。北宋末年,全国人口已达1亿,东京开封的常住人口超过百万,为世界第一大都市。至此,中原文明达到了前所未有的繁荣。

中国八大古都,中原有其四,即郑州、安阳、洛阳、开封。作为政治经济中心,中国历史上有近20个王朝建都于中原,先后形成了洛阳和开封相互呼应的两大中心。洛阳除了先秦的夏、商、东周外,秦汉以后又有东汉、曹魏、西晋、北魏、隋、唐、后梁、后唐、后晋9个王朝在此建都,是中国建都最早、历时最长、朝代最多的古都。隋唐时期,洛阳的繁荣达到高峰,所以,北宋史学家司马光说:"若问古今兴废事,请君只看洛阳城。"(《过洛阳故城》)开封号称七朝古都,战国时期的魏、五代时期的后梁、后晋、后汉、后周以及北宋和金均在此建都。特别是北宋,这里历经九帝168年,繁荣兴旺达到鼎盛,不仅是全国政治、经济、文化的中心,也是当时世界上最繁华的大都市之一。此外,南阳、商丘作为区域性政治、经济中心,在汉代以前就曾经辉煌过,汉代以后对周边的经济发展仍有一定的辐射能力。

处于水陆交通要冲的中原土地肥美,经济发达,人口繁盛,长期处于全国的经济中心。秦始皇统一中国后,曾苦心经营洛阳,在洛阳以东、成皋关附近,修建了全国最大的粮仓——敖仓,储备了沿黄河漕运而来的大批粮食,成为经营东方的军粮重地。敖仓储粮在楚汉战争期间以及西汉初年,仍继续发挥着重要的经济职能。秦汉时期,黄河和洛水水路交通十分繁忙,"大船万艘,转漕相过",航运贸易遍于三江五湖,西汉每年从洛阳运往长安的粮食多达400万石。东汉时期,洛阳城东太仓附近的码头,是当时全国最大的内河航运港口。隋大业元年（605年），在洛阳城东北部建含嘉仓，用作储存京都以东州县所交租米。依托隋唐大运河航运的支撑，含嘉仓历经隋、唐、北宋3个王朝，沿用500余年。贯穿南北的隋唐大运河，以洛阳为中心，南达余杭，北通涿郡，全长4000余公里，沟通了海河、黄河、淮河、长江、钱塘江五大水系，直到北宋，洛阳仍是京西、陕西、河东向汴京运送物资的枢纽。作为"丝绸之路"的起点之一，中原的贸易和经济辐射力西达中亚乃至欧洲地区。

中原有过值得骄傲的辉煌，也经历了不堪回首的衰落。北宋之前，中原的衰落是与战争联系在一起的。起自东汉桓灵之世的汉末大乱，对中原是一场浩劫，董卓焚烧洛阳宫，许多珍贵文献付之一炬。曹操诗歌"白骨露于野，千里无鸡鸣。生民百遗一，念之断人肠"（《蒿里行》），描写的就是经历了汉末大乱之后的中原景象。西晋末年的"永嘉之乱"，使中原再遭劫难，士族南渡，十室九空，衰败之象惨不忍睹。晚唐五代和北宋末年的战乱，把中原经历唐宋两代呈现出来的辉煌损毁殆尽。"河南，古所称四战之地也。当取天下之日，河南在所必争；及天下既定，而守在河南，则岌岌焉有必亡之势矣。"（顾祖禹：《读史方舆纪要·河南方舆纪要序》）中原长期是全国政治、经济中心，也是历代兵家必争之地，自古以来便兵连祸结，战乱不断，加之黄河水患不断，兴衰沉浮，令人感叹！

北宋以后，随着全国政治、经济、文化中心的南下和北上，中原逐步走上衰落之路。南宋以后，历元、明、清三代，中原衰落，一蹶不振。特别是在元朝，统治者极端的民族歧视政策，使曾经的政治中心——中原处于被边缘化的状态，而元末明初的长期战乱，致使人民流离失所，沃土成为荒原，中原破败不堪。再加上黄河泛滥频繁，灾害连绵不绝，自然环境日渐恶化，运河改道他行，迫使中原士民不断外迁，中原日渐凋敝。

（三）中原的文化传承

从夏王朝建立开始，中原文化就处于中国古代文化的领先和强势地位。随后，借助于长期政治中心的有利形势，先进的中原文化不断向周围地区传播，并逐渐成为中华文化的主体和范式。

进入新石器时代以后中原文化步入快速发展阶段，在约4000年的时间里,中原地区创造出了两种典型的新石器时代文化:一是距今8000—7000年的裴李岗文化;一是距今7000—4500年的仰韶文化。由于这两种文化相对于周边表现出较高的发展水平,使得中原地区的社会发展也明显先于周边。

夏商以中原地区为中心,存续时间达1000年之久,两代创造的任何周边地域都无法比拟的丰厚文化,加之政治中心地位的影响,夏商文化很自然地成为后世最正统的文化标准,为整个中华文化的形成和发展奠立了雄厚和宏大的基础,周秦文明源于此,汉唐文明也同样源于此。中原一带的殷商时期的先民创造并首先使用的甲骨文是迄今所发现的最古老又最成熟的文字,作为元典思想文化代表的《周易》成书于中原,在春秋战国时代政治领域和思想领域的高度自由,孕育出了一大批思想大师,在周秦诸子中,中原地区占一大半,其中的大部分都有著作传世。另外需要指出的是,孔子、孟子、荀子等虽非河南籍人,但儒家思想渊源在河洛礼乐文化,而且古代河南又是他们最主要的活动区域。

魏晋南北朝是中国历史上最为动荡不安的一个时代。人们对独尊了数百年的儒学发生了怀疑,代之而起的是个性的自觉和思想的解放。崇尚个性放逸的玄学和给人以心灵慰藉的佛学成了人们精神世界的两大支柱。南阳人何晏、陈留(今河南杞县)人阮籍、河内(今河南温县)人向秀、洛阳人郭象在玄学发展中具有承前启后的作用,并推动魏晋文学的自觉和繁荣。隋唐统一政权的建立,结束了三国以来400余年的分裂割据,处于中华文化腹地的中原地区在文化发展的进程中,继续保持着领先的地位。

唐代河南,洛阳、开封、南阳等地既是水陆交通的重地,又是文人汇聚的地方。初唐时期河南诗人的代表为上官仪、杜审言、沈佺期、宋之问等,盛唐时期河南诗人众多,且多为大家。杜甫以其丰厚和卓越的现实主义诗作,谱写了河南文学史最辉煌的篇章。他在诗歌上的伟大贡献给后世带来了极为深远的影响,因而被誉为"诗圣"。元结,盛唐后期散文家的代表。中唐以后,河南更汇集了一大批优秀文学家,计有韩愈、刘长卿、韩翃、李贺、刘禹锡、武元衡、王建、元稹等。总之,唐代的河南为中国文学的发展做出了杰出的贡献。

如同诗之于唐代一样,词是宋代文化的代表。文人汇集是文化繁盛的基础,特别是一大批诸如司马光、王安石、范仲淹、欧阳修、苏洵、苏轼、苏辙、苏过、曾巩、邵雍、程颐、程颢等文化巨擘常驻中原,对中原文化的繁荣是有决定意义的。逮至南宋,文化南迁,河南文人也大批南下,在词坛上颇有贡献的有陈与义、朱敦儒、韩元结、史达祖以及作为抗金名将又作为著名诗文作家的岳飞等等。他们和留住中原其他地区的文人共同创造了中原文化的繁荣。

(四) 中原的经济发展

北宋以前,中原一直是全国的经济重心所在地,农业、手工业、商业、交通运输业等方面都具有引领全局、举足轻重的作用。宋以后,中原的经济地位明显下降,但特殊的地理区位、自然资源、人文传统和交通等方面的优势,决定了它在全国经济格局中仍拥有不容轻视的影响,在很大程度上决定着全国的安危和经济发展的态势。

1. 先秦时期中原经济的发展

黄河中下游地区是中华民族的摇篮,地势开阔,土壤肥沃。夏、商、周三代,经济重心都在黄河中、下游黄土层地带。从夏禹"尽力乎沟洫"(《论语·泰伯》)以及孔子称道夏代的历法,主张"行夏之时,乘殷之辂,服周之冕"(《论语·卫灵公》),可以看出夏人对农业的重视。《左传·宣公三年》载,"昔夏之方有德也,远方图物,贡金九牧,铸鼎象物,百物而为之备"。说明夏代青铜器的冶炼与铸造已达到一定的水平。

商代农业生产水平进一步提高。甲骨文记载,殷人使用耒、耜、犁等生产工具,种植黍、稷、粟、麦、稻、菽等粮食作物。商代奴隶主贵族好酒成风,说明当时已能用剩余的谷物来酿酒。卜辞中有蚕、桑、丝、帛等字,说明蚕桑和丝织已发展起来。青铜器的冶炼和铸造技术,已达到相当高的水平。殷墟发现的"司母戊大方鼎",重875公斤,通耳高137厘米,形制雄伟,举世罕见。

西周时期,人们使用更进步的耜、钱、镈、铚等农业生产工具,大面积地开垦荒地;已懂得引流灌溉和选择向阳的地方种植,以利于农作物的生长;并实行休耕制及深耕、熟耘、壅本等比较精细的耕作方法,农业生产水平明显提高。

《禹贡》也记载了先秦时期中原的经济情况:"荆河惟豫州……厥田惟中上,厥赋错上中。厥贡漆、枲、絺、纻,厥篚纤纩,锡贡磬错。浮于洛,达于河",反映了豫州的农田为第四等,赋税是第二等,间杂是第一等。其贡物为漆、大麻、细葛布、苎麻,用筐盛装的细绸细棉,还进贡制磬的石头。进贡的船只经洛水到达黄河。

2. 春秋、战国时期中原经济的发展

春秋时期,铁器已经普遍被用作农业生产工具,铁器的使用和逐渐普及为农田的大量增加和农业的深耕细作创造了条件。与铁器用于农业生产的同时,还有牛耕的使用。在耕作方法上也更加讲求精耕细作,使农业生产力有了较大的进步。中原地区水利灌溉事业也有了发展,如魏国西门豹开辟引漳溉邺12渠等,大大促进了农业生产的发展。

战国时期,由于以鸿沟系统为中心的运河开凿,形成了中原地区的水路交通网。便利的交通,促进了工商业的发展,不少名都大邑相继出现,其中大多数都坐落于运河两岸。如位于鸿沟、汳水之交的大梁(今开封),既控扼鸿沟系统运河,又地处中州,水陆交通都很方便,人口众多,经济繁荣;濮水边上的卫都濮阳(今濮阳县南),颍水边上的韩都阳翟(今禹州),鸿沟入颍处的楚都陈(今淮阳县),泗水入淮处的楚都寿春(今安徽寿县)等,这些城市之所以被各国选作首都,都是因为它们原本已经是区域经济的重心。如陈,地处"楚夏之交",居民多从事商业,市场上的商品也以鱼、盐为主;另外,位于河、济分水处的荥阳(今荥阳市西北),战略位置十分重要,是东西货物的必由之地;位于睢、获二水之间的睢阳(今商丘),水陆交通便利,很早就是一个重要的商业城市。这些经济都会的兴起,正是区域经济发展的结果。运河交通的便利,更促进了各地区之间经济、文化的交流。

3. 秦、汉时期中原经济的继续发展

中原是秦汉王朝的腹里地区,位于当时全国最大的经济区——关东经济区,它不仅在全国经济中居于举足轻重的地位,也是最发达、最富庶的地区之一。

此期中原的农业发展水平仅次于关中的三辅地区,是全国粮食和丝麻的主要产区。铁器和牛耕已经普及,并兴建了一大批的水利设施。手工业和商业的发展更为突出。就官营手工业而言,西汉朝廷在全国设有铁官46处,工官8处,今河南地区就有铁官6处,工官4处。在所有铁产地中规模最大的有邯郸、宛、鲁、西平(今西平县西)等地。中原还分布着较多的商业都市。史书记载武帝时全国的都市有20个,河南就有周(洛阳)、宛(南阳)、温、轵(今济源东南)、睢阳(今商丘南)、陈(今淮阳)、颍川(今禹州)7个,占全国都市总数的1/3以上。除了官营,私营手工业的发展也有很大发展。西汉时期,南阳宛县的孔氏就是全国著名的冶金铸造手工业主,汉武帝时,又有孔仅,为"南阳大冶","致产累千金"。西汉时期的金属冶炼主要是铜和铁,陶瓷和砖瓦制造也是汉代中原地区的重要手工业门类。

此期中原地区经济都会的数目特别多,如在太行山东南的有温(今温县)和轵(今济源);在汉江支流的有宛(今南阳);在伊洛之滨的有洛阳;在东海泰山之间有临淄;济水流域有荥阳、濮阳、陶;以及战国时期原鸿沟系统的重要都会睢阳、阳翟、陈等。这些都会多各有其特色。

东汉时期,建都洛阳,而西汉都城长安,因长期战乱已经严重衰败,整个关中地区失去了它先前的重要性,特别是水利失修,生产破坏,人口锐减,已失去了作为都城的条件。尤其是东汉中期和羌人之间的战争,延续了五六十年,关中和长安更是"白骨相望于野",越发残破不堪。与此相反,东汉首都洛阳以及处于南北交通要冲的宛,都成了最繁荣的都市,黄河流域经济重心已逐渐东移。

4. 魏晋至宋元中原经济的停滞和衰退

汉魏之际长期的战乱和频仍的天灾造成中原地区经济残破。魏至西晋时期有了一个短暂的复苏,西晋末年"永嘉之乱"以至整个十六国时期,中原经济再次遭到破坏。北魏统治者的经济改革、劝课农桑和兴办屯田为经济的恢复和发展营造了一个很好的环境,部分缓解了生产关系和生产力的矛盾,对河南地区生产的发展起到了促进作用。北魏迁都洛阳后,对于河南地区的经济发展尤为关注和重视。很重视河南地区的水利兴修。孝文帝迁都洛阳后,开渠沟通洛水和谷水,便于利用水力;宣武帝时期,修浚汴、蔡二渠;孝明帝时期,修复安阳一带的白沟,以利漕运。

北魏后期的河南地区的农业生产已经发展到了较高水平,当时河南地区农具繁多,按用途可以分为整地、耕种、中耕、灌溉、收获、运输等。农作物的品种明显增加,如粟和稻,就各有几十个品种,随着科学技术的进步,粮食产量也比前代有所提高。实行精耕细作的试验田比粗放经营的土地高出了20倍。

除农业外,北魏的畜牧业、林业、渔业也较发达。例如河阳牧场。河南地区的农业生产力在北魏时期高于两汉,农业中加入了畜牧业的成分。虽然总体规模和经济总量低于汉代,但是粮食单产和人均产值已经超过汉代。

魏晋时期,中原的手工业主要是还以官府手工业较为发达。河南的冶铸业,自汉代就处于全国领先地位,汉代已经有的渑池、新安、阳城(今登封告成)等冶铁作坊,此时仍然从事生产。冶铁技术也有所提高,主要表现在以煤为燃料和水力鼓风的普遍推广。当时已经出现了"百炼钢",而且提高了"淬火"技术,使铁器更加的坚硬锐利。丝织业分为官营和民间两种。河南有全国著名的丝织中心,汉代已负盛名的襄邑、河内等丝织中心仍然保持着传统地位和精湛技术。此外,还出现了一些新兴的丝织中心,比如朝歌和许昌。魏明帝时,马钧对织绫机依据花纹图案的对称和规律性进行了改进,使织成的丝织品花纹奇特,花型变化多端,又省工省时,提高了生产效率。粮食加工业、陶瓷烧制、漆器制造业也较发达。粮食加工多用水力,水碓得到改进,使粮食加工量增加,米价随之下跌。

魏孝文帝迁都洛阳以后,商业也随着出现了新的发展,尤其是洛阳。洛阳的商业区很多,主要有大市、小市和四通市。商品主要是牲畜、肉类、水产、棺木、乐器、酒类、小手工业制品、陶器、绢帛、蔬菜、水果等食品和日常生活用品。四通市实际上是一个与诸国商旅、使臣、归附者进行商品交易的国际商品市场。江南的奇珍异物,西北的毛皮牲畜、中亚以及大秦等地出产的水晶、玛瑙等高级工艺品还有香料等,河南等地的丝绸等物产,也由此销往世界各地。由此可见,洛阳已经成为中外贸易的总汇,国际性的大都会。

北魏河南地区的发展并不均衡,迁都洛阳后,河洛地区的经济发展更快。在东魏、北齐时期,黄河以南地区成为边裔,经济受到严重破坏,而作为"皇畿"的黄河以北地区,如林虑、濮阳等地经济则得到了优先发展。

5. 隋唐五代时期

隋朝和唐朝前期的统治者推行了一些有利于生产发展的政策措施,促进了农业、手工业和商业的发展。中原地区为隋唐两朝的京畿所在,政治经济地位十分重要,隋唐统治者非常重视这一地区的经济恢复,广大人民群众也辛勤劳作。于是,从隋朝建立到"安史之乱"前,河南地区的经济得到了迅速的恢复和发展。

隋朝及唐前期,中原仍然是粮食和桑麻的主要产区,农作物品种比前代有所增加。水稻的种植比较广泛,茶也在一些地区栽植。在蔬菜果品作物中,除传统的葵、葱、韭等蔬菜外,一些从国外传入的蔬菜,如胡瓜、莴苣、扁豆等,已陆续地以洛阳等地为中心向四周传播种植。唐代河南府等地所产的酸枣仁、许州的柿子制品等都是当地的重要贡品。另外,芍药、梅、荷、兰、菊等花卉在一些重要城市和达官显贵的园林及民间都有栽培。畜牧业和渔业也有所发展,时人多利用池塘养鱼。

隋唐时期河南地区的手工业有了长足的发展,一些传统的手工业门类与新型的手工业行业并驾齐驱。尤其是丝织、陶瓷、酿酒、雕刻、造纸等行业,拥有较多的手工工匠和较高的生产技术,产品数量多,质量高,在全国的手工业生产中占据着较为重要的地位,也反映了这一时期河南手工业的发展水平。官营手工业,多集中在东都洛阳。武则天时的洛阳手工业达到了空前的繁荣。传统手工业中较有影响的,是丝绸纺织业、陶瓷烧造业以及酿酒、雕刻、造纸、造船、印刷、制镜等行业。隋唐前期,中原地区的丝织品位居全国第一,黄河流域、淮河流域和南阳盆地都有出产,黄河南北的桑蚕业迅速发展。陶瓷业获得重大发展,隋唐时期,河南地区的制瓷业仍以制造青瓷器为主,白瓷也有了飞速发展。青瓷是当时影响最广的瓷制品,窑址的分布也相当广泛。白瓷的烧制在北齐时开始在河南境内出现,在隋代有较大的发展,到了唐代已臻成熟。唐代在东都洛阳一带出现了以烧制彩色陶器为主的行业,唐三彩通过对外交往被带到今日本、朝鲜、印尼、伊拉克、埃及等地,成为我国与这些国家交往的历史见证。

中原是"安史之乱"的重灾区,社会经济遭受严重破坏,人口锐减。"安史之乱"平定后,便开始了愈演愈烈的藩镇割据。唐末又爆发了声势浩大的黄巢起义,义军转战于中原各地,所到之处,破坏无遗。

五代时期,河南地区没有发生毁灭性的战争,社会相对稳定。但是在长期战乱之后,社会经济破坏严重,可谓元气大伤。五代各政权长则10余年,短则四五年,更迭频繁,加上自然灾害,社会经济仍处于萧条状态。后周太祖奖励耕织,招抚流亡,平均赋役,从而使生产得以恢复和发展,保证了国家的赋税收人。

6. 宋元明清时期

经过长期的战乱,宋初中原人口锐减,土地荒芜,农业遭受较大破坏。宋采取了奖励耕垦、迁徙移民等措施,大力发展生产。但繁重的赋税造成人口大量逃亡,大规模征兵使农业劳动力人口流失,削弱了移民与减税政策推动农业发展的作用,除唐州、邓州少数地区外,中原农业发展在全国处于中等水平。

河南官营手工业人数多,规模大,分工细,官私酿酒名家辈出,造瓷质量上乘,纺织印染、文具制造、粮食加工、金属铸造、煤炭开采等,均较前代有很大发展。中原的纺织印染业在全国处于中上等水平,以东京开封最为发达,西京洛阳也有官营织锦院。民间的织锦业也发展很好,与官营染色工业互相影响,共同发展。北宋的陶瓷业极为发达,生活用瓷已颇具观赏的艺术价值。瓷器成为与丝绸、茶叶齐名的出口产品。宋代矿冶主要有金、银、铜、铁,另有少量的铅、汞、矾、水银,煤的开采已达较大规模,金属矿产则处于次要地位。中原水道纵横,便于安装水磨、水碾等。北宋流行末茶,东京设有水磨茶场,专门从事茶叶加工。另有很多磨坊,用以加工粮食。东京的文具制造业在全国享有盛名,制笔业多为一家一户的小手工业生产。东京还有制砚业。

北宋末到金、元之际,中原又遭到严重的摧残。金朝后期,政治形势变化,河南经济有了重大的发展。主要原因是金王朝迁都南京(今开封)后人口大量南迁,劳动力猛增。如金章宗初年仅河北军户迁河南者就将近百万人;而且迁都也使河南地价陡然上升,需求的增长刺激着经济随之发展起来。如垦田面积比北宋有显著扩大。可惜好景不长,不久随着长期连绵不断的战争的巨大破坏,中原地区又迅速衰落了。从此,曾是中华民族文化摇篮的中原地区,便失去了全国经济重心的地位,其地位已完全被江南地区所取代。

蒙古统治者占领河南以后,深知其战略地位的重要,采取众多措施恢复发展生产,稳定局势,开展屯田,推行优惠政策,赋税的减轻,调动了农民生产的积极性。

明清时期是我国古代商品经济最繁荣的阶段,河南依靠自身的地理优势仍然为商业的发展提供了有力的支持,同时为豫商提供了广阔的舞台。明王朝对河南特别关注,大面积免除了河南赋税,与民休息。此后连年推行惠民政策和发展生产措施。久经战乱的河南经济,由此很快得到恢复,并开始发展。同时,农业生产的恢复发展,为手工业生产奠定了良好基础,因此,这一时期河南的矿冶业、制瓷业、制茶业等都有不同程度的发展。

清代,在长期的明末战乱中,中原遭受的破坏更为严重,但就大多数地区而言,随着清王朝实行"更名田"、奖励垦荒、整顿赋役制度、减免赋税等措施,稳定了局势,在和平的环境中,社会生产逐渐恢复,有的地区、有的方面有所发展,并于乾隆年间达到一个鼎盛期。

三、中原历史地理沿革

(一)史前时期(裴李岗文化—夏代时期)中原的地理范围

史学界把中国新石器文化划分为六大区系,其中以晋陕豫临境地区为中心的地区为中原地区。中原地区又大致划分为6个地理单元:豫西三门峡盆地、豫中山地丘陵盆地区、豫西南南阳盆地区、豫南山地丘陵区、黄淮平原区、华北平原区。这6个地区,前4个地区的地貌没有发生什么大的变化,这为古代文明的持续发展提供了重要的前提;后两个地区,即黄淮平原区和华北平原区,由于受黄河下游河道的变迁,古今地貌发生了很大变化。考古证明,史前时期(约前6500年—前2100年),以河洛地区为核心的中原地区的范围大致为:今陕西华山以东、山西运城盆地以南,今湖北枣阳、襄樊、郧县一线以北,今山东菏泽、安徽蒙城以西,今河北邯郸以南地区。这一地区的考古文化都呈现中原古文化的面貌。

(二)夏商周时期中原的地理范围

夏商周时期,国家诞生,开始有了九州的划分。《禹贡》记载大禹划九州,其中今河南地区为豫州。具体范围:"荆河惟豫州:伊、雒、瀍、涧既入于河,荥播既都,道菏泽,被明都。其土壤,下土坟垆。田中上,赋杂上中。贡漆、丝、𫄨、纻,其篚纤絮,浮于雒,达于河。"《周礼》记载周代的豫州为:"河南曰豫州:其山曰华,薮曰圃田,川曰荥、洛,浸曰波、溠;其利林、漆、丝枲;民二男三女;畜宜六扰,其谷宜五种。"豫州的范围大约相当于今河南省黄河以南地区、湖北省西北部、山东西南、安徽西北角、陕西洛南,中心则在豫西地区。禹划九州,对后世影响很大。豫州的范围也得到了不少朝代的认同,因此豫州的范围是我们界定中原地理范围的一个重要依据。司马迁在《史记·货殖列传》中说,"昔唐人都河东,殷人都河内,周人都河南"。又说,"夫三河在天下之中,若鼎足,三者所更居也"。"三河",在先秦时指河东、河南、河内三个沿河地区的总称。因此,夏商周时期的中原范围,除了豫州以外,还应包括属于《禹贡》冀州的河东、河内地区,也就是晋南、豫北地区。早在夏代,黄河两岸的晋南、豫西地区就连成一片,是夏王朝统治的核心区域。

(三)秦汉时期中原的地理范围

秦汉时期,开始设立郡县。秦的内史(郡治咸阳),一直管辖到灵宝;三川郡(郡治洛阳)管辖今洛阳、三门峡、郑州地区;南阳郡(郡治南阳)管辖到今湖北襄樊以北地区;东郡(郡治濮阳)管辖到今山东聊城一带;陈郡(郡治淮阳)管辖到安徽阜阳一带。

西汉时期,定都长安。汉武帝时期,把全国分为十三刺史部,涉及到中原地区的有司隶、豫州、荆州的南阳郡、冀州的魏郡。其中司隶部除了管辖关中地区以外,还管辖河东郡(今山西南部)、弘农郡(豫西、陕西东部)、河南郡(今洛阳、郑州地区)、河内郡(今豫北地区);豫州刺史部管辖的范围除了今河南中东部以外,还包括安徽中北部、山东西南部地区;兖州的东郡(郡治濮阳)管辖到今山东聊城一带;荆州刺史部辖今湖北随州、襄樊以北地区;冀州的魏郡(郡治邺县),辖有今河北邯郸以南地区。

东汉时期,定都洛阳。全国分为十三部,涉及中原地区的有司隶、豫州、荆州的南阳郡、冀州的魏郡。其中司隶校尉部管辖郡国有:河南、河内、河东、弘农、京兆、冯翊、扶风。管辖范围除了今洛阳、郑州、三门峡、焦作、新乡、安阳等地区外,还包括今山西南部、陕西宝鸡以东地区,由此可见,豫西、晋南、陕西自古以来就是一个重要的经济区;豫州刺史部管辖有颍川、汝南、梁国、沛国、陈国、鲁国,范围除了今河南中东部以外,还包括安徽中北部、山东西南部地区;兖州的东郡(郡治濮阳),管辖今山东聊城一带;荆州刺史部的南阳郡辖今湖北随州、襄樊以北地区;冀州的魏郡(郡治邺县),辖有今河北邯郸以南地区。

总之,秦汉时期的中原范围,大致为:河北邯郸以南、山西南部、湖北省西北部、山东西南、安徽中西部、陕西中东部,中心则在豫西地区。

(四) 魏晋南北朝隋唐时期中原的地理范围

西晋时期的中原,应包括司州、豫州、兖州。西晋定都洛阳,在京师地区设司州,管辖今晋南、豫西、豫北、河北邢台以南地区、陕西东部的华阴、洛南、丹凤、商南地区等。其中值得注意的是,弘农郡管辖三门峡和今陕西华阴以东地区、上洛郡管辖今豫西的栾川、卢氏和今陕西的洛南、丹凤、商南等地;魏郡管辖今河南安阳和河北邯郸以南地区;顿丘郡管辖今河南濮阳和山东范县等地,说明这些地区在西晋时期经济、文化联系密切。西晋的豫州除了管辖今河南中东部地区外,还管辖今安徽中西部,以及湖北黄石以北地区。

北魏时期,定都洛阳。在洛阳地区设司州,管辖范围包括豫西、豫北、陕西东部、山西南部地区(临汾、运城、晋城等)。豫州,范围包括豫东地区外,还包括安徽的阜阳、亳州等地。相州,管辖范围包括安阳,河北的邢台、邯郸,山东的临清等地。

唐代贞观元年,把全国分为十道。其中河东道主要管辖今山西省,但值得注意的是它越过黄河,管辖虢州,即今灵宝、卢氏、栾川地区。说明豫西地区与晋南的联系密切。河北道的相州,管辖今河北邯郸以南和河南安阳地区;魏州管辖今河北馆陶、山东范县、河南濮阳北部。

总之,魏晋南北朝隋唐时期的中原范围,大致为:河北邯郸以南、山西南部、山东西南、安徽中西部、陕西中东部,中心在洛阳。

(五) 宋金时期中原的地理范围

北宋定都开封,称为东京,又把应天府称为南京(今商丘)、洛阳称为西京,大名府称为北京(今河北大名)。以东京为中心,设立京畿路、京东路、京西路等。这些路除了管辖今河南地区外,还管辖其他地区。如京西北路的颍州,就管辖今安徽的阜阳地区;京西南路的随州、郢州、襄州、房州等,就管辖今湖北的北部地区;京东西路的应天府(今商丘)就管辖今山东曹县;河北东路的大名府(今河北大名),辖有今河南的内黄;永兴军路的陕州跨有黄河两岸,辖今河南三门峡和山西南部的芮城、平陆、夏县等。淮南东路的亳州,辖今河南鹿邑县、永城,安徽的涡阳、利辛、蒙城等。

金代后期也定都开封。值得注意的是,金代陕州,辖今三门峡,西到潼关、华山。

总之,宋金时期的中原范围,大致为:河北大名以南、山西南部、山东西南、安徽中西部、陕西东部、湖北北部以北,中心在开封—洛阳。

(六)元明清以来中原的地理范围

元明清以来,中原呈现三个特色,一是中原与河南的连接,二是中原与北方的连接,三是因为特殊的政治原因,中原区域范围变化很大。

河南第一次设省是在元代,当时称河南江北行中书省,简称河南行省,治汴梁(今开封市),领汴梁等12路和南阳等7府,辖境相当于今河南黄河以南、长江以北与今河南接壤的江苏、安徽、湖北部分地区,以及黄河以北的延津、原武、封丘,湖北长江以南的石首和长阳等地。黄河以北的大名、彰德、卫辉、怀庆等路和濮州则直属中书省。

明初改为河南承宣布政使司,原直属中书省的彰德府、卫辉府、怀庆府划归河南。其中彰德府辖安阳、磁州(今属河北省)、汤阴、林县、临漳(今属河北省)、涉县(今属河北省)、武安(今属河北省)。现今河南省濮阳市和南乐、清丰、内黄、浚县、滑县、长垣等县属直隶大名府,范县、台前县属山东东昌府。

清初,仍因明制。雍正时期,有所变化。雍正三年,以直隶大名府的内黄划入彰德府,浚县、滑县划入卫辉府。1913年,磁州降为磁县,划入直隶冀南道。1949年,涉县、武安、临漳划归河北省。

(七)中国共产党领导下的中原地理范围

历史上,中共中央共成立过三个中原局,所辖范围也不一样。1938年11月,中共中央决定成立中原局。所有长江以北的河南、湖北、安徽、江苏地区党的工作,归中原局指导。1945年8月,中共中央决定成立鄂豫皖中央局,统一指挥新四军第五师活动范围之内的党政军及河南区党委与河南军区的工作。

新四军第五师活动范围主要是以大别山为依托的鄂豫边区。1945年10月,改名为中共中央中原局。1947年5月,成立历史上第三个中原局。最初管辖范围主要是大别山周围地区。1948年5月确定,凡陇海以南长江以北至川陕边区,均归中原局。

另外,1945年10月,中共中央决定成立中原军区,原计划是在鄂、豫、皖、川、陕边区机动作战,建立根据地。事实上,主要是在以大别山为中心的鄂、豫、皖、陕周边地区建立起根据地。后来重建中原军区,其所辖范围虽大有扩展,但还是以大别山为中心,向四周扩展。所以这里的中原从地域上而言,主要指大别山周围地区。

在新中国成立初期,现河南省的豫北地区曾短暂划归平原省管辖。1949年8月1日,华北人民政府通令成立平原省,8月20日,平原省正式成立,省府新乡市。中华人民共和国成立后,平原省由中央直接领导,辖新乡、安阳、湖西、菏泽、聊城、濮阳等6专区,共56县、1矿区、5城关镇。1952年11月撤销平原省建制。平原省建制撤销后,原濮阳专区的濮阳、清丰、南乐、滑县、长垣、封丘等7县划归河南省。新中国成立前,东明县属河北(直隶)省;1949年,划归平原省;1952年平原省撤销后,隶河南省;1963年,国务院为解决河南、山东两省交界地区水利问题进行区划调整,将河南省东明县划归山东省,作为补偿,1964年将山东省范县建制及所辖金堤以南地区、寿张县金堤以南地区划归河南。另外,永城县曾一度隶属皖北专区。1952年1月31日,永城县由皖北专区划归河南省商丘专区。

四、中原地理区域的界定

作为特定地域概念的中原,历史所指范围并不一致,以古豫州为起点,以河洛地区为重心,其地理范围不断扩大,遍及整个黄河中下游地区,当然也包括黄河故道的皖北和苏北地区。同时依据中原地区历代政区的变迁和文化影响,大致可以将中原的四至界定为:西临华山,北至太行山—漳河一线,南界沔水—淮河一线,东达泰山—泗水一线。主要包括现在的河南省全部,河北邯郸以南,湖北枣阳、襄樊、郧县以北(襄阳以北与南阳联系密切,属南阳管辖),陕西华山以东(包括陕西洛南),山西临汾以南(运城地区),山东菏泽、聊城以西,安徽亳州市、宿州市,江苏徐州市、宿迁市所辖区域。

这一界定主要考虑是,中原大约由三块平原组成。一是河洛地区。即以黄河与洛河交汇处和以伊洛平原为中心的豫西一带,南为外方山、伏牛山,北临黄河,西接秦岭和关中平原,东达豫东大平原。这里是中华文明的肇始之地,也是夏商周等九朝的京畿之所。二是黄淮平原。郑州北郊的桃花峪,是黄河中游和下游的分界处,这里是黄土高原的终点、黄淮冲积扇平原的顶点,由此向东,便是黄淮平原,这是中原的主干,为华北大平原的西南部分,由黄河、淮河冲击而成,故可细分为黄河平原和淮河平原两块,沃野千里,广袤无垠,黄土深厚,水源充足,多为宜耕的良田。三是南阳盆地。位于河南的西南,为唐河、白河冲击而成,长约150公里,宽约120公里,面积2.6万平方公里,土地肥沃,和黄淮平原一样,为重要的粮仓。以文化地理方之,和中原文化对举的周边文化有:北面的燕赵文化,东面的齐鲁文化,东南的吴越文化,南面的楚文化,西面的秦晋文化。由此可见,中原向西不能超过华山以西,因为那里属于秦文化,向东不能越过泰山,因为那里属于齐鲁文化和吴越文化。

而南沿秦岭—淮河一线,是历史上通常意义上的南北分界处;东南到皖北、苏北,是因为自从北宋末年黄河改道南流后,这一地区就和豫东南、鲁西南一起成为黄河下游地区,其经济发展水平、民风民俗都有很高的相似度,这里由于屡遭水灾,经济发展滞后,民风民俗强悍。元朝时,这一地区都属归德府管辖,大致相当于今河南商丘市、安徽亳州市和宿州市、江苏徐州市和宿迁市所辖区域;东到山东西部菏泽、聊城(新中国成立初期的平原省即包括当时的菏泽、聊城专区),因为大运河改道后,山东就与北京、直隶联系密切;北到河北南部;西到汾河、渭河平原。

第五章　中原经济区的内涵特征及构建条件

中原经济区以历史上的中原地区为基础,综合考虑自然、地理、历史和当前经济社会发展因素,通过以郑州和中原城市群为中心,运用数学模型方法测定中心城市和城市群的影响辐射力,初步确定以河南全省为主体,连接周边四省9个省辖市,血脉相通、文脉相近、经济相连、水平相近的区域特点,有共同的加快发展诉求和承担国家粮食安全的使命,具有广泛深度的合作空间和坚实基础。

一、经济区与行政区的区别

(一)经济区及其特点

经济区又叫综合经济区,是以中心城市为核心,以农业为基础,以工业为主导,以交通运输和商品流通为脉络,具有发达的内部经济联系,并在全国经济联系中担负某种专门化职能的地域生产综合体。经济区是在劳动地域分工基础上形成的不同层次和各具特色的地域经济单元。中国的经济区是全国统一的地域经济系统的组成部分,是为因地制宜发展国民经济服务的。每一个经济区,应根据其自然和社会经济条件,扬长避短,发展一个或数个具有全国或区际交换意义的专门化部门以及辅助性部分、自给性部门和基础设施,使区内国民经济各部门相互依存、相互制约,按一定比例协调发展。

经济区具有以下特点:一是客观性。它作为社会生产地域分工的表现形式,是客观存在的,也是可以认识的。二是区域性。它占据一定的空间,具有相对合理的地域组成范围,有四至与边界,可表示在地图上,并可度量。三是多元性和多层次性。它包括不同等级和层次,每个上一级经济区是若干个下一级经济区的有机集合,各个层次客观地反映了不同等级的地域经济单元。四是开放性。每个经济区不是封闭的、自给自足的自然经济,它通过复杂的物质流、信息流、人流与其他经济区保持密切联系。五是发展变化性与相对稳定性。经济区形成后,并非一成不变,随着生产的发展和社会生产地域分工的演变,经济区经历着量的积累和质的飞跃,前者表现为地区经济特征的相对稳定,后者导致区域范围和区内经济结构的变化,为此需要重新划定经济区。

经济区的形成和发展决定于生产力发展水平、劳动地域分工的特点和规模、专门化与综合发展结合的程度,并且是由低级向高级循序渐进的过程。由于各地区经济发展不平衡,各经济区可处于不同的发展阶段。有的经济区已建成高度发达的地域生产综合体;而在一些边远地区,由于社会历史原因和自然条件、地理位置等因素,尚未形成以中心城市为核心的地域生产综合体。一个高效能的经济区是内部结构协调发展,当地自然、劳动力资源和经济潜力得到充分发挥,生态系统保持良性循环,并和区外保持畅通经济联系的经济实体。

(二)行政区及其划分原则

行政区划是行政区域划分的简称,指国家对辖境进行的行政分区。或者说,它是指国家为了便于行政管理,根据政治、经济、民族、历史等各种因素的不同,把领土划分成大小不同、层次不等的区域,并在此基础上建立相应的政权机关进行社会管理的制度。各国的行政区划,由于国情不同,名称和分级各不相同。我国宪法规定的基本行政区划是三级制,即省(自治区、直辖市)、县(自治县、不设区的市)、乡(民族乡、镇)。

行政区划是国家管理在地域上的划分,即区分地域进行国家管理活动,其实质是国家权力在地域上的配置。因此,行政区划具有两个构成要素,即地域划分和权力划分。行政区划可作静态与动态两种理解。所谓静态的行政区划,是指行政区划的现时状态,即行政区。所谓动态的行政区划,是指国家对行政区域进行划分的活动。

我国行政区域的划分依据以下几条原则：一是经济发展原则。搞好经济建设,提高人民群众物质和文化水平是我们的中心任务,各项工作都要紧紧围绕这一中心任务进行,划分行政区域也不例外。在具体操作时,要照顾到各地经济、文化发展水平,包括资源、交通、人口等因素,以有利于社会主义现代化建设事业的顺利发展。二是管理国家原则。行政区域划分的主要目的和动因就是为了更好地发挥国家机器管理社会的职能。同时,我国的国家性质决定,人民是国家和社会的主人,要发挥人民群众的智慧,使他们便于参加对国家的民主管理。三是民族团结原则。我国是由56个民族共同组成的社会主义大家庭。各民族共同奋斗,创造了中华文明。同时,各个民族由于历史、地理、宗教等原因,又各具特色。在划分行政区域时,对此要作通盘考虑,尤其对少数民族要予以照顾,在少数民族聚居的地方实行民族区域自治,激励各族人民为建设中国特色社会主义共同奋斗。四是自然历史原则。我国是一个大国,各地自然条件相差甚大。同时,我国又是一个具有悠久历史的国家,有许多地方的地域划分、区划名称已经延续了数百年甚至上千年,这些地区早已形成了比较固定的行政区域范围。在划分区域时,不能不考虑这些情况,否则,将产生不良后果。

(三) 行政区与经济区的区别

行政区与经济区是两种不同的区域类型,二者既有区别又有联系[①],主要不同之处表现为以下若干方面：一是行政区是与一定等级政府相对应的政治、经济、文化综合体,本质和主导功能首先体现在政治功能方面;而经济区则是与一定能级的经济中心(中心城市)相对应的自然、地理和经济综合体,本质和主导功能体现在经济功能上。二是行政区具有完整而发达的自上而下的纵向行政系统,具有严格的行政级别秩序;而经济区凭借的是横向的经济网络系统,具有高度市场化特性。三是行政区的运行主体是各级地方政府,具有全区性的决策权、调控权和自己的利益追求;而经济区的运行主体是具有独立法人

---

① 参见刘小康:《"行政区经济"概念再探讨》,《中国行政管理》2010年第3期。

地位的企业。四是行政区具有明确和相对稳定的区域界定,并有法律效应,行政区域的边界具有两层含义:一是自然空间的分界线,二是区域强制力量的终结界线;而经济区的界限具有示意性(模糊性)和动态性的特点,没有法律效应。相邻的经济区边界不一定泾渭分明,往往形成一个过渡带。五是行政区的创置和变更以政治因素为主,综合考虑社会、经济、自然等因素,行政区的大小和层次的多少主要取决于行使职权的需要,是一种有意识的国家行为,属上层建筑范畴。经济区是市场经济条件下,社会生产地域分工的空间表现形式,着眼于经济为主,大小规模主要取决于中心城市的实力、区域经济联系、交通条件等,其形成不是人为的,是一种不以人们的意志为转移的客观存在,属经济基础范畴。

在我国社会主义市场经济条件下,行政区与经济区又有紧密的联系。1978年改革开放以来,中国形成了一种以行政区域单元组织经济活动,自成体系、相对独立的,具有综合特点的空间经济。刘君德将其称之为"行政—经济区"。他认为,"行政—经济区"是与非行政—经济区(流域经济区、城市经济区等跨行政区域的经济区)相对应的一种经济区,并根据等级体系,把"行政—经济区"划分为省级—地级—县级经济区。

二、对构建中原经济区的基本认识

(一)对中原经济区的基本认识

新中国成立60多年来,尤其是改革开放以来,随着我国区域经济的发展,在全国范围内形成了许多经济区,如珠三角经济区、长三角经济区、环渤海经济区等,在中原地区范围内,比较成熟的经济区概念有三:①沿陇海经济带——是我国北部重要的横向经济带,自古有之。它横贯中原地区中北部,是对中原地区影响最大的经济区。②中原城市群经济区——河南省中部以郑州为核心的9个省辖(管)市域,21世纪初组建,目前综合实力在全国排第七,中部地区排第一,是河南现代城镇体系的核心区域,也是中原崛起战略的重要支撑、中部地区的牵引增长板块。③沿长江经济带——长江流域地区,应该包括上游的成渝地区、中游的武汉地区、下游的长三角地区,是我国近现代最重要的经济命脉。中原地区的南部受其影响较大。但是,客观地讲,这些经济区(带)还没有形成整体合力,没有发挥"承东启西、连南通北"的整合效应。

2010年"两会"期间,胡锦涛总书记在河南团的讲话中提出:大力推动经济发展方式转变,大力推动农业发展方式转变,大力保障和改善民生,大力推动文化发展繁荣;不断在继续解放思想上迈出新步伐,在坚持改革开放上实现新突破,在推动科学发展上取得新进展,在促进社会和谐上见到新成效。为了贯彻落实这"四个大力、四个新",使中原崛起在中部地区崛起中占据制高点,并在全国区域经济发展中发挥独特的重要作用,必须以超出河南省域的战略眼光,构建以郑州为核心,以京广—陇海"黄金十字架"为骨架,以中原城市群为牵引,以河南省为主体并与周边省份的相邻地区共同组成"中原经济区"。

中原经济区应该成为:落实科学发展观,加快经济发展方式转变的示范区;国家重要的粮食生产基地,能源原材料基地,现代装备制造与高新技术产业基地,综合交通运输枢纽,国家战略层面上的区域经济实体;以中原城市群作主体牵引的中部地区的核心增长板块,中部崛起的重要支撑平台;利用沿陇海经济带和沿长江经济带"承东启西",利用京广、京九大动脉"连南通北"的全国东中西部互动协调、优势互补、相互促进、共同发展的桥梁与纽带;弘扬中原文化、促进中华文明繁荣的全国重要的文化高地。

为了实现中原崛起,推动中部地区崛起,促进我国东中西地带的交流、互动和协作,在全国区域经济发展战略中发挥重要的、无可替代的作用,中原经济区应该做到:坚持重在持续、重在提升、重在统筹、重在为民;切实转变发展观念、发展途径、发展机制和发展目的,实现经济发展方式的快速转变;加快推进产业集聚区建设,加快构建现代产业体系、现代城镇体系和自主创新体系;加快推进新型工业化、新型城镇化与农业现代化进程,并促使"三化"协调发展;继续落实现代城镇体系"一极两圈三层"的空间布局,充分发挥中原城市群的牵引作用。

(二)构建中原经济区的必要性

中部崛起要求构建中原经济区。中部地区南北方向狭长,六省的发展整合要求打造支撑平台,构建中原经济区,顺应了中部崛起的国家战略部署。中部地区崛起是国家经济重心多极化发展的必然趋势,是实现国家经济良性循环和可持续发展的重要一环。但是,目前中部各省的发展定位还不甚明晰,中部崛起还不同程度地存在观念缺失、战略缺失等问题。中部地区从何崛起、如何崛起成了一个亟待解决的带有战略性的大问题。构建中原经济区,倾力打造中部地区的战略支撑平台,是推动中部六省整合发展的重要环节。

《促进中部地区崛起规划》要求构建中原经济区。我国《促进中部地区崛起规划》(以下简称《规划》)对河南省、中原城市群寄予重托,构建中原经济区,对河南省完成这一重大的战略使命提供了保证。《规划》确定了中部地区作为全国重要粮食生产基地、能源原材料基地、现代装备制造及高技术产业基地和综合交通运输枢纽的战略定位,是国家对中部地区崛起提出的总体要求。与其他中部省份相比,河南省全面具备建设"三个基地、一个枢纽"的条件,是中部地区完成国家战略任务的重点省份。《规划》还提出,河南省要以客运专线和城际快速轨道交通等重要交通干线为纽带,整合区域资源,加强分工合作,推进区域内城市空间和功能对接,率先在统筹城乡、统筹区域协调发展的体制机制创新方面实现新突破,提升区域整体竞争力和辐射带动力,把中原城市群建设成为沿陇海经济带的核心区域和重要的城镇密集区、先进制造业基地、农产品生产加工基地及综合交通运输枢纽。构建以河南省为主体、以中原城市群为牵引的中原经济区,是落实《促进中部地区崛起规划》的有效途径。

我国东中西部地区互动要求构建中原经济区。全国要形成东中西部互动协调、优势互补、相互促进、共同发展的局面,必须建立沟通的桥梁与纽带。特殊的区位优势(图5-1)使中原经济区完全可以发挥这一重要作用。为了加快构建沿陇海经济带、长江经济带、沿京广经济带和沿京九经济带,加强与长三角、珠三角、京津冀等东部发达地区的对接,并密切联系成渝、关中—天水等西部重点开发地区,中部地区必须形成能够促进东中西、南北协调发展的桥梁和纽带。中原地区拥有以铁路、公路为主的庞大的交通运输力量,形成了全国少有的交通区位优势。只有在中原经济区的组织框架内,各种交通运输方式才能结为更为强大的综合交通运输体系;才能增强沿陇海经济带实力,发挥"亚欧大陆桥"的优势,扩大东中西部互动、交流与协作,保证对内对外开放;

才能发挥郑州区域中心城市的作用,培育形成郑汴洛工业走廊,壮大能源原材料、现代制造业、汽车等支柱产业,实现老工业基地振兴;才能提升沿京广经济带水平,培育并壮大沿京九经济带,进一步巩固和加强与京津冀、珠三角以及其他地区的经济联系,发挥中心城市的引领和支撑作用,形成连南通北的通道。

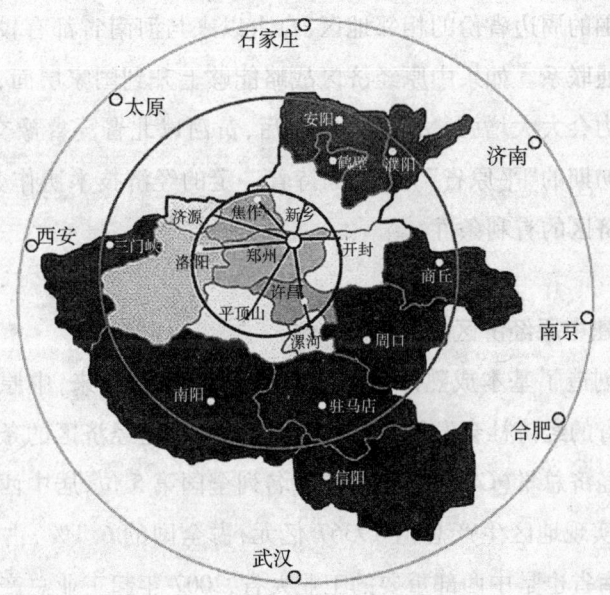

图5-1 河南省与周边省份的省会城市

中原崛起战略要求构建中原经济区。中原崛起战略要提升到国家层面,不宜局限在河南省域,构建中原经济区,可以从新的角度和高度认识中原崛起,可以发挥中原城市群在更大范围内的牵引带动作用。福建省的海西经济区的命名、范围与功能模式等,都为中原经济区提供了宝贵的借鉴。海西经济区的范围超越了海峡西岸,超越了福建省,给了我们重要的启迪。从国家战略的高度看,河南省优越的区位、丰富的资源、雄厚的实力以及中原文化的包容等,早已使其影响渗透到周边省份的相邻地区。只有构建中原经济区,才能充分释放河南省的发展能量,才能在统一的框架下整合更大区域范围内的发展潜力,真正形成我国中部地区的战略支撑和增长板块。另外,经济建设是统筹经济、社会、环境、文化、民生协调发展的核心与主线,给中原地区冠以"经济区"的称谓,是构建转变经济发展方式载体、打造中原崛起地域平台的最佳选择。

周边省份相邻地区的整合发展要求构建中原经济区。河南省周边省份相邻的地区,多处于各主体经济地域的边缘地带,其经济社会发展面临各种不同的问题。构建中原经济区,可以整合这些地区的力量,实现共同发展。纳入中原经济区范围的周边省份的相邻地区,自古以来与河南省都有较为密切的经济、文化、交通联系。如果中原经济区战略能够上升到国家层面,相信对这些地区的凝聚力会大大增强。改革开放以后,黄河以北晋冀鲁豫交界地区(即新中国成立初期的"平原省")始终保持着一定的经济技术协作关系,这也是构建中原经济区的有利条件。

(三)构建中原经济区的可行性

河南省创造了基本成熟的条件。改革开放30余年来,中原经济区的主体——河南省的经济社会发展已取得长足进展,构建经济区的条件已基本成熟。河南省经济总量(GDP)多年来一直名列全国第5位,居中西部各省区之首。2009年实现地区生产总值19367亿元,占全国的6.1%,占中部地区的27.6%。河南省也是中西部重要的工业大省,2007年起工业总产值已经名列全国第5位,2008年起规模以上工业总产值也名列全国第5位,工业生产能力稳居中部六省第1位。规模以上工业增加值在中部六省的比重达到30%,原煤、铝、黄金、有色金属、平板玻璃、水泥、拖拉机、纱、化纤、机制纸及纸板、卷烟、家用电冰箱等主要工业品产量均居全国前列。农业生产力、投资规模、社会事业发展、文化产业水平等有显著提高,城镇化水平也快速提升。河南省的综合实力为中原经济区的构建与健康、快速、可持续发展奠定了社会经济基础。

综合交通通信网络提供了可靠保证。中原经济区地处陇海—京广的"大黄金十字"交叉地区,发达的综合交通通信网络已经形成,这为该经济区的内聚外联提供了保证。中原地区是全国举足轻重的铁路、公路、航空、通信等综合交通通信枢纽。陇海—京广两大铁路枢纽在郑州交会,以全国少有的大黄金十字交叉形成中原经济区的主干骨架。"三横五纵"的国家铁路干线与密集分布的铁路支线、地方铁路,共同编织了中原经济区发达的铁路交通网络。国家规划建设的北京—深圳、徐州—兰州高速铁路在郑州交会,形成中原经济区新的快速客运通道,与西部地区、环渤海地区、长三角地区及珠三角地区的联系更为便捷。连霍、京港澳等9条国家规划的高速公路及105、106、107、207、310、311、312等9条国道经过这里,公路网密度和道路等级在中西部地区处于明显优势。民航事业蓬勃发展,拥有一个国际机场(新郑机场)和三个民用机场(洛阳、南阳以及2010年将投入使用的明港机场)。其中新郑国际机场是全国八大航空枢纽之一,年旅客吞吐量超过500万人次,扩建后将超过1200万人次。公用电信网在我国具有重要的战略地位,国家骨干公用电信网的"三纵三横"和南北、东西两条架空光缆干线,构成中原经济区"四纵四横"的信息高速公路基本框架。交通运输和邮电通信是区域基础设施主要组成部分,强大的实力使中原经济区内部的凝聚和外部的互动、交流、协作获得了有力的支撑。

科学发展的实践打下了坚实基础。河南省近20年围绕中原崛起提出的发展构想与所积累的科学实践,为中原经济区的持续发展与提升水平打下了坚实基础,为传承与创新提供了必要的空间。河南省20世纪90年代初开始探索中原崛起,先后确立了"团结奋进、振兴河南"的指导思想;把加快经济发展与搞好人口控制作为两大战略任务,制定了"一高一低"的战略发展目标;提出了开放带动、科教兴豫、可持续发展和城镇化四大发展战略;制定了中原崛起的总体目标,确定了"三化"基本途径,系统阐述中原崛起的内涵和标志;制定了《河南省全面建设小康社会规划纲要》;实施中心城市带动战略,发展县域经济,在全省形成中原城市群经济隆起带和豫北、豫西、豫西南、黄淮地区各展所长、优势互补、竞相发展的空间格局;围绕中原崛起的宏伟目标,确定把开放带动作为加快河南经济发展的主战略;提出了中原崛起总目标,制订了中原崛起的阶段性任务和目标;提出了加快"两大跨越"、推进"两大建设"的历史任务;以科学发展观统领经济社会发展全局,坚持实施科教兴豫、开放带动、可持续发展和人才强省战略,进一步加快工业化、城镇化,推进农业现代化;提出了经济强省建设实现新跨越,文化强省建设迈出实质性步伐,和谐中原建设扎实推进,生态文明建设取得阶段性成效;出台了《中原城市群总体发展规划纲要》,全面实施中原城市群发展战略,并提出了加快黄淮四市发展的区域经济发展思路;提出加快构建"一个载体、三个体系";建立"文化改革发展试验区",力争在文化改革发展上闯出一条新路,推进文化强省建设,为实现中原崛起提供有力支撑。观念的不断更新、实践的不断探索和经验的不断积累,为中原经济区的构建打下了坚实的基础。

中原城市群能够发挥带动牵引作用。将中原城市群作为龙头和发动机,能够对中原经济区起到中心带动、板块牵引作用。中原城市群战略经20年的研究、近10年的实践,已经在各个层面获得共识,深入民心,基本架构已经成熟,综合实力已经凸显。中原城市群是中原经济区中区位优势突出、大中城市集中、人口密集、综合实力强大的地区。运用经济实力、基础设施水平、居民生活水平、科教卫生水平、对外开放程度、环境友好程度等6个方面34项指标和主成分分析法,借助社会统计学分析软件SPSS13.0,对中部六省城市群的原始数据进行运算处理,得到了城市群综合实力评价值。(见图5-2)

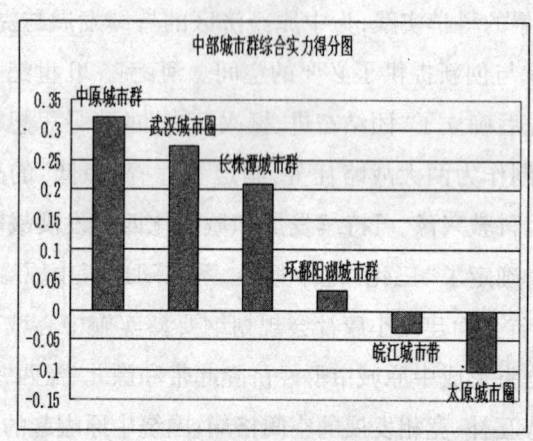

图5-2 中部地区城市群的综合实力

可以看出,中原城市群的综合实力超过武汉城市圈和长株潭城市群,位居中部地区之首。同时从六城市群的基本情况对比来看,中原城市群的优势也十分明显。只要还坚持中心带动战略,中原城市群就必然能够在中原经济区的发展建设中发挥重要作用,这是该经济区可行的重要支撑。另外,河南省现代城镇体系的"一极两圈三层"中的"一极",原指郑州新区和开封新区组成的"核心增长极"。由于该极是中原经济区实施中心带动战略的龙头,可适当扩大其空间范围,以提升其综合竞争力。

具备"承东启西、连南通北"的广阔平台。中原经济区全面具备建设"三个基地、一个枢纽"的条件,符合中央关于中部地区崛起的战略构想,具有沟通东中西部的产业平台,能够充分发挥"承东启西、联南通北"的作用。中原经济区的主体河南省生产了全国10%以上的粮食,解决了1亿人口的吃饭问题,每年还调出300多亿斤的原粮及加工制成品,为国家粮食安全作出了重要贡献。原煤、原油、天然气生产量均居全国前十位,电力装机规模居全国第5位,发达的能源输送管道和专线提升了能源保障能力。钼、钨、镓、铝土矿、天然碱等矿产资源储量位居全国前三,金、银、硅石、水泥灰岩、玻璃用砂等矿产储量也居于全国前列,氧化铝、电解铝、铅、钼、镁等产品产量均居全国首位,甲醇、纯碱、烧碱等化工产品产量分别位居全国第1、3、4位,粗钢、水泥、玻璃以及耐火材料等产业在全国有较强的竞争优势。装备制造业发展基础较好,生产能力位居全国第7位,其中输变电装备、大型矿山设备、农业机械、大型空分设备、轴承等领域主导产品技术水平全国先进,高新技术产业在超硬材料、电子信息材料方面形成了比较优势。交通基础设施建设一直位居全国前列,交通运输综合能力不断增强,全国重要的综合交通枢纽地位已基本确立。"三个基地、一个枢纽"的良好基础使中原经济区能够获得国家中部地区崛起战略的支持,也为全国东中西及南北的沟通打造了桥梁和纽带,并争得了主动权。

具有来自中央的强大动力。中央领导同志对"河南走在中部崛起前列"的期盼,是推动中原经济区发展建设的精神动力。胡锦涛总书记视察河南时,提出要全面贯彻科学发展观,抓住机遇,实现跨越式发展,在促进中部地区崛起中发挥更大作用、走在中部地区前列。2010年全国"两会"期间,胡总书记在河南团发表重要讲话,提出了河南实现中原崛起的"四个大力、四个新"。温家宝、李长春、习近平、李克强、贺国强等中央领导同志也都多次到河南考察指导工作,对中原崛起充满了期待。中央领导同志从指导思想、发展理念、战略任务等多个层面对河南省的指导,是鞭策中原崛起的强大动力,也是中原经济区发展建设的宝贵精神财富。

三、中原经济区的空间范围及内涵①

(一)中原经济区空间范围的确定方法

采用定量计算和定性分析相结合的方法确定中原经济区的空间范围。定量计算法主要采用断裂点法,该方法旨在通过两城市或两城市群间城市综合影响力平衡点的判定,对比分析出郑州市和中原城市群的综合影响范围;定性分析法,是在定量计算的基础上,通过专家对两城市或两城市群间社会、经济、文化间的相互交往程度,以及自然地理特征的相对一致性的分析,确定中原经济区的空间范围界限。

断裂点法是在空间相互作用理论的基础上,衍生出的研究城市影响范围的一种重要方法。空间相互作用理论的基本要点是:一个城市对周围地区的综合影响力,与它的综合实力成正比,与距它的距离之平方成反比;周围地区感受到的城市影响力随着距城市距离的增加而衰减;两城市间的影响力会在二者连线的某一点达到平衡,该点即为城市之间的"断裂点"。以此理论为基础,赖利(W. J. Reily)1931年提出的"零售引力规律"和康弗斯(P. D. Converse)于1949年提出断裂点(Breaking Point)概念和计算方法,用于计算相邻两个城市之间影响范围的平衡点,后被广泛用来确定城市影响范围和划分城市经济区。

传统的断裂点法存在三个方面缺陷:①仅以城市人口或经济总量等规模指标代表综合实力,较少考虑其他要素;②断裂点公式仅计算相邻两个城市的一个断裂点,而某城市与周围多个城市间的"断裂带",只能用各断裂点间的连线所组成的不规则多边形或环形来表示;③研究的对象,仅限于单个城市之间的断裂点。

---

① 本部分直接引用了河南省科学院地理研究所所长冯德显研究员及其研究团队的成果。

为弥补上述缺陷和不足,本研究进行了三项改革:①构建能真正反映城市综合实力的指标体系,从经济综合影响力、产业综合影响力、企业综合影响力、科技综合影响力、基础设施综合影响力、开放综合影响力、人力资源综合影响力等方面选用了31个指标,对城市的综合影响力进行评价。②考虑到城市群在当今城镇化与区域经济组织中的重要作用,不仅计算确定了单个城市间断裂点的位置,还计算确定了相邻城市群之间的断裂点位置。③尽量用平滑的不规则曲线,勾勒出城市或城市群的综合影响范围。

我们将城市综合影响力归结为城市在一定时期、一定范围内经济、社会、基础设施、环境、科技、文教等各领域所具备的现实实力和发展能力集合。现实实力为当前城市所聚集要素、所创造财富的总量和规模,它决定城市的辐射和影响,是城市外部特征的具体体现。发展能力是城市各方面所达到先进程度(或现代化程度)的潜力和城市运行高效率所具备的最优环境,是城市发展动力的内部机制的具体反映。

据此,确定中原经济区空间范围的研究采取如下步骤:①以中原经济区当然的核心城市郑州与河南周边七省的7个省会城市为研究对象,计算城市的综合影响力,计算确定了郑州与其他城市间的断裂点,判定郑州市的综合影响范围。②以中原经济区当然的增长板块中原城市群与周边七省的7个城市群(圈)、经济区为研究对象,计算城市群(圈)、经济区的综合影响力,计算确定了中原城市群与其他城市群(圈)、经济区间的断裂点,判定中原城市群的综合影响范围。③根据以上计算与判定的结果,遵循一定的原则,经专家论证,对可能纳入中原经济区的地区进行了合理取舍,最终确定中原经济区的空间范围。

(二)郑州市的综合影响范围

选择中原经济区的核心城市郑州(河南省会)、武汉(湖北省会)、石家庄(河北省会)、太原(山西省会)、合肥(安徽省会)、南京(江苏省会)、西安(陕西省会)、济南(山东省会)等8市为研究对象,以郑州为中心判定郑州市的综合影响范围。

1. 计算城市的综合影响力

城市综合影响力可分解为 8 种综合影响力:政治综合影响力、综合经济实力综合影响力、产业综合影响力、企业综合影响力、开放程度综合影响力、科技综合影响力、基础设施综合影响力及人力资源综合影响力。其核心在于产业综合影响力、经济综合影响力及科技综合影响力,其中产业综合影响力是关键所在。由于政治综合影响力受行政区划因素的制约,无法具体量化,在进行定量评价时予以舍弃。

在城市综合影响力评价中,对涉及经济综合影响力、产业综合影响力、企业综合影响力、科技综合影响力、基础设施综合影响力、开放综合影响力、人力资源综合影响力等相关的近百个指标,采用层次分析法(AHP法)进行筛选,同时考虑数据的可获取性,构建评价指标体系。

城市综合影响力指标体系的递阶层次可分为四层:第一层,又称目标层(A),只有一个因素,即城市综合影响力;第二层,又称准则层(B),由综合经济实力综合影响力、产业综合影响力、企业综合影响力、开放综合影响力、科技综合影响力、基础设施综合影响力及人力资源综合影响力等 7 个准则组成;第三层,又称领域层(C),由 13 个领域构成;第四层,又称指标层(D),由 31 个指标构成。再采用层次分析法,求出 B、C、D 层各指标的权重。

通过计算得出,郑州市在 3 个年份中城市综合影响力不断提升的情况:2002 年,郑州市的城市综合影响力为 0.30,居第 5 位;2006 年增至 0.60,跃居第 4 位;2007 年持续提升到 0.70,上升至第 3 位。

2. 计算确定郑州与其他城市间的断裂点

计算、确定城市间的断裂点模型如下:

$D_{AX} = D_{AB}/(1 + (S_B/S_A)^{1/2})$

式中:X 为城市 A 和城市 B 的影响力的断裂点,D_{AX} 为城市 A 到断裂点的直线距离,D_{AB} 为城市 A 和城市 B 之间的直线距离,S_A、S_B 分别是 A、B 两城市的综合影响力。

以层次分析法对各城市综合影响力目标层、准则层和领域层计算出来的分值为基础,运用断裂点模型,分别计算出 2002 年、2006 年、2007 年郑州与石家庄、太原、南京、合肥、济南、西安、武汉等周边 7 个省会城市各指标影响区域的断裂点。

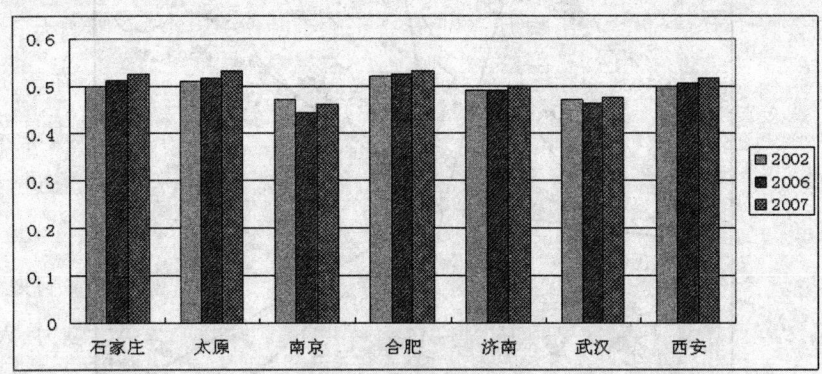

图 5-3　郑州市与周边省会城市断裂点图(2002、2006、2007 年)

计算结果表明,图 5-3 纵轴数值为 0.5 者,表明郑州与其他城市间的断裂点距离相等,断裂点位于二者正中间,大于 0.5,说明断裂点离郑州的距离超过对比城市,反之亦反之。2007 年,断裂点离郑州的距离大于石家庄、太原、合肥和西安,小于南京和武汉,等于济南。从变化情况来看,郑州市的城市综合影响范围呈现快速扩张状态,扩张速度和水平高于同期周边的石家庄、太原、合肥和西安,但慢于南京。

3. 判定郑州市的综合影响范围

根据断裂点模型计算结果,在 ARCGIS 环境下运用距离计算模式,得到在周边省会城市作用条件下的郑州市理论意义上的城市综合影响范围(见图 5-4)。考虑到行政区划的完整性,对郑州市的综合影响范围进行判定:包括除信阳之外的河南省域大部,以及河北省的邯郸市,山西省的长治市、晋城市、运城市,安徽省的阜阳市,山东的菏泽市等。

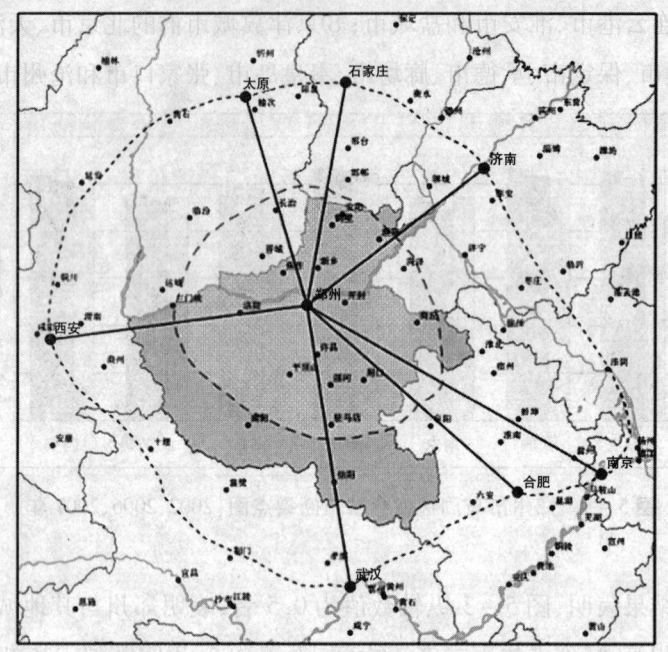

图 5-4　2007 年郑州市综合影响力范围图

(三)中原城市群的综合影响范围

选择中原经济区的核心牵引板块中原城市群(河南省)、太原城市圈(山西省)、关中城市群(陕西省)、武汉城市圈(湖北省)、皖江城市带(安徽省)、山东半岛城市群(山东省)、江苏沿海经济区(江苏省)、京津冀城市群(河北省、北京、天津)等 8 个城市群(圈)、经济区为研究对象,以中原城市群为中心判定该城市群的综合影响范围。

1. 计算城市群(圈)、经济区的综合影响力

8 个研究单位包含如下城市:①中原城市群的郑州市、洛阳市、开封市、新乡市、焦作市、许昌市、漯河市、平顶山市和济源市;②太原城市圈的太原市、晋中市、阳泉市、忻州市和吕梁市;③关中城市群的西安市、咸阳市、宝鸡市、渭南市、铜川市和商州市;④武汉都市圈的武汉市、黄石市、黄冈市、鄂州市、咸宁市、孝感市、仙桃市、潜江市和天门市;⑤皖江城市带的合肥市、芜湖市、铜陵市、安庆市、池州市、巢湖市、滁州市、宣城市和六安市;⑥山东半岛城市群的济南市、青岛市、淄博市、威海市、烟台市、潍坊市、日照市和东营市;⑦江苏沿海

经济区的连云港市、淮安市和盐城市;⑧京津冀城市群的北京市、天津市、石家庄市、唐山市、保定市、承德市、廊坊市、秦皇岛市、张家口市和沧州市。

对8个研究单位各城市2007年的31项指标的原始观测值进行标准化处理并分别加权求和,再使用加权求和的多指标综合评价模型,计算出中原城市群等8个单位的综合影响力值。

2. 计算确定中原城市群与其他研究单位间的断裂点

运用断裂点模型,计算确定中原城市群与其他研究单位各指标影响区域的断裂点(如图5-5)。

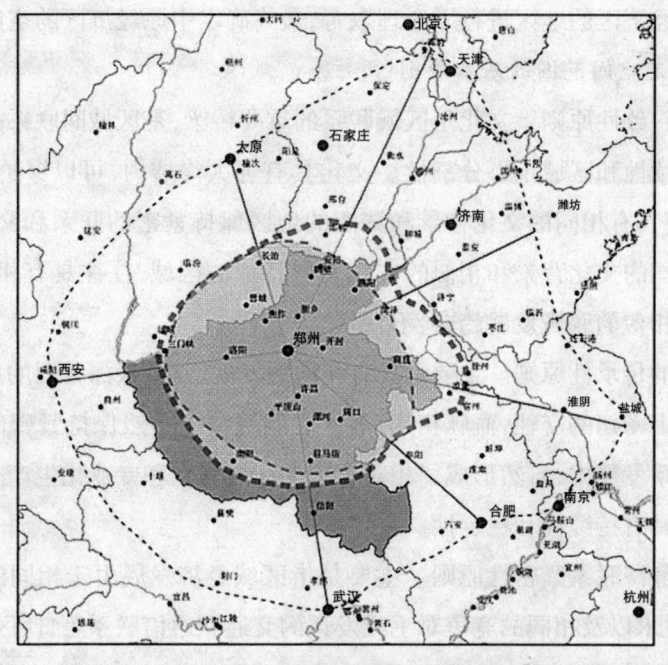

图5-5 中原城市群综合影响力范围

注:(1)单核心城市群,如:太原城市圈、关中城市群、武汉都市圈和皖江城市带,分别选用该城市群的核心城市为中心计算断裂点,分别为太原市、西安市、武汉市、合肥市。(2)多核心城市群,如:江苏沿海经济区,选用该区的连云港市、淮安市和盐城市三市的几何中心计算断裂点;京津冀城市群,选用北京和天津的几何中心计算断裂点;而山东半岛城市群,则选用济南市和青岛市的几何中心计算断裂点。

3. 初步判定中原城市群的综合影响范围

根据断裂点模型计算结果,在 ARCGIS 环境下运用距离计算模式,得到在周边城市群(圈)、经济区作用条件下的中原城市群理论上的综合影响范围(见图5-5)。考虑到行政区划的完整性,对中原城市群的空间范围进行初步判定:河南省全部,河北省的邯郸,山西省的长治、晋城、运城,江苏省的徐州,山东省的菏泽,安徽省的淮北、阜阳、宿州、亳州等,总面积27.2万平方公里。

(四)中原经济区空间范围的界定

根据以上计算与初步判定的结果,遵循一定的原则,经专家论证,对可能纳入中原经济区的地区进行了合理取舍,最终确定中原经济区的空间范围。

1. 界定空间范围的基本原则

文化一致性原则。文化是区域联系的重要桥梁,是区域间联系的软件,具有历史持续性和区域不可分割性。文化具有强大渗透力,可以穿透地域空间的限制,使具有相同的文化背景和渊源的地区保持紧密的联系和交往。因此在具有相同的文化背景和相似的文化发展特征的区域,往往具有相同区域发展特征和相似的区域发展趋向,不宜割裂。

历史的传承性原则。主要是具有相同的发展历史,根深蒂固的历史渊源。由于历史上密切的交往,血脉相连,地区之间经济上必然保持紧密的联系,在长期的联系发展中,自然形成了相对合理的区域联系和专业化生产分工,这种历史传承具有持续性和稳定性。

区域经济联系紧密性原则。主要是指区域经济发展由于相同的市场、产品、生产技术以及相同的竞争对手或发达的交通和通信联系等,使区域间经济发展具有较强的互补性,具有市场竞争中共命运的共生发展环境,始终保持着密切的经济联系。

专业化分工合理性原则。主要是指区域间在生产上具有专业化分工联系特征,由于资源节约、技术职称等因素,具有生产专业化分工联系的区域,应该保持区域发展政策的一致性。

行政区划的完整性原则。政治对经济发展具有强力的干预作用,在我国更明显。相对于中原经济区更大范围的概念,保持河南省行政主体区域的完整性很有必要。

2. 界定方案

遵循上述原则,经反复论证,中原经济区的空间范围大致界定如下:以河南为主体、延及周边,支撑中部,东承长三角,西连大关中,北依京津唐,南临长江中游经济带,具有自身特点、独特优势、经济相联、使命相近、客观存在的区域。大致包括河南省全部,河北省的邯郸,山西省的长治、晋城、运城,山东省的菏泽,安徽省的淮北、阜阳、宿州、亳州。该方案涉及5省,覆盖27个地级市,总面积大约25万平方公里。

四、中原经济区的基本特征及其构建基础

(一) 中原经济区的基本特征

区位优势明显,战略地位重要。中原经济区位于我国东、中、西部三大地带的交界,也处于长三角、环渤海地区向内陆推进的要冲,交通优势突出,我国主要的铁路、公路干线和第二条亚欧大陆桥都通贯其中,具有承东启西、连南通北的枢纽作用。国家促进中部崛起规划布局的"两横两纵"经济带中,就有"一纵两横"即陇海经济带、京广经济带和京九经济带位于这一区域。因此,构建中原经济区并将其上升为国家层面的发展战略,不仅有利于河南省经济社会发展水平再上新台阶,为加快中部崛起提供支撑;还可以连通环渤海、长三角、江苏沿海开发、皖江承接产业转移、武汉城市圈和关中地区等其他重要区域发展板块,使我国区域经济整体格局更加完整,对加强中、东、西三大地带联系和促进我国区域经济协调持续发展具有全局的战略意义。

自然人文资源丰富,开发潜力大。中原经济区地处我国暖温带及其向亚热带过渡地带,黄河、淮河、海河、汉水四大流域在此区域流淌,气候宜人,自然景观荟萃,融南秀北雄于一体。该区域有多种矿产资源储量居全国前列。石油、煤炭、天然气储量丰富且开发强度居于全国前列,资源开发的组合条件好,是我国重要的能源原材料基地。中原地区是中华民族的主要发祥地,我国公认的八大古都有其四,历史源远流长,文化积淀丰厚,曾演绎过无数的历史篇

章。这里旅游资源丰富多彩,发展文化、旅游产业的条件得天独厚。

劳动力资源充裕,人口压力大。中原经济区劳动力资源十分丰富。实际拥有人口1.6亿左右,其中,农业人口达1.1亿左右,全部劳动力人口超过1.1亿人。换言之,该区域仅占用了全国约1/32的国土面积,却承载了全国约1/8的人口,是我国人口最为稠密的地区之一。丰富的人力资源不仅能为本地区经济发展提供支撑,而且为全国输出充足的劳动力。同时,这一地区也存在农村人口基数大、劳动力素质偏低、就业压力大等问题。

农业生产举足轻重,"三农"问题突出。中原经济区是我国有着悠久传统的农业大区,也是当今中国最重要的粮食生产核心区。全区耕地面积约1.9亿亩,占全国耕地资源的1/10以上,是全国土地耕种强度最高、农副产品供给能力最高的地区,无论粮食生产、还是肉蛋奶产量在全国都具有举足轻重的地位。2008年,该区域粮食总产量9000多万吨,占全国粮食总产量17%,即1/6强,其中夏粮产量占全国夏粮总产量的近1/2。但与此对应,由于长期以农业这个弱势产业为主,这一区域的"三农"问题比全国其他地方都显得更加突出,城乡二元结构的矛盾比全国其他任何地方也要大得多。

平均发展水平低,工业化、城镇化任务艰巨。改革开放以来,中原经济区经济社会发展取得了长足进步,已经具备较好的产业基础,能源工业、食品工业、装备制造业等在我国具有重要的地位。但与东部沿海地区相比,人均经济水平、民生水平和工业化、城镇化水平明显偏低,呈现出明显的"塌陷"现象。2008年,中原经济区人均GDP只有17000元左右,比全国平均水平低5000多元,只是全国平均水平的3/4;人均财政收入只有800余元,仅为全国平均水平4600元的1/5多;第一产业占15%左右,比全国平均水平高出4个多百分点,第三产业只占30%左右,比全国平均水平约低10个百分点;城镇居民可支配收入12000余元,比全国平均水平低近3000元;农民人均纯收入是4300多元,比全国平均水平低近400元;城镇化率30%左右,不到全国平均水平的2/3。

(二)跨省构建中原经济区的共同基础

地缘人文条件接近,交流融合由来已久。区域经济学基本理论认为:不同区域的地理接近及相似性、相近性,即区域内各个组成部分具有比较接近的自然、历史和现实社会经济条件,是构成经济区的重要基础前提之一。长三角、珠三角等区域之所以能形成跨省域经济融合体,自然、历史、文化等因素相近是其中的重要原因。同样,中原经济区虽然地跨河南和周边数省,但完全具备整合发展的基础条件,特别是相近相似的地理条件和地缘人文因素,是构成中原经济区的内在纽带。纵观以河南为主体的中原地区发展史,中原经济区内各省同属于中原历史文化支脉,在历史上就是一个有着紧密内在联系的经济区域或军事区域,在文化历史和资源开发利用等方面有许多相似之处。国内革命战争时期支撑红色政权的晋冀鲁豫、豫皖苏鲁、鄂豫皖和太行分区等著名的革命根据地,就是如今的晋东南、豫北、冀南、鲁西南、豫东的交错地区和太行山、大别山腹地。在当今市场经济条件下,跨地区、跨省域的区域协作关系更加紧密。这一区域不同省份内的一些主要城市,如安阳与邯郸、焦作与晋城、三门峡与运城、商丘周口与皖北苏北诸市、濮阳与菏泽及聊城等等,虽分属不同省份,但不仅地缘相邻、交通相连、经济和人员交往交流频繁,而且语言相通、民俗民风相近。

发展阶段近似,发展任务大体相当。从区域整体水平和发展阶段特征看,目前,中原经济区内各地经济社会发展水平大体接近,所担负的区域职能和发展任务也大体相近,都是我国重要的农业生产地区和人口密集区,在保障国家粮食安全方面担负着主要责任,都面临着解决"三农"问题、统筹城乡发展的迫切问题,都处于工业化起步或加快推进工业化、城镇化的阶段,都处于亟待转变经济发展方式、推进产业结构升级的关键时期。所以,中原经济区各地既有共同的经济社会基础,也有共同的加快发展的迫切愿望。因而,这些相同相似的阶段特征和区域功能更易实现中原经济区不同地区之间的深度融合,更易使不同地区在战略取向、产业结构优化、要素合理流动、统一市场形成、资源有效利用等方面实现合作与多赢,也更易于在获取中央政府政策支持方面形成共识。

区域协作广泛持久,经济交往十分密切。在相近的地缘文化背景和大致相当的发展阶段特征下,构建中原经济区也符合区域合作发展的总体走势。改革开放以来,中原经济区相邻的各省、各市、甚至县乡之间早已出现了多形式、多层次的区域经济合作。在1982年,安阳、新乡、濮阳、晋城、邯郸、邢台、聊城等晋冀鲁豫4省13市共同组成了"中原经济协作区"。1986年,周口、商丘、淮安、菏泽、阜阳等豫皖苏鲁20市组成了"黄淮经济协作区";处于晋陕豫三省交界的三门峡、运城、渭南、临汾4市建立了"黄河金三角经济协作区"。20世纪90年代初,依托陇海——兰新铁路的第二条"亚欧大陆桥"贯通,上述"中原经济协作区"、"黄淮经济协作区"和"黄河金三角经济协作区"连通起来,进一步提升了中原经济区内部的经济社会协作,并将这种协作发展的关系向东延伸到环渤海和江苏沿海地区,向西推进到甘肃、青海、宁夏、新疆及中亚腹地,为后来河南省实施"东引西进"战略铺平了道路。此外,一些相邻地区,如濮阳与东明、周口与阜阳、信阳与鄂北皖西、商丘与皖西北等地的经济联系也由来已久。这些地跨省内外、延续至今的区域经济协作体的出现,为中原经济区构建奠定了广泛的经济社会基础。

中心城市(群)快速成长,辐射力带动力不断增强。特定经济区的形成、起飞和发展,离不开以中心城市或城市群为核心的增长极带动。中心城市(群)的规模实力、发展状况和辐射能力,在很大程度上决定着经济区的范围和水平。目前,中原经济区范围内已经形成了以郑州为龙头,包括洛阳、开封、新乡等9城市的中原城市群,统计数据显示,2009年中原城市群生产总值占全省总量的57%,地方财政一般预算收入占全省的64%,城镇固定资产投资占全省的78%。其中,省会郑州以突出的区位优势成为带动河南乃至整个中原经济区发展的主要增长极。根据基于将城市辐射力分解为政治、综合经济实力、产业、企业、开放度、科技、基础设施及人力资源8种辐射力的断裂点模型,并考虑到行政区划因素,在ARCGIS环境下运用距离计算模式,对周边省会城市作用条件下的郑州市城市辐射范围进行测算,得出的判断结果完全能够支持以郑州为中心的中原经济区的成立。除此之外,处于中原经济区内部省域交界地区的安阳、邯郸、晋城、焦作、商丘、周口、淮北、三门峡、运城、濮阳、菏泽、聊城等城市,近年来也都保持着持续快速发展的良好态势,经济实力不断提高,城市功能不断完善,成为中原经济区内具有较强支撑力的次级区域性中心,与中原城市群一起构成了较为完善的现代城市体系构架。

第六章 建设中原经济区的重要意义

河南在谋划"十二五"发展的过程中提出了建设中原经济区的战略构想。中原经济区是一个区域经济的概念,所谓中原经济区,是以河南为主体,延及周边若干区域,具有鲜明特点、独特优势、经济相联、使命相近、相对独立的区域经济综合体,河南处于主体地位、发挥主体作用。中原经济区也是一个总体战略的概念,河南提出建设中原经济区,是对中原崛起战略的持续、延伸、拓展、深化,是要充分发挥中原的比较优势,加快实现中原崛起,进而促进区域协调发展,支撑全国经济社会发展大局,因而具有十分重要的意义。

一、有利于国家区域经济布局的进一步完善

我国的区域发展战略经历了一个与时俱进、不断完善、不断丰富的过程,区域经济布局逐步趋于合理。从我国区域发展战略的演进看,大体经历了三个阶段。第一阶段,从新中国成立初期到改革开放前,是我国工业布局由沿海向内地推进的阶段。为了改变旧中国遗留下来的工业基础薄弱、沿海与内地布局畸轻畸重的格局,同时,鉴于新中国成立初期的国际政治环境和出于战备的考虑,当时工业布局的指导思想是,利用沿海的基础和适当利用外援,促使工业布局向内地推进,形成全国工业布局相对均衡、各大经济协作区自成体系且相互促进的格局。这一阶段由于国家投资的地区布局由沿海转向内地,有力地推进了内地的工业化进程,使旧中国遗留下来的工业布局极不平衡的格

局得到初步改观,直到现在,内地的发展都有赖于这个基础。但是,由于未能充分发挥沿海老工业基地的作用,国家投资的效益没有得到充分发挥。第二阶段,从改革开放初到20世纪90年代中后期,是沿海地区率先发展阶段。当时区域发展战略要优先解决的问题是,如何通过扩大开放,加快发展。国家通过设立经济特区、开放沿海城市等一系列对外开放措施,形成了沿海地区先走一步、率先发展,进而带动内地发展的格局。沿海地区的率先发展,加快了我国改革开放进程,使我国的经济实力迅速上升,缩小了与发达国家之间的差距。但是由于发展基础和条件的差异以及其他原因,使东部地区与中西部地区发展速度的差距逐步扩大,差幅最大的"八五"时期,东部地区生产总值的平均增幅,比中西部地区高5个百分点。第三个阶段,从20世纪90年代中后期到现在,是我国区域协调发展总体战略初步形成的阶段。20世纪90年代中期,党中央审时度势,统揽全局,适时作出了完善区域发展战略的重大决策。1994年国家颁布实施了"八七"扶贫攻坚计划,1999年作出了实施西部大开发战略的决策,2003年中央决定实施振兴东北地区等老工业基地的战略。根据党的十六届五中全会精神,"十一五"规划纲要对促进区域协调发展作了全面阐述,明确了促进区域协调发展的内涵;明确了实施推进西部大开发,振兴东北地区等老工业基地,促进中部地区崛起,鼓励东部地区率先发展的区域发展总体战略。

区域总体发展战略的提出,比此前的东、中、西三大经济地带的划分更加符合我国现阶段区域发展的实际情况。"十一五"以来,实施区域发展总体战略呈现出良好势头,制约各区域发展的突出问题得到缓解;区域协调互动机制正在逐步形成,对促进区域间优势互补发挥了积极作用。但是,在落实区域发展总体战略的过程中,也出现了一些实际问题,如东、中、西和东北内部的区域差异仍然较大,区域政策的空间尺度偏大,针对性还不够强。于是,近年来,以明晰区域定位、细化区域政策、规范地区发展走向为特征的新一轮区域布局悄然展开。随着北部湾经济区、海西经济区的设立,以及江苏沿海地区发展规划、辽宁沿海经济带发展规划获国务院批复,与原有的长三角、珠三角和环渤海经济圈连成一线,我国东部沿海经济布局已经基本完成。在中西部地区,经济布局正在调整和完善中。中原地区是我国内陆战略腹地,建设中原经济区,其意义不仅在于促进当地的经济发展,更在于发挥贯通全国经济格局的"腹地效应",形成全国经济增长的倍增器。

从完善全国区域经济布局的角度看,建设中原经济区,有以下几个方面的作用。

一是强化内陆经济战略支撑。从全国的生产力布局来看,沿海、沿江、沿京广、沿陇海兰新经济带构成了我国区域经济带的主体。中原地区位于京广、陇海兰新两大经济带主轴的交会区域,也处于沿海经济带沟通西北内陆地区的关键位置。中原地区承东启西、连南通北的战略地位,为加强发达地区和欠发达地区的经济联系提供了良好的条件。要看到,分布于沿海地区的京津冀、长三角、珠三角经济区已经在改革开放的过程中占得先机。而武汉经济区、成渝经济区则沿长江向我国西南欠发达地区延伸,是我国追求相对平衡区域发展战略的重要体现。在沿海发达地区向欠发达的西北地区延伸的陇海兰新经济带的中段,也应当形成一个具有强力支撑作用的中原经济区,以完善自沿海向西北延伸的经济带,把西南和西北都涵盖于整个西部大开发的战略当中。进一步说,在沟通东部和西部的国土开发战略中,沿江经济带和陇海兰新经济带是两条带动我国经济发展的重要的东西经济走廊。武汉城市圈在沿江经济带中起到了关键支撑作用,而陇海兰新经济带中,河南省的中原城市群,特别是郑州市和洛阳市具有明显的经济发展优势,将会是这一经济带中的关键节点。随着中原经济区的建设,我国的东西经济走廊上武汉城市圈沟通西南,中原经济区贯通西北,二者发挥着各自不可替代的关键支撑点的作用。可以预期的是,随着构建中原经济区,内陆地区将形成与沿海三大经济区遥相呼应的四大经济区(圈),即中原经济区、武汉经济圈、成渝经济区、关中—天水经济区。这些经济区(圈)共同支撑中国内陆地区经济发展,缺少其中任何一个都将不利于全国区域经济布局的完善。

二是推动和加快中部崛起进程。促进区域协调发展已经成为当前我国经济发展的重要任务。从全国区域格局看,沿海地区已经形成了环渤海、长三角、珠三角以及海峡西岸的经济隆起带;受西部大开发战略的强力推动,近年来西部地区发展迅速;然而连接东、西部的中部地区发展速度却相对较慢。作为中部地区经济总量最大和人口数量最多的省份,河南走在中部崛起前列,将有力地支撑并带动中部其他地区的发展,对促进中部崛起意义重大,进而对全国区域协调发展大局意义重大。从中部地区看,《促进中部崛起规划》提出了加快形成沿长江、陇海、京广和京九"两纵两横"经济带。其中:沿长江地带,正形成连接长三角、安徽皖江城市带、湖北和湖南"两型"社会综合配套改革试验区、成渝经济区等重点区域的经济隆起带。沿陇海铁路地带,河南省位于陇海兰新经济带的核心区域,商丘、开封、郑州、洛阳、三门峡等市具有较强的发展优势,对陇海兰新经济带的整体发展和提升起着关键支撑作用。沿京广铁路地带,河南省北连京津冀经济区、南接湖北和湖南"两型"社会综合配套改革试验区;沿京九铁路地带,河南省北连京津冀,南接安徽皖江城市带、鄱阳湖生态经济区。总体上看,河南省处于陇海、京广和京九三大经济带的中间位置、关键节点上,战略地位突出。如果没有中原的崛起,这几大经济带就很难真正形成。因此,加快河南发展,走在中部崛起前列,将有利于形成我国北部地区承东启西、连南贯北的区域协调发展格局。

三是大力促进区域间的经济合作。改革开放以来,经过30多年的发展,全国各地的发展呈现出一种相互竞争与相互协作并存的格局。在这一过程中,中西部地区的成渝地区、关中—天水地区、武汉都市圈等正在迅速崛起,形成了竞相加快发展的局面。构建中原经济区,加快中原崛起进程,有利于全国各地区尤其是中西部地区各个经济体之间的相互协作。我国不同地区之间不仅存在着经济发展的差距,而且存在着巨大的资源禀赋差异。人力资源、技术、资本及自然资源方面的差异要求各个区域之间进行相互的协作,只有这样才能充分发挥各种要素各自的比较优势,经济发展才能具有良好的效益。构建中原经济区,加快中原崛起进程,可以使中部地区成为一个各种要素及资源充分发挥协作作用的载体。中原地区的产业链特征与周边地区的产业链特征具有强烈的互补性。这些互补性表现为东部及南部地区以加工业为主导,但却缺少初级加工品和能源;西部地区的能源、原材料工业发达,但在加工业上却存在不足。中原经济区地处两大地区的交会处,一方面初级加工业表现突出,如铝锭和铝材,另一方面能源、重化工工业相对也较发达。这种产业链特征刚好成为联系东西部产业链的中间环节。中原经济区的建立,将为西部的原材料工业提供市场,也为东部地区的加工业提供供应链。正是产业链的这种联系,使得中原经济区演化成一个促进周边地区发展的倍增器。

二、有利于国家统筹协调梯次推进发展重大战略的实施

20世纪90年代初,邓小平提出"两个大局"的地区发展战略。这两个大局是:东部沿海地区要加快对外开放,先发展起来,中西部要顾全这个大局;当发展到一定时期,即到20世纪末全国达到小康水平时,就要拿出更多力量帮助中西部发展,东部沿海地区也要服从这个大局。根据邓小平"两个大局"的战略思想,国家通过设立经济特区、开放沿海城市等一系列对外开放措施,形成了沿海地区先走一步、率先发展,进而带动内地发展的格局。1978—1995年,沿海地区吸引外资占全国吸引外资总额的84.7%,基本建设投资占全国的比重也明显提高,沿海地区的生产总值年均增长11.6%,比内地高2.1个百分点。来自国家发改委的数据显示:2008年,长三角、珠三角、环渤海三大经济区以占全国20.6%的人口、1.1%的土地,创造了大约40%的经济总量,拉动全国GDP增长4.5个百分点。与此同时,国家也逐步加大了对贫困地区和少数民族地区发展的扶持力度。理论界通常把这一阶段称为梯次推进或不均衡发展战略阶段。

沿海地区的率先发展,加快了我国改革开放进程,使我国的经济实力迅速上升,缩小了与发达国家之间的差距,为20世纪末实现国内生产总值比1980年翻两番的战略目标,以及人民生活达到小康水平作出了巨大贡献。但是由于发展基础和条件的差异以及其他原因,使东部与中西部区域经济社会发展差距过大。具体表现在:第一,区域间经济发展水平的差距过大,且呈继续扩大态势。1979—2005年,按可比价格计算,东部10省市生产总值年均增速为11.9%,中部6省为10.1%,西部12省(区、市)为9.9%,东北3省为8.8%。到2005年,东部、中部、西部和东北四大区域生产总值占我国国内生产总值的比重分别由1978年的43.3%、21.7%、20.9%和14.1%变为55.6%、18.8%、16.9%和8.7%,东部地区提高12.3个百分点,中部、西部和东北地区分别下降2.9、4.0和5.4个百分点,东部地区比重不断上升,中部、西部相对下降,东

北地区下降最多。区域间人均生产总值差距也不断扩大。1978年东部地区人均生产总值是西部的1.8倍、中部的1.7倍,2005年分别扩大到2.6倍和2.2倍。第二,居民收入水平的区域差距小于经济发展水平的差距,但也呈扩大态势。1978年,东部地区城镇居民人均可支配收入是西部的1.1倍,中部的1.2倍,到2005年,均扩大到1.5倍。同一时期,东部农村居民人均纯收入与西部、中部的差距,由均为1.2倍分别扩大到1.9倍和1.5倍。区域间农村居民收入水平差距扩大的幅度明显大于城镇,表明区域间农民收入差距是区域差距的主要方面。第三,基本公共服务水平的区域差距依然显著,特别是中西部地区农村公共服务还比较落后。据统计,中西部1800多个县的农村初中学生宿舍、食堂和卫生厕所的实有面积分别只达到国家标准的35%、15%和48%,西部地区初中生预算内公用经费仅为东部地区的40%;中西部乡镇卫生院的危房率高达33%,西部地区农村参加社会养老保险人数覆盖率不到5%,仅为东部地区的1/10,不到全国平均水平的20%。针对地区差距带来的突出矛盾,党中央统揽全局,适时作出了完善区域发展战略的重大决策。江泽民同志在十四届五中全会上的讲话中指出:"应当把缩小地区差距作为一条长期坚持的重要方针","从'九五'开始,要更加重视支持中西部地区经济的发展,逐步加大解决地区差距继续扩大趋势的力度,积极朝着缩小差距的方向努力。"随着1999年实施西部大开发战略,2003年实施振兴东北地区等老工业基地战略,2006年实施促进中部地区崛起战略,我国区域经济呈现协调发展和产业由沿海向内地梯次推进的新格局。

  加快产业梯次转移,加大沿海地区产业向内地转移的力度,也是由我国区域经济发展的新情况、新变化决定的。研究表明,东部发达地区随着持续的资本形成,资本要素出现了边际生产力递减的现象,最终表现为总资产的贡献率下降。自2003年以后,东部较发达地区的总资产贡献率出现了持续滑落的态势。国家统计局公布的全国分地区工业企业总资产贡献率数据显示,北京从8.79%下降到6.22%,上海从12.01%下降到8.8%,浙江从12.44%下降到10.3%。与此形成鲜明对照的是:河南从9.99%上升到22.32%,湖北从7.4%上升到12.64%,黑龙江从19.81%上升到29.18%。上升幅度最大的是具有一定工业基础的中部和东北地区。而中原经济区的主体河南则是全国各区域中总资产贡献率增长最快的省份。这充分说明了河南省的人力资源等各种要素条件为产业转移提供了极为良好的条件。为了更明确地说明问题,我们把中原经济区的主体——河南省与全国各地区进行了指标对比分析。(见图6-1)

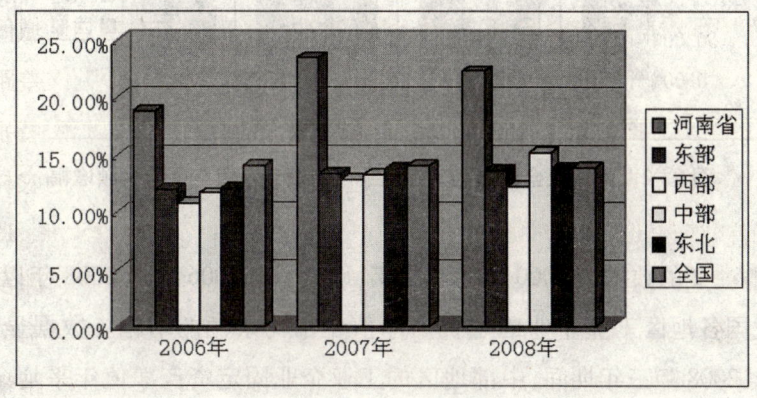

图6-1 河南及全国各地区总资产贡献率

图6-1分析了河南省与全国各地区总资产贡献率自2006年至2008年的对比关系。其中,河南和全国的数据由国家统计局统计资料直接给出,而各地区数据则取地区所属省、自治区、直辖市的中位数替代。从数据上可以看出,河南省的总资产贡献率远高于全国水平和各主要地区的水平,显示出河南在承接产业转移方面的独特优势。西部欠发达地区的总资产贡献率最低,说明了产业发展和转移要依赖于一定的产业基础。而河南则凭借其优越的区位条件、工业发展基础及生产要素成本成为中部地区承接产业转移首当其冲的选择。当然,在承接产业转移方面,河南发挥的作用与河南的吸引力尚不匹配。通过对比河南及全国各地区工业企业固定资产净值年平均余额的增幅可以大致地说明这些年来河南承接产业转移的基本态势。(见图6-2)

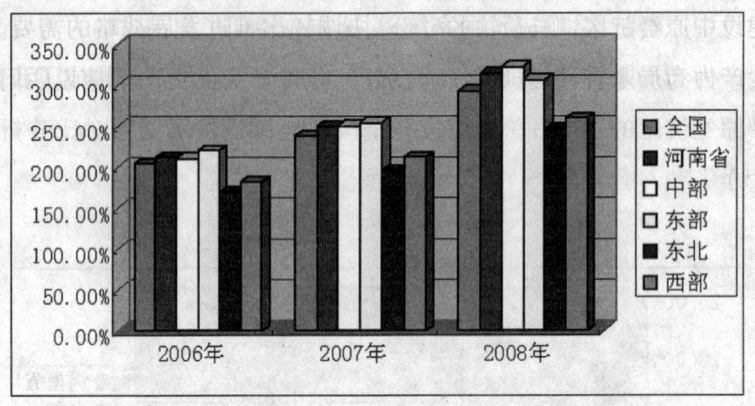

图 6-2 河南及全国各地工业企业固定资产净值年平均余额增幅

图 6-2 的数据以 2000 年为基准年,计算了自 2006 年至 2008 年以来,河南及我国各地区工业企业固定资产净值年平均余额的增幅。数据显示,从 2006 至 2008 年三年期间,中部地区的工业企业固定资产净值年平均余额增幅在全国各地区中脱颖而出。但河南省的增幅略低于中部地区。显示出河南尽管已经开始承担承接产业转移的重任,但其发挥的作用与河南省优越的条件及总资产贡献率的水平不符。这也要求加快构建中原经济区的进程,进一步促进中央关于承接产业转移和产业升级政策的顺利实施。

加快产业梯次转移,在当前显得尤为重要和紧迫。随着国际金融危机影响的继续深化,我国经济也面临着抵御国际经济负面影响的严峻挑战。长期以来,我国的外贸依存度较高,拉动经济的"三驾马车"中投资和出口成为经济增长的主要拉动力,消费、投资和出口的结构关系不平衡。2008—2009 年,受国际金融危机的影响,我国对外出口急剧下降,虽然国家加大了投资,固定投资速度没有下降,但是,我国经济增长速度还是由 2007 年的 13.3% 下降到 8.9% 和 8.0%。从当前形势来看,全球经济放缓的势头在短期内难以遏制,刺激内需对于我国经济增长至关重要。中央适时作出了扩大内需的决策,要求进一步释放城乡居民消费潜力,着力拓展内需增长新空间。国务院出台了《关于中西部地区承接产业转移的指导意见》,要求推动东部沿海地区经济转型升级,在全国范围内优化产业分工格局。这标志着我国产业梯次转移将进入新阶段,为中西部经济发展提供新机遇。

建设中原经济区,顺应了国家统筹协调梯次推进发展战略的需要。从全国的生产力布局来看,沿海、沿江、沿京广、沿陇海兰新经济带构成了我国区域经济带的主体。中原地区位于京广、陇海兰新两大经济带主轴的交会区域,也处于沿海经济带沟通西北内陆地区的关键位置,不仅在经济地理层面上具有承东启西的作用,而且在产业发展的层面上也具有承东启西的作用。从产业梯度看,我国东、中、西部地区间经济发展水平、技术水平和生产要素禀赋的不同,形成了地区间在产业结构层次上的阶梯状差异。这种产业梯度导致了产业在地区间的转移也是依据梯度层次进行的。中原地区交通区位重要,基础设施完善,劳动力资源丰富,当前正处于承接产业转移、加速经济发展的关键时期。经济发展状况和资源禀赋的特点,使中原地区在产业转移过程中起到了承东启西的作用。构建中原经济区,加快中原崛起进程,是东部地区和西部地区之间梯次开发的关键,是东西部地区经济联系的枢纽。加之,纳入中原经济区范围的周边省份的相邻地区,多处于各主体经济地域的边缘地带,其经济社会发展面临程度不同的困境。构建中原经济区,可以整合这些地区的力量,加快构建和完善区域市场体系,转变地方政府职能,改进区域资源配置方式,建立地区经济增长和社会发展的协调机制,实现和谐发展、共同繁荣。

三、有利于国家在中部地区形成新的经济增长板块

促进中部地区崛起,是党中央、国务院站在全局和战略高度作出的重大决策,是新时期我国区域发展总体战略的重要组成部分。区域协调发展以确保全国整体经济保持一定的快速增长为前提,以各地区间的共同富裕为目标。按照区域协调发展的要求,在市场经济条件下,应该对落后地区实施由优惠财税政策和其他有关经济政策组成的区域政策,以建立区域间大体一致的经济发展条件,求得区域间发展机会的相对均衡,为区域间共同富裕创造必要的条件。在我国东、中、西的区域板块中,中部地区对实现区域协调发展负有特殊的责任。从区域空间发展的角度来看,我国东部已进入网络发展阶段,中部则处于轴线聚集阶段,而西部尚处于驻点开发阶段。处于网络发展阶段的东部

地区,工业化和城镇化水平比较高,空间市场体系比较发达,一体化程度较高,产品和要素交流比较频繁,区域整体经济效益较高。处于轴线聚集阶段的中部地区,工业化和城镇化处于加速阶段,区内交通主干线虽还不十分完整,但雏形已经形成且已具一定的规模,支干线则开始向四周延伸;生产要素已开始明显地向交通主干线两侧聚集,城镇体系和空间市场体系开始形成;区内各城镇间的分工协作关系初步建立,区域经济一体化的效益开始发挥作用。而处于驻点开发阶段的西部地区,工业化和城镇化尚处于起步阶段,交通干线尚未形成,区内各地发展还相对孤立,还谈不上整体经济效益的发挥;人口也较分散,城镇建设尚不成体系;经济增长极在区域上呈稀疏的、联系很少的点状分布。比较而言,中部地区经济发展水平从总体上居中,基础条件较好,未来经济增长的潜力和各种产业发展的可能性巨大,接受外界辐射的能力和与外界交往的能力也较强,这些均为中部崛起准备了充分和必要的条件。

中部崛起的过程,也就是在中部形成新的增长板块的过程。中部新的增长板块的出现,对全国区域协调发展具有重要的意义。首先,有利于全国区域经济一体化的形成。中部是我国东西南北交往的通道,这个通道畅通与否,管理体制是否符合市场经济的要求,经营水平是否能让各方满意,直接关系到我国区域经济一体化的进程。从技术层次看,全国区域经济一体化的形成需要满足硬件和软件两个方面的条件。硬件条件是指完善便利的成网络状的交通通信基础设施;软件则是指区域间无人为障碍的自由贸易和交往的体制环境条件。显然,目前我国这两方面的建设都还有待改进和加强。而我国中部地区处于区域经济一体化硬件建设的交会点上,因此,随着中部新的增长板块的出现和超常规的大规模交通和通信基础设施的建设,必将在我国区域经济一体化形成中起到关键性作用。其次,有利于东部的升级和西部的开发。东部的升级、中部的崛起和西部的开发是相辅相成的。中部崛起对东部升级的意义在于:为东部一般加工工业的转移提供适宜的接受地,保障东部产业结构升级顺利进行;为东部新兴产业的产品提供一定的市场需求。中部崛起对西部开发的意义在于:提供大量的商品粮食、饲料粮以及其他农副产品,为西部"退耕还林还草",生态环境保护与建设,以及农牧业的结构调整,解决后顾之忧和创造良好的条件;发挥中部装备制造业的优势,为西部开发提供迫切需要的基础设施建设装备和各种产业装备；为西部特色经济的发展提供便利的市场、交通条件和相应的金融服务，为东西部的经济交流提供完善的通道。这一切都有赖于在中部形成新的增长板块，发挥其在中部崛起中的龙头和引领作用。

中部地区新的经济增长板块应当为我国区域科学发展做出积极的贡献。一是创造条件迎接东部的强力辐射。产业的空间扩散和转移，决定于转出地区的经济辐射强度和接受地区的吸收能力，两者缺一不可。从接受地区来看，接受地区本身的发展水平越高，它所能吸收的产业的广度就越大，所能接受和消化的技术水平就越高。显然，我国中部相对西部而言，具有较强的接受发达地区产业转移的能力。为进一步做好迎接东部强力辐射的工作，吸引更多的先进技术和资金，中部地区应该狠抓投资环境的建设，特别要为外部客商提供宽松的政策环境和周到的服务；对东部放开一切可以放开的领域，将中部的产业更好地与东部的技术结合起来，积极主动地推进与东部经济的融合，促进中东部经济的一体化。二是积极开拓向西部索要一块市场空间。西部开发对中部带来的最大机遇就是西部的市场需求空间，特别是中部可以提供西部开发所需的机械设备、农副产品以及其他轻工业消费品。因此，积极开拓西部市场是中部对外扩张的一个重要选择。三是依托自身优势，全力培养有特色的支柱产业。我国中部地区的支柱产业是农业及农副产品加工工业、食品工业、装备制造业和以商贸金融为主的服务业。中部地区应该制定有利于这些支柱产业快速发展的政策和措施，尽快提高其市场竞争能力，真正起到带动整个区域经济发展的作用；努力培养支柱产业中的大型非国有企业，充分发挥他们责任心强、市场开拓意识强、进取心强和生命力强的优点，以增强支柱产业的活力。四是依托中心城市，建立各类经济活动中心。我国中部地区是天然的东西南北的交通、信息、产品、物资、金融等经济生产要素和生产成果的汇集和扩散中心，即一种全方位的市场中心。中部地区应该依托中心城市，加速上述各类经济活动中心的硬件建设；加紧完善有关制度与法规，制定相应的规划和地方性扶持政策，让这些中心尽快地发挥他们带动中部崛起的重要作用。

发挥中原的优势，建设中原经济区，有利于国家在中部地区形成新的经济增长板块。国务院《促进中部地区崛起规划》要求，要依托综合运输主通道，以资源环境承载能力强、经济社会发展基础好、发展潜力大的地区为开发重点,加快形成"两横两纵"经济带,培育六大集聚人口和产业的城市群。积极推进老工业基地城市振兴和资源型城市转型,支持革命老区、民族地区和贫困地区加快发展。其中和河南省相关的有:一是增强沿陇海经济带实力。发挥"亚欧大陆桥"的优势,加强与沿海和西北地区交流合作,进一步扩大东西双向互动、对内对外开放,发挥郑州区域中心城市的作用,培育形成郑汴洛工业走廊,壮大能源原材料、现代制造业、汽车等支柱产业,实现老工业基地振兴。二是提升沿京广经济带水平。提高京广通道综合运输能力,依托沿线的人力资源优势和产业基础,大力发展原材料工业、装备制造业、高技术产业和劳动密集型产业,形成我国重要的制造业基地。进一步巩固和加强与京津冀和珠三角地区的经济联系,发挥中心城市的引领和支撑作用,构建沟通南北的经济带。三是培育壮大沿京九经济带。加强与京津冀、长三角、珠三角和海峡西岸地区的联系,加快东向交通通道建设,在重要的节点城市推进承接产业转移园区建设。立足特色资源优势,在豫东、皖西北、鄂东、赣南等地区形成资源性产品生产和加工基地。壮大商丘、阜阳、吉安、赣州等沿线城市实力,带动革命老区发展。四是培育城市群增长极。以客运专线和城际快速轨道交通等重要交通干线为纽带,重点以郑东新区、汴西新区、洛阳新区建设为载体,整合区域资源,加强分工合作,推进区域内城市空间和功能对接,率先在统筹城乡、统筹区域协调发展的体制机制创新方面实现新突破,提升区域整体竞争力和辐射带动力,把中原城市群建设成为沿陇海经济带的核心区域和重要的城镇密集区、先进制造业基地、农产品生产加工基地及综合交通运输枢纽。五是加强省际区域经济合作。鼓励晋陕豫黄河"金三角"地区突破行政界限,开展区域协调发展试验。根据《促进中部地区崛起规划》的要求,以河南为主体建设中原经济区,将能在中部的陇海兰新经济带率先形成带动区域经济发展的核心增长极,加快中部重点地区的发展,在促进东中西互动方面发挥重要作用。

根据党的十七届五中全会精神,"十二五"期间要继续实施区域发展总体战略和主体功能区战略,要求各地区严格按照主体功能定位推进发展,对人口密集、开发强度偏高、资源环境负荷过重的部分城市化地区要优化开发,对资源环境承载能力较强、集聚人口和经济条件较好的城市化地区要重点开发。

以河南为主体的中原经济区,位于沿京广、陇海、京九"两纵一横"经济带的交会地带,是中部人口最密集、经济总量最大、交通区位优势最突出、最具发展潜力的区域。中原城市群是中部六大城市群之一,近年来保持着持续快速发展的良好态势,经济实力不断提高,城市功能不断完善,成为中部地区内具有较强支撑力的区域性增长极,2009年其人口、经济总量、综合实力、社会消费品零售总额、固定资产投资总额和金融机构存款余额均居中部其他城市群之首,生产总值分别是长株潭城市群、武汉城市圈、皖江城市带、环鄱阳湖城市群、太原城市圈的1.2倍、1.51倍、1.81倍、2.67倍和3.21倍。加快中原经济区建设,促进中原城市群加快发展,可以在中部地区构筑具有强大集聚作用和辐射作用的核心增长极,促进中部经济社会的总体发展。

四、有利于河南在全国经济发展大局中发挥自身优势和明晰发展定位

作为中原经济区的核心区域,河南的区域比较优势明显,可以概括为五个字:大、根、粮、位、群。

(一)大省优势

所谓大省的"大"包括:人口总量大。河南是全国第一人口大省,2009年底9967万人,占全国的7.5%,占中部六省的26.6%。作为生产力第一要素的人力资源,在促进中原崛起、河南振兴中起着基础性、战略性和决定性作用。经济规模大。河南是全国重要的经济大省,2009年全省生产总值接近2万亿元,居全国第5位,中西部第1位,分别占全国和中部地区的5.8%和27.6%。财政收入、固定资产投资、社会消费品零售总额均居中部第一。全国新兴工业大省,2009年全部工业总产值达到9858.4亿元,位居全国第5位。全国粮食第一大省,至2009年,河南粮食总产已连续4年超千亿斤,连续10年居全国第一,每年调出300亿斤原粮及加工制成品。文化资源丰度大。河南被史学家誉为"中国历史自然博物馆"。河南地下文物、馆藏文物、历史文化名城、重

点文物保护单位数量均居全国第一；中国20世纪100项考古大发现中河南省有17项，全国八大古都河南有其四，洛阳龙门石窟、安阳殷墟、嵩山古建筑群是世界文化遗产。发展潜力大。河南经济正处于市场经济的转型时期和快速发展阶段，有着巨大的发展潜力。河南正处于工业化、城镇化加速阶段，城乡之间发展的不平衡性为经济发展提供了广阔空间。

(二) 民族血脉之根

中华民族血脉之根因黄河冲积形成的中原沃土而发端，因中原的引领而前进，因中原的勃兴而昌盛，因中原的先进而远播，因中原的坚韧而绵延。中原文明的发展轨迹是华夏文明的完美体现和浓缩。河南是中华民族主要发祥地。中华民族有伏羲、神农、黄帝、颛顼、帝喾等12大人文始祖，他们大都出自河南或主要活动于河南。在依人口多少而排序的前100个中华大姓中，有78个姓氏直接起源于河南，有98个姓氏的郡望地在河南，这些姓氏涉及当代华人的90%。因此，河南被全球华人公认为追思先祖懿德的祖根之地、传承中华文明的心灵故乡，成为海内外中华儿女魂牵梦绕的寻根谒祖圣地。河南是中华文明的主要源头。中国最早的文字——甲骨文在这里诞生；新石器时代的裴李岗文化、仰韶文化，都发生在河南。夏、商、周三代，被视为中华文明的根源，同样发端于河南。中国的四大发明——指南针、印刷术、造纸术、火药，正是从这里向世界传播。古往今来，在河南孕育和产生的众多思想学说，交相辉映，积淀升华，铸就了中国传统文化的灵魂，深刻影响着中华民族精神的形成。河南是华夏儿女的精神家园。历史的辉煌凝结着华夏儿女的伟大创造，是提升自信心的重要来源。厚重的根文化具有广泛的凝聚力，让人认同；具有强烈的震撼力，让人亲近；具有强大的穿透力，让人共鸣。

(三) 粮食优势

河南是全国第一粮食大省，在确保国家粮食安全中发挥着至关重要的作用。河南的粮食优势，首先表现在总产量大。2009年河南粮食总产达到1078亿斤，占全国粮食产量的1/10。特别是从全国13个粮食主产区30年粮食产量的变化看，河南粮食在全国所占的地位更加重要（见表6-1）。其次是增产潜力大。目前,全省还有6000多万亩的中低产田,玉米、水稻等秋季高产粮食作物种植面积和单产还有望进一步扩大和提高,随着国家粮食战略工程河南核心区建设的稳步推进,粮食增产潜能将进一步释放。按照国家规划,2020年河南粮食生产能力要新增260亿斤,占全国新增加1000亿斤的1/4多,稳定达到1300亿斤,占全国粮食生产能力11000亿斤的1/9以上,调出原粮和粮食加工制成品550亿斤以上。再次,转化能力强。作为全国第一粮食大省,河南粮食加工能力位居全国首位,粮食加工能力、肉类总产量均居全国第1位,成为全国畜牧养殖大省和食品工业大省。全省各类粮食加工企业达2624家,所生产的面粉、挂面、速冻食品、方便面、味精等市场占有率均为全国第一,河南已成为全国最大的肉类生产加工基地、全国最大的速冻食品加工基地、全国最大的方便面生产基地、全国最大的饼干生产基地、全国最大的调味品生产加工基地。食品工业销售收入从1994年的全国第7位到2005年超越江苏升至第3位,2006年一举超越广东排名第2位。

表6-1 全国13个粮食主产区粮食生产地位的变化情况

地区	粮食生产总产量					
	1978年			2009年		
	总产量（万吨）	全国位次	占全国比重（%）	总产量	全国位次	占全国比重（%）
四川	3000	1	9.84	3215	5	6.06
江苏	2290	2	7.51	3230	4	6.08
山东	2250	3	7.38	4316.3	3	8.13
河南	1900	4	6.23	5389	1	10.15
湖南	1900	5	6.23	3000	7	5.65
湖北	1725.5	6	5.66	2310	10	4.35
河北	1615	7	5.3	2910	8	5.48
黑龙江	1500	8	4.92	4350	2	8.19
安徽	1482	9	4.86	3070	6	5.78
辽宁	1175	10	3.86	1591	13	3
吉林	1056	11	3.46	2460	9	4.63
江西	1050	12	3.45	2000	11	3.77
内蒙古	180	13	0.59	1980	12	3.73

(四)区位优势

河南位于我国内陆腹地,具有承东启西、连南通北的区位优势,在全国现代综合运输体系和物流体系中具有重要地位,是全国重要的物质和产品集散交换中心,东中西互动的战略平台。首先是综合交通运输枢纽。河南位于我国内陆腹地,具有承东启西、连南通北的区位优势,是中国多方向跨区域运输的交通要冲和多种交通运输网络交会的枢纽地区,承担着全国跨区域客货运输的重要任务,在全国现代综合运输体系和物流体系中具有重要地位。2009年底,河南铁路通车总里程达到4000多公里,居全国第1位;河南高速公路通车总里程达到4860公里,居全国第1位。高等级公路密度在中西部处于明显优势。中原地区的交通线路路网密度远高于全国平均水平,运输周转量在全国的比重也远高于其经济总量在全国的比重,2009年实现客运量14.5亿人,旅客周转量1645.2亿人公里。其次是全国货物集散中心。作为综合交通枢纽,郑州在公路、铁路和航空到全国各地平均运输成本方面与武汉、西安、重庆相比具有明显的优势。独特的区位优势和发达的立体交通体系大大降低了河南对外交流的成本,使河南成为全国重要的物质和产品集散交换中心。以郑州商品交易所、郑州粮食批发市场、华中棉花交易市场为代表的期货和现货市场功能不断增强,一批大型专业批发市场不断壮大,大市场、大流通格局正在形成。郑州已成为全国重要的货物集散地。再次是东中西互动战略平台。地处中部地区的中心地位,区位、交通、经济发展水平等决定了河南在东中西互动中的战略平台作用。一方面,河南将承接更大规模、更高层次的东部地区产业和资本的梯度转移,延伸和放大东部的辐射效应,支持西部大开发的推进,同时通过引进资金、技术、人才,进一步调整河南的资源配置和经济结构;另一方面,河南可以为西部地区原材料、产品以及资源、劳动力等向东部乃至海外输出发挥通道作用。同时,通过积极参与西部大开发,可以为河南经济发展赢得更大的市场空间和发展余地。

(五)城市群优势

中原城市群在经济密度、可达性、辐射带动等方面都优于中部其他城市群,是中部地区乃至全国的战略支点。中原城市群的优势表现在:首先是经济密度高。2008年,中原城市群经济密度在全国七大城市群中仅次于山东半岛城市群;人口密度在七个城市群中位居第一。其次是可达性强。中原城市群郑州到其余8个城市的交通总里程为896公里,是中原城市群内所有城市可达性最强的城市,此外,其他8个城市可达性总里程多在1000—1500公里。随着城际铁路、城际公路等快速交通的发展,有望率先形成半小时经济圈,进而有利于产业整合、资源整合和经济协作区的较快形成。再次是带动作用大。中原城市群由于享有区位、资源、交通、文化等优势,在河南省乃至中原经济区经济社会发展中处于核心和领先地位。建设与发展中原城市群,将其原有的种种优势在实现更大范围内优化整合成整体优势,以乘数的方式增强其集聚与辐射功能作用。充分发挥中原城市群的支撑作用,对推进中原经济区的发展,实现中部地区崛起,促进东中西区域协调发展意义重大。

以上优势决定了河南在全国经济发展大局中的战略定位。主要应当包括:努力成为全国"三化"协调发展示范区。统筹安排城镇建设、产业集聚、农田保护、村落分布、生态涵养等空间布局,协调推进中原城市群与粮食生产核心区、现代城镇体系和现代产业体系建设,率先走出一条农业、粮食、人口大省协调推进的新型工业化、新型城镇化和农业现代化发展的道路,为中西部地区转变经济发展方式、推动科学发展探索路子、积累经验。努力打造全国经济发展的重要增长极。力争在结构优化、效益提高的基础上,经济总量占全国的比重进一步提高,区位、市场、人力资源等优势得到充分发挥,到2015年,主要人均经济指标超过中部地区平均水平,与全国平均水平差距进一步缩小,成为支撑中部崛起的重要区域。到2020年,主要人均经济指标赶上并力争超过全国平均水平,成为中西部地区经济发展的主要引擎。成为全国综合交通枢纽和物流中心。以建设运输通道和交通枢纽为重点,加快构建以铁路网、高速公路网和航空枢纽港为骨架的综合交通体系,充分发挥中原经济区在全国综合运输大通道中的作用,凸显郑州交通、物流、商务中心地位,形成服务中西部、面向全国、连接国际的现代物流服务中心。成为华夏历史文明传承核心区。大力推动文化发展繁荣,深化文化体制改革,大力发展文化产业,打造一批地域特色明显、展现中原风貌、具有国际影响的文化品牌,突出根文化、思想文化、姓氏文化等中原文化的传承弘扬，建设全球华人寻根拜祖圣地，提高中原文化影响力，增强中华民族凝聚力，成为振兴弘扬中华优秀传统文化的核心区域。

五、有利于坚持走一条不以牺牲农业和粮食、生态和环境为代价的"三化"协调发展路子

中原经济区是我国传统的农业大区，农业人口超过1亿人。河南作为中原经济区的核心部分，人多地少、农业比重大、农村人口多，"三农"问题在全国具有代表性。建设中原经济区，加快中原崛起，有利于为我国统筹解决"三农"问题积累经验，探索传统农区推进农业现代化的路径，坚持走一条不以牺牲农业和粮食、生态和环境为代价的"三化"协调发展路子。概括起来，有以下几个方面。

首先，可以为统筹解决"三农"问题积累经验。在我国"三农"问题中，农业的问题突出表现为农业基础设施薄弱，传统农业比重大，现代农业发展滞后；农村的问题突出表现为农村社会事业发展滞后；农民的问题突出表现为农民增收困难。这些问题，中原地区都具有典型性。从农业问题看，以河南为例，2009年，农业增加值居全国第2位，所占比重达14.3%；粮食产量达到1078亿斤，占全国1/10多，居全国第1位；油料产量居全国第1位，肉类产量居全国第3位，棉花产量居全国第4位，奶类产量居全国第4位。初步形成了一批以优质专用小麦、玉米和水稻为主的粮食生产基地；以黄河滩区绿色奶业、中原肉牛肉羊、京广铁路沿线生猪产业带以及豫北肉鸡、豫南水禽等为主的畜产品生产基地；以洛阳牡丹、开封菊花、许昌花木、信阳茶叶、焦作怀药、南阳柞蚕等为主的特色农业基地。但农业从业人员人均耕地面积仅为3.8亩，全省还有6000多万亩中低产田，占耕地面积的55%以上；旱涝保收田和有效灌溉面积仅占耕地面积的54.3%和68.3%，农业生产的基础还比较脆弱。从农村问题看，河南有158个县（市、区），1892个乡镇，4.75万个行政村。与城市相比，农村在水电路气等基础设施和教育、卫生、文化等公共服务设施方面，还存在着相当大的差距。2008年，河南农村初中的生均预算内教育事业费全

国倒数第 3 位,农村小学的生均预算内教育事业费全国倒数第 1 位。全省农村自来水受益村仅占行政村总数的 47%。从农民问题看,2009 年河南农民人均纯收入 4807 元,比全国平均水平低 346 元,2000—2009 年,河南城乡居民收入的绝对差距由 2780 元扩大到 9525 元,城乡居民收入之比由 2.4∶1 扩大到 3∶1。为解决"三农"中的突出矛盾,河南已经进行了一些探索。编制了国家粮食战略工程河南核心区建设规划,编制了花卉苗木、林业、现代水产、现代畜牧业、特色经济作物、林业、现代水产、水利设施、农业结构调整和农产品流通等现代农业发展规划;以解决农民实际问题为主,连续几年为人民群众办十大实事;开展了农村新型社区建设试点等。建设中原经济区,支持中原地区加强农业基础设施建设,改善农村社会事业,多渠道增加农民收入,有利于为中西部地区解决"三农"问题的突出矛盾提供示范。

其次,可以继续探索传统农区推进农业现代化的路径。当前农业生产和农村发展面临的发展环境复杂多变,促进农业生产上新台阶的制约越来越多,保持农民收入较快增长的难度越来越大,转变农业发展方式的要求越来越高。近年来,河南从实际出发,加快用先进适用技术改造传统农业,用先进适用工业产品装备农业,用现代科学方法管理农业,用发展工业的理念发展农业,在因地制宜推进农产品优质化、多样化的同时,大力推进农产品的精深加工和综合利用,逐步推进规模化经营和工厂化管理,扎扎实实地推进传统农业向现代农业转变,取得了初步成效。一是大力进行科技攻关和推广。针对制约全省粮食持续增产的关键、重大、共性技术难题,组织全省农业科技力量,开展农作物高产栽培技术研究,集成示范了一批先进实用技术。全省科技成果转化率达到 40% 以上。二是大力发展农业产业化经营。目前,全省各类农业产业化组织达到 11674 个,其中规模以上龙头企业 6000 多家,省级以上龙头企业 366 家。全省农产品加工已发展到 24 个行业、23 个门类。目前河南成为全国最大的厨房,规模以上食品工业产值居全国第 2 位,粮食加工能力居全国第 1 位,食品工业成为全省工业第一大支柱产业。三是着力推进标准化生产。通过完善农业标准体系,积极引导龙头企业和种养大户实施标准化生产;建立健全农产品质量可追溯制度,严格产地环境、投入品使用、生产过程等产品质量全程监控。四是大力发展循环农业。在平原地区、山区及丘陵地带、城市郊区和城镇推广不同模式的循环经济,大力发展无公害农产品,提高农产品质量安全水平。同时,河南同全国一样,农业生产的耕作方式比较粗放,规模化标准化水平不高,市场竞争力不强。农产品精深加工发展任务艰巨,龙头企业数量少、规模小,产业链条短,知名品牌少,竞争力和带动能力不强;各类农村合作经济组织发展不平衡,组织化程度不高,农业社会化服务体系不健全。建设中原经济区,加快中原崛起,支持中原地区坚持用工业理念发展农业,用工业成果装备农业,用现代科技改造农业,用现代社会化服务体系服务农业,用现代科学知识武装农民,有利于为全国传统农区推进农业现代化提供典型和示范。

再次,可以继续探索以工补农、以城带乡的新路子。统筹解决"三农"问题,还必须跳出"三农"解决"三农",坚持统筹城乡发展,加大以工补农、以城带乡力度,"化"传统农业为现代农业、"化"农业社会为工业社会、"化"农民为市民。近年来,河南省委、省政府面对加快农业农村发展和加快工业化、城镇化的双重任务,把加快工业化、城镇化,推进农业现代化作为全面建设小康社会的基本途径,坚持工农业两篇文章一起做,城市农村两幅画卷一起绘,粮食产量连续4年超过千亿斤,连续6年创新高;工业经济总量由全国第7位上升到第5位,成为全国重要的食品工业基地、能源工业基地、有色工业基地;城镇化率年均提高1.7个百分点左右,工业反哺农业、城市支持农村的能力显著增强,形成了"三化"相互支撑、共同顶托中原崛起的良好局面。2008年以来,河南省委、省政府在全面推进粮食生产核心区建设的同时,围绕促进产业集聚发展,引导产业向城镇集中布局,实现产城融合、工业化与城镇化良性协调,明确提出以产业集聚区为载体构建现代产业体系、现代城镇体系和自主创新体系的战略任务,形成了进一步深入推进"三化"协调发展的基本思路。加快中原崛起,探索走出一条以不牺牲农业和粮食、生态和环境为代价的新型工业化、城镇化道路,进一步增强以工促农、以城带乡能力,有利于在加快工业化和城镇化进程中巩固提升农业基础地位,既为保障国家粮食安全作出更大贡献,也为全国粮食主产省份加快现代化进程探索路子;有利于构筑新型城乡关系,消除城乡二元结构,最终实现基本公共服务均等化,促进社会全面进步,不仅对中原的农民群众生活水平持续提高具有重大现实意义,也对在全国范围内探索统筹城乡发展新路子具有重要的示范意义。

最后，可以为国家生态和环境安全做出积极贡献。一是有利于构筑全国生态屏障。中原经济区涵盖暖温带和亚热带，区域生态系统类型和生物多样性十分丰富，仅河南境内的高等植物就占全国总数的12.2%，脊椎动物种类占全国总数的23.9%，昆虫种类占全国总数的2/3。建设中原经济区，有利于统筹和加强区域生态保护与环境治理，为维护全国生态稳定和平衡提供重要支撑。二是有利于推进全国节能减排。由于历史的原因，河南省必须面对污染物排放总量大的问题。目前，河南工业能源消费占全省能源消费总量的81.6%，高于全国平均水平10个百分点，化学需氧量排放居全国第5位，二氧化硫排放居全国第2位，亩均化肥施用量比全国平均水平高90%。这些问题如不及时解决，不仅将制约河南经济社会的发展，也将影响中部地区的发展。三是有利于改善全国环境质量。全国七大水系中，中原经济区地跨海河、淮河、黄河、长江四大流域，是淮河、海河的源头和南水北调中线工程的水源地。处于中国南北气候过渡带，伏牛山、大别山—桐柏山、太行山三大山脉和黄河湿地对于涵养生态、调节气候、保护生物多样性具有非常重要的作用。加快中原经济区建设，加强生态保护与环境治理，提高生态涵养水平，将对维护全国生态稳定和平衡提供重要支撑，为广大下游地区生态环境改善提供重要保障，为京津地区的供水安全提供重要保障。四是有利于保障粮食安全。要达到2020年河南省粮食生产能力达到1300亿斤的目标，让人民群众吃上放心食品，必须有一个完整、良好的自然生态系统。建设中原经济区，有利于保护粮食生产赖以持续的生态系统，对于保障国家粮食安全具有不可替代的重要作用。

六、有利于遵循经济发展规律特别是区域经济发展规律，加快经济发展方式转变

构建中原经济区，探索省际边缘区协调发展的机制和对策，推进中原地区多领域多层次的合作，是适应中原地区经济发展规律的客观要求，也是中原地区经济实现跨越发展的必然选择。对全国推进市场化进程，推进区域合作，强

化区域经济功能,具有一定的典型意义。

首先,有利于淡化行政区域色彩,强化经济区域功能。中原地区作为我国的内陆腹地,强势的行政区划观念已经对市场经济的开放性与统一性形成严重冲击,成为制约区域经济共同繁荣的重要因素。如市场分割加剧,各级地方政府为了追求和保护自身利益,往往以行政区为依托,构筑各种壁垒,对本(外)埠项目、资金、人才、企业的流出(入)设置有形的或无形的关卡,阻碍经济要素资源的自由流动。再如产业同构严重,各行政区重复建设,产业结构趋同,区域之间在比较优势基础上的分工和协作难以落实,区域内各城市主导产业的选择惊人地相似,经济要素配置效率低下,资源浪费严重,有可能演化为新一轮产业恶性竞争。还有,城际软硬件设施衔接乏力,经济区内各城市在制度与政策安排、基础设施建设等方面理应通力合作,从制度和空间上促进内部一体化,与外部竞争时用一个声音说话。但是,在行政区划观念的牵引下,城市管理者缺乏整体观念和协作精神,在经营城市中局于一隅,往往不顾自身实际情况或区域整体利益,陶醉于"躲进小楼成一统"。行政区经济"重合、重复、重构、重叠"而产生种种弊端,形成了行政区划内"计划性太强"而跨行政区的经济区"市场性太弱"的怪圈。强化经济区域功能,实现区域一体化发展,是新形势下区域发展的内在要求和必然选择。构建中原经济区,有利于跨越行政壁垒,促进区域融合,拓宽对内连接通道,有利于建立统一开放的大市场,实现资源共享和优化配置,建立互利共赢的经济体系,有利于实现行政区经济向经济区经济的转变。

其次,有利于梯次拓展增长空间,加快内陆重点区域开发。从全国区域格局看,沿海地区已经形成了环渤海、长三角、珠三角以及海峡西岸的经济隆起带,在引领全国区域发展方面发挥了重要作用。在出口导向转为内需导向的新的历史时期,国家在支持东部率先发展的同时,将把开发支持的重点转向具有巨大市场空间和潜力的内陆地区,将在中西部一些资源环境承载能力较强的区域培育若干支撑中国经济持续较快发展的新的增长极。河南是全国第一人口大省,经济总量居中西部地区之首,在中部地区乃至全国都占有重要地位。党中央、国务院一直高度重视河南的发展。胡锦涛总书记明确要求河南"贯彻科学发展观,抓住机遇、实现跨越式发展,在促进中部地区崛起中发挥更大作用、走在中部地区前列",希望"河南在继续解放思想上迈出新步伐,在坚持改革开放上实现新突破,在推动科学发展上取得新进展,在促进社会和谐上见到新成效"。温家宝总理要求河南"把握省情,发挥优势,实现更大规模、更高水平的发展"。就区位来说,河南省位于陇海兰新经济带的核心区域,商丘、开封、郑州、洛阳、三门峡等市具有较强的发展优势,对陇海兰新经济带的整体发展和提升起着关键支撑作用。沿京广铁路地带,河南省北连京津冀经济区、南接湖北和湖南"两型"社会综合配套改革试验区;沿京九铁路地带,河南省北连京津冀,南接安徽皖江城市带、鄱阳湖生态经济区。总体上看,河南省处于陇海、京广和京九三大经济带的中间位置、关键节点上,战略地位突出。以河南为主体构建中原经济区,顺应了区域经济发展趋势,体现了准确把握、自觉遵循经济发展规律的要求,不仅将有力地促进该区域的繁荣发展,而且将通过强化中原腹地效应,对国家梯次拓展增长空间、加快内陆重点区域开发的总体战略产生积极的影响。

再次,有利于河南发挥自身优势,加快经济发展方式转变。按照建设中原经济区的总体构想,河南要积极发挥自身优势,加快经济发展方式转变,为中原崛起创造更加有利的条件。一是积极扩大消费和增加出口,保持经济持续较快增长。目前支撑河南经济增长的方式比较单一,发展主要依靠投资拉动,消费和出口拉动能力小。2009年投资对经济增长的贡献率为70%左右,而消费对经济增长的贡献率仅有28%;出口对经济的贡献更小。这样的经济结构不可能长期支撑一个GDP近2万亿元巨大经济体的持续快速增长。近两年,由于外部经济环境的变化,河南经济增速明显放缓,总量指标和人均指标增速在中部位次都有所下降,经济发展面临"瓶颈"制约。2008年GDP增长12.1%,比2007年下降2.5个百分点;2009年GDP增长10.7%,比2008年又下降1.4个百分点,增速跌至中部第5位。因此,河南应加快推进经济增长由单一依靠投资拉动向投资、消费和出口协调拉动转变,以投资、消费和出口这"三驾马车"共同拉动河南省经济持续较快发展,支撑地区生产总值、人均GDP、人均城镇居民可支配收入和人均纯收入增速保持中部前两位。二是加快产业结构转型升级,促进经济又好又快发展。当前河南省产业结构正处于转型升级的关键时期,针对河南省产业结构存在的主要问题,要按照产业结构演进规律,加快调整产业结构。一方面,在三次产业之间,加快发展现代服务业,不断提高三产比重,加强现代服务业对第一、二产业的促进作用;另一方面,着力改善三次产业内部结构。特别是面对不断加强的资源环境压力,要以"高端、高质"为目标,重点推进工业结构的优化升级,变"高投入、低产出,高消耗、高排放"为"低投入、高产出,低消耗、低排放",促使万元地区生产总值能耗下降率、万元地区增加值用水量和工业固体废物综合利用率等资源环境指标明显下降。三是加快城镇化进程,统筹城乡协调发展。城镇化水平既是河南省的劣势,也是发展潜力。近年来,河南省城镇化率保持快速发展态势,2000—2009 年累计提高了 14.5 个百分点,年均提高 1.61 个百分点,比全国的年均提高量高出 0.46 个百分点。2009 年河南省城镇化率达到了 37.7%,但仍低于全国平均水平 8.9 个百分点。未来,以新型城镇化为发展内涵,加快河南省城镇化进程。要着力实施"五个结合":产业集聚与人口集聚相结合;做大中心城市与发展中小城市相结合;新区建设与老城区建设相结合;城市建设与城市管理相结合;城镇化与新农村建设相结合,促进工业化、城镇化与农业现代化协调发展。四是实现转变农业发展方式的新突破。要巩固提高粮食综合生产能力。以推进中低产田改造为重点,以巩固提升高产田为支撑,以打造吨粮田为方向,突出抓好水利基础设施建设,强化抗灾减灾,稳定播种面积,优化品种结构,努力提高单产、改善品质、增加总产。加快构建现代农业产业体系。按照保障粮食等主要农产品供给和发挥比较优势的要求,加快推进农业结构战略性调整。搞好产业布局规划,科学确定区域农业发展重点,形成优势突出和特色鲜明的产业带,引导加工、流通、储运设施建设向优势产区聚集。加强农产品市场体系建设,搭建农产品物流信息平台,发展农产品大市场大流通。加快农业经营体制机制创新。在现有土地承包关系保持稳定并长久不变的前提下,加强土地承包经营权流转的管理和服务,在依法自愿有偿流转基础上发展多种形式的规模经营,在实践中不断修正一家一户的分散经营所暴露出的经营规模小、抵御风险能力低等问题。

第七章 建设中原经济区的 SWOT 分析

河南省委、省政府提出建设中原经济区并争取上升到国家战略层面的战略构想，符合实际、顺乎时势。要把这一战略构想变为现实，使其充分发挥优势，较好克服劣势，及时抢抓机遇，有效应对挑战，在中部崛起中实现自身的迅速崛起。

一、建设中原经济区的优势

河南是中国的缩影，是人口大省、农业大省、经济大省和文化资源大省。正如胡锦涛总书记所说，河南地处中原，地缘优势突出，历史文化灿烂，自然资源丰富，经济总量居中西部地区之首。做好河南的工作，十分重要。建设中原经济区，河南具有较好的趋势、好的态势、好的气势。

(一)总量优势明显

河南省是中国第五大经济体，经济总量中部第一，2009年GDP达19367.28亿元，占全国的6.1%，占中部地区的27.6%，遥遥领先于中部其他五省。三次产业增加值也位居中部首位，尤其是第二产业增加值突出，2008年起规模以上工业总产值也名列全国第5位，工业生产能力稳居中部六省第1位，规模以上工业增加值在中部六省的比重达到30%，原煤、铝、黄金、有色金属、平板玻璃、水泥、拖拉机、纱、化纤、机制纸及纸板、卷烟、家用电冰箱等主要工品产量均居全国前列,2009年达到10968.63亿元,是排名第2位的湖北省(5909.42亿元)的近2倍。固定资产投资持续增加,连续五年保持中部首位,2009年,全省固定资产投资突破10000亿元。社会消费品零售总额连续5年居中部第一,2009年达到6746.4亿元,比山西和江西两省的总和还多1453亿元。与GDP增长相对应,河南省财政收入增长较快,始终保持中部第一的位置,2008年突破1000亿元,2009年达到1126.06亿元。总体上看,河南省经济社会发展成绩突出、综合实力较强,在中部占有举足轻重的地位。(详见表7-1)

表7-1 2009年中部六省主要总量指标

单位:亿元

地区	第二产业		固定资产投资		社会消费品零售总额		地方财政一般预算收入	
	增加值	位次	数值	位次	数值	位次	数值	位次
河南省	10968.63	1	11455	1	6746.4	1	1126.06	1
湖北省	5909.42	2	7183.7	3	5928.4	2	800.43	5
湖南省	5682.19	3	6880.1	4	4913.7	3	844.96	3
安徽省	4902.77	4	7940.5	2	3527.8	4	863.89	2
山西省	4021.19	5	4509.6	6	2809	5	805.8	4
江西省	3890.31	6	6006.7	5	2484.4	6	581.23	6

河南是全国第一人口大省,2009年底有9967万人,占全国的7.5%,占中部六省的26.6%。处于劳动年龄阶段的人口超过7000万,占全省人口总量72%左右,位居全国第1位。作为生产力第一要素的人力资源,在促进中原崛起、河南振兴中起着基础性、战略性和决定性作用。

(二)文化资源厚重

河南历史源远流长、博大精深,在中华文明很长的一段历史长河中占据着主流时段,构成了中国历史的血脉筋骨,承载了中华民族的辉煌与荣耀,谱写了中华文明最集中、最重要、最耀眼的华彩乐章。从中国第一个夏王朝的建立,到金代灭亡的3500年间,先后有夏、商、西周(成周洛邑)、东周、西汉(初期)、东汉、曹魏、西晋、北魏、隋、唐(含武周)、五代、北宋和金等20多个朝代200多位帝王建都或迁都于此,中国八大古都中,河南一省就占了四个,分别为夏商故都郑州、商都安阳、十三朝古都洛阳和七朝古都开封。河南地上文物保有量全国第二,地下文物保有量全国第一,为全国文物保护单位最多的省份,被史学家誉为"中国历史自然博物馆"。全省现已查清的各类文物点28168处,全国重点文物保护单位97处,省级文物保护单位666处,县级文物保护单位约4000处,拥有各类文物藏品约130万件,占全国总数的1/8。《中华姓氏大典》记载的4820个汉族姓氏中,起源于河南的有1834个;当今300个大姓中,根在河南的有171个;在按人口数量多少排列的100大姓中,有78个姓氏的源头或部分源头在河南。这些姓氏历经数千年,血缘相续,成为中华民族团结的血脉和纽带,近年来30多个国家和地区的数十万海外华人来河南认祖归宗。河南大地上孕育着千古风流人物,如古代哲学家和思想家老子、庄子、墨子、韩非、程颐、程灏,政治家和军事家李斯、刘秀、岳飞,科学家和医学家张衡、张仲景,文学家和艺术家杜甫、韩愈、白居易、李贺、李商隐、吴道子,以及近现代的李季、冯友兰、姚雪垠、李准等。河南还是少林武术和陈氏太极拳的发源地,堪称中国功夫的故乡。

河南不仅有悠久的历史,更有迷人的自然风光。在全国19个世界地质公园中,占全国面积仅1/60的河南就占了4个,分别为嵩山、云台山、伏牛山和王屋山—黛眉山;拥有国家5A级景区3处,分别为少林寺、龙门石窟、云台山;世界文化遗产3处,分别为洛阳龙门石窟、安阳殷墟、郑州"天地之中"历史建筑群;开封是"国色天香"、"花中之王"美称的菊花之城,洛阳是"雍容华贵"、"富丽堂皇"的牡丹之都。

厚重的历史文化对今天的河南来说,是一本深刻的教材、一笔巨大的财富,中原文明因包容而博采众长,因开放而不断创新,具有强大的吸引力和发展张力,深厚的历史积淀是建设中原经济区的强大力量。

(三)粮食优势突出

农业最早是在中原地区兴起来的。中原农耕文化包含了众多特色耕作技术、科学发明。裴李岗文化有关遗存中出土了不少农业生产工具,为早期农耕文化的发达提供了实物证据,尤其是琢磨精制的石磨盘、石磨棒,成为我国所发现的最早的粮食加工工具。可以说,中国农业的起源与发达、农业技术的发明与创造、农业的制度与理念,均与河南密切相关。

2009 年全国粮食总产量 10616 亿斤,其中河南粮食总产达到 1078 亿斤,比上年增加 5 亿斤,连续十年位居全国首位,连续四年稳定在 1000 亿斤以上。同时,河南积极推广优质小麦、专用玉米、优质水稻、高油高蛋白大豆等优质高产品种,改善粮食品种结构,整体提升粮食品质。2009 年,河南省优质专用粮食种植面积达到 10704 万亩,占粮食面积的 73.6%,比上年提高 2 个百分点。目前,河南粮食产量占全国总产量的 1/10,小麦产量占全国总产量的 1/4,粮食生产除了要满足全省 1 亿人口的需求外,每年还要向省外提供 300 多亿斤商品粮。(详见图 7-1)

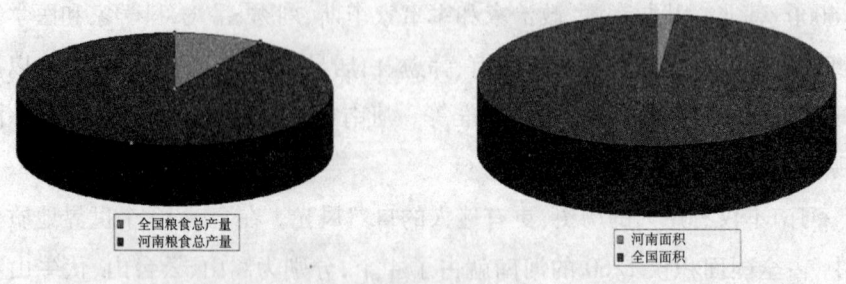

图 7-1 "河南粮食占全国粮食比重"与"河南面积占全国面积比重"的对比图

河南不仅是"国人的大粮仓",还是"国人的大厨房"。我国第一颗速冻汤圆、第一只速冻粽子,全国最早的冷鲜肉,都是在河南诞生的,在目前的国内市场上,每 3.5 袋方便面中,就有 1 袋是河南生产的;每 10 根火腿肠中,就有 5 根出自河南;每 10 个速冻水饺中,就有 5 个来自河南。目前,河南已成为北京、天津、太原等北方大城市面粉及面制食品的主要供应基地,北京的一半、天津的 1/3 面及面制食品来自河南。河南省还是全国重要的畜产品生产供应基地,肉牛、生猪、家禽饲养量分别居全国第 1、2、3 位。全省有各类农业产业化组织 11674 个,龙头企业 5724 个,其中国家级龙头企业 39 家,省级龙头企业 327 家,销售收入超亿元的企业 421 家,位居全国前列。其中"双汇"、"思念"、"三全"、"华英肉鸭"、"莲花味精"、"十三香调料"等更是全国知名品牌。2009年第六届"中国500最具价值品牌"中,"双汇"、"思念"、"莲花"分别以品牌价值90.54亿元、44.90亿元、16.08亿元,位居71位、180位、390位。2009年上半年,河南食品出口19822万美元,同比增长10.4%,其中深加工食品出口15764万美元,同比增长50.8%。

(四)区位交通优越

中原经济区位于我国东、中、西部三大地带的交界,也处于长三角、环渤海地区向内陆推进的要冲,交通优势突出,我国主要的铁路、公路干线和第二条"亚欧大陆桥"都通贯其中,具有承东启西、连南通北的枢纽作用。截至2009年底,河南已通车高速公路总里程4800公里,在建项目总里程约837公里,合计5678公里,连续四年居全国第一,到2012年河南高速公路通车总里程将突破6000公里,122个县通达高速;2009年,河南铁路通车总里程达到4000多公里,居全国第1位(详见图7-2)。

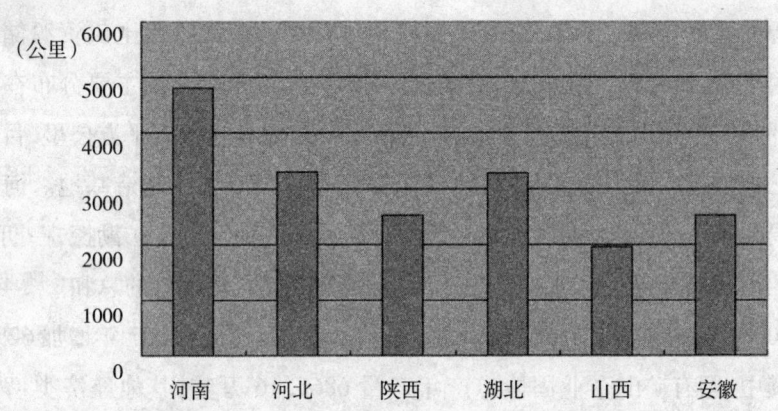

图7-2 2009年河南省高速公路总里程与相关省份比较

省会城市郑州更是凭借其地理优势成为南北方的重要物流中心,华南商品通过郑州输往华北、东北、西北等地,目前郑州的大型购物中心数量已经超过杭州、西安等城市,位于国内前列。区位优势带来的是现代物流业的迅速发展,国家铁路货运中心、国家公路物流中心、中南邮政物流中心、国际航空货运中心等工程促使公路港、铁路港、航空港"三位一体"的物流体系逐步形成。

因此,无论从与全国其他省市的经济联系考虑,还是从相邻省区经济技术交流的角度出发,河南均处于中心位置,在当前开发中西部地区、承接产业转移的形势下,对全国经济活动中的承东启西、通南达北的重要作用是不可替代的,为中原经济区建设提供了有力的条件。

(五)自然资源丰富

河南是矿产资源大省,在已探明储量的矿产资源中,居全国首位的有钼矿、蓝晶石、红柱石、天然碱、伊利石黏土、水泥配料用黏土、珍珠岩、霞石正长岩等8种,居前5位的有25种,居前10位的有48种。其中,煤拥有量居全国第四,2009年出产原煤2.35亿吨,仅次于内蒙古(6.37亿吨)、山西(6.15亿吨)和陕西(2.83亿吨),并且完成了以平煤集团、义煤集团、郑煤集团、鹤煤集团、焦煤集团、永煤集团、中原大化为主体的七大煤业集团重组活动,加强与新疆、西藏、内蒙古、甘肃、四川等互补性较强省区的铁、铜、铅、锌等矿种的勘查工作,获取探矿权130个,与非洲及我国周边国家战略合作,有计划地开展矿产资源的开发与勘探工作,获取矿业权超过百个。河南省铝土矿资源储量居全国第3位,氧化铝、电解铝产量居全国第1位,铝土矿资源主要分布在三门峡—郑州—平顶山之间的三角地带,含矿系分布面积达3万平方公里,目前河南省已经形成以铝为主,铜、铅、钼等为辅的有色金属工业制造基地。河南省地矿局与国合公司、永煤集团等单位联合开展的几内亚铝土矿勘探,一期工程提交铝土矿储量4.3亿吨,超过了省铝土矿现有保有资源量的总和。

2008年,全省固、液体矿石产量为30005.74万吨,比2007年增加6299万吨。其中:国有矿山企业固体矿产年产量6866.16万吨;其他经济类型矿山(点)固体矿产年产量为23139.58万吨。石油年产量480.81万吨;天然气年产量11.22亿立方米。丰富的自然资源为中原经济区建设奠定了坚实的基础。(详见图7-3、图7-4)

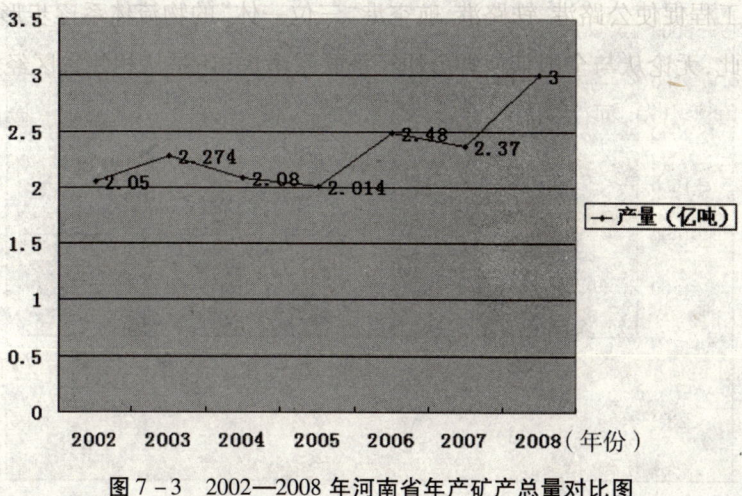

图 7-3　2002—2008 年河南省年产矿产总量对比图

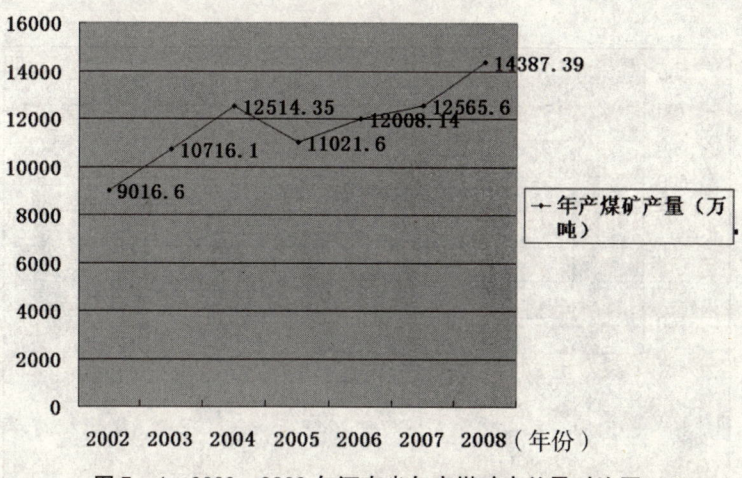

图 7-4　2002—2008 年河南省年产煤矿产总量对比图

(六)城市群实力较强

中原城市群在经济密度、可达性、辐射带动等方面都优于中部其他城市群,是中部地区乃至全国的战略支点。2008 年,中原城市群经济密度为 1799.3 万元/平方公里,在全国七大城市群中仅次于山东半岛城市群的 2743.5 万元/平方公里;人口密度为 679.9 万人,在七个城市群中位居第一,是最低的沈阳经济区人口密度的两倍(详见图 7-5、图 7-6)。

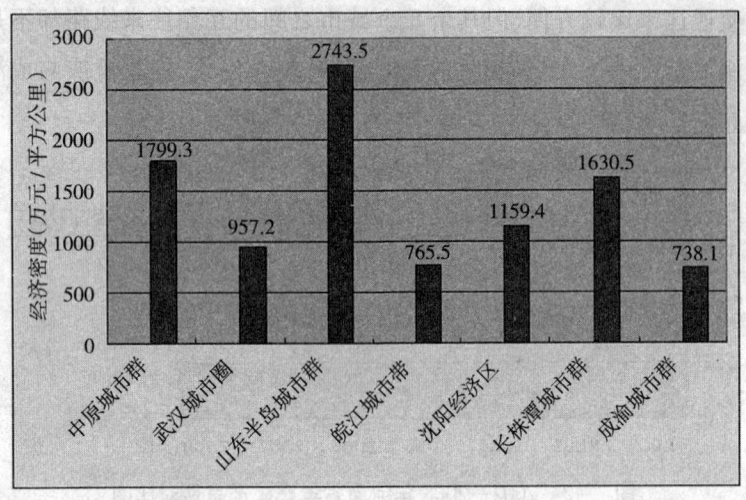

图 7-5　七大城市群经济密度比较(2008 年)

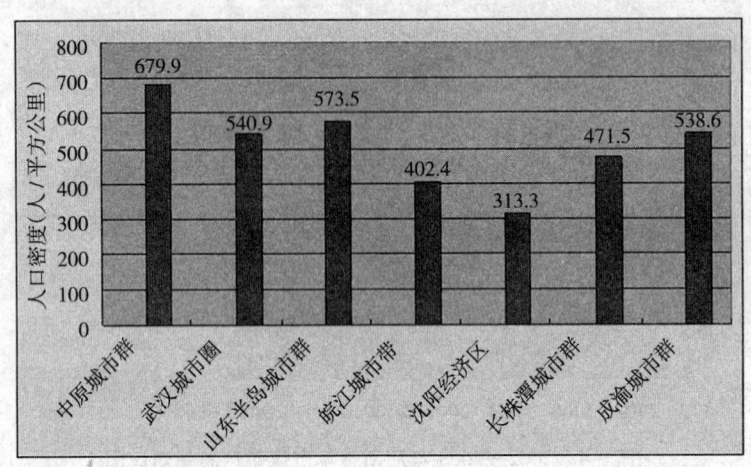

图 7-6　七大城市群人口密度比较(2008 年)

中原城市群郑州到其余 8 个城市的交通总里程为 896 公里,是中原城市群内所有城市可达性最强的城市,此外,其他 8 个城市可达性总里程多在 1000—1500 公里。随着城际铁路、城际公路等快速交通的发展,有望率先形成半小时经济圈,进而有利于产业整合、资源整合和经济协作区的较快形成。相比较而言,作为山东半岛城市群的中心城市,济南到其他 7 个城市的交通总里程为 1994 公里,青岛超过 2000 公里。武汉城市群中,虽然武汉与其余 8 个城市的交通往来比较方便,但其余8个城市之间的互相往来线路却不是很方便。成渝城市群中重庆与成都之间交通联系较为发达,但是重庆与成渝城市群中的其他城市的交通联系较弱。

中原城市群由于享有区位、资源、交通、文化等优势,在河南省乃至中原经济区经济社会发展中处于核心和领先地位。2009年中原城市群生产总值占全省总量的57%,地方财政一般预算收入占全省的64%,城镇固定资产投资占全省的78%。建设与发展中原城市群,将其各自原有的种种优势在实现更大范围内优化整合成整体优势,以乘数的方式增强其集聚与辐射功能作用。充分发挥中原城市群的支撑作用,对推进中原经济区的发展,实现中部地区崛起,促进东中西区域协调发展意义重大。

二、建设中原经济区的劣势

河南经济社会发展面临的矛盾和制约因素还相当突出,实现跨越式发展还面临诸多挑战。当前及今后一个相当长的时期,农业人口多、工业基础弱、经济底子薄、人均水平低的基本省情不会有根本改变,河南尚处于工业化中期偏前阶段,城镇化刚刚进入加速发展阶段,工业化、城镇化任务仍然十分繁重。

(一)产业层次低

河南省目前仍然处于工业化的初级阶段,正在向中高级阶段迈进。虽然产业结构的合理化出现了较好的发展势头,第一产业比重逐步降低、第二产业稳步发展、第三产业逐步提高。但是,基础工业、基础设施、支柱产业的技术水平和技术含量仍然较低,基本上处于低层次的产业结构演进阶段。

第三产业比重低。河南三次产业间的比例欠合理,第三产业所占比例偏低。2009年,河南省三次产业结构为14.3:56.6:29.1,其中:第一产业比重高于全国平均水平3.7个百分点,分别比湖北、湖南、江西和安徽高0.6、0.9、0.2和0.6个百分点。第三产业比重低于全国平均水平13.5个百分点,分别比湖北、湖南、江西和安徽低11.4、11.7、5.2和7.2个百分点(详见图7-7)。

而西方发达国家第三产业产值占GDP比重一般在60%—70%,发展中国家平均在35%—45%,这种产业结构显然不利于经济社会的全面发展。

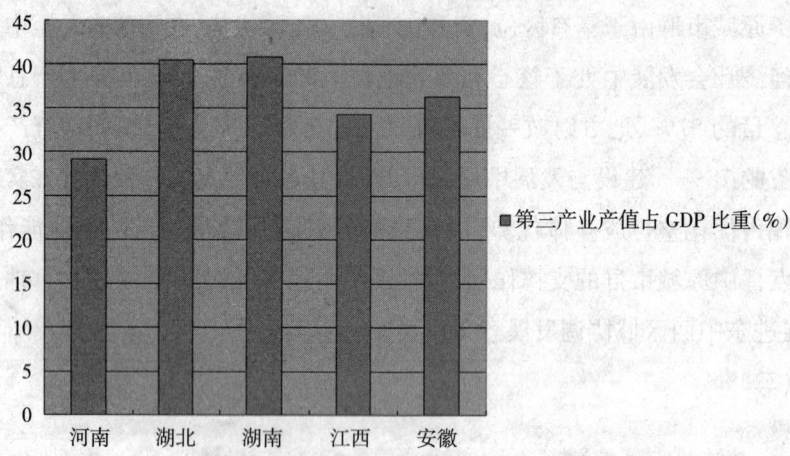

图7-7 2009年河南省第三产业产值占GDP比重与其他省份比较

技术含量较低。目前河南省绝大多数工业产品的附加价值偏低、能耗却偏高,表现为数量型的发展路向,阻碍了产品的升级和生产效率的提高。河南省的12种主要原料消耗量要比发达国家高出5—10倍,同样能耗所创造的产值仅相当于发达国家的1/6～1/4,每吨钢的能耗为976公斤标准煤,比日本高出40%。从行业结构看,起重要支撑作用的仍然是资源能源性行业和传统优势产业。产业链条短,高附加值和深加工产品少,技术含量低、附加值低、综合利用程度低、物耗高、能耗高、污染高的"三高三低"问题突出,而带动性强、关联度高、对长远发展有重要影响的新型制造产业等相对较弱。2008年,河南省规模以上高新技术产业增加值1290亿元,占全省规模以上工业增加值的比重仅为17.7%,高新技术产业对全省工业发展的引领作用不强,2008年全省专利申请量和授权量分别为广东的18.4%和14.7%,江苏的14.9%和20.6%;技术市场交易额只有25.4亿元,仅占全国的1%。2008年河南省科技进步指数为37.4%,低于全国平均水平17个百分点,居全国第25位。此外,河南省创新人才较少,每万名从业人员中从事科技活动人员数仅为20人,不到全国平均水平的一半。

产品结构层次低。河南产品整体上层次偏低,大多是附加值不高的资源类、粗加工的初级产品,产品生产能力和供应过剩,而高技术、高附加值和高关联度的产品少,主要依赖外部供给;河南的主要重工业产品大多属于基础性上游生产资料产品,终端产品比重较少,使得河南产品的名牌较少,市场竞争力不强;此外,生产产品不仅和中部六省产业、产品结构相近,而且在河南各地市产业、产品结构也呈现出同质、同类现象,缺乏有特色的支柱产业和产品。

工业投资中能源原材料行业投资占比高、装备制造业投资占比低,2008年,河南省能源原材料行业投资占工业投资的比重高于全国平均水平13.4个百分点,装备制造业投资占工业投资的比重比全国平均水平低2.4个百分点。

(二)投资结构不合理

投资是经济增长的巨大推动力,经济增长离不开一定的投资。但是,由于投资结构不同,导致经济增长的方式也不同,这是由投资结构对经济增长方式的作用所决定的。目前,河南省的经济增长方式仍然是粗放型的,造成河南省经济增长方式粗放的原因是多方面的,但投资结构不完善是重要原因之一。投资结构不完善导致目前河南省经济增长方式粗放的主要表现有以下几个方面:

在投资再生产结构方面,基建投资在固定资产投资总额中的比重较高,而技术改造投资所占比重较低,致使一大批老企业设备陈旧、技术落后的状况得不到改变,单位产品成本高、消耗大、效益差不可避免。而带动性强、关联度高、对长远发展有重要影响、代表当今国际产业竞争焦点的新型制造产业如电子信息、生物制药、新材料、石化深加工等产业发展较为缓慢。2008年,河南能源、原材料工业占工业经济总量的63.2%。随着经济规模的日趋扩大,一些重要的基础性、战略性资源供给"瓶颈"约束将更为明显。

在投资产业结构方面,工业投资增速较快,服务业投资增速较慢。2003年至2009年,河南省工业投资年均增长51.5%,高于全国平均水平7.8个百分点;而服务业投资年均增长27.8%,低于全国平均水平0.76个百分点。河南省服务业投资增长过低已成为制约经济发展的重要原因。而在工业投资中能源原材料行业投资占比增长过快,装备制造业投资占比严重不足。2008

年,河南省能源原材料行业投资占工业投资的比重高于全国平均水平13.4个百分点,分别比湖北、湖南和安徽高1.0、4.0和3.4个百分点;装备制造业投资占工业投资的比重比全国平均水平低2.4个百分点,分别比湖北、安徽和江西低6.9、3.5和0.5个百分点。

在投资区域结构方面,地区经济结构趋同现象严重。河南省面积辽阔,各地区自然气候、技术水平等诸多生产要素在各地区分布不均衡,必须充分发挥各地区的比较优势,建立各具特色、能发挥优势的区域产业结构。但目前的实际情况是,各地区投资结构的安排不顾及自身优势与劣势,不顾及全省规划,盲目追求"大而全"、"小而全"的体系,造成产业结构雷同化现象严重,重复建设现象普遍存在,使有限的资源存在着大量的浪费。

在投资领域结构方面,道路等基础设施的投资多,公共文化服务设施投资少。2009年,河南省干线公路完成投资40亿元的建设任务,农村公路完成30亿元的建设任务,新改建通村公路3000公里、县乡公路5000公里,改造危桥2万延米,可以说全省公路事业保持了平稳健康发展,对地区生产总值贡献很大。但是在公共文化服务设施方面,从2008年起,仅拿出1亿元,支持包括文化产业在内的服务业发展,仅拿出3000万元,设立省文化产业发展专项资金,扶持重点文化产业项目。

在投资规模结构方面,小型项目投资所占比重太高。中小型项目投资所占比重太高必然不能满足规模经济的要求,带来规模效益差的问题。同时,在投资资金有限的情况下,结果必然是分散投资资金,拉长大中型项目的建设周期。2003年,河南省规模以上工业企业有9091个,2005年超过10000个,到2008年达到13510个,比2003年增长了48.6%,2009年更是达到18700个。山东省规模以上工业企业数从2003年到2008年依次为16177个、20304个、27540个、31936个、36145个和42629个,五年间增长超过230%。而广东省规模以上工业企业数五年间增长了173%,2008年达到52574个。总体上,河南省规模以上工业企业数增长速度与湖北、安徽和山西相近,且都明显小于山东和广东两省。

(三)城镇化水平低

河南作为农业大省和农业人口大省,城镇化水平偏低一直是制约河南经济发展的问题之一。2005年,河南城镇人口所占比例为30.65%,到2008年增加到36.03%,但是依然低于全国平均水平。与其他几个省份相比,广东的城镇人口比重超过60%,远高于其他各省;山东、湖北和山西三个省的城镇人口比重都在40%—50%;2008年安徽的城镇人口比重达到40%,河南是中部六个省中比例最低的省。从2003年到2008年,河南的城乡居民收入比一直在3.0左右,逐年依次为3.10、3.02、3.02、3.01、2.98和2.97。2008年,河南城镇居民人均可支配收入为13231元,而同期河南农村居民人均纯收入为4454元,仅达到城镇居民的1/3。广东省的城乡居民收入比最高,基本都在3.1以上;湖北和山东两省的城乡居民收入比是六个省里面最低的,均在2.7—2.8;其他几个省的城乡居民收入比都在3.0—3.1。延续多年的户籍制度、就业制度、土地制度、社会保障制度、财政制度、金融制度、行政管理制度、农业经营制度等严重制约着河南城乡统筹发展。

2008年,河南省城镇化水平为36.0%,低于全国平均水平9.7个百分点。在全国31个省、自治区、直辖市排在倒数第5位,仅略高于甘肃、西藏、云南和贵州。2009年河南省城镇化率为37.7%,在全国倒数第5位,中部地区倒数第1位,比全国平均水平低8.9个百分点,分别比湖北、山西、湖南、江西和安徽低9.2、9.1、6.1、5.3和4.5个百分点(详见图7-8)。与全国和其他城镇化发展较快的省份相比,河南省城镇化发展的速度较慢,水平比较低,城镇化已是制约河南经济社会发展的可观原因,也是解决"三农"问题的重要障碍。

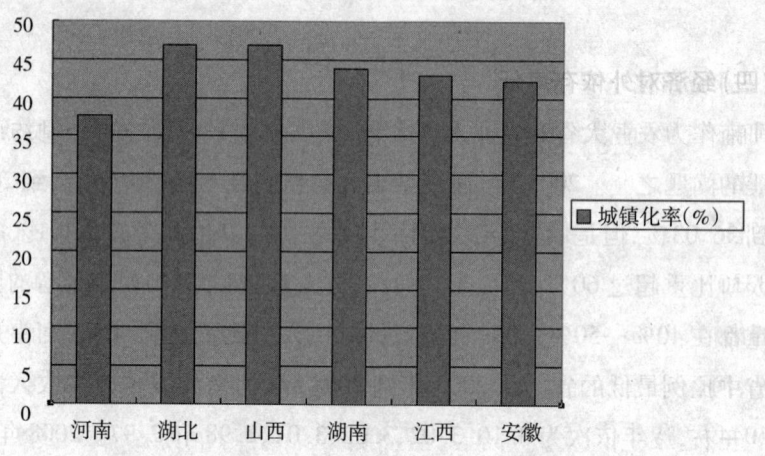

图7-8 2009年河南省城镇化率(%)与其他省份的比较

此外,河南省地区发展不平衡,四大经济区域存在较大差距。近年来,中原城市群势头强劲、成效明显,对河南省经济社会发展的带动作用不断增强,而豫北地区、豫西豫西南地区,特别是黄淮地区发展落后,与中原城市群存在较大的差距。2008年中原城市群9市生产总值10562亿元,占河南省的比重达到57.1%,而豫北地区、豫西豫西南地区、黄淮地区生产总值分别为2035.68亿元、2290.64亿元和3595.29亿元,分别占河南省的11%、12.4%和19.5%。从人均生产总值来看,2008年,中原城市群、豫北地区、豫西豫西南地区和黄淮地区人均生产总值分别为26618元、20119元、18753元和11249元,其中,黄淮地区仅为中原城市群的42.3%。从地方财政一般预算收入来看,2008年,中原城市群、豫北地区、豫西豫西南地区和黄淮地区分别为642.45亿元、91.23亿元、87.98亿元和107.68亿元,分别占河南省的69.1%、9.8%、9.5%和11.6%。(详见图7-9)

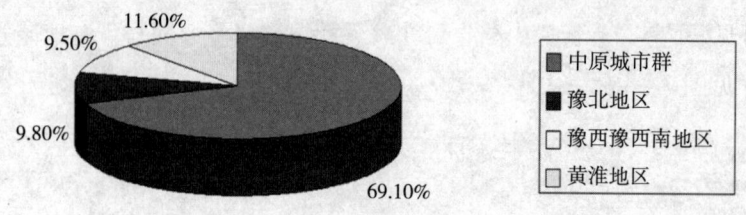

图7-9 2008年河南省各地区财政预算收入

(四)经济对外依存度低

目前支撑河南省经济增长的方式比较单一,发展主要依靠投资拉动,消费和出口拉动能力小。2009年投资对经济增长的贡献率为70%左右,而消费对经济增长的贡献率仅有28%;出口对经济的贡献更小。2003年,河南省的出口为333074万美元,进口为225179万美元。此后,从2004年到2008年,河南省的出口额以逐年32%、28%、28%、26%的增幅增长到2008年的1071890万美元,河南省的进口额以逐年31%、17%、9%、35%的增幅增长到2008年的676044万美元。从河南省的进口、出口状况来看,具有出口大于进口、外贸依存度偏低的特点,同时,河南省还存在出口商品结构层次偏低的问题,出口商品中的劳动密集型和资源型产品占比重偏高。与山西、安徽和湖北这些内陆省份相比,这四个省份均具有出口额大于进口额的特点,此外,河南省的出口增长速度还要低于安徽和湖北两省。2009年,河南省加工贸易进出口值22.6亿美元,位居全国第16位,占全省进出口总值的比重为16.8%。同期,全国加工贸易进出口9093亿美元,占我国外贸进出口总值的41.2%。河南省加工贸易发展低于全国平均水平24.4个百分点,更远远低于广东加工贸易占58.2%的最高水平。河南省加工贸易进出口所占比重仍然偏低,外贸进出口过多依赖一般贸易方式开展,贸易结构不尽合理,加工贸易应有的先导带动功能在河南省发挥仍显不足。

2003年到2008年,河南省的进出口总额分别为558253万美元、735547万美元、906580万美元、1098215万美元、1420676万美元和1747934美元,逐年增幅分别为32%、23%、21%、29%和23%,整体上,河南的外向型经济规模很小。2008年,河南、山西、安徽、湖北、山东、广东省的进出口总额分别为17.5亿美元、14.4亿美元、20.2亿美元、20.7亿美元、158.4亿美元、684.9亿美元,可见,河南省及其他内陆省份在发展外向型经济方面与沿海地区差别较大。(详见图7-10)

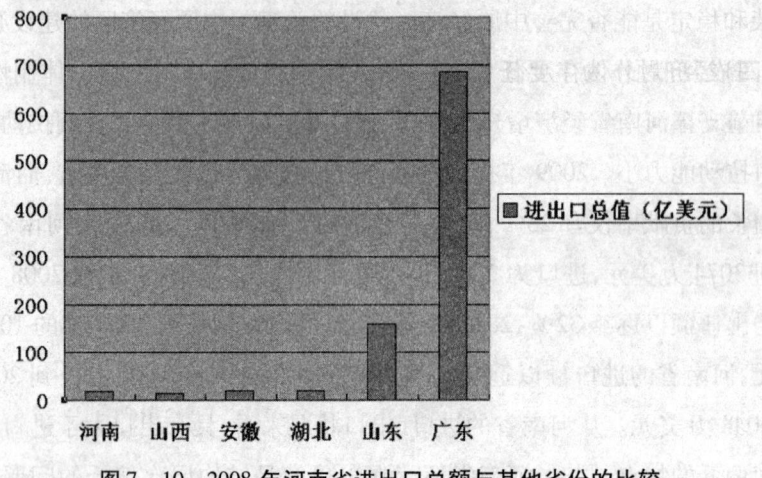

图 7-10 2008 年河南省进出口总额与其他省份的比较

(五)"三农"问题突出

中原经济区是我国传统的农业大区,也是中国最重要的粮食生产核心区。全区耕地面积约 1.9 亿亩,占全国耕地资源的 1/10 以上,是全国土地耕种强度最高、农副产品供给能力最高的地区,无论粮食生产、还是肉蛋奶产量在全国都具有举足轻重的地位。但与此对应,由于长期以农业这个弱势产业为主,这一区域的"三农"问题比全国其他地方都显得更加突出,城乡二元结构的矛盾比全国其他任何地方也要大得多。2009 年的城镇化率仅为 37.7%,农村人口占 62.3%。农村人口非农化和城镇化进程缓慢,农民比重过大,导致农业相对劳动生产率过低,"三农"问题突出。从农业问题来看,全省还有 6000 多万亩中低产田,占耕地面积的 55% 以上;旱涝保收田和有效灌溉面积仅占耕地面积的 54.3% 和 68.3%,农业生产的基础还比较脆弱;从农村问题看,河南农村在水电路气等基础设施和教育、卫生、文化等公共服务设施方面,与城市还存在着相当大的差距。从农民问题来看,河南省 2009 年农民人均纯收入比全国平均水平低 346 元,2000—2009 年,河南城乡居民收入的绝对差距由 2780 元扩大到 9525 元,城乡居民收入之比由 2.4∶1 扩大到 3∶1。城乡差距过大,必然引发种种社会问题,导致不稳定因素增加,只有农村社会稳定,才有和谐社会的建设。同时,农村的贫困和落后,也直接影响到资源和环境问题。

建设中原经济区,"三农"问题是"瓶颈",农业的发展、农民的增收、农村的繁荣和稳定是能否完善中原经济区建设的关键。中原经济区的建设必须把解决"三农"问题作为主要任务,重点解决制约农业和农村发展的体制性矛盾和结构性矛盾,改革计划经济体制下形成的城乡分治的各种制度,加速农村城镇化进程,发挥城市对农村发展的帮助和带动作用,通过统筹的理念、市场的理念、创新的理念和争先的理念,把城乡发展看成是一个有机的整体,统筹、协调推进城乡一体化发展,加大对农村的公共产品投入,建立健全覆盖城乡的公共服务体系,加强对农业这一弱质产业、农村这一落后社区、农民这一弱势群体的支持,加快缩小工农差别、城乡差别、地区差别和阶层差别。

三、建设中原经济区的机遇

党中央、国务院一直高度重视河南的发展,胡锦涛总书记明确要求"河南贯彻科学发展观,抓住机遇、实现跨越式发展,在促进中部地区崛起中发挥更大作用、走在中部地区前列"。河南省要走在中部地区前列,就要抓住机遇,需要充分发挥比较优势,同时积极争取国家政策支持。

(一)我国经济仍将保持快速增长态势

1978年至2008年的30年间,得益于人口结构与劳动力转移,工业化与产业转型,出口导向与制度转变的动态循环,中国GDP年均增长9.9%,实现了人口最大国的经济市场化转型。尽管2010年中国以及全球经济仍然充满不确定,但根据中国目前的财力和中国政府宏观调控的经验和惯例,2010年中国经济增长会保持高的增长速度,10%的增速或许不是问题。同时,中国的CPI将维持在3%这个居民可以接受的增速范围之内。未来三十年中国将通过新农村改革和PRC模式继续可持续发展之路,年均增长率有望达到7%以上,城市化率逐步提高到65%,成为全球第一大市场经济体。另一方面,经过30年的发展,我国商品市场化的改革目标已经基本实现。现在95%以上的商品都已实现了市场定价,而未实现市场定价的那一部分商品,定价机制也发生了很大变化,市场化改革不断为中国经济增长注入新的活力。长期的积累使中国的综合国力得到极大提高,中国已从一个经济技术落后的发展中国家,发展成为一个经济总量居世界前列的新兴工业化国家。中国的知识技术水平、人才队伍、基础设施和装备水平,都为中国保持高速经济增长创造着条件。

可以说坚持改革开放的政策方针是中国经济发展取得巨大成就的最根本的原因。中共十一届三中全会制定的改革开放政策,消除了传统计划经济体制束缚经济发展的障碍,极大地解放了中国生产力的发展。中国所采取的渐进式改革方式,有效地处理好了改革、发展与稳定三者之间的关系,保证了中国经济的持续稳定快速增长。中国坚持积极的对外开放政策,加强国际经济合作,主动参与国际竞争也是取得经济快速增长的一个重要原因。随着改革开放的深入发展,中国的对外贸易格局发生了重大变化,对外贸易已经成为中国经济增长的重要动力。中国对外贸易取得的显著成绩,首先得益于有效地利用了国内优势。其次,得益于注意保持出口与进口的平衡和对进出口结构的调整。这不仅有利于中国国内经济发展,而且为贸易伙伴提供了发展的机会。

总之,今后相当长的一段时间内,中国经济将比较稳定地发展,这是一个主基调。"十二五"期间将是我国实现全面建设小康社会目标的攻坚期,我国经济总体规模将进一步扩大,加上我国经济逐步走上以内需为主的发展阶段,国内市场总体规模将随之扩张,为各地经济发展提供强大内力;"十二五"期间,新能源的应用将拉动整个交通运输、汽车工业的发展,新材料的应用将带动房地产业和设备制造业全行业的改造,生物科技的发展则对农业、畜牧业、水产业、医药业影响深远,以低碳化为主题的环保产业将同时带来机遇与挑战,互联网的进一步发展、"数字中国"的进步使社会经济各方面的效率显著提高,工业设计和创意能力的提升将使制造业走在前面;从中长周期波动看,"十二五"时期,我国宏观经济将进入新一轮的上升阶段,在这个阶段,整体需求特别是内需将保持较高水平,这无疑为中原经济区建设创造了有利条件。

展望未来 30 年,中国经济仍将保持良好状态,劳动与资本的资源配置将继续发生结构性的变化,影响中国的内需和外需将会进行调整,经济发展将呈现出新的形态,中原经济区建设将拥有一个良好的经济大环境,建设中原经济区必须抓住这一主基调。

（二）国家促进中部崛起战略深入实施

自中央确立促进中部崛起的战略以来，相继出台了一系列关于促进中部崛起的政策和措施，明确了中部地区在全国经济发展格局中的目标定位，加大了政策和资金的扶持力度。继中央在2006年出台《关于中部崛起的若干意见》后，2009年，国务院又通过了《促进中部地区崛起规划》，明确提出要加快形成沿长江、陇海、京广和京九"两横两纵"经济带，积极培育充满活力的城市群，争取到2015年，中部地区实现经济发展水平显著提高、发展活力进一步增强、可持续发展能力明显提升、和谐社会建设取得新进展的目标。可以预见，"十二五"时期，中部崛起战略实施将不断深入，中原经济区作为中部崛起的战略支撑点，将争取到更多的外部资金和政策支持，人流、物流、信息流等生产要素集聚效应将更加明显，为中原经济区加快建设、增强竞争力提供了难得的机遇。特别是"两纵两横"经济带打破了局部的行政区划对经济的阻隔，把增长极、城市群、产业带联系起来，为中部崛起搭建了一个新的平台。

国家中部崛起战略实施的同时，国家领导同志也在密切关注河南经济建设。胡锦涛总书记先后7次到河南视察，2005年8月视察指导河南工作时，明确要求河南"实现跨越式发展，在促进中部地区崛起中发挥更大作用、走在中部地区前列"。2010年3月，胡锦涛总书记参加十一届全国人大三次会议河南代表团审议时，对河南提出了"四个大力"、"四个新"的要求，即大力推动经济发展方式转变、大力推动农业发展方式转变、大力保障和改善民生、大力推动文化发展繁荣，希望河南在继续解放思想上迈出新步伐，在坚持改革开放上实现新突破，在推动科学发展上取得新进展，在促进社会和谐上见到新成效。温家宝总理2006年7月视察河南时，明确要求河南要全面贯彻落实科学发展观，抓住和利用好难得机遇，认清省情，找准优势，实现更大规模、更高水平的发展，在促进中部地区崛起中发挥更大作用。党和国家领导同志的重要指示，是站在国家富强、民族振兴的高度，从促进中部地区崛起和全国区域协调发展的大局，对河南提出的希望和要求，彰显了中央对河南人民的充分信任，既为河南的发展指明了方向，更增强了河南人民奋力实现中原崛起、走在中部崛起前列的信心与决心，为实现中原崛起创造了良好的外部宏观环境。

河南省委、省政府也抓住中央中部崛起战略,积极响应崛起号召,先后制定了中原崛起的总体目标,确定了"三化"基本途径,系统阐述了中原崛起的内涵和标志;出台了《中原城市群总体发展规划纲要》,全面实施中原城市群发展战略,并提出了加快黄淮四市发展的区域经济发展思路;提出加快构建"一个载体、三个体系";建立"文化改革发展试验区",力争在文化改革发展上闯出一条新路,推进文化强省建设,为实现中原崛起提供有力支撑。观念的不断更新、实践的不断探索和经验的不断积累,为中原经济区的构建提供了良好环境。

(三)国内外产业战略转移加快

2008年起爆发的国际金融危机,实际上是市场机制自发地对全球产业结构进行强制性调整,不仅对企业和行业,而且对区域经济格局,都是一次重大的重新洗牌,我国的区域发展格局也在悄然发生变化。

目前,我国正处于重要的战略机遇期,工业化、城镇化、信息化加速推进,经济进入新一轮增长,同时也是中国经济社会发展的转型期,东部沿海地区受土地、融资、劳动力成本以及能源原材料价格逐年增加和环境容量指标逐年削减等因素的制约,正在加快产业调整和转型升级。产业转移和资本流动加速向中西部地区转移,这给中原经济区建设带来了难得的机遇,中原经济区便利的交通和充沛的人力资源,日趋完善的基础设施为承接加速的产业转移提供了有利条件。

2010年8月31日,国务院下发关于中西部地区承接产业转移的指导意见,文件指出产业转移是优化生产力空间布局、形成合理产业分工体系的有效途径,是推进产业结构调整、加快经济发展方式转变的必然要求。当前,国际国内产业分工深刻调整,我国东部沿海地区产业向中西部地区转移步伐加快。中原经济区要发挥资源丰富、要素成本低、市场潜力大的优势,积极承接国内外产业转移,这不仅有利于加速中西部地区新型工业化和城镇化进程,促进区域协调发展,而且有利于推动东部沿海地区经济转型升级,在全国范围内优化产业分工格局。引导和支持中原经济区承接产业转移,是深入实施西部大开发和促进中部地区崛起战略的重大任务。中原经济区的建设,必须抓住这一重大机遇,要进一步统一思想,提高认识,切实加强工作指导,认真落实各项政策措施;河南省要结合自身实际,制定具体实施方案,完善各项配套措施,有序推进承接产业转移工作;有关部门要按照职能分工,加强协作配合,注意研究新情况、解决新问题,推动中原经济区工作顺利开展。

为了积极承接产业转移,河南省委、省政府作出规划建设产业集聚区的决策部署,各地按照"四集一转"的要求,积极探索、大胆创新、因地制宜,在创新管理体制机制、提高招商引资质量、培育壮大产业集群、加快基础设施建设、破解要素"瓶颈"制约、促进产城互动发展等方面探索出了不少行之有效的经验和做法,有力推动了产业集聚区快速健康发展,为中原经济区建设提供了良好的示范与带动作用。

(四)新科技革命孕育着新兴产业兴起

历史经验表明,每一次危机都孕育着新的技术突破,催生着重大科技创新和科技革命。依靠科技创新培育新的增长点、新的就业岗位和新的增长模式,是摆脱金融危机的根本途径。从18世纪后期以来的历次经济增长中,我国都是旁观者、跟随者。现在国际金融危机给我们提供了和美国并驾齐驱的新机遇,必须从关乎国家产业安全和争取主导未来国际产业分工的高度,来审视目前应对危机的策略和产业发展战略,为在下一轮国际竞争中领先奠定基础。国际金融危机中,谁把握住了科技发展方向,谁就能够引导下一轮经济增长;国际金融危机形势下,发展新兴产业是我国站在世界前列的一次机会。要在科技创新基础上,重视新能源等战略性基础性新兴产业发展,加大对新能源产业科技投入以及税收优惠。

为应对全球经济结构调整和资源环境压力,各国家都在积极寻找新的替代产业,为新一轮经济增长周期奠定基础。新材料、新能源、绿色产业、创意产业等作为新兴产业将决定下一轮经济增长周期的产业发展方向,同时信息技术与传统产业加速融合,以生物技术、新能源技术为代表的技术革命也方兴未艾,我国政府先后出台了一些新能源政策,目前已经进入一个对能源产业结构调整带来重要影响的重要时期。这为中原经济区转变经济发展方式、打造先进装备制造业基地提供了良好机遇。

一场以新能源为主导的跨产业技术革命正在到来,要建设好中原经济区就要抓住这一科技革命的机遇,培育领导未来经济发展的新兴产业。要围绕新科技革命,引导各类资本投入,聚集资源、人才和技术,大力发展那些市场前景广阔、资源消耗低、带动系数大、就业机会多、综合效益好的战略性新兴产业,这将是推动河南省产业转型升级、促进发展方式转变的重要途径,也是建设中原经济区的必然选择,潜力巨大。

(五)工业化、城镇化进程加速推进

改革开放以来,河南的城乡发展取得了显著成绩,但是城乡二元结构仍然比较突出,城乡差别依然较大,从而造成城乡关系的紧张和失衡,这已影响到河南省经济社会的持续健康发展。从目前经济发展阶段看,河南经济总体上已经进入了以工促农、以城带乡的发展阶段,工业化、城镇化进程加速推进。近几年来,河南工业经济总量由全国第7位上升到第5位,成为全国重要的食品工业基地、能源工业基地、有色工业基地;城镇化率年均提高1.7个百分点左右,工业反哺农业、城市支持农村的能力显著增强,形成了"三化"相互支撑、共同顶托中原崛起的良好局面。在不断强化农业基础地位的同时,河南坚持科学发展,统筹兼顾,积极抢抓机遇,更新理念,不断加快工业化、城镇化进程,实现了由传统农业大省向新兴工业大省的历史性转变,并开始进入向工业强省和经济强省跨越的新阶段。围绕农副产品、能源资源增值上项目,河南各类加工工业纷纷崛起。河南利用资源优势,挖掘内在潜力,按照分类指导、强力推进的原则,先后制定了食品、有色、化工、装备制造、汽车及零部件、纺织服装等六大优势产业和高新技术产业发展规划,不断加大资金投入和政策扶持的力度,着力培育和壮大一批具有比较优势和竞争力的优势产业。

目前,河南已基本建成全国重要的食品工业基地、能源工业基地和有色工业基地。六大优势产业工业增加值占规模以上工业的比重达51.3%,成为全省工业经济的重要支撑。一批主要工业产品产量位居全国前列。其中,方便面、速冻食品、氧化铝、电解铝产量居全国第1位,大中型拖拉机、卷烟、味精、铝材产量居全国第2位,原煤、纱产量居全国第3位。食品工业销售收入也跃居全国第2位。在加快工业发展中,河南还注重围绕优势资源拉长产业链条,

突出发展精深加工、高档终端和综合利用产品,提高产品附加值。目前,河南食品、有色工业等产业已形成较为完善的产业链;钢铁、建材、轻工等传统产业得到升级;优质钢、新型干法水泥、超薄玻璃、中高档纸比重明显上升。

河南已率先取消农业税,每年基本能达到转移农村人口150万人以上的目标,并初步探索出一条"人口转移型"与"结构转换型"相结合的城乡一体化发展道路。建设中原经济区,河南可以设立"农业现代化、工业化、城镇化协调科学发展示范区",按照形成城乡经济社会发展一体化新格局的要求,加快社会主义新农村建设的同时,多渠道转移农民就业,增加农民收入,激发消费潜力,推进城镇化进程。同时,还能更好地保护耕地资源。设立中原经济区"农业现代化、工业化、城镇化协调科学发展示范区"就是要通过优化开发空间布局,促进产业向城镇集聚、人口向城镇集中,探索一条以不牺牲农业和粮食、生态和环境为代价的新型工业化、城镇化道路。

四、建设中原经济区的挑战

近年来,河南省委、省政府以科学发展观为指导,不断解放思想、坚持改革开放、推动科学发展、促进社会和谐,经济社会发展取得了较大成就,进入到历史上最好的时期之一。但是,国内外形势正在发生深刻变化,发展中的问题更加复杂,区域竞争日益激烈,建设中原经济区同时面临巨大的挑战。

(一)传统增长模式面临严峻挑战

长期以来,河南省的经济发展战略都是建立在资源、环境、劳动力的传统比较优势基础上的,经济增长中的一切成就和问题都与此有关。然而目前就建设中原经济区来看,经济发展中的创新能力不足、缺少核心技术、资源环境代价太高、GDP大而不强等问题层出不穷,传统增长模式面临严峻挑战。

当前世界经济正处于调整变革之中,科技进步酝酿新突破,产业发展出现新趋势,河南省要在这样的环境中加快转变发展方式,就要引进国外先进技术与装备、管理经验、高素质人才和必要的资金,为各种所有制企业建立一个公平竞争的环境,对各类主体的知识产权进行严格保护。目前河南自主创新能力明显较弱。2008年,河南高技术制造业实现增加值262.32亿元,占规模以上工业增加值的比重仅为3.6%,高技术产业比重过低。而且,高科技产业技术含量不高,市场竞争力不强。许多高技术企业仍然只具有高技术产品加工功能,缺少核心技术,此外,河南企业缺乏自主创新意识,创新投入、创新产出等指标与先进省份都存在较大差距,制约了河南工业技术升级步伐。2008年,河南大中型工业企业研究与试验发展(R&D)经费90.18亿元,仅占全国的3.4%,分别为广东、江苏、山东的21.9%、22.0%和26.1%;大中型工业企业新产品销售收入1356.70亿元,仅占全国的2.6%,分别为广东、江苏、山东的19.1%、20.6%和25.2%。河南在知识产权方面也存在巨大差距。2008年,河南申请专利19090项,仅占全国受理数的2.7%;获得授权专利9133项,其中发明专利668件,占全国的比重分别为2.6%和1.4%,远低于河南省地区生产总值占全国6.1%的比重。

河南省由于缺乏核心技术和自主知识产权,造成经济结构不合理、资源消耗高、环境污染重。因此,建设中原经济区,必须走出传统增长模式,转变发展方式,依靠自主创新,将自主创新与经济发展紧密结合;要建设中原经济区,就要打破传统增长模式,加快科技创新,大幅度提高自主创新能力,推动科学技术跨越式发展,推动经济发展由资源依赖型向创新驱动型转变,由粗放型向集约型转变,推动经济社会全面协调可持续发展。

(二)区域竞争压力日益加大

从总量上看,河南是连年GDP全国排名第五的经济大省,但是河南作为人口大省,人均发展水平偏低,特别是人均生产总值与其他省份相比仍有一定差距。2008年河南人均GDP为19593元,比山东的32996元和广东的37402元低了1000元以上,离2020年达到人均生产总值3000美元这一中原崛起的奋斗目标还有一定差距,要构建中原经济区,河南区域竞争压力较大(见图7-11)。河南作为农业大省,农业比重大、农村人口多,2008年工业化率和城镇化率分别比全国低7个和10.6个百分点,第三产业增加值比重仅为29.1%,不仅居中部六省末位,在全国也排最后一位;作为内陆省份,发展中的制约因素较多,对外贸易依存度仅为 4.7%,相当于全国的 1/10,研发投入占 GDP 比重仅为 0.6%,不足全国的 1/2。特别是受国际金融危机影响,河南省地区生产总值增速由 2007 年的 14.6% 下降为 2009 年的 10.7%,位次由第 1 位下降到第 5 位;规模以上工业增加值增速由 2007 年的 24.2% 下降为 2009 年的 14.6%,位次由第 3 位下降到第 5 位;城镇固定资产投资增速由 2007 年的 36.4% 下降为 2009 年的 31.3%,位次由第 2 位下降到第 6 位;社会消费品零售总额增速虽然由 2007 年的 18.48% 上升为 2009 年的 19.14%,但在中部六省中的位次却由第 2 位下滑到第 5 位;地方财政收入增速由 2007 年的 26.93% 下降为 2009 年的 11.61%,位次由第 3 位下降到第 5 位。面对其他省份的激烈竞争,河南发展"不进则退、慢进亦退"。面对现实和差距,构建中原经济区,河南面临的区域竞争压力日益增大。

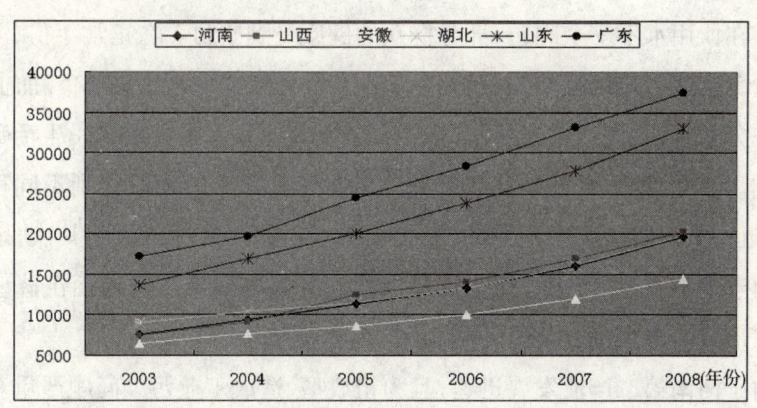

图 7-11　2003—2008 年河南人均生产总值与部分省份的比较(元)

后危机时代的到来,党中央、国务院十分重视发展方式的转变和产业布局的调整,为在新一轮产业调整布局中抢占先机,全国各地纷纷加快了产业调整振兴步伐,制定出了一系列政策措施,以争取国家的政策和项目支持。2009 年 4 月以来,国务院先后批复了将近 20 个区域经济振兴规划,将这些地区经济发展振兴上升到国家战略层面。在这种情况下,建设中原经济区将面临其他优先发展区域在人、财、物等方面的竞争。

(三)资源环境约束更趋严重

由于人口基数大,河南省人均资源占有量较少:人均矿产资源占有量仅为全国平均水平的1/4,人均水资源仅为全国平均水平的1/5、世界平均水平的1/20。在已探明的矿产资源储量中,石油已消耗67%,天然气已消耗53%,铝土矿仅满足14—17年的开发需求。这些数据表明,过去长期以来的强力开发,使得河南省目前主打的能源原材料工业很快将无以为继。同时,河南省生态环境承载能力不断下降,化学需氧量(COD)年排放量居全国第5位,二氧化硫排放量居全国第2位;4类以上水质河段占全省河段的比例达40%以上,1000多万人面临饮用水不安全问题等。

河南省水资源面临总量不足、水质污染严重、地下水过度开采等问题,形势严峻。河南省四大水系中属严重污染水质的河段占1/3左右,有2000多万农民存在饮用水不安全问题,部分群众的健康受到威胁。在正常年份,河南缺水总量50亿立方米,人均水资源占有量仅为全国平均水平的1/5,加上水资源时空分布不均,若遇枯水年份,会给全省工农业发展及城市居民生活带来严重影响。首先,地下水污染日趋严重。全省大约70%的河段受到不同程度的污染,近一半河段水质劣于Ⅴ类,失去了供水功能和使用价值。其次,地面沉降。由于地下水过度开采,河南许昌、濮阳、开封等城市出现地面沉降。豫北地区已形成1万多平方公里的漏斗区。

由于河南第二产业发展迅速,且为粗放型,造成工业污染问题严重。近年来,受县域经济发展影响,在环境意识较为淡薄的农村,环境污染问题也表现得特别突出。首先,部分地区乡镇企业的发展是造成农村环境污染的重要原因。近年来河南各县、市、区充分发挥本地资源优势大力发展乡镇企业,废水、废气和废料等污染物急剧增加,甚至个别企业在未通过环保部门检测审查的情况下,私自向河流排放化学物质含量严重超标的废水,对当地农村水土产生严重污染。其次,一些地方把严重污染的企业搬迁到农村地区,造成了城市工业污染向农村转移。工业废弃物和城镇建筑生活垃圾大量产生,城镇垃圾处理能力却很有限,大部分未经任何处理的废弃物越来越多地被堆放到城镇周边的农村原野,造成严重的环境污染。建设中原经济区,资源环境约束压力巨大。

(四)深化重点领域改革压力加大

经过改革开放30年发展,我国社会主义市场经济体制已经初步建立,但还不健全、不完善、不成熟;市场化程度不高,影响发展的体制机制障碍还比较多,尤其是可持续发展中的资源环境、城乡区域的均衡发展、公共需求全面快速增长以及公共治理、社会结构变化带来的压力等矛盾和问题日益凸显。建设中原经济区,就需要进一步突破制约经济发展、社会进步的体制机制障碍,这不仅涉及到以市场为取向的经济体制改革,也涉及到以改善民生为重点的社会体制改革,还涉及到政治体制、文化体制的变革和创新,系统性、综合性要求更高,难度更大。

近年来,河南在国有企业、社会保障制度、教育体制、医疗卫生体制、文化体制、财政管理体制、投融资体制、城乡一体化和事业单位改革等重要领域和关键环节实现了突破,城镇居民医疗保险、城乡一体化的居民养老保险、市区中小学建设、城市社区卫生服务、投融资公司的成立及运行、市歌舞剧院的改革经营机制、城乡统一的户籍制度改革等呈现新亮点,资本、土地、技术、劳动力等要素市场体系进一步完善,为河南经济社会实现跨越式发展奠定了坚实基础,但这距离构建中原经济区需要的基础目标仍有一段距离,深化重点领域改革的压力仍很大。

(五)和谐社会建设任务仍很繁重

社会主义和谐社会应当是一个充满创造活力的社会。党的十六大报告首次提出"四个尊重"的重要政策思想,十六届四中全会把"四个尊重"(尊重劳动、尊重知识、尊重人才、尊重创造)作为"不断增强全社会的创造活力"的前提,进一步突出了"四个尊重"在构建社会主义和谐社会中的重要性。今后时期我国经济结构、社会结构、社会组织形式、社会利益格局等都将发生深刻变化,社会建设和管理将面临诸多新的问题。特别是随着社会发展水平提高,人们对公平正义、社会保障等公共服务方面的要求越来越强烈,对有尊严的生活更加向往,对和谐社会构建期望更高。中原经济区保障和改善民生任务将面临严峻考验,尤其是收入分配结构的调整,社保覆盖面的扩大,住房、养老、医疗、教育等社会福利的增加等都将明显提速,和谐社会构建任重道远。

和谐社会说到底还是要以人为本。河南省虽然劳动力资源十分丰富,实际拥有人口超过1.65亿,承载了全国约1/8的人口,是我国人口最为稠密的地区之一,丰富的人力资源应为中原经济区建设提供支撑,应为全国输出充足的劳动力。但是,目前河南省人口特点是农村人口基数大、劳动力素质偏低,人才培育任务近在咫尺。2008年,河南省农村初中的生均预算内教育事业费为2414元,居全国倒数第3位,农村小学的生均预算内教育事业费为1605元,居全国倒数第1位;每500万人拥有普通高等学校数量5个,居全国倒数第1位;人均文化事业费为8.25元,居全国倒数第2位。2009年,河南省R&D投入占GDP比重为0.77%,低于全国平均水平0.85个百分点。根据国家全面建设小康社会统计监测体系,2020年我国R&D投入占GDP比重要达到2.5%以上,河南省要达到这一目标,还要提高1.73个百分点以上,实现的难度较大。加大R&D投入是构建中原经济区的必然要求。河南人口数在中部六省中最多,但受教育程度却并不高。要建设和谐社会,就要先加大人才培养力度,变"人口大省"为"人力资源"大省。其次,还要提高保障公共安全和处置突发事件的能力;进一步健全正确处理人民内部矛盾的工作机制;继续加强反腐败、反贿赂的力度;完善个人所得税制度,加强税收执法力度;改变农村的落后面貌,缩小城乡和地区差距;促进城市化,改变就业结构。总之,构建中原经济区,和谐社会建设任务仍很繁重。

第八章 建设中原经济区的目标定位和基本路径

中原地区是我国传统的粮食主产区、能源原材料基地、现代制造业基地和综合交通运输枢纽。建设中原经济区,就是要通过扩大开放和创新体制机制,实现"三化"协调发展,更好地保障国家粮食安全,更大步伐地加快发展,更高层次地转变发展方式,在支撑中部崛起、强化东中西联动、服务全国区域协调发展以及对外开放的全局中发挥更大作用。

一、中原经济区的建设思路和目标要求

(一)指导思想

高举中国特色社会主义伟大旗帜,以邓小平理论和"三个代表"重要思想为指导,深入贯彻落实科学发展观,适应国内外形势新变化,顺应人民过上更好生活的新期待,贯彻落实国家促进中部地区崛起战略,以科学发展为主题,以加快转变经济发展方式为主线,以持续探索走出一条不以牺牲农业和粮食、生态和环境为代价的"三化"协调科学发展路子为基本途径,坚持以发展为第一要务,进一步解放思想、抢抓机遇、创新体制、扩大开放,着力推动经济结构战略性调整,着力加快转变农业发展方式,着力推动文化发展繁荣,着力建设资源节约型、环境友好型社会,着力保障和改善民生,加快中原崛起、河南振兴,努力把中原经济区建设成为全国经济发展的重要增长板块,在支撑中部崛

起、密切东中西联系、服务全国大局中发挥更大作用。

把科学发展作为主题,是中央第一次在五年规划中明确提出来的,成为全党的意志,具有鲜明的时代特征。从河南情况看,把科学发展作为主题,更有指导性和针对性。发展对于我们这个人口大省和欠发达省份来说尤为重要,是解决所有问题的关键。破解"钱从哪里来、人往哪里去、粮食怎么保、民生怎么办"四道难题要靠发展,解决深层次结构性矛盾和问题要靠发展,在区域竞争中掌握主动要靠发展,没有发展一切都无从谈起。当然,我们所说的发展,不是片面强调增长的发展,是符合科学发展观要求的发展。我们必须坚持"四个重在"的实践要领,以强烈的责任感和使命感,始终聚精会神搞建设、一心一意谋发展,努力实现以人为本、全面协调可持续的科学发展。

以加快转变经济发展方式为主线,是推动科学发展的必由之路,是顺应我省经济社会发展新的阶段性特征的必然要求。河南省发展到现阶段,加快转变经济发展方式已经刻不容缓。不加快转变经济发展方式,就难以保持平稳较快发展,就难以实现可持续发展,就难以提升竞争力,就难以更好地保障和改善民生。因此,必须按照党的十七届五中全会的要求,把加快转变经济发展方式贯穿经济社会发展全过程和各领域,坚持把经济结构战略性调整作为主攻方向,把科技进步和创新作为重要支撑,把保障和改善民生作为根本出发点和落脚点,把建设资源节约型、环境友好型社会作为重要着力点,把改革开放作为强大动力,切实做到在发展中调整、在发展中提升、在发展中转变、在发展中增效,实现经济社会又好又快发展。

(二)发展目标

根据中原经济区发展的历史和现状,综合考虑发展的基础、特色、优势和潜力,建设中原经济区的总体目标如下:

1. 增创粮食生产新优势

中原经济区是我国重要的粮食核心区,在确保国家粮食安全中发挥着至关重要的作用。粮食生产不仅总产量大,而且增产潜力大,目前河南省还有6000多万亩中低产田,玉米、水稻等秋季高产粮食作物种植面积和单产还有望进一步扩大和提高,随着国家粮食战略工程河南核心区建设的稳步推进,粮食增产潜能将进一步释放。因此提出增创粮食生产新优势的发展目标,即粮食生产支撑条件明显改善,农业增长实现由粗放型向集约型转变,由主要依靠资源占用和消耗向主要依靠科技进步和农民素质提高转变,由家庭经营向适度规模经营转变,建成比较完善的现代农业产业体系,农业基础设施不断加强,粮食综合生产能力不断增强,农业综合效益明显提高,农民收入持续增加。

要扎实推进粮食生产核心区建设。认真组织实施《河南粮食生产核心区建设规划》,提高粮食综合生产能力。加强农业基础设施建设,推进中低产田改造和高产田巩固提升,加快农村土地整理复垦,加快大中型灌区续建配套节水改造,完善农村小微型水利设施,大规模建设旱涝保收高标准农田,加强农田防护林体系建设,稳步提高农业防灾抗灾减灾能力。实施科技支撑工程,加快种质资源创新利用和新品种选育,健全公益性农技推广体系,加快科技成果转化,提高粮食单产水平和土地产出率。加强农业现代物质装备,提高农业机械化水平。健全农业支持保护制度,加大对产粮大县的转移支付力度,探索建立有利于农业持续发展、粮食稳定增长的长效机制。支持有条件的地方创建粮食高产示范区。

2. 构筑"三化"协调新格局

当前及今后一个相当长的时期,河南省农业人口多、工业基础弱、经济底子薄、人均水平低的基本省情不会有根本改变,工业化、城镇化任务仍然十分艰巨。河南省这些年在经济发展中走出了一条以不牺牲粮食和农业的工业化、城市化发展路子。数据测算,河南"十一五"前四年工业对全省经济增长的贡献率达到61.3%,城镇化率2009年为37.7%。在工业化、城镇化迅猛发展的同时,河南粮食总产连续五年超千亿斤,2009年底全省森林覆盖率达到20.16%。工业化、城镇化、农业现代化,涵盖了经济社会生活的方方面面。建设中原经济区仍然需要按照这样一个发展道路,继续探索走一条不以牺牲农业和粮食、生态和环境为代价的"三化"协调发展路子,构筑"三化"协调新格局,即产业、人口、生产要素集中度明显提高,基本建成生态高效的现代城镇体系和现代产业体系,形成以产带城、以城促产的良性互动局面;新型工业化带动和提升农业现代化的能力进一步增强,新型城镇化和社会主义新农村建设协调推进,工业反哺农业、城市支持农村的长效机制基本形成。

实现"三化"在更高水平上协调发展,要坚持把工业化作为城镇化的基础和前提,大力发展工业,能够提供大量就业岗位,积累城市发展财富、技术、人才,有效带动城镇化。同时,加快城镇化必然为第二、三产业发展带来更大空间,促进产城融合,实现产城互动。工业化和城镇化互相促进、协调发展,共同带动农业现代化,从而实现"三化"协调发展。要把城镇化作为破解"三化"死结的"金钥匙"。在推进"三化"发展过程中,空间问题成了目前发展的突出矛盾,工业化需要空间,农业现代化发展也需要空间,城镇发展本身就是空间不断拓展的过程。解决空间短缺和空间需求强度大这一矛盾,只能从提升空间使用效率上寻求突破口,这个突破口就是新型城镇化。因为农民向城镇转移,人均居住和生活用地空间将会减少,从而腾出工业项目落地的空间。同时,农民进城也腾出了农业用地空间,可以使留下来的农户扩大种植面积,实现规模经营和农业的现代化。

3. 实现改革开放新突破

改革开放是经济社会发展的强大动力,先行试点、由点及面的渐进改革方式是三十多年来改革开放攻坚克难、成功推进的重要经验。同时作为内陆地区,中原经济区外向型经济发展滞后,经济社会发展缺乏活力。建设中原经济区必须要加强改革开放,实现改革开放新突破,即社会主义市场经济体制更加完善,重点领域和关键环节改革取得重大突破,服务型政府建设卓有成效,率先建立有利于促进经济发展方式转变的制度环境;对外合作领域和空间不断拓展,与沿海和中西部地区的区域协作全面加强,外贸进出口和利用外资水平走在中西部地区前列。

必须以更大的决心和勇气全面推进各领域改革,努力在重点领域和关键环节取得突破性进展,建立健全有利于转变经济发展方式、促进科学发展的体制机制。大力推进行政体制改革。以深入推进"两转两提"为重点加强服务型政府建设,改进经济调控方式,完善科学决策机制,强化社会服务,加强社会监管,推行政务公开。加强行政问责制,完善政府绩效评价制度。不断深化国有企业改革。推进国有经济战略重组,健全国有资本有进有退、合理流动机制,引导国有经济从一般竞争性领域退出。大力发展民营经济。改善政策、体制和投资环境,支持和引导民营经济健康快速发展。进一步放宽民间资本投资领域,支持民营企业参与国有企业改制重组,引导投资公共服务领域。不断完善现代市场体系和深化财税金融改革。在完善商品市场的同时,加快构建多层次资本市场,健全土地、劳动力、技术、信息、产权交易等要素市场,最大限度地发挥市场在资源配置中的基础性作用。推进社会事业体制改革。按照政事分开、事企分开、管办分开的原则,深化文化、教育、卫生等领域体制改革。完善政府社会公共服务投入保障机制,强化提供公共服务的责任。

4. 取得转型发展新跨越

改革开放以来特别是近年来,河南经济社会保持了较高的增长速度,但主要是依靠投资拉动,消费和出口拉动有限。不加快转变经济发展方式,实现转型发展,资源难以为继、环境难以为继、民生难以为继、发展难以为继。转型发展的重要性突出表现在:首先,转型发展是河南经济社会保持较快发展势头的需要。改革开放以来特别是近年来,河南经济社会保持了较高的增长速度。2003—2009 年,河南省生产总值年增长速度分别达到 10.8%、13.7%、14.2%、14.4%、14.4%、12.1% 和 10.7%,均高于全国 GDP 年增长速度。但是,在新的形势下,河南经济增长速度开始下滑。河南发展速度方面的问题出在粗放型经济增长模式上。国际金融危机导致外需减少,产业链的传导机制使河南的能源、原材料市场严重萎缩,河南经济结构的"软肋"暴露无遗。事实证明,河南如果不改变主要依赖物质投入、拼资源环境、靠外延扩张的传统发展方式,保持经济平稳较快发展的目标就难以实现。其次,转型发展是提高河南经济发展质量和效益的需要。当前,河南经济增长质量和效益偏低,主要原因是产业结构不合理、投资消费失衡、经济发展严重依赖能源原材料等资源性产业。2008 年,河南工业增加值前 5 位的行业分别为:建材、食品、煤炭、有色和钢铁,与 2003 年相比,以能源原材料为主的发展特征基本没有大的改变;河南能源原材料行业投资占工业投资的比重高于全国平均水平 13.4 个百分点,分别比湖北、湖南和安徽高 1.0、4.0 和 3.4 个百分点;装备制造业投资占工业投资的比重比全国平均水平低 2.4 个百分点,分别比湖北、安徽和江西低 6.9、3.5 和 0.5 个百分点。只有痛下决心,大力调整结构,转变经济发展方式,才能改变经济发展高速度低效益,甚至有速度无效益的窘况。再次,转型发展是实现河南经济社会可持续发展的需要。河南经济总量已经达到较大规模,如果再依靠高投入、高消耗、高污染的增长模式,资源、环境将难以承受,经济社会发展的良好势头也将难以长期保持。这就要求在加快中原崛起的过程中,加快经济发展和发展方式转变,大力发展绿色经济、循环经济、低碳经济等战略性新兴产业,大力培育和发展新兴接续产业,实现由"高碳"模式向"低碳"模式转变,减少对自然资源的依赖。

总之,建设中原经济区必须要加快经济发展方式转变,取得转型发展新跨越,即经济转型加快推进,产业、需求、城乡、区域、要素等结构调整取得重大突破,综合实力、核心竞争力明显提高,经济发展由资源依赖型、投资驱动型向创新驱动型为主转变,人口、资源、环境与经济发展相协调,可持续发展能力显著增强。

5. 开创和谐社会建设新局面

党的十六届六中全会通过的《中共中央关于构建社会主义和谐社会若干重大问题的决定》明确提出:"社会和谐是中国特色社会主义的本质属性",和谐社会建设的重点就是"以科学发展观统领经济社会发展全局,按照民主法治、公平正义、诚信友爱、充满活力、安定有序、人与自然和谐相处的总要求","解决人民群众最关心、最直接、最现实的利益问题"。党的十七大以来,河南省委、省政府按照中央的战略部署,坚持以科学发展观统领全省经济社会发展全局,高度重视和谐社会建设并且采取了一系列重要措施,取得了明显绩效。当前,河南社会总体上是和谐的,具备了建成和谐中原的众多有利条件。但是,不容回避的是,现实生活中也存在一些影响社会和谐的矛盾和问题,有些问题还比较突出。这些矛盾和问题,已经直接影响到人民群众的福祉,是加速实现中原崛起过程中必须着力解决的重要课题。而分析影响河南和谐发展因素的现实表现不难发现,制约河南社会和谐的原因是多方面的,可以说,既有主观方面的观念障碍,又有客观上全省经济社会发展的阶段性特征,更有历史形成的体制障碍以及人口和资源环境约束。从这个意义上说,破解影响社会和谐的矛盾和问题,切实把经济社会发展转到以人为本、关注民生上来,面对的是一项复杂的、系统的社会改革工程,是一场深刻的革命。

今后一段时期,中原经济区将进入中等收入国家的发展水平,这一时期也是社会矛盾凸显期,经济社会结构和各种利益格局面临深度调整,社会矛盾和风险因素日益增多。建设中原经济区必须要加强各项社会事业发展,促进社会转型,开创和谐社会建设新局面,即社会转型迈出重要步伐,教育科技文化发达,社会事业全面进步,人民生活水平明显改善,收入分配更加合理,城乡差距缩小,贫困人口显著减少,社会保障体系更加完善,社会就业更加充分,社会主义民主法制更加健全,社会管理体系更加完善。

要实现上述"五个新"的发展目标,在具体实施中,可以分为两个步骤走:第一步:五年彰显新优势。力争到2015年,主要人均经济指标超过中部地区平均水平,与全国平均水平差距进一步缩小,城镇化发展接近中部平均水平,中原城市群在中西部地区的竞争力与辐射力进一步提升,经济转型和社会转型迈出新步伐,区域一体化发展格局初步形成,成为支撑中部崛起的核心区域。第二步:十年实现崛起。到2020年,主要人均经济指标赶上并力争超过全国平均水平,城镇化发展努力达到全国平均水平,中原城市群在全国的竞争力与辐射带动力明显提升,经济转型和社会转型实现新跨越,区域一体化发展格局基本形成,初步成为中西部地区经济发展的主要引擎。在此基础上,通过进一步努力,基本建成科学发展、团结和谐、统筹协调、对外开放、全面繁荣的中原经济区,成为全国经济发展的重要增长板块。

(三)总体要求

实现建设中原经济区的目标任务,必须充分发挥河南的主体作用,贯彻"重在持续、重在提升、重在统筹、重在为民"的实践要领,有效运作,求实求效,突出以下六个基本原则。

1. 突出科学发展

坚持以科学发展为主题,以加快转变经济发展方式为主线,紧紧抓住大有作为的战略机遇期,扭住发展不放松,切实做到在发展中促转变,在转变中谋发展,不断提高发展的全面性、协调性、可持续性,提升综合经济实力,以发展凝聚人心、树立形象。

2. 突出"三化"协调

坚持以探索走出一条不以牺牲农业和粮食、生态和环境为代价的"三化"协调科学发展路子为基本途径,构建中原城市群、粮食生产核心区、生态功能区三大主体功能格局,以新型城镇化带动工业化、城镇化和农业现代化协调推进,形成城乡经济社会一体化发展新格局。

3. 突出载体建设

坚持把产业集聚区建设作为中原经济区建设的综合性、全局性举措。推进企业集中布局、资源集约利用、产业集群发展、功能集合构建,促进人口向城镇转移,建设现代产业体系、现代城镇体系、自主创新体系,增强经济发展内生动力,构筑区域竞争新优势。

4. 突出改革开放

坚持把改革开放作为建设中原经济区的强大动力,在重要领域和关键环节先行先试,构建有利于科学发展的体制机制,充分发挥市场在资源配置中的基础性作用;全面开放、带动全局,不断拓展新的开放领域和空间,以开放促改革、促发展、促创新,构筑内陆开放新高地。

5. 突出改善民生

坚持以人为本、以民为重,把保障和改善民生作为建设中原经济区的根本出发点和落脚点,把促进就业放在优先位置,以创业促进就业,加快发展各项社会事业,推进基本公共服务均等化,共享改革发展的成果,努力实现人的全面发展。

6. 突出服务大局

坚持立足全局、融入全局,发挥区域综合优势,明确发展定位,提升战略性枢纽、粮食生产、中原文化、新经济增长板块等核心竞争力,支撑中部崛起,促进全国经济持续增长、和平崛起。

二、中原经济区在全国发展大局中的战略定位

(一)战略定位的历史回顾

1. 中西部发展较快的地区之一

"九五"计划提出使河南成为中西部发展较快的地区之一。2003年制定的《河南省全面建设小康社会规划纲要》明确了中原崛起的三个内涵,即基本

实现工业化、2020年人均GDP达到3000美元、走在中西部地区前列。

2. 在促进中部地区崛起中发挥更大作用

2006年,中央作出促进中部地区崛起的战略部署后,省八次党代会提出在促进中部地区崛起中发挥更大作用。

3. 走在中部崛起的前列

2005年8月,胡锦涛总书记视察河南时提出"河南要实现跨越式发展,走在中部地区前列,在促进中部地区崛起中发挥更大作用"。

(二)新形势对战略定位的新要求

1. 中央领导对河南地位和作用的最新要求

2010年3月10日上午,中共中央总书记、国家主席、中央军委主席胡锦涛来到出席十一届全国人大三次会议的河南代表团,与代表们共同审议政府工作报告和人大常委会工作报告。胡锦涛强调,要大力推动经济发展方式转变、大力推动农业发展方式转变、大力保障和改善民生、大力推动文化发展繁荣,希望河南在继续解放思想上迈出新步伐,在坚持改革开放上实现新突破,在推动科学发展上取得新进展,在促进社会和谐上见到新成效。

2. 国家《促进中部地区崛起规划》的定位

《促进中部地区崛起规划》对中部地区的定位是"三个基地、一个枢纽",即粮食生产基地、能源原材料基地、现代装备制造及高技术产业基地、综合交通运输枢纽。

3. 后金融危机时期国家发展战略调整对河南定位的影响

国家发展战略由外需拉动向内外需协调拉动转变,经济发展的重心从沿海向中西部转移。河南地处内陆腹地,在承接产业转移、促进东西互动中扮演更加重要的角色;河南人口众多,市场广阔,在国家扩大内需中承担更加重要的责任。

4. 河南省委、省政府对河南新时期战略定位的新要求

要求跳出河南看河南,在更大的区域范围、更广阔的背景下审视河南、认识河南、谋划未来,明确河南在全国发展格局中特别是在中部地区崛起中的影响、带动和示范作用。

5. 积极借鉴其他区域规划的战略定位

近期国家批准的区域发展规划都有明确定位,大体分三类:一是在全国具有独特的试验或示范作用。二是对周边区域具有辐射带动作用。三是全国重要的特色产业基地。

(三) 中原经济区的战略定位

1. 全国"三化"协调发展示范区

中原经济区是我国传统的农业大区,人多地少、农业比重大、农村人口多,"三农"问题在全国具有代表性。2003年以来,河南"坚持以工业化为主导,以城镇化为支撑,以推进农业现代化为基础,统筹城乡经济社会协调发展",中原崛起取得了显著成效。建设中原经济区,继续探索"三化"协调发展的路子,可以为全国统筹解决"三农"问题积累经验、提供示范。建设中原经济区,要发挥新型城镇化的引领带动作用,统筹安排城镇建设、产业集聚、农田保护、生态涵养等空间布局,协调推进粮食生产核心区、现代城镇体系和现代工业体系建设,在加快工业化、城镇化进程中保障国家粮食安全,推进农业现代化,率先走出一条不以牺牲农业和粮食、生态和环境为代价的"三化"协调科学发展路子。"三化"协调发展的内容包括:促进新型工业化与农业现代化相协调。加快构建现代产业体系和自主创新体系,推动产业优化升级,增强以工补农、以工带农能力,促进现代农业发展,加快农业和农村现代化进程,促进工农相互促进,三次产业协调发展。促进新型城镇化与农业现代化相协调。加快构建"一极两圈三层"的现代城镇体系,把城市科学发展与新农村建设有机结合起来,统筹城乡基础设施和公用服务体系建设,增强以城带乡能力,促进中原城市群城乡一体发展。促进新型工业化与新型城镇化相协调。积极推进产业城市集约融合发展,优化配置要素资源,促进以要素聚集创造投资需求,以产业聚集创造服务需求,以人口聚集创造消费需求,以农村劳动力转移创造潜在需求,实现经济发展与人口资源环境相互协调,推进形成内需拉动经济发展的新模式。

2. 全国重要的经济增长板块

改革开放以后,我们从基本国情出发实施非均衡发展战略,优先扩大沿海省区对外开放,使东部地区率先实现了发展;面对东西差距日益拉大的现实,进入新世纪后国家提出了西部大开发的口号,西部地区进入经济社会发展的快车道;针对社会主义市场经济条件下东北老工业基地的困境,党的十六大把振兴东北老工业基地提上议事日程,一系列政策措施助推东北老工业基地重新焕发青春。然而,改革开放30年来,中部地区的经济虽然有了较快发展,但相对于遥遥领先的沿海开放地区,以及近些年迅猛发展的西部地区和东北地区,出现了较大的政策落差、开放落差和投资落差,发展水平低于东部、发展速度慢于西部,出现了明显的"中部塌陷"问题。为贯彻落实科学发展观,深入推进区域发展总体战略,大力促进中部地区崛起,加快形成东中西互动、优势互补、相互促进、共同发展的区域发展新格局,2006年4月中共中央、国务院颁布了"关于促进中部地区崛起的若干意见",2009年底国家制定出台了《促进中部地区崛起规划》,为中部地区带来了千载难逢的发展机遇。

中原经济区地处中部地区的中心,中原城市群是中部地区实力最强、人口密度最大、最具发展潜力的城市群。但人均水平低,工业化率和城镇化率与先进省份相比差距更大。随着中原经济区的建设逐步推进,这个地区的发展将进一步加快工业化和城镇化进程,提升速度,扩张总量,优化结构,提高效益,并走在中部崛起的前列,率先缩小与全国及东部地区的发展差距,成为中部崛起的重要战略支撑和全国新的增长板块。要加快促进人口、产业和生产要素加速集聚,有序承接国内外产业转移,着力建设先进制造业和现代服务业基地,增强中原城市群辐射带动作用,提升自主创新能力,提高对外开放水平,形成内陆开放高地、人力资源高地和全国最具活力的内需市场,成为全国重要的人口和经济密集区,成为促进全国经济持续平稳较快发展新的重要动力源。

3. 全国综合交通枢纽和物流中心

中原经济区地处中部之中,承东启西,连南通北,是东中西三大地带和南北经济区的连接板块。其主体河南区位优势十分明显,是全国承东启西、连南贯北的重要交通枢纽,拥有铁路、公路、航空、水运、管道等相结合的综合交通运输体系。铁路运输优势突出。河南地处全国路网中心,共有京广、陇海、京九、焦柳、太焦、侯月、新菏、新月、宁西9条铁路干线和洛宜、汤鹤、安李、石林4条铁路支线在河南境内交会,形成了纵横交错、四通八达的铁路网。郑州北站是亚洲最大的编组站,郑州站是全国最大的客运站之一。郑州至西安铁路客运专线已建成运行,郑州至石家庄、郑州至武昌铁路客运专线建设进展顺利,郑州黄河公铁两用桥、郑州集装箱中心站和郑州车站西出口建设等重点工程取得重大进展。公路运输体系日益完善。2009年底高速公路通车总里程达到4860公里,居全国第1位;航空运输快速发展,省内拥有新郑国际机场、洛阳机场和南阳机场三个民用机场,通航10个国家和地区;新郑国际机场是4E级机场和国内一类航空口岸,改建后年旅客吞吐量达1200万人次、货邮吞吐量达35万吨。管道运输和水运加快发展,"西气东输"一线主管道有306公里途经河南。

建设中原经济区,将进一步强化其区位交通优势,使其成为全国综合交通枢纽和物流中心。要从服务和促进区域协调发展出发,以建设连通东西、纵贯南北的运输通道和交通枢纽为重点,加快构建以铁路网、高速公路网和航空枢纽港为骨架的综合交通体系,充分发挥中原经济区在全国综合运输大通道中的作用,凸显郑州交通、物流、商务中心地位,形成服务中西部、面向全国、连接国际的现代物流服务中心。

4. 华夏历史文明传承核心区

中原地区是中华民族的摇篮,华夏文明的重要发祥地,中原文化是中华文化的核心组成部分。地下文物、馆藏文物、历史文化名城、重点文物保护单位数量均居全国第一;考古学文化、中原历史文化、名人文化、红色文化等,博大精深;人文景观、山水景观和民间工艺、民俗文化,异彩纷呈。当今时代,文化越来越成为民族凝聚力和创造力的重要源泉,越来越成为综合实力竞争的重要因素。

建设中原经济区,要大力推动文化繁荣,深化文化体制改革,发展壮大文化产业,打造一批地域特色明显、展现中原风貌、具有国际影响的文化品牌,突出根文化、思想文化、姓氏文化等中原文化的传承弘扬,建设全球华人寻根拜祖圣地,提高中原文化影响力,增强中华民族凝聚力,成为传承弘扬中华优秀传统文化核心区域,在促进祖国统一和中华民族伟大复兴中发挥更大作用。

三、中原经济区的发展布局

(一)河南生产力重大布局的回顾与总结

1. "八五"计划的战略布局

以黄河经济带为龙头,重点发展中州平原,积极开发丘陵山区。从区域资源优势和经济优势出发,把区域经济发展与城市建设统一考虑,使产业结构调整与区域经济优势相互协调,工业建设与农业发展相互促进,逐步形成分工合理、优势互补、协调发展的区域经济格局。一是中原城市群体。建立以郑州为中心,包括洛阳、新乡、焦作、开封在内的城市群体,使之成为河南省的核心经济区。同时发展南北两翼,加快平顶山、安阳等城市建设,形成区域经济中心。二是平原地区。充分利用丰富的农业资源,积极调整农业内部结构,大力发展农用工业和农副产品深加工。积极利用其接近沿海、背靠内地的有利条件,在经济发展水平较高的城市,积极发展新型工业体系。三是丘陵山区。走资源、交通、智力综合开发的路子。四是贫困地区。以改革为动力,以提高扶贫经济效益为中心,以经济开发为重点,以富民富县为目标,加速贫困地区的经济发展。

2. "九五"计划的战略布局

以中心城市和交通干线为依托,逐步优化和拓展生产力布局。一是抓紧抓好郑州商贸城建设,使其逐步成为有较强吸引力、辐射力的经济中心城市,在全省发挥龙头作用。二是加快以郑州为中心的中原城市群的发展步伐,逐步成为亚欧大陆桥上的一个经济密集区,在全省经济振兴中发挥辐射带动作用。三是依托交通主干线,改造和建设一批对增强河南经济实力有重大影响的工业基地,催生一批小城镇,发展提高大中城市,建设高新技术相对密集的产业带。重点搞好洛阳、郑州等老工业基地改造和发展,加快洛阳、濮阳、南阳石化基地,以及安阳、新乡、鹤壁电子工业基地建设,在全省经济振兴中发挥骨干作用。四是抓住京九铁路全线开通的机遇,加快以商丘及潢川、台前为重点的沿线市、县的开放开发,建设农副产品加工基地和永城能源基地,推动豫东和豫东南经济的发展。五是抓好黄淮海平原、南阳盆地、豫西山区、豫南山区四大农区的综合开发。六是重视和支持老区、贫困地区的经济发展。

3. "十五"计划的战略布局

抓住国家实施西部大开发战略的机遇，适应国家区域经济布局调整趋势，充分发挥河南省承东启西的区位优势，大力实施东引西进，扩大开放，加快发展，全面开展与东部地区的合作，大力开拓西部市场。一是培育壮大区域性中心城市。郑州要以建设国家区域性中心城市为目标，提高城市首位度，以开发新区为重点，拓展城市框架，加快人口集聚。二是继续建设以郑州为中心、以洛阳和开封为主要支撑的中原城市群，扩大城市规模，优化产业布局，完善城市体系，改善生态环境，增强辐射功能。洛阳要发展成为以装备工业、石化工业、旅游业为支柱，高新技术产业相对集中的中心城市。开封要以轻纺、机械和化工等产业为支撑，加快旅游文化名城建设。新乡、焦作、许昌、平顶山等城市要发挥各自优势，加快产业升级，突出特色，发展成为主导产业突出、经济实力强、服务体系健全的大城市。加快安阳、信阳、南阳、商丘、三门峡等周边城市发展步伐，扩大城市规模，集聚人口，促进城市经济、科教、文化的发展，增强辐射带动和服务功能，成为有效带动豫北、豫南、豫东、豫西区域经济发展并辐射周边的地区性中心城市。三是积极发展中小城市，大力发展小城镇。把漯河、濮阳、鹤壁、驻马店、周口、济源等市建成特色突出、功能完善、综合实力强、文化品位高、环境优美的大中城市。重点选择巩义、项城、永城、邓州、灵宝和潢川等20个基础好、潜力大的县级市和县城，加快城市化步伐，提高城市的带动力和辐射力。大力发展小城镇，抓好省定115个重点镇的建设。

4.《河南省全面建设小康社会规划纲要》的战略布局

实施中心城市、中心城镇带动战略，带动周边地区特别是农村经济社会的快速发展，在全省形成各展所长、优势互补、竞相发展的格局，全面建设惠及全省人民的更高水平的小康社会。一是建设中原城市群经济隆起带。中原城市群经济隆起带是以郑州为中心，包括洛阳、开封、新乡、焦作、许昌、平顶山、漯河、济源在内的城市密集区。抓好郑汴洛城市工业走廊建设，使中原城市群各城市在发展各自产业优势的过程中形成整体竞争优势，成为全省对外开放、东引西进的主要平台和全国重要的先进制造业基地，区域性商贸金融中心和科教文化中心,中西部综合竞争力较强的开放型经济区。努力建设大郑州,进一步提高在全省的首位度,使其成为中原城市群经济隆起带发展的龙头,全省先进制造业和高新技术产业基地、现代服务业中心、现代农业示范区及经济社会的核心增长极。二是促进豫北、豫西和豫西南地区的经济发展。豫北地区的安阳、鹤壁、濮阳三市要充分发挥工农业基础较好,油气、煤炭资源比较丰富的优势,逐步建成河南省重要的钢铁、煤化工和石油化工、装备制造业、电子信息产业基地。豫西地区的三门峡市要发挥矿产、林果等资源丰富的优势,搞好精深加工,建成全省重要的煤化工、黄金生产加工、铝工业和林果业生产加工基地。豫西南地区的南阳市要加快发展,形成中药生产、纺织基地和以非金属矿产开发利用、农副产品加工为主的产业带,确保如期实现全面建设小康的目标。三是加快黄淮地区的经济发展。黄淮地区的驻马店、商丘、周口和信阳市,要加快工业和服务业的发展,加大城市建设力度,加强对农村经济社会发展的带动,加快农区工业化步伐。以农产品精深加工为重点,大力发展食品、纺织、制药等产业,培育龙头企业。大力发展生态农业、绿色农业、外向型农业,将黄淮地区建设成为全国绿色农产品加工出口基地,生猪、肉牛、肉羊、油料生产加工基地。

5. "十一五"发展规划的战略布局

实施中心城市带动战略,加快中原城市群发展,支持其他城市开放开发,大力发展县域经济,逐步改变城乡二元结构,构建城乡区域协调发展的新格局。一是形成合理的城镇体系。重点建设中原城市群,加快其他地区性中心城市发展,形成一批现代化特大城市和大城市。逐步形成以郑州为龙头,以特大城市和大城市为骨架,中小城市和小城镇为依托,布局合理、协调发展的城镇体系。二是加快中原城市群发展。把中原城市群建成带动中原崛起、促进中部崛起的重要增长极。优化空间发展布局,构建以郑州为中心,洛阳为副中心,开封、新乡、焦作、许昌、平顶山、漯河、济源7个省辖市为支撑,大中小城市相协调、功能明晰、组合有序的城市体系。加快郑州全国区域性中心城市建设,努力把郑州建成全国重要的现代物流中心、区域性金融中心和先进制造业基地、科技创新基地,发挥其在中原城市群的龙头带动作用。三是引导豫北、豫西、豫西南、黄淮地区壮大优势产业,发展特色经济,加快产业和人口聚集,扩大城市规模,增强地区性中心城市辐射带动能力,形成与中原城市群优势互补、相互融合、竞相发展的格局。

通过对河南历次五年规划尤其是20世纪90年代以来经济空间布局的历史回顾和实证考察,可以看出战略布局演变的规律,主要表现为以下几点:

第一,更加重视中心城市的地位和作用。"八五"以来,对中心城市地位和作用的认识不断提高,省会郑州作为全省中心城市的战略定位逐步明晰,从以郑州为中心建设中原城市群体,到建设大郑州、建设全国区域性中心城市,再到中原城市群经济隆起带发展的龙头、全省经济社会的核心增长极,地位越来越重要。从现实的情况看,郑州现在的发展状况与其战略定位和应发挥的作用还有很大的差距。因此,在当前和今后一个时期,要实现中原崛起和河南振兴,必须采取有力措施,尽快把郑州做大做强,提高其首位度,提升郑州作为中原经济区的核心地位,充分发挥集聚辐射带动效应。

第二,更加重视以城市群促进优势区域加快发展。"八五"以来,中原城市群从最初的5个城市,到9个城市,到现在的"一极两圈三层"涵盖18个市,范围逐步扩大,城市之间的联系越来越密切。在定位上,从"八五"计划提出使中原城市群体成为河南省的核心经济区,到"九五"计划提出使中原城市群逐步成为"亚欧大陆桥上"的一个经济密集区,再到"十一五"规划提出把中原城市群建成带动中原崛起、促进中部崛起的重要增长极,说明城市群在区域发展中的地位越来越重要。因此,今后一个时期,应该坚持不懈地发展壮大中原城市群,明确内部分工协作,实现互利共赢、整体提升,形成更强的集聚辐射带动效应。

第三,更加重视区域协调发展。河南省的整体经济发展布局经历了一个发展演变和完善的过程。"八五"计划时期,由于工业化水平整体较低,只是提出了要以黄河经济带为龙头、重点发展中州平原、积极开发丘陵山区这样一个比较宏观的发展布局。随着工业化的发展,到"九五"计划时期,就提出以中心城市和交通干线为依托,逐步优化和拓展生产力布局。在布局上,除强调要加快以郑州为中心的中原城市群的发展步伐和依托交通主干线建设高新技术相对密集的产业带外,还明确提出了要抓住京九铁路全线开通的机遇,推动豫东和豫东南经济的发展,同时强调抓好黄淮海平原、南阳盆地、豫西山区、豫南山区四大农区的综合开发。再到编制《河南省全面建设小康社会规划纲要》和《"十一五"发展规划》时期,进一步明确提出实施中心城市、中心城镇带动战略,带动周边地区特别是农村经济社会的快速发展。从整体上把全省划分为5个板块:中原城市群经济隆起带、豫北、豫西、豫西南、黄淮地区。最近,省委、省政府提出的"一个载体、三个体系"、"一极两圈三层"的战略构想,丰富和提升了原有的经济发展布局。

(二)新形势对战略布局的新要求

《促进中部地区崛起规划》要求,要依托综合运输主通道,以资源环境承载能力强、经济社会发展基础好、发展潜力大的地区为开发重点,加快形成"两横两纵"经济带,培育六大集聚人口和产业的城市群。积极推进老工业基地城市振兴和资源型城市转型,支持革命老区、民族地区和贫困地区加快发展。其中和河南省相关的有:一是增强沿陇海经济带实力。发挥"亚欧大陆桥"的优势,加强与沿海和西北地区交流合作,进一步扩大东西双向互动、对内对外开放,发挥郑州区域中心城市的作用,培育形成郑汴洛工业走廊,壮大能源原材料、现代制造业、汽车等支柱产业,实现老工业基地振兴。二是提升沿京广经济带水平。提高京广通道综合运输能力,依托沿线的人力资源优势和产业基础,大力发展原材料工业、装备制造业、高技术产业和劳动密集型产业,形成我国重要的制造业基地。进一步巩固和加强与京津冀和珠三角地区的经济联系,发挥中心城市的引领和支撑作用,构建沟通南北的经济带。三是培育壮大沿京九经济带。加强与京津冀、长三角、珠三角和海峡西岸地区的联系,加快东西向交通通道建设,在重要的节点城市推进承接产业转移园区建设。立足特色资源优势,在豫东、皖西北、鄂东、赣南等地区形成资源性产品生产和加工基地。壮大商丘、阜阳、吉安、赣州等沿线城市实力,带动革命老区发展。四是培育城市群增长极。以客运专线和城际快速轨道交通等重要交通干线为纽带,重点以郑东新区、汴西新区、洛阳新区建设为载体,整合区域资源,加强分工合作,推进区域内城市空间和功能对接,率先在统筹城乡、统筹区域协调发展的体制机制创新方面实现新突破,提升区域整体竞争力和辐射带动力,把中原城市群建设成为沿陇海经济带的核心区域和重要的城镇密集区、先进制造业基地、农产品生产加工基地及综合交通运输枢纽。五是加强省际区域经济合作。鼓励晋陕豫黄河"金三角"地区突破行政界限,开展区域协调发展试验。

根据国家《促进中部地区崛起规划》要求,河南省今后一个时期的战略布局需要重点考虑以下几个方面:一是密切与其他经济区的联系。河南省承东启西、连南贯北,区位优势十分突出,战略位置极其重要,要抓住我国产业由东部向中西部转移的战略机遇,延展东西两翼,密切与长三角、珠三角、环渤海、海西等经济区以及成渝、关中—天水等西部重点开发地区的联系。东部平原农区主动承接产业转移,西部丘陵山区要发挥重化工业基础较好的优势,积极推动产业升级,增强对其他区域的辐射带动能力。二是强化集聚发展。加快生产要素集聚,强化郑汴新区的核心地位,加快发展洛阳新区,发展壮大郑汴洛工业走廊。依托陇海和京广两大交通干线,建设两大产业带,促进生产要素向交通节点城市集聚。三是加强与邻省的合作。以经济、文化联系为纽带,开展跨省区域协调发展试验。

(三)中原经济区的战略布局

建设中原经济区,要按照《促进中部地区崛起规划》形成"两横两纵"经济带的总体要求,将中原经济区发展放在全国发展的大格局中来谋划。充分发挥郑州引领区域发展的核心作用,推动区域一体化发展,加强与周边经济区的合作联系,主动融入沿海开放型经济体系,形成内部融合、联动周边、贯通东西的发展态势。

1. 强化核心,拓展外延

高起点建设郑汴新区,强化交通枢纽、金融、贸易、物流等综合服务功能,提升郑州全国区域性中心城市地位,增强郑州省会中心城市辐射作用。推进郑汴一体化发展,实现郑州与洛阳、新乡、许昌、焦作对接联动。建设高效便捷的交通网络,密切经济联系,拓展辐射范围,促进中原经济区"核心区、主体区、合作辐射区"优势互补、协调互动、融合发展。

2. 提升两轴,对接周边

按照国家"两横三纵"城市化战略格局,依托陆桥通道,强化郑州、洛阳、开封的重要支撑作用,发挥商丘、三门峡等城市的重要支点作用,形成沿陇海发展轴。依托京广通道,发挥安阳、鹤壁、漯河、平顶山、驻马店、信阳等城市的支撑作用,形成沿京广发展轴。发挥濮阳、周口、南阳、焦作、济源等连接周边的重要作用,依托出省通道,拓展对外联系。提升商丘、周口等在淮海经济协作区中的地位,扩大三门峡在黄河"金三角"地区的影响力,凸显安阳、濮阳、焦作、济源等在晋冀鲁豫毗邻地区的作用,密切区域合作。推动与长三角、京津冀、长江中游经济带、关中—天水等周边经济区有效对接,实现优势互补、相互促进、联动发展,增强中原经济区战略腹地和核心枢纽效应。

3. 贯通东西,服务全局

依托"五纵五横"大能力铁路货运通道,建设"米"字形高速铁路、"三纵三横"国家高速公路网和现代航空网络,在区内形成连接大中小城市的网络化格局,成为东融西拓、服务全面开放的战略平台。发挥战略性大通道功能,推动与东部主要出海口和西部陆桥通道多方式便捷高效衔接,加强与世界各国特别是发达国家的经济往来和技术交流,提升开放层次,提高外向型经济发展水平,建设内陆开放高地,为服务全国扩大内需和对外开放大局作出更大贡献。

(四)中原经济区的主体功能格局

按照推进形成主体功能区的要求,根据不同区域的资源环境承载能力、现有开发密度和发展潜力,确定主体功能定位,合理划分重点开发区域、农业开发区域和生态保护区域,明确各地开发方向,控制开发强度,规范开发秩序,完善开发政策,逐步形成以中原城市群为重点的城市化战略格局,以粮食生产核心区为重点的农业战略格局,以"四区两带"为重点的生态安全战略格局。

1. 中原城市群

中原城市群由于享有区位、资源、交通、文化等优势,在河南省乃至中原经济区经济社会发展中处于核心和领先地位。2009年中原城市群生产总值占全省总量的57%,地方财政一般预算收入占全省的64%,城镇固定资产投资占省的78%。同时,中原城市群也是中部地区经济总量最大的城市化地区,还是承接发达国家及我国东部地区产业转移、西部人口和资源输出的枢纽区域之一,正在成为参与国内外竞争、聚集经济和人口、促进中部崛起、辐射带动中西部地区发展乃至支撑全国未来发展的重要增长极。要加快培育形成以中原城市群为主的重点开发区,按照向心布局、集群发展的要求,提升郑州中心城市的辐射带动能力,巩固提高洛阳副中心城市地位,增强地区性中心城市综合承载能力,推进城际轨道交通体系和高速铁路建设,加强城市功能互补和产业分工,加快产业集聚,实现交通一体、产业链接、服务共享、生态共建,促进大中心城市协调发展,建设辐射带动能力强、经济联系紧密、城市层次分明、体系结构合理、具有国际竞争力的开放型城市群。

2. 粮食核心区

农业是国民经济的基础,粮食安全始终是关系我国国民经济发展、社会稳定和国家自立的全局性重大战略问题。中原经济区是我国粮食主要产区,承担着保障国家粮食安全的重任。其中,中原经济区的主要省份河南省是全国第一粮食大省。粮食总产量占全国的1/10,小麦产量占全国的1/4。多年来河南省粮食产量都超过1000亿斤,连续十年居全国第一,不仅解决了河南这个全国第一人口大省的吃饭问题,而且每年要外调大约300亿斤粮食支援外省,为国家的粮食安全做出了重大贡献。但仍然存在着农业基础较差,粮食比较效益低等问题。要高度重视以粮食核心区建设为主的农业开发区建设,从保障国家粮食安全和食物安全的大局出发,依托黄淮海平原、南阳盆地和豫北豫西山前平原产粮大县(市、区),实施农业综合开发,推进高标准农田建设,加快农业科技进步,提高粮食综合生产能力,形成规模效益明显的粮食主要生产区,发展现代农业,引导农产品加工、流通、储运企业向粮食主产区集聚,建设集中连片、高产稳产的国家优质商品粮生产基地。

3. 生态功能区

生态保护区域是指资源环境承载能力弱、大规模集聚经济和人口条件不够好,并关系到较大空间范围生态安全的区域。河南省生态保护区域主要分布在豫北太行山、豫西伏牛山、豫南大别山等区域,要支持生态保护区合理开发,促进经济、社会、生态协调发展,更好地发挥保障中原经济区生态安全的主体功能。具体来说,就是要以山脉、丘陵、水系为骨干,以山、林、河、田为要素,推进建设桐柏大别山地生态区、伏牛山地生态区、南太行生态区、平原生态涵养区,构建横跨东西的黄河滩区生态涵养带和纵贯南北的南水北调中线生态走廊,形成"四区两带"的区域生态格局。

四、构建中原经济区的基本路径

(一) 河南经济社会发展基本路径的回顾与分析

2003年,河南省委、省政府出台了《河南省全面建设小康社会规划纲要》,首次明确提出:"加快工业化、城镇化,推进农业现代化是河南省全面建设小康社会的基本途径,也是从根本上解决'三农'问题的必由之路。坚持以工业化为主导,以城镇化为支撑,以推进农业现代化为基础,统筹城乡经济社会协调发展。"

"三化"基本途径的提出,体现了对河南全面建设小康社会战略重点、战略步骤的科学认识,是对河南特色现代化建设道路的系统总结。关于"工业化为主导,城镇化为支撑,农业现代化为基础"的表述,体现了"三化"的客观演进规律和相互之间的内在逻辑关系,既是有机统一的整体,又有先后顺序。通过加快工业化、城镇化进程,"化"传统农业为现代农业,"化"农民为市民,"化"农业社会为工业社会,"化"乡村社会为城市社会,找到了一条从根本上破解"三农"问题的发展道路。

"三化"基本途径的提出,是对河南省多年来经济建设经验的概括和总结,符合经济社会发展规律、国家战略需要和河南省基本省情。《河南省全面建设小康社会规划纲要》出台以来,河南省沿着"三化"基本途径,奋力实现中原崛起取得明显成效。全省上下突出工业主导地位,工业化进程不断加快,2009年全省工业增加值达到9858亿元,占GDP的比重达到50.9%,第二、三产业占GDP的比重达到85.7%,比2003年提高3.2个百分点。坚持实施中心城市带动战略,着力推进中原城市群建设,大力发展县域经济,不断提高城市综合承载能力,全省城镇化率达到37.7%,比2003年提高10.5个百分点。农业基础地位在工业化、城镇化进程中得到加强,粮食生产连续6年增产、连续4年保持在1000亿斤以上,每年调出300多亿斤原粮和加工成品,不仅为保障国家粮食安全作出了重要贡献,也为工业化、城镇化推进提供了基础支撑,走出了一条不以牺牲农业为代价的工业化、城镇化路子。

(二)新形势下对基本途径的新要求

在新的形势下,继续坚持工业化、城镇化、农业现代化基本途径不动摇,既是中央对包括河南在内的中部地区的明确要求,也是河南省全面建设小康社会、奋力实现中原崛起的战略选择。

从国家层面看,《促进中部地区崛起规划》明确指出,当前中部地区面临诸多制约长远发展的矛盾和问题:"三农"问题突出,农业稳定发展和农民持续增收难度增大,统筹城乡发展任务繁重;工业化水平不高,发展方式依然粗放,产业亟待调整和振兴;城镇化水平较低,中心城市的辐射带动能力不强,农村富余劳动力转移和城镇就业压力较大;地区发展不平衡,革命老区、民族地区、贫困地区发展相对滞后,扶贫开发任务艰巨。基于上述基本判断,《促进中部地区崛起规划》要求中部地区要"着力自主创新,调整优化结构,积极承接产业转移,大力推进新型工业化进程;着力优化空间布局,培育城市增长极,壮大县城和中心镇,积极稳妥地推进城镇化;着力加强农业基础,切实改善农村面貌,加快推进农业现代化,促进城乡一体化发展"。为今后一个时期,加快中部地区崛起、实现经济社会全面协调可持续发展指明了方向和路径。

从河南省看,当前及今后一个相当长的时期,农业人口多、工业基础弱、经济底子薄、人均水平低的基本省情不会有根本改变,河南省尚处于工业化中期偏前阶段,城镇化刚刚进入加速发展阶段,工业化、城镇化任务仍然十分繁重。在全面建设小康社会、奋力实现中原崛起的进程中,仍然需要坚持加快工业化、城镇化,推进农业现代化这一基本途径。首先,坚持"三化"基本途径,是符合河南省基本省情的战略选择。作为农业大省,只有高度重视工业,加快工业化进程,才能壮大整体经济实力,才有财力物力以工促农;作为农村人口大省,只有高度重视城镇化,做大做强城镇,才能提高城市集聚辐射能力,吸引更多农村人口向城市转移,才能增强以城带乡的实力。其次,坚持"三化"基本途径,是后金融危机时期河南省加快发展、加快转型的必然选择。进入新时期,坚持工业化主导、城镇化支撑的基础背景没有变,只有加快新型工业化、新型城镇化,大幅度优化城乡结构和一、二、三产业结构,才能科学统筹城乡发展,加快实现中原崛起。

同时应该看到,在推进工业化和城镇化过程中,容易出现耕地减少、粮食减产、资源环境约束加剧等突出矛盾和问题。破解这些矛盾和问题,是今后一个时期粮食主产区面临的重大课题。要继续走不以牺牲农业和粮食、生态和环境为代价的工业化、城镇化道路,必须在推进"三化"全面提速的同时,更加重视发展方式的转变,在"三化"基本途径中注入科学发展、协调发展的新内容。

(三)新形势下构建中原经济区的基本途径

今后一个时期,是河南经济社会跨越发展、转型发展、开放发展、绿色发展、和谐发展的关键时期,结合河南基本省情和发展阶段,清醒认识面临的突出矛盾和问题,建议将中原崛起的基本途径表述为:以新型城镇化为支撑,以新型工业化为动力,以农业现代化为基础,推进"三化"全面提速、协调发展,加快形成以高新技术产业为先导、基础产业和制造业为支撑、服务业全面发展的产业发展格局。

1. 坚持以新型城镇化为支撑

新型城镇化是扩大内需和调整结构的战略重点,是破除城乡二元结构的根本途径,对经济发展方式转变具有综合性、关键性、全局性意义,必须把加快新型城镇化作为推动中原崛起的重大战略来抓。坚持中心城市带动,优先发展区域性中心城市,发展壮大县城和特色中心镇,优化城市和空间发展布局,推进产业和人口集聚,加快发展复合型、紧凑型、生态型城市,形成层次分明、结构合理、功能互补、协调发展的现代城镇体系。把加快新型城镇化进程作为统筹城乡发展的突破口,积极引导和推动农村人口向城镇转移,提高城乡居民收入和社会保障水平,让更多群众享受现代城市文明。

2. 坚持以新型工业化为主导

工业化是经济社会发展的基本动力,新型工业化是转变经济发展方式、提升产业竞争力、实现中原崛起的必由之路。坚持加快发展、扩张总量与优化结构、提升水平并举,坚持先进制造业与现代服务业双轮驱动,加快壮大战略支撑产业和基础产业,积极培育战略性新兴产业;加强自主创新能力建设,围绕产业结构调整升级、节能减排、环境保护等重点领域突破一批关键技术,提升核心竞争力;以产业聚集区为载体,加快产业集群和产业基地建设,推动产业集聚发展;坚持以信息化带动工业化,以工业化促进信息化,走出一条符合河南实际的新型工业化道路。

3. 坚持以农业现代化为基础

农业是国民经济的基础,事关国家粮食安全,必须不断巩固和加强农业基础地位。坚持以工业理念发展农业,转变农业发展方式,调整农业经济结构,推动农业产业化经营。加快国家粮食生产核心区建设,运用现代科技、物质装备和管理技术改造提升农业,在加快农村人口向城镇持续稳定转移的基础上,积极稳妥地推进农业规模化经营,提高劳动生产率和经济效益,促进传统农业向现代农业转变。

4. 坚持"三化"协调发展

始终坚持把新型工业化放在重要位置,为新型城镇化提供产业基础,为农业现代化提供物质装备和财力支持。始终坚持工业聚集发展,加快产城融合,推动工业发展与城镇建设有机结合、相互促进;始终坚持把新型城镇化作为重要支撑,发挥城镇聚集效应,为工业和服务业发展搭建载体,为农村人口向城镇转移、推进农业规模化创造条件;始终坚持加强农业基础地位不动摇,稳步提高粮食生产能力,为新型工业化、城镇化提供基础支持。通过"三化"统筹协调,走一条不以牺牲农业和粮食、生态和环境为代价的"三化"协调科学发展的路子。

第九章 河南省建设中原经济区的战略支撑

20世纪90年代以来,河南省委、省政府相继提出了七大发展战略,对加快中原崛起发挥了重要作用。考虑到一个地区的发展战略是指导经济社会发展的根本性、基础性、全局性方针,应该具有连续性、稳定性。同时,在新形势下,国家更加突出加快经济发展方式转变、加强自主创新、统筹城乡发展、加快城镇化进程、促进内外需平衡、促进社会和谐等。河南省建设中原经济区,加快中原崛起应着眼于破解面临的突出矛盾和问题,按照突出重点、注重实效、着眼长远的原则,重点坚持实施科教强省、文化强省、人才强省和开放强省四大发展战略。

一、坚持科教强省战略

进入新世纪以来,国际国内形势发生了显著而深刻的变化,知识创新成为推动经济发展和社会进步的主要动力,自主创新能力成为国家竞争力的核心,人力资源成为提升综合国力和国际竞争力的战略性资源,教育成为实现富民强国的关键因素。随着科教兴豫战略的深入实施,河南省科技教育事业取得了长足发展,为实现中原崛起和建设创新型河南发挥了重要的支撑和引领作用。但是仍然存在着自主创新能力不强、教育质量不高等问题,亟须深入实施科教强省战略,加强自主创新体系建设,推进科技进步和创新,全面实施素质教育,推进科技教育事业在新的历史起点上科学发展,为促进中原经济区建设,实现河南振兴提供更加有力的智力支持。

(一)科教兴豫战略的提出及实施

1990年,河南省五次党代会正式提出要坚持"科技兴豫、教育为本"的战略方针,是全国较早提出实施"科技兴省"战略的省份之一。全省科研机构按照"科技兴省"战略和"稳住一头、放开一片、人才分流、加强转化"的方针要求,进一步加大科技体制改革力度,通过机制转变进一步推动科技力量进入经济建设主战场,科研机构和科技人员市场意识进一步增强,开始创办领办企业或主动为企业提供技术服务。

1995年,河南省委、省政府正式作出了实施"科教兴豫"战略的决定,先后制定、颁布了关于依靠科技进步推动经济发展、建立和完善技术市场、加快高新技术研究开发与产业化、发展民营科技企业、加强技术创新、改革科学技术奖励办法、加强专利技术保护等相关的一系列文件、法规,用政策和制度引导、推动、支持科技机构特别是技术开发类科研院所转制为企业,培育企业的技术创新能力和新技术、新工艺、新产品开发能力,将企业真正提升为技术创新的主体。1999年,河南按照中央统一部署,从实际出发,抓住有利时机,明确提出教育事业"优先、超前、加快发展"。

2004年和2006年,河南省委、省政府分别召开了全省科技大会,研究部署科技创新工作,出台了《关于加强科技创新促进中原崛起的意见》、《关于增强自主创新能力建设创新型河南的决定》等政策文件,颁布了《河南省中长期科学和技术发展规划纲要(2006—2020年)》。省八次党代会将实施自主创新跨越发展战略、建设创新型河南列为新一届省委的中心工作之一。2009年10月,省委、省政府召开全省自主创新体系建设大会,通过了《河南省自主创新体系建设和发展规划(2009—2020年)》,提出要坚定不移走中国特色自主创新道路,推动创新型河南建设取得新进展,为实现跨越发展、加快中原崛起作出新的更大贡献。2010年9月20日,《河南中长期教育改革和发展规划纲要(2010—2020年)》(征求意见稿)公布,提出了"到2020年,基本实现教育现代化,基本形成学习型社会,进入人力资源强省行列"的战略目标。

改革开放特别是科教兴豫战略实施以来,河南省整体科教实力显著增强,科技进步对经济社会发展贡献大幅提升,人口素质大幅度提高,科学技术和教育成为推动经济社会发展的强大动力,为中原崛起提供了强有力的人才支撑和智力支持。其具体表现有:

1. 科技创新实力不断增强

截至 2008 年底,全省共拥有各类科研机构 794 家,其中省属科研机构 64 家,中央驻豫科研机构 31 家,大中型企业研发机构 618 家。拥有国家级工程技术研究中心 8 家,省级工程技术研究中心 172 家,省级重点实验室 47 家。从事科技活动人员 19.6 万人,长期在豫工作的"两院"院士 16 人,省属单位自行培养中科院院士和工程院院士均实现了历史性突破。2008 年,全省科学研究与试验发展(R&D)经费支出 111.7 亿元,占全省 GDP 的 0.61%;全省地方财政科技投入 30.44 亿元,占地方财政支出的 1.33%。国家级创新型试点企业 8 家,位居中部各省第 1 位。全省共建设了 2 个国家级和 9 个省级高新技术产业开发区,1 个国家级和 9 个省级农业科技园区,5 个国家级和 11 个省级可持续发展试验区,13 个省级民营科技园区。全省规模以上高新技术产业实现增加值 1290 亿元。

2. 科技创新成果不断涌现

实施了一批重大科技专项,特高压输变电装备、多晶硅产业化、大采高液压支架等实现了重大突破。在全国率先解决了纯低温余热发电等关键技术难题。输变电装备、电解铝、超硬材料、客车等重点产业技术达到国内领先水平。2000 年以来,全省共取得省级奖励的科技成果 2730 项。国家级奖励成果 108 项,其中获国家科学技术进步一等奖 4 项,获国家技术发明二等奖 4 项。2008 年,全省专利申请量 18411 件,专利授权量为 9133 件。科研机构进一步进入经济建设主战场。目前,省属技术开发类科研机构已全部改制为股份制企业,企业技术创新主体地位日益突出。高新技术产业发展迅速。在电子信息、生物医药、新材料等高新技术领域,河南已形成技术和市场优势,成为全国重要的超硬材料、多晶硅、电池生产基地。中科院发布的《中国科学发展报告(2009)》,通过对"创新发展指数"等重要的综合考核标准进行定量分析,对我国内地各省、区、市科学发展能力进行总评估和总排序,河南位居前十。

3. 教育改革和发展取得了巨大成就,保障了广大人民群众的受教育权利

教育优先发展的战略地位进一步得到落实,教育投入大幅增长,办学条件显著改善,教育改革逐步深化,办学水平不断提高。进入 21 世纪以来,基础教育蓬勃发展,完成了基本普及九年义务教育、基本扫除青壮年文盲的历史任务。城乡免费义务教育全面实现。职业教育快速发展,职教攻坚成效显著,职业教育在校生和招生规模居全国第一。高等教育进入大众化阶段,办学规模迅速扩大,结构不断优化,办学水平和服务能力明显提高。民办教育发展迅速,已成为全省教育事业的重要组成部分。中外合作办学健康发展,继续教育、终身教育体系逐步完善。农村教育得到加强,教育公平迈出重大步伐。教育事业的跨越式发展,极大地提高了全省人民的整体素质,推进了科技创新、文化繁荣,为经济发展、社会进步和民生改善做出了不可替代的重要贡献。

(二)河南省科教事业发展中存在的问题

在看到成绩的同时,我们也清醒地看到,与全面贯彻落实科学发展观的要求相比,与建设创新型河南、支撑中原经济区建设、加快中原崛起的要求相比,河南省科技创新和教育工作还存在诸多薄弱环节,技术创新能力还亟待提高。

1. 研发投入不足,创新能力差

据全国科技进步统计监测报告分析,河南省科技进步水平、科技进步环境指数、高新技术产业指数、科技促进经济社会发展指数等均处于全国中下游。2008 年全省全社会研究开发费用占生产总值的比例为 0.67%,远低于全国 1.52% 的平均水平。创新主体发展水平低,全省大中型企业建有研发机构的仅为 23%。高水平研发团队和领军人才缺乏,国家重点实验室至今尚为空白。能够解决全省经济社会发展重大关键问题的高新技术和自主创新成果少。

2. 支持和鼓励创新的环境有待进一步优化

经济和科技体制改革有待深化,创新主体的活力和动力不足,特别是自主创新的内生机制尚未形成,推动自主创新的体制机制不完善。企业尚未真正成为技术创新主体,产学研紧密结合的机制尚未真正建立。科技创新管理的统筹协调不够,有限的科技资源没有得到优化配置。国家和省激励科技创新的政策有些没有得到很好落实。有利于培养、吸引、留住人才,支持创新人才脱颖而出的社会环境尚未形成。此外,社会也尚未形成鼓励创新、支持创新的意识和氛围,对创新重要性的认识有待提高。

3. 教育发展还不能很好地适应经济社会发展和人民群众接受良好教育的要求

对教育的认识还有待进一步深化;教育质量有待进一步提升;素质教育推进困难,优质教育资源供给不足;学生适应社会和就业创业能力不强,创新型、实用型、复合型人才紧缺;教育体制、机制还不够完善,学校办学活力不足;教育结构和布局不尽合理,城乡、区域教育发展不平衡;教育投入还不能很好地适应教育事业改革发展的需要,多渠道筹措教育经费的机制还没有形成;教师队伍建设有待加强。接受良好教育成为人民群众的强烈期盼,深化教育改革成为全社会共同的心声。

(三)深入实施科教强省战略的重大举措

当今世界,科技革命迅猛发展,不断引发新的创新浪潮,科技成果转化和产业技术更新换代的周期越来越短,科技与经济、文化的一体化发展趋势越来越明显。要继续深入实施科教强省战略,建立自主创新体系、增强自主创新能力,推动经济结构调整和发展方式转变,优先发展教育,提高教育现代化水平,为中原经济区的构建提供坚强的人才支撑和智力保证。

1. 培育壮大自主创新主体

实施企业创新能力培育科技工程,着力提高企业自主创新能力,强化企业在技术创新体系中的主体地位和在自主创新体系中的关键作用。培育一批拥有自主知识产权核心技术和持续创新能力的创新型企业,引导和支持企业建立研发中心。发挥科研院所骨干作用,强化高等院校生力军功能。加强科技创新人力资源建设。抓好"培养、引进、用好"三个环节,培养造就一支门类齐全、梯次合理、素质优良、规模宏大的创新人才队伍,改善人才结构、提升人才层次。

2. 丰富发展自主创新载体

努力形成一批能够开展高起点应用基础研究、培养高层次科技人才和促进高水平学术交流的实验基地。围绕河南省现代产业体系建设,以主导产业和高新技术产业的骨干企业为重点,优先布局产业集聚区,加快建设和发展工程技术研究中心、工程研究中心、企业技术中心等各类企业研发中心。加强重点实验室、工程实验室、高校重点实验室等建设。大力发展创新型产业集聚区和其他科技园区。积极发展创业孵化基地,探索建立产业技术创新战略联盟,围绕产业技术创新的关键技术问题开展紧密的技术合作和联合攻关。

3. 着力突破一批科技专项关键课题

一要紧贴经济社会发展实际来明确重大科技专项,进行核心技术、关键技术攻关,带动相关领域技术水平整体提升。二要整合全社会资源来攻克重大科技专项,通过多部门协作、多学科集成,共同搞好重大科技攻关。三要发展产业集群来深化重大科技专项,大力培育有竞争力的高新技术企业和产业集群,加快科技资源优势向科技经济优势转化。目前科技专项关键课题要支撑现代农业发展,推动工业主导产业振兴升级,加快高新技术产业化,引导支持现代服务业,改造提升基础产业,加强民生科技创新。

4. 改革自主创新体制机制

坚持市场导向机制,完善科技成果权益保护机制,强化科技成果转化机制,创新产学研用紧密结合机制,形成自主创新协调联动机制。要更加注重市场导向,激励科技人员面向市场进行创新。更加注重鼓励激励,既要大力实施创新供给促进政策,加大金融支持、启动资金扶助、专项奖励的力度,又要完善创新需求激励政策,有效扩大创新产品的市场需求。开展科技创新计划项目绩效评估,更好地保护和激励创新积极性。更加注重资源共享,推进科技资源在全社会的开放、流动、联合、共享,为创新活动提供系统、准确的信息服务和及时、全面的技术支撑,实现科技资源的优化配置和高效利用。

5. 强化政策支持

加大投入力度,推动形成以财政投入为引导、企业投入为主体、社会投资为补充,多元化、多层次、多渠道、高效率的自主创新投入体系,为河南自主创新体系建设提供充足的资金保证和支持。抓好政策落实,用足用活用好国家和省里关于鼓励自主创新的一系列政策。营造良好环境,切实改善条件、优化环境,使创新人才脱颖而出、创新成果竞相涌现。同时,要加强宣传引导,努力营造支持创新、鼓励创新、勇于创新的良好氛围。

6. 全面发展教育事业

教育是基础,教育是未来,教育是民生。必须全面贯彻党的教育方针和"优先发展、育人为本、改革创新、促进公平、提高质量"的工作方针,始终坚持把教育摆在优先发展的位置。按照面向现代化、面向世界、面向未来的要求,坚持以人为本,以改革创新为动力,以促进公平为重点,以提高质量为核心,全面实施素质教育,认真破解"钱从哪里来,人往哪里去,质量怎么保,学校怎么办"的难题,推进教育事业在新的历史起点上科学发展,加快河南省从教育大省向教育强省、从人力资源大省向人力资源强省迈进,为实现中原崛起、河南振兴作出更大贡献。

二、坚持文化强省战略

河南是中华文明的重要发祥地,中原文化源远流长、博大精深,是中华民族传统文化的根源和主干。积极适应经济文化一体化的新趋势,以马克思主义中国化的最新成果引领先进文化建设,加快河南由文化资源大省向文化强省跨越,是河南经济社会发展的必然选择。

(一)文化强省战略的提出及实施

2004年12月召开的河南省委工作会议提出,要努力把河南建设成为一个文化产业大省,推进文化大省向文化强省的跨越。2005年8月,中共河南省委、河南省人民政府下发了《关于大力发展文化产业的意见》(以下简称《意见》),明确提出河南要实现"从文化资源大省向文化产业大省、从文化大省向文化强省"的跨越,把文化产业打造成河南经济社会发展的新亮点。《意见》明确了发展河南文化产业的总体思路:以文化资源为依托,以结构调整为主线,以改革创新为动力,全面规划,重点突破,使文化产业成为全省国民经济的重要支柱产业之一;提出了发展文化产业的目标:到2010年,河南省文化产业要走在中西部地区的前列,文化产业增加值要实现年均增长17%左右,占

GDP 的比重达 4% 左右；为实现这一目标，推出了 7 项重要举措：加快改革步伐，大力推动文化产业发展；整合文化资源，走集团化发展之路；实施品牌带动，促进产业发展；放宽市场准入，放手发展民营文化企业；加强市场建设，完善市场体系；加大对外开放力度，拓展文化产业发展的市场空间；创新人才机制，大力培养和引进人才。

2005 年 9 月，中共河南省委、河南省人民政府印发了《河南省建设文化强省规划纲要（2005—2020）》（以下简称《纲要》），《纲要》以大力发展社会主义先进文化、实现河南由文化大省向文化强省的跨越为宗旨，提出了建设文化强省的总体目标和发展战略。《纲要》明确了建设文化强省的指导思想、基本原则、总体目标和发展战略，提出 6 项具体措施，即提高公民整体思想道德水平，全面繁荣文化事业，加快发展文化产业，推进文化领域的改革开放，规划建设一批标志性文化工程，建立健全文化强省建设的保障机制。《纲要》按照建设社会主义先进文化的要求，明确地把文化分为事业和产业两大部分，区分了文化事业与文化产业的不同属性，区别对待，同步推进，保证文化强省建设沿着正确的方向前进。2006 年 10 月，中共河南省第八次代表大会召开，第一次提出了河南加快经济大省向经济强省跨越和加快文化资源大省向文化强省跨越即"两大跨越"的发展思路。

"两大跨越"不仅是在特殊背景下提出的具有时代意义的发展战略，而且反映出河南在发展理念、发展思路、发展方式等方面发生的重大变化。首先，"两大跨越"的提出，把文化作为软实力和生产力单独提了出来，与经济硬实力并驾齐驱，打破了唯 GDP 是瞻的传统观念，破除了重经济轻文化和唯经济论的思想束缚，为河南经济、社会、文化的进一步健康发展打开了广阔的空间。其次，"两大跨越"的提出，破除了文化属于消费而不属于产业的观念，鲜明地把文化作为推动社会发展的生产力，视之为促进经济、社会发展的重要力量，改变了传统的发展思路，为河南的进一步快速发展拓展了广阔的空间。再次，"两大跨越"在强调发展经济的同时，强化了文化的功能和地位，充分肯定了文化在社会发展中不可替代的作用，把发展方式由单纯的经济驱动，转变为经济、文化双轮驱动，为中原崛起启动了新的引擎，增添了新的动力。

文化强省发展战略提出之后，河南省委、省政府采取一系列行之有效的措施,强力推进文化资源大省向文化强省的跨越,努力构建社会主义核心价值体系和公共文化服务体系,构建具有中原特色的优势文化产业体系,培育文化市场竞争主体,优化文化产业格局,开辟文化改革发展试验区,通过"中原文化沿海行"、"中原文化港澳行"等文化推介活动,向海内外强力推介中原文化,宣传河南改革开放的新形象,提升河南的文化软实力,增强中原文化的感召力、向心力和影响力。经过全省上下的共同努力,河南的文化强省建设取得了丰硕成果。

(二) 河南省文化发展中存在的问题与不足

河南省文化强省虽然取得了很大成绩,但也存在一些不足和问题,与实现文化强省的目标相比还有不小的差距。主要表现在两个方面:

首先,由于人口多、基础差、底子薄的制约,河南文化事业发展中存在着一些不容回避的矛盾和问题。一是长期以来公共财政对文化建设投入偏少,特别是农村文化事业欠账较多,制约了文化事业的快速发展。从文化事业费总量看,河南在全国位次居中。作为全国人口第一大省,河南 2005 年文化事业费在全国排第 13 位。从人均文化事业费来看,河南已连续多年全国倒数第一。投入严重不足造成了文化事业特别是农村文化事业基础设施薄弱,服务能力和水平亟待提高。二是文化领域的管理体制和运行机制不适应现代经济社会发展要求。由于长期受计划经济体制的影响,全省上下级文化行政主管部门的关系条块分割,以构建公共文化服务体系为目标的文化事业整体发展战略尚待进一步落实。国有文化企事业单位改革滞后,缺乏有效的监管和考核、惩罚机制,活力不足。三是文化人才短缺。目前河南受过高等教育的人数在整体人口中所占的比例偏低,直接影响了文化建设的发展。从人才结构看,单一型人才多,复合型人才少;文化艺术人才多,经营管理人才少。同时,因体制、机制原因,急需的人才留不住、引不来,富余人员推不出去。在人才培养方面也缺乏相应的机构和政策,不能适应文化强省建设的需求。因此,虽然近年来全省各级财政不断加大文化投入,但彻底改变文化事业发展滞后的面貌,还需付出更大的努力。

其次,河南文化产业发展也存在明显的不足和问题。一是文化产业总量规模偏小,人均水平有待提高。2007年,河南文化产业增加值480.08亿元,占GDP的比重为3.2%,文化产业成为河南经济支柱产业还有一定的距离。2007年全省文化产业人均增加值为3.75万元,比上年增长了17.2%,但仍低于全国人均4.52万元的平均水平。文化产业三个层次间的人均经济效能水平差距较大。2007年,相关层人均创造增加值5.42万元,核心层为2.98万元,外围层仅为1.07万元。属于第三产业的核心层和外围层人均创造增加值2.0万元,比第三产业的平均水平低1.3万元。二是文化产业的主体部分实力有待增强。近两年河南省文化产业核心层的发展速度低于相关层,使得全省文化产业结构不够协调,直接影响着全省文化产业的发展规模、发展层次和整体素质。三是文化消费总量偏低。目前,全省城乡居民消费支出中,文化消费相对比重下降、总量过低的状况比较突出。2007年,在人均消费支出中,城镇居民文化娱乐消费所占的比重为6.1%,农村居民文化娱乐消费占2.2%,均比上年有所下降。目前河南省人均GDP超过2000美元,恩格尔系数为36%,但文化消费在全部消费支出中仅占4.59%。居民文化消费市场需求不旺盛,消费不足制约了文化产业的快速发展。四是企业集约化和产业集中程度偏低。目前全省虽然通过联合、重组、兼并等方式,跨媒体、跨行业组建大型文化传媒集团,先后组建了5家文化企业集团,但实力强的文化产业集团还比较少。大多数文化产业单位处于单一媒体、单一资源、单一业务经营状态,开展多媒体兼营、拓展产业链和跨地区经营的能力不强。五是文化产业投入不足。文化产业投资不足仍是河南省文化产业所面临的一个重大问题。在2007年城镇固定资产投资额中,文化产业投资额为234.84亿元,所占比重为3.55%,比上年提高1.35个百分点;其中文化、体育和娱乐业投资额为59.13亿元,虽然增幅为46.5%,但由于基数小,增幅较大总量并不大,在城镇固定资产投资中仅占0.89%,低于全国0.96%的平均水平。

以上情况表明,河南实现文化资源大省向文化强省跨越,还面临许多困难,任务还十分艰巨,还有很长的路要走。

(三)深入实施文化强省战略的重大举措

为贯彻落实党的十七大精神,进一步加快文化强省建设步伐,推动文化大发展大繁荣,满足人民群众多样性多方面多层次的精神文化需求,提高河南文化软实力,推动中原崛起、河南振兴,需要采取一系列重大举措。

1. 以服务经济发展为着眼点,不断提供强大的精神动力和文化支撑

要大力营造正面、向上、和谐、求进的社会氛围,在全省形成干事创业、建功立业的生动局面。加强互联网、手机等新媒体的管理和运用,努力占领舆论宣传制高点,营造强势主流舆论。正确引领多样化的社会思潮,尊重差异、包容多样,最大限度地形成共识。加强宣传思想文化阵地建设,用社会主义先进文化占领各级各类宣传思想文化阵地。大力弘扬河南人文精神。大力宣传焦裕禄精神、红旗渠精神、愚公移山精神和"平凡之中的伟大追求、平静之中的满腔热血、平常之中的极强烈的责任感"的新时期河南人精神,动员全省干部群众积极投身中原崛起、河南振兴的伟大建设事业。提高全民科学文化素质。实施人力资源素质提升行动计划,推进人口优势向人力资源优势转化。合理配置公共教育资源,推进义务教育均衡发展。深入实施职业教育攻坚计划,大力发展职业教育,建设一批国家级示范性高等职业院校。优化高等教育结构,提高办学质量和水平,为中原崛起、河南振兴培养合格人才。

2. 以挖掘保护和开发利用优势文化资源为突破口,提升中原文化的影响力

要打响以"根"文化为代表的知名文化品牌。整合和优化根源文化资源,以黄帝故里拜祖大典、中华姓氏文化节、河洛文化节为龙头,大力开展海内外百家姓河南民间祭祖活动,吸引海内外炎黄子孙到河南来寻根问祖。精心打造一批反映河南历史文化,具有河南特色、河南气派的艺术精品和知名文化品牌。要做好大遗址保护和利用。进一步建好用好隋唐洛阳城考古遗址公园、汉魏洛阳城遗址植物园、安阳殷墟遗址公园,以旅游营销、项目带动、产业集聚、环境治理、公共服务为杠杆,抓好其他大遗址的建设、运行和管理。要建设中华历史文化保护核心区。以"华夏文明之源、炎黄子孙之根"为主题,以河南是中华农耕文化、都城文化、商业文化、思想文化、宗教文化、汉字文化、科教文化、姓氏文化等文化的源头和发源地为依据,构建以河南为中心、辐射传统中原文化圈的中华历史文化保护核心区,发挥集聚效应、联动效应、整体效应,提升中原文化的影响。要打造一批世界级文化旅游目的地。以古都开封为依

托,以清明上河园为龙头,打造大宋文化旅游园区,使开封古城成为演绎大宋文化的著名国际旅游目的地。以嵩山历史建筑群为依托,以儒、释、道文化圈为主轴,打造大嵩山旅游区。以龙门石窟、白马寺、玄奘故里、汉魏故城、隋唐遗址为依托,打造以佛教文化为主题的世界级文化旅游目的地。以殷墟大遗址公园和中国文字博物馆为依托,整合二帝陵、羑里城、曹操高陵等资源,打造以殷商文化为代表的世界级文化旅游目的地。

3. 以做大做强文化产业为着力点,提高河南文化整体实力和竞争力

要组织实施重大文化项目。着重加强"三网融合"、国家动漫产业发展基地(河南基地)、殷墟国家大遗址公园、大河动漫城、濮阳东北庄杂技文化旅游园区、贾湖文化旅游产业开发等重大项目建设。鼓励国内外大型文化企业在河南建立地区总部、文化产品生产基地、研发和营销中心。要着力培育大企业、大集团。优化资源配置,鼓励和支持大型国有文化企业进行跨地区、跨部门、跨行业、跨所有制的兼并、联合与重组,引导有条件的文化企业面向资本市场融资,重点做大做强河南日报报业集团、中原出版传媒集团、河南文化影视集团、河南影视制作集团、河南有线电视网络集团、河南歌舞演艺集团等一批骨干文化企业集团。要加强文化产业园区和产业集聚区建设。鼓励各地依据资源优势和产业发展基础,在基础设施建设、土地使用、税收政策等方面给予支持,规划建设一批文化产业园区和文化产业集聚区。要建立和完善现代文化市场体系。加快建设门类齐全的文化产品市场和文化要素市场。加强市场监管和服务,保护经营者合法权益,形成依法经营、诚实守信、活泼有序的市场秩序。加快培育大众性文化消费市场,繁荣城乡文化市场,构建统一开放、竞争有序的现代文化市场体系。

4. 以公共文化服务体系建设为立足点,保障人民群众基本文化权益

要加快公共文化设施建设。加强重点文化设施建设和基层文化基础设施建设。完成中国文字博物馆二期工程、中原文化艺术学院等标志性文化设施建设。大力推动公共博物馆、纪念馆、美术馆、体育馆、文化馆、图书馆、基层文化活动中心的建设,不断提高公共文化服务能力和水平。要加大文化产品生产供给。优先扶持代表国家水准和反映时代精神的文艺作品以及具有示范性、导向性的重点文艺项目,推出一批在全国具有影响的精品力作。加强包装

和策划,保持文学、书法、绘画、戏曲等艺术门类的比较优势。提高"三农"文化产品供给,对服务"三农"的文化产品在各方面予以倾斜和支持。扎实推进文化惠民工程。深入实施广播电视村村通、文化信息资源共享、社区和乡镇综合文化站、农家书屋、农村电影放映等重大文化惠民工程,研究实施一批新的文化惠民工程,建立健全"建"、"管"、"用"的长效机制,满足人民群众读书看报、听广播看电视、进行公共文化鉴赏、参加公共文化活动的基本文化需求。

5. 以建设高素质人才队伍为关键点,为文化强省建设提供智力支持

要加快人才培养。培养造就一批优秀理论人才、优秀出版人才和名记者、名编辑、名主持人,推出一批专业贡献突出、引领作用明显、在全国有重要影响的文化名家、文化大师。建立健全文化人才培养体系,大力发展职业教育和在职培训教育,为文化强省建设培养各类专业人才。要引进高端人才。采取特聘专家制、高级雇员制、客座荣誉制、协议签约制、项目合作制和设立工作室等灵活形式,大力引进全国知名的大师级高端文化人才和拔尖人才。运用单位聘任制、项目聘任制、外聘制、兼职制等灵活选人用人机制,延揽省内外各领域优秀人才进入河南省文化领域创业发展。鼓励和支持文化企事业单位面向国内外有计划、有重点地引进各类高层次人才。创造良好用人环境。创新文化人才选拔任用制度。坚持以公开、竞争、择优为导向,以业绩为重点,综合考虑品德、知识、能力等要素,选拔任用优秀文化人才。创新文化人才激励机制。在职称评聘、成果评奖、工作考核等方面,打破学历和资历的界限,以创新能力、创作研究成果和经营管理实绩为主要衡量标准。深化分配制度改革,积极探索以知识产权、无形资产、技术要素和管理要素参与收益分配的新路子。

三、坚持人才强省战略

人才资源是第一资源,人才是经济社会发展最重要的决定力量。2004年,省委、省政府首次召开全省人才工作会议,提出实施人才强省战略。近年来,河南省经济社会发展呈现出好的态势、好的趋势、好的气势,人才支撑坚强有力,人才工作贡献突出。目前,全省人才规模进入全国前10名,人才贡献率

居全国第12位。人才,正在中原崛起的进程中释放出巨大的能量。但是全省的人才发展还存在人才总量偏小、结构不合理、环境不优等一些突出问题,需要更加坚定地深入实施人才强省战略,进一步扩大人才总量、提高人才素质、发挥人才作用、创新人才机制、营造人才环境,为中原经济区建设提供强有力的人才支撑。

(一)人才强省战略的提出及实施

2004年4月20日,全省人才工作会议隆重召开,这是河南省委、省政府第一次全面研究部署人才工作,会议鲜明地提出:实施人才强省战略,靠人才兴中原崛起大业。时任省委书记李克强强调:"必须把人才作为实现中原崛起的第一要素。"2010年9月,河南省委、省政府召开第二次全省人才工作会议,公布了《河南省中长期人才发展规划纲要(2010—2020年)》,明确提出,要从"人口红利"转向"人才红利",从"资源河南"转向"人才河南"。

近年来,河南省委、省政府结合新形势新任务新要求,以科学发展观为统领,坚持党管人才,坚持服务"第一要务",坚持"四个重在",不断完善和提升人才工作思路,坚定不移地实施人才强省战略,人才工作步入全面推进、整体提升的新阶段。

1. 人才培养、引进、使用、激励的政策体系初步形成

以高层次人才和高技能人才培养引进为重点,河南省先后出台了贯彻落实中央《关于进一步加强人才工作的决定》的实施意见、河南省《"十一五"人才队伍建设规划纲要》、《河南省中长期人才发展规划纲要(2010—2020年)》等一系列文件,形成了人才培养、引进、使用、激励的框架体系。其中,引进人才的优惠政策前所未有:建立人才引进"绿色通道",大学本科以上毕业生可在省内任何地方先落户再择业;"两院"院士享受相当于副省级医疗待遇,配备工作助手和工作用车;对纳入海外高层次人才"百人计划"人选,省委、省政府给予每人高额奖金资助,并授予"河南省特聘专家"称号等。对人才的激励政策前所未有:从2005年开始,省委、省政府每两年对全省高层次优秀人才进行一次隆重表彰,对其中杰出贡献者给予重奖。此外,通过职称评审政策改革,健全市场配置体系,完善人事代理服务,人才观念更加开放,人才选用打破

了身份、学历、资历、地域等限制。

2. 高层次人才队伍建设取得突破性进展

一是通过"创新型科技人才队伍建设工程"、"中原崛起百千万海外人才引进工程"等一系列举措,高层次人才数量显著增加。作为一个区域核心竞争力的重要体现,2009年两位中青年学者当选"两院"院士,在豫"两院"院士达到17人,全省专业技术人才总量达248万人,比2004年增长77%。引才引智取得突破,5人入选国家海外高层次人才引进"千人计划",12人入选省"百人计划",2004年以来共实施引进国外人才项目2000余项、国外专家3万人次,大批博士、硕士、专业人才充实到急需岗位和企事业单位,有效缓解了人才"瓶颈"制约。2009年全省共有5家企业实验室获批"国家重点实验室",郑州高新技术产业开发区被批准为国家级海外高层次人才创新创业基地,均实现了零的突破。全省博士后科研流动站、工作站总量达到128个。人才带动自主创新,人才支撑产业成长。"十一五"以来,河南省获得国家科技奖励达74项,2009年一年全省专利申请量就接近2万件,带动了全省战略支撑产业加快升级、新兴产业快速成长、基础产业迅速发展。

3. 职教攻坚,带动高技能人才队伍建设

河南实施的全民技能振兴工程带动了职业教育攻坚。全省组建数控技术、电气技术、现代服务等20个省级技工教育集团,进一步增强职教能力。目前,全省高技能人才共有126万人,富士康等一批大项目落户河南,其中关键的一个原因,就是看中了河南雄厚的技能人才基础。

4. 统筹城乡,农村人力资源得到大开发

2009年出台的《河南省关于加强农村实用人才队伍建设和农村人力资源开发的实施意见》,使农村实用人才队伍建设和人力资源开发局面焕然一新。2009年以来,全省已招聘优秀高校毕业生1万人充实到农村教师队伍,已招录1443名医学院校毕业生到县以下卫生院工作。"阳光"工程、绿色证书、入户培训,旨在培养新型农民的各项培训工程,使全省农村实用人才总量由2005年的27万人增至130万人,成为新农村建设的一支生力军。

5. 人才机制改革创新力度加大

创新人才选拔机制、交流合作机制、引进使用机制,近年来,人才工作的创

新之举比比皆是,彰显了河南开放胸襟、栽梧桐引凤凰的诚意和魄力。不求所有、但求所用的柔性引才政策在"兴豫之光"行动计划中体现得淋漓尽致。从省到市,都有院士担任党委、政府的高参、顾问。各地配备博士科技副县长42人、硕士科技副乡(镇)长388人,省管企业已聘高级专家顾问185人,带来了高效益、高回报。省政府与农业部签订协议,共建河南农业大学;与国家粮食局签约共建河南工业大学;与中科院合作为地方引英才。人才的聚集,赢来了观念更新、发展升级。

(二)河南省人才发展中存在的问题

河南省在实施人才强省战略方面取得了一定成效,但是,当前河南省人才发展中仍然存在着人才规模与人口总量不相称、人才结构布局与经济社会协调发展的要求不相称、人才发展体制机制与创新创造的要求不相称、人才资源开发投入与人才发展的要求不相称等一些突出问题,不能适应中原经济区建设发展的需要。

1. 人才队伍总量较小

河南是全国第一人口大省,但远不是人才大省和强省。人口素质较低,高素质人才匮乏。2009年,河南省高中学历以上人口占6岁以上人口的比重为13.4%,不仅远远低于北京(22.8%)、上海(25.2%)、天津(24.1%)等地区,也低于全国平均水平(13.8%)。大专及以上学历人口与全国的差距更大。2009年,河南省大专及以上学历人口占6岁以上人口的比重为5.2%,低于全国平均水平(7.3%)2.1个百分点,与北京(30.8%)、上海(23.7%)、天津(17.0%)相比更是差距巨大。2009年,河南省每10万人口高等学校在校学生1774人,比全国(2128人)平均水平少354人。这与河南省人口大省的地位极不相称。

2. 人才结构和分布不合理

突出表现在高级人才少,中初级人才多;高学历人才少,低学历人才多;创新型人才少,继承型人才多;高新技术人才少,传统专业人才多;复合型人才少,单功能型人才多;企业人才少,事业单位人才多;外向型人才少,内向型人才多。近期急需重点领域专门人才:"中原经济区"建设急需的高层次战略研究人才,开展大招商急需的熟悉国际规则的高层次谈判人才,加快城镇化进程急需的高层次城市规划、城市建设、城市管理人才,以及发展现代经济急需的金融、期货、物流等方面专业人才。

3. 人才体制机制不健全

人才工作机制尚不完善,与市场经济体制相配套的人才工作运行机制有待进一步健全。人才环境不优,人才流失现象仍然存在,引进人才方面仍需加强。人才资源开发投入不足,人才资源开发管理水平有待进一步提高,实现人口资源大省向人才资源强省跨越的任务仍然十分艰巨。

(三) 深入实施人才强省战略的重大举措

人才兴则中原兴。建设人才大省是崛起之基,是转型之需,是竞争之本,是创新之源,是执政之要。在"十二五"乃至更长时期,要加快建设中原经济区,比以往任何时期都更加呼唤人才、渴望人才、需要人才。要继续深入实施人才强省战略,以人才能力建设为核心,以体制机制创新为动力,以创新型、创业型高层次人才和高技能人才为重点,统筹推进各类人才队伍建设,打造中原人才高地,加快中原经济区建设,实现中原崛起、河南振兴。

1. 确立人才优先发展战略布局

坚持人才资源优先开发,坚持以用为本,提高人才使用效能,盘活和扩大人才存量;坚持人才结构优先调整,坚持人才投资优先保证,坚持人才制度优先创新,让人才的潜能充分释放,让创新的智慧竞相涌流。坚持以用为本,通过多种形式、多种渠道对现有人才进行再培训、再提升、再开发,提高人才使用效能,盘活和扩大人才存量。

2. 统筹推进各类人才队伍建设

紧紧围绕河南省经济社会发展的迫切需求,着重抓好创新型科技人才和重点领域急需紧缺专门人才的培养开发,同时要统筹抓好各类人才队伍建设。以县处级以上领导干部为重点,建设高素质党政人才队伍;培养具有战略眼光、市场开拓精神、管理创新能力、社会责任感的优秀企业家及高水平经营管理人才队伍;以高层次人才和紧缺人才为重点,建设高素质专业技术人才队伍;以技师和高级技师为重点,建设规模相当、能够满足产业发展需要的高技能人才队伍;以农村实用人才带头人和农村生产经营型人才为重点,建设示范带头能力强、推动农村经济社会发展的农村实用人才队伍;以人才开发和岗位开发为基础,中高级社会工作人才为重点,建设专业化、职业化社会工作人才队伍;建设打造高水平宣传思想文化人才队伍。

3. 改革创新人才发展体制机制

加快推进人才工作领导体制和工作机制创新,形成不拘一格选拔人才、鼓励人才脱颖而出、有利于干事创业的人才发展体制机制。要坚持把有利于促进人才成长、有利于促进人才创新创造创业、有利于促进人才工作和经济社会发展相协调,作为创新人才发展体制机制的出发点和落脚点,创新人才培养开发机制、人才评价发现机制、人才选拔任用机制、人才流动配置机制、人才激励保障机制,不断激发人才活力。探索试行聘任制公务员管理制度,建立组织选拔、市场配置和依法管理相结合的国有企业领导人员选拔任用制度,全面推行事业单位公开招聘、竞聘上岗,使人岗相适、用当其时、人尽其才。

4. 健全完善人才发展政策体系

完善人才投资优先保证政策、人才创业的扶持政策、高层次急需紧缺人才的引进政策、有利于优秀人才脱颖而出的选拔政策、有利于人才到农村和边远贫困地区工作的激励政策、人才合理流动的配置政策、有利于科研人员潜心研究的保障政策、突出贡献人才的表彰奖励政策等,形成完善的人才发展政策体系,引导人才为基层服务、向一线流动,以人才政策的新突破带动人才队伍建设的新突破,努力把中原经济区打造成为"人才特区",形成人才汇聚的好环境。

5. 积极实施重大人才建设工程

紧紧围绕现代产业体系建设、现代城镇体系建设、自主创新体系建设实施重大人才工程。现代产业体系人才工程:着眼于发展现代工业,重点在装备制造、冶金、化工、食品、服装纺织等战略支撑产业,电子信息、新材料、生物医药等战略性新兴产业,以及能源、水利、交通、环保和信息化等战略基础产业培育高层次人才;着眼于发展现代服务业,在现代物流、金融保险、文化、旅游等领域,集聚具有国际视野、通晓国际规则、熟悉现代管理的高端人才;着眼于粮食生产核心区建设和发展现代农业,扩大农业科技研发人才队伍,壮大农业技术推广人才规模,培养更多国家级农业科学家和大批"土专家"、"田秀才",充分发挥科技和人才在农业增产增效中的支撑作用。现代城镇体系建设人才工程:着眼于提高城市发展水平和城市品位,培养造就一大批高水平的城市规划、建设、管理人才;着眼于加快城镇化进程,培养造就一批适应城市新区、产业集聚区、专业园区发展需要的领导干部和专业技术人才;着眼于提高城市综合承载能力,培养造就一大批城市基础设施建设和公用事业发展方面的项目运作人才、经营管理人才和专业技术人才。实施自主创新体系建设人才工程:以建设一批国家级重点学科、重点实验室、工程技术研究中心为重点,加强高水平科研平台建设和创新型人才基地建设。同时,还要围绕资源环境、社会事业、社会管理等经济社会发展的重点领域,着力造就一批绿色技术人才、低碳技术人才、节能环保人才、教育名师名家、文化文艺大家、高层次医疗卫生人才、社会工作人才。

四、坚持开放强省战略

改革开放以来,河南省认真贯彻对外开放的基本国策,全省开放水平不断提高,开放型经济快速发展。进入新世纪,特别是2003年实施开放带动主战略以来,全省对外开放进入了加快发展的新时期,对外开放层次和水平明显提升,全省开放型经济呈现出超常规、跨越式发展新态势,初步形成了全方位、多层次、宽领域的对外开放新格局。但与沿海发达地区相比,仍然存在着外贸依存度低,外贸发展方式粗放,出口结构不合理,招商引资大项目偏少等问题,需要进一步深入实施开放强省战略,"引进来"和"走出去"相结合,充分利用好"两个市场"、"两种资源",不断拓展对外开放的深度和广度。

(一)开放带动战略的提出及实施

河南省作为内陆地区,对外开放的时间和程度都远不及沿海地区,但河南省委、省政府紧紧抓住历史机遇,适时提出了开放带动主战略,推出了一系列政策措施,促进河南对外经济快速发展。河南省委、省政府先后召开了五次对外开放工作会议：1991年3月，河南省第一次对外开放工作会议召开，提出"优化环境、外引内联、四面辐射、梯次发展"的扩大对外开放的基本思路；1998年5月，河南省第二次对外开放工作会议召开，出台了《中共河南省委、河南省人民政府关于提高利用外资水平，进一步扩大对外开放的意见》，明确了对外开放的指导思想和目标；2001年4月，河南省第三次对外开放工作会议召开，研究制定进一步扩大对外开放的政策措施，出台了《关于进一步扩大对外开放的决定》；2003年8月，河南省第四次对外开放会议召开，出台了《中共河南省委、河南省人民政府关于加快发展开放型经济的若干意见》，首次明确提出把开放带动作为加快河南经济社会发展的主战略，把对外开放提到了前所未有的突出位置和战略高度；2008年5月召开的第五次对外开放工作会议，进一步实施开放带动主战略，开创中原崛起新局面。

一系列政策措施的出台，推动河南省对外开放的力度不断加大，对外经济快速发展。2009年，在国际金融危机的严重冲击下，河南省开放型经济发展仍然取得了较大成就。

1. 利用外资发展迅速

改革开放后，河南省利用外资的数额不断增加，利用外资的方式逐渐转变，利用外资的范围逐步扩大，为河南省经济发展带来了大量资金和技术。2009年，河南省实际利用外资48.0亿美元，增长19%，居中西部首位。河南省逐步扩大外商投资领域，外商直接投资由原来集中于工业逐步向多行业扩展。在河南省利用外资来源地中，港、澳、台一直占据很大比重。随着对外开放进程的推进，来自其他国家和地区的外商直接投资逐步增多。2009年，除香港外，英国、美国、新加坡、马来西亚和英属维尔京群岛等国家和地区直接投资也较多，河南利用外资来源地进一步扩大化。

2. 对外贸易成效明显

近年来，河南省进出口规模不断扩大。在促进出口的同时，河南省积极优化产品结构，努力拓展外贸市场，对外贸易对经济增长的拉动作用逐步增强。2008年，河南省进出口总额达到174.8亿美元。2009年，由于受到国际金融危机的影响，进出口总额出现大幅下降的情形，但是年底已经企稳回升。进出口降幅逐步收窄，11月份降幅收至4%，12月份一举扭转下滑局面，当月增长

21.3%,其中出口增长17%,进口增长27%,实现了省政府提出的同比增速由"负"转"正"的目标。全年全省进出口总额完成134.4亿美元,下降23.1%。漯河、许昌、开封、商丘、周口等5市出口超额完成全年目标,驻马店市、信阳市出口正增长。

3. 对外经济合作成果丰硕

近年来,河南省大力发展对外承包工程和劳务合作,不断扩大对外承包工程和劳务队伍,营业额逐步扩大;同时积极实施"走出去"战略,对外投资不断增加。2009年,新签对外承包工程和劳务合同额17亿美元,增长23.9%;完成营业额17.9亿美元,增长40.2%;外派劳务4.9万人次,增长13.6%,新增境外直接投资3.7亿美元,增长95.7%,各项指标均居中西部前列。郑州、洛阳、南阳、商丘、许昌、焦作等7市超额完成各项外经工作目标。

(二)河南省开放型经济发展中存在的问题

在看到对外经济发展取得显著成效的同时,我们也要清醒地认识到,目前全省对外开放取得的成绩是在总量小、起点低的情况下实现的,对外开放工作基础依然薄弱,对外经济结构有待优化,对外经济效益仍需提高。

1. 对外经济总量小,对全省经济发展的推动作用不够

2009年,河南省进出口总额134.76亿美元,排全国第17位,仅占全国进出口总值的0.6%。2009年,河南省外贸依存度为4.7%,与全国外贸依存度平均44.2%左右的水平仍有巨大差距。实际利用外资48.0亿美元,占全国的5.3%。对外经济发展水平低,对促进河南经济快速发展的推动力不足,河南省的开放带动能力亟待提升。

2. 外贸结构不合理,发展方式粗放

2009年,河南省排在前10位的大宗出口商品有:人发制品、新的充气橡胶轮胎、未锻造银、精炼铜管、其他毛皮制品、其他光敏半导体器件(太阳能电池除外)、其他碳电极、粘胶纤维单纱、石油或天然气钻机的零件、聚酰胺-6等,10类商品合计20.5亿美元,占出口总额的77.4%,这10类商品很大部分是传统型的初级产品和资源类产品,附加值低,竞争力不强,出口效益不高,不利于出口贸易快速发展的长远性和持续性。可见,河南省外贸发展方式粗放,

资源型出口商品比重偏大,结构不合理,可持续发展能力亟待提高。

3. 利用外资流向结构不合理,不利于产业结构升级

河南省利用外商投资的行业主要集中在制造业、房地产业与电力、燃气及水的生产和供应业,利用外资占全省比重分别为51.1%、15.7%和12.3%。作为农业大省的河南,建设社会主义新农村、建设农产品出口生产基地都需要大量的资金投入和先进的管理和技术,但第一产业利用外资的比重仅占全省利用外资的1.9%。外商直接投资过多流向制造业,不利于河南省第一、三产业的发展,难以有效促进产业结构升级和经济发展方式转变。

(三)深入实施开放强省战略的重大举措

对外开放是加快河南经济社会发展、实现中原崛起的必由之路,也是河南省的潜力所在、希望所在。要抓住后危机时代世界经济逐步复苏的有利时机,继续深入实施开放强省战略,采取更有力的措施发展对外经济,"引进来"和"走出去"相结合,充分利用好"两个市场"、"两种资源",不断拓展对外开放的深度和广度,为经济社会又好又快发展提供强大动力。

1. 拓宽领域,创新方式,提高引资的质量和水平

扩大利用外资规模,以城市新区、产业集聚区为主要载体,以重大项目引进为核心,以承接国际国内产业转移为重点,强力推动与境内外大型企业集团的战略合作,瞄准世界500强企业,大力引进外来资本、技术、管理、人才等生产要素。提升利用外资质量和水平,鼓励外商投资新能源、节能环保、电动汽车、新材料、新医药、信息产业等新兴产业和高新技术产业,为促进产业转型升级和拉动经济增长提供强大支撑。创新招商引资方式,坚持政府推动与企业主体招商相结合,突出企业主体招商。

2. 提高外贸依存度,优化出口结构

扩大出口是今后河南发展外向型经济的重要着力点,也是河南经济实现又好又快发展的重要潜在优势。实施科技兴贸、以质取胜和品牌发展战略,积极扩大进出口规模。重点支持高新技术产品、机电产品的研发和技术改造。扩大传统优势产品出口,支持劳动密集型轻纺、服装等产品出口,支持优势和特色农产品与文化产品出口。进口国内市场紧缺的资源、先进技术、先进设备和软件等,提升产业发展水平。加强出口产业基地和品牌建设。把出口产业基地和出口品牌建设与产业调整和振兴规划相结合、与产业集聚区建设和国际市场开拓相结合,加强政策引导,推动产业聚集优势向出口优势转变,增强外贸发展后劲。

3. 大力实施"走出去"战略,扩大对外经济技术合作

"走出去"是企业适应经济全球化趋势,利用国际市场、国外资源发展壮大的必然选择。充分利用国际市场和资源,以短缺资源开发、优势产业、产能过剩产业为重点,以大型企业集团为主体,以发展中国家为主要目的地,积极开展境外投资和跨国经营,扩大国际经济技术合作领域,形成产业结构内外互补、生产要素全球配置的发展格局,培育一批具有国际品牌的跨国公司。提高对外承包工程的质量和水平。抓住《对外承包工程条例》和《对外承包工程资格管理办法》实施的机遇,鼓励有条件的企业申报经营资质,扩大对外承包工程队伍。扩大对外劳务输出规模。积极开拓新的劳务市场和领域,提高外派劳务人员档次,改善外派劳务结构。抓好外派劳务基地县、专业基地、培训中心建设,实行动态管理。继续整顿外派劳务市场秩序,维护外经企业和劳务人员合法权益。

4. 大力实施东引西进,推进区域经济合作

借助中部地区建设沿长江、陇海、京广和京九"两纵两横"经济带的契机,加强与东部沿海、港澳台和中西部其他地区的经济合作。打造贸易大通道,搭建对内、对外开放平台,积极承接产业转移,形成内外联动、优势互补、协调发展的区域合作新格局。进一步加强面向长三角、珠三角、环渤海和海峡西岸等的市场开拓和招商引资,主动承接东部沿海产业转移,利用东部地区的资金、技术、品牌、人才和先进管理方式,加快河南产业升级。加强与中西部毗邻地区合作,联合开展电力、煤炭、天然气、油品供应和运输,合理利用水资源,推进生态环保共建等,共同推动黄河、淮河流域的协调发展。加强与央企合作,充分发挥央企资金实力雄厚、管理技术先进、产业层次较高的优势,促进河南省经济结构调整和发展方式转变,为推动科学发展、加速中原崛起不断注入新的动力。

5. 完善对外开放的政策体系，进一步优化发展环境

要吸引优质资金和项目，必须要有优越的投资环境。提高服务水平，进一步强化开放意识和服务意识，加强协调，提高办事效率和服务水平，为外资进驻营造良好的氛围。简化项目审批程序，下放审批权限，规范审批行为，全面推行外商投资项目无偿代理制和联审联批制。完善利用外资政策支持体系，发挥政策促进作用。优化土地、环境、电力等重要资源配置，保障重大招商项目落地。提高劳动力素质，为投资者提供人力资源支撑。进一步优化投资环境，营造良好的法制环境、服务环境、社会环境、生活环境。健全招商引资项目跟踪服务机制，加大外商投诉案件查处力度，保护外来投资者合法权益。

第十章　河南省建设中原经济区的战略任务

　　构建中原经济区是立足长远、着眼全局的重要规划,也是一项庞大而复杂的系统工程。必须结合自身的鲜明特点和后发优势,紧紧抓住工业化、城镇化加速推进和东部地区产业加速转移的历史机遇,不断破解"钱从哪里来、人往哪里去、民生怎么办、粮食怎么保"四道难题,积极发挥"三个基地、一个枢纽"作用,坚持发挥历史文化优势,进一步做大做强中原城市群,探索出一条不以牺牲粮食和农业、生态和环境为代价的"三化"协调、科学发展的道路,努力把中原经济区加快建成全国经济发展的重要增长极。

一、坚持不以牺牲粮食、农业为代价的"三化"协调道路

　　农业现代化、工业化和城镇化,是我国现代化建设的基本组成部分,三者相辅相成、互为依托。如果不能实现农业现代化,工业化、城镇化发展就会失去基础和支撑,现代化进程就要走弯路,甚至可能影响国家长治久安;同样,如果不加速推进城镇化和工业化,国家整体实力不增强,各项支农惠农政策就很难落实,农业特别是粮食生产基础地位就难以巩固。

　　改革开放以来,不管是珠三角还是长三角,我国沿海地区工业化、城镇化的发展普遍是以牺牲粮食和农业为代价的,因而出现了耕地减少、粮食减产、资源环境约束加剧等突出矛盾和问题,不过当时这样的发展模式有它的历史背景和条件,如果推广到全国范围,这条道路是不可持续、也是不现实的。因

为,随着我国工业化、城镇化进程的不断加快,怎样保护好18亿亩耕地,怎样增强农业的可持续发展能力,怎样保障国家的粮食安全等问题都将变得越来越突出和重要,加上人口的逐步增加和居民消费水平的不断提高,对农产品也将提出更多更高的要求。作为全国重要的粮食主产区和"三农"问题最突出的区域,中原经济区的发展显然不能再走牺牲粮食和农业的老路,必须坚持工农业两篇文章一起做、城市农村两幅画卷一起绘,通过城镇化、工业化和农业现代化的良性互动,实现以新型工业化带动和提升农业现代化,以新型城镇化带动和推进新农村建设,建立健全工业反哺农业、城市支持农村的长效机制,打造全国"三化"协调发展示范区,形成城乡统筹、以城带乡、以农兴工、以工促农、产城融合的新格局。这是中原经济区建设的重要任务和核心问题,也将为全国粮食主产省份加快推进现代化积累经验。

(一)推进农业现代化:为工业化和城镇化夯实根基

农业现代化是工业化、城镇化的前提和有力支撑。农业生产率持续提高、不断解放农业劳动力,能为工业化、城镇化的推进提供大量富余的农村劳动力;农业的发展,满足了城镇日益扩大的消费需求,也为工业发展特别是为农产品加工业的发展提供丰富的资源;农民收入的不断增加,使得农村市场需求不断扩大,从而不断拉动城镇经济或第二、三产业的发展。而且,工业化、城镇化程度越高,农业的地位就越重要,就像水库里的水越多、水位越高,大坝就越需要加固、加高,否则,就会崩坝、漫堤。① 因此,要加快推进农业现代化进程,为工业化和城镇化发展夯实根基。

首先,加快农业结构调整。在狠抓粮食生产的同时,大力发展有效经济作物,优化农产品区域布局,积极发展以特色农业、生态农业、有机农业、循环农业、创意农业为主要内容的现代农业,加快形成优势突出、特色鲜明的农产品产业带,不断推动农业向高产、优质、高效、生态、安全转变。打造现代农业示范园区,并将其建设成为农业主导产业集聚的功能区、现代农业科技设施应用的核心区、生态型循环农业发展的样板区、农业经营机制创新的试验区,以点

---

① 参见吴海峰:《用工业化城镇化推进新农村建设》,《农村经济》2006年第6期。

带面推动农业转型升级。

其次,加快农业科技进步。深化农业科技体制改革,加快农业科技创新体系建设,积极实施农村科技创业行动、科技富民强县专项行动、科普惠农兴村计划。不断加大对农作物和畜禽良种繁育、动植物疫病防控、节约资源和防治污染技术的投入力度,力争在农业重大领域、前沿科技的研发和应用上取得突破,增强农业发展的内生动力。加大农技推广投入,加强市场化农技推广组织的培育,提高农业科技成果转化应用水平。大力推进农业机械化,提高重要农时、重点作物、关键生产环节和粮食主产区的机械化作业水平。

再次,推进农业产业化经营。将现代工业的生产理念、经营方式、管理手段广泛移植和导入农业领域,构建"从田间到餐桌"的全景产业链,促进农产品转化增值。培育一批竞争力、带动力强的农业龙头企业和企业集群示范基地,推广龙头企业、合作组织与农户有机结合的模式,让农民从产业化经营中得到更多的实惠。注重品牌带动效应,提高农产品的知名度、美誉度和市场占有率。

最后,完善农业社会化服务。积极支持和引导大型国有农业企业、产业化龙头企业、农民专业合作组织等参与农业社会化服务,逐步建立多元化的社会化服务体系。完善农村人才的引进和开发利用机制,加强农业社会化服务人才队伍建设,逐步建立多渠道、多层次、多形式的农民教育和培训体系,着力全面提升农业经营主体素质。积极构建开放统一、竞争有序的农产品市场体系,降低流通成本,提高运行效率。

(二)推进新型工业化:为农业现代化和城镇化创造条件

世界著名发展经济学家、1976年诺贝尔经济学奖得主刘易斯认为,没有工业发展就没有现代工业社会的产生,就没有现代城市的产生,更不会有农业现代化的出现。可见,工业化是"三化"协调发展的起点和核心内容,从理论上来说,工业化导致要素的空间聚集和大规模的人口迁徙,促进了城市的形成和发展,工业化所带来的先进技术,也彻底改造了传统农业生产方式。"无农不稳,无工不富",建设中原经济区的基础是农业,关键却是工业。面对日益严峻的资源约束和环境压力,中原经济区必须建立创新驱动型、资源节约型和生态环保型的现代工业发展模式,不断提高工业质量和效益,从而带动农业现代化和城镇化快速发展。

1. 构建现代工业支撑体系

发展壮大战略支撑产业,加快培育战略性新兴产业,做强做优战略基础产业。大力发展食品加工业,将其打造成为中原经济区最具发展前景的战略支撑产业[①],集中力量发展先进装备制造、精品原材料、中高端消费品三大优势板块,培育节能环保、新能源、新一代信息技术、生物、高端装备制造、新材料、新能源汽车等七大战略性新兴产业,形成现代物流、文化、旅游、金融等一批区域服务业发展的强势品牌,推动产业结构高级化、产业竞争力高端化。

2. 积极推动自主创新

企业是自主创新的主体,胡锦涛总书记视察洛轴时,就曾指示企业发展一靠机制,二靠创新。要着力构建"以企业为主体、以市场为导向、产学研相结合"的技术创新体系,并为科技创新提供资金保障、制度保障、组织保障和人才保障,依靠技术创新带动产业链升级和产品多元化发展,实现工业发展由"要素驱动"向"科技驱动"、"人才驱动"转变。

3. 大力推进产业集聚

产业集聚,既承载工业化,又承载城镇化。[②] 要加大工业园区服务平台、基础设施建设力度,努力实现以工业园区为平台的集群式发展,在量上扩大工业园区数目和规模,在质上培育一批示范带动性强的重点园区和龙头企业,实现项目集中布局、产业集群发展、资源集约利用的有机融合。

4. 积极承接产业转移

国际金融危机对沿海经济的冲击和国家扩大内需战略的实施加快了国内产业转移的步伐。香港工业总会针对珠三角港商的一项调查显示:目前珠三角8万家港企中,约有37.3%的企业正计划将全部或部分生产能力搬离珠三角。因此,中原经济区应把握承东启西、连南贯北的区位交通优势,品类齐全、

---

① 《河南统计年鉴2010》数据显示,2009年河南规模以上工业六大优势产业中,食品工业增加值最大,占到六大产业增加值总额的29%。
② 参见陈雪枫:《认清形势 积极行动 在中原经济区建设中勇担重任》,2010年9月4日《河南煤业化工报》。

蕴藏丰富的资源能源优势,数量庞大、成本较低的劳动力优势,持续做好"大招商、招好商"活动,加快引进与本地区成长性产业和竞争性产业相联系、与要素资源相匹配的产业,为工业经济发展注入新的活力。

(三)推进新型城镇化:为工业化和农业现代化提供助力

城镇化是工业化的必然产物,是现代生产方式和生活方式结合的必然选择,是经济社会现代化的重要标志。城镇化状况在一定程度上制约着农业产业化和工业化的发展水平。目前河南的城镇化率约为37.7%,低于全国城镇化率9个百分点。《促进中部崛起规划》中提出中部地区2015年城镇化率要达到48%的目标。据测算,未来10年间,通过加快推进城镇化过程,中原经济区将有3360万农村人口进入城镇,届时可新增投资需求达3.36万亿元,拉动消费需求4万亿元。所以,要把城镇化作为推进"三化"协调、科学发展的着力点和城乡统筹的结合点,发挥中原城市群和中心城市的支撑带动作用,着力破除城乡二元结构,率先走出一条以城市群为主体形态,大中小城市与小城镇、农村社区协调发展、互促共进的新型城镇化道路,争取将中原经济区打造成为全国新型城镇化发展试验区。

1. 强化加快城镇化的产业支撑

工业化是城镇化的第一动力,第三产业尤其是现代服务业能为工业发展提供良好服务,并具有较高的就业弹性。因此,要把发展第二、三产业作为推进城镇化的中心任务,立足各地实际,合理确定产业发展战略,选择和培育主导产业。破除阻碍生产要素聚集的体制障碍,引导优势资源向优势区域、产业、企业集中,推动企业、非农产业向园区、产业带集聚,加快劳动力向城镇转移,使城镇发展节奏和规模与产业聚集速度及程度有机结合,从而带动农民进城就业不断扩大和居民生活水平逐步提高。

2. 构建现代城镇体系

按照循序渐进、节约土地、集约发展、合理布局的原则,积极探索"三农"服务型、工业型、商贸流通型、文化旅游型等多种类型的城镇建设模式。在发挥大城市和区域中心城市的集聚效应和辐射带动作用的同时,积极发展中小城市和县域经济,加快撤县建市、撤乡并镇步伐,推进有产业能力支撑的乡村城镇化,催生一批小城市和小城镇,充分发挥其在促进城乡物资交流、农业商品基地建设和乡镇经济发展等方面的积极作用,促进人口向小城市、县城聚集,从而形成经济支撑有力、基础设施完善、服务功能健全、人居环境优美、发展协调有序的现代城镇体系[1],促进城乡经济的同步发展。

3. 以制度创新作为推进城镇化的重要动力

从历史来看,一个国家的城镇化,受工业化和制度两个因素的影响和制约,其中制度创新有利于规范交易行为,节约城镇化的实施成本,也是不断调整城镇化目标定位与价值选择的需要。[2] 要通过实施有利于促进经济要素合理流动和资源合理配置的管理制度创新(包括户籍、土地、就业等)、产业制度与投融资制度创新以及服务制度创新,形成城镇化发展的制度合力。进一步推进统筹城乡改革,统筹城乡规划、产业发展、基础设施建设、要素市场和行政社会管理,积极探索通过统筹城乡改革发展加快城镇化进程的新途径。

二、发挥"三个基地、一个枢纽"作用

在《促进中部地区崛起规划实施意见》中,中央把中部崛起定位为打造"三个基地、一个枢纽"即重要粮食生产基地、能源原材料基地、现代装备制造及高技术产业基地和综合交通运输枢纽,这样的定位充分考虑了中部地区的产业发展基础和区位优势。中原经济区全面具备建设"三个基地、一个枢纽"的条件,符合中央关于中部地区崛起的战略构想。因此,应充分考虑中原经济区自身发展的个性,发挥幅员辽阔、人口众多、产业基础较好、消费潜力巨大的优势,通过基地建设和枢纽建设,承接沿海产业转移,培育现代产业体系,为工业化、城镇化、农业现代化提供持久动力。

---

[1] 参见王建国、完世伟、赵苏阳:《河南城乡区域协调发展研究》,河南人民出版社2009年9月版。
[2] 参见刘国新、汪继福:《以制度创新推进城市化健康发展》,《理论前沿》2009年第2期。

（一）建设粮食生产基地

中原经济区覆盖的区域具有十分明显的粮食生产优势,目前,整个中原经济区粮食产量是全国的1/6,夏粮占1/2,仅河南一个省的粮食产量就占全国的1/10强,其中小麦产量超过全国的1/4,不仅解决了近亿人口的吃饭问题,每年还调出300多亿斤的原粮及加工制成品,粮食加工能力居全国第一位,对保证全国粮食安全和市场粮价基本稳定作出了巨大贡献。把中原经济区建设成保障国家粮食安全的战略生产基地,利在全国,惠及子孙。

1. 加强粮食生产重大工程建设

调整农业综合开发和土地开发整理等现有专项资金投向,重点向产粮大县倾斜。统筹实施骨干水利、基本农田、粮食科研创新、良种繁育和农技推广、农业机械化、防灾减灾、农业环保、粮食仓储物流等重大工程,按照田间设施齐备、服务体系健全、仓储条件配套的要求,建设区域化、规模化、集中连片的国家级商品粮生产基地。建设一批粮食储备和中转物流设施,重点支持郑州小麦物流节点建设。① 大力推进区域内散粮运输,形成散储、散运、散装、散卸的"四散化"粮食物流体系。推广农户科学储粮技术,实施农户科学储粮专项,支持农户建设标准化储粮装具。

2. 提高粮食的加工能力

目前河南食品工业增加值占全省规模以上工业增加值的14.7%,带动了600万人从事食品工业及相关配套产业生产、2300万农民从事原料生产。要继续通过"中国面粉城"（永城）、"中国食品城"（漯河）、"中国面粉博览会"、"中国食品博览会"等会展活动的发展和带动,进行粮食及粮食副产品的精深加工,提高粮食加工能力,将中原经济区由"国人粮仓"变为"国人厨房"。

3. 稳定粮食播种面积

严格控制非农建设占用耕地,严格执行耕地先补后占、占补平衡的制度。稳定和完善农村基本经营制度,健全土地承包经营权流转市场,有条件的地方要培育专业大户、家庭农场、农民专业合作社等规模经营主体,稳步推进土地

---

① 参见国家发展和改革委员会:《促进中部地区崛起规划》,2009年。

适度规模经营。

4. 提高粮食生产的科技贡献率

加快粮食作物良种繁育和推广。加强粮食作物有害生物监测防治。继续实施粮食丰产科技工程,开展粮食高产创建活动,集成、示范、推广先进实用的高产栽培技术。

5. 落实支农惠农政策

扎实推进粮食生产核心区建设,及时将粮食直补、农资综合补贴、良种补贴、农机具购置补贴等资金落实到位。认真执行小麦、水稻最低收购价等政策,不压级压价,不拒收限收,及时兑付现金,提供优质服务,调动和保护农民种粮积极性。继续实行粮食生产专项奖励政策,加大对粮食主产区的政策扶持力度,增加产粮大县的财政转移支付,调动产粮大县抓粮食生产的积极性。

(二)建设能源原材料基地

能源原材料同样是中原经济区的优势所在,中原经济区有多种矿产资源储量居全国前列,石油、煤炭、天然气储量丰富且开发强度居于全国前列,资源开发的组合条件好。以河南为例,其原煤、原油、天然气生产量均居全国前十位,电力装机规模居全国第5位,发达的能源输送管道和专线提升了能源保障能力。钼、钨、镓、铝土矿、天然碱等矿产资源储量位居全国前三,金、银、硅石、水泥灰岩、玻璃用砂等矿产储量也居于全国前列,氧化铝、电解铝、铅、钼、镁等产品产量均居全国首位,甲醇、纯碱、烧碱等化工产品产量分别位居全国第1、3、4位,粗钢、水泥、玻璃以及耐火材料等产业在全国有较强的竞争优势。但是从整体情况来看,中原经济区能源资源面临着产业结构单一、深加工不足、产业优势不突出的问题,需要构筑符合国家区域战略定位、满足市场需求、优势互补的原材料工业新格局①,为其在后金融危机时代赢得发展的先机和空间奠定坚实的基础。

1. 提高开发利用水平

加强大型煤炭基地建设和小型煤矿整合,鼓励优势企业跨区域、行业和所

---

① 参见国家工业和信息化部:《促进中部地区原材料工业结构调整和优化升级方案》,2009年12月11日。

有制联合开发利用煤炭资源,支持"煤、电、铝"企业联姻重组,实现一体化发展。加快电力基地和电网建设,优化调整电源结构,合理规划开发水能资源,积极发展新能源和可再生能源,进一步加强电源基地西电东送能力,保障电力安全高效输出。大力推动镁、钨、钼、稀土、黄金等产业集约化发展,支持重点骨干企业横向并购,实现资源高效利用。

2. 调整优化产业布局

按照符合主体功能区定位,与资源禀赋、市场规模、环境承载能力等相协调的原则,加快推进钢铁、有色金属、石化、建材等优势产业的结构调整和布局优化,积极推动生产要素合理流动和配置,形成若干由大型企业集团主导、产业链完整、技术水平高、配套设施完善的产业集群。

3. 做好做强精深加工

能源和原材料的基地不仅仅简单地提供或输出初级资源品,而且要以市场为导向,以产品为龙头,严格控制初级资源类产品产能的盲目扩张,着力增加高技术含量、高附加值产品比重,不断优化产品结构,拉长产业链,这也是基地建设的核心所在。比如有色金属中的铝工业,不仅要发展氧化铝、电解铝,还要进行铝材加工,从而进一步提高产业的附加值,延伸产业链条。

4. 加快淘汰落后产能

在建设能源和原材料基地的同时要考虑如何按照低碳经济和循环经济的理念以及节能减排的要求,走出一条资源节约和环境友好的可持续发展新路子。坚持用高新技术和先进实用技术改造提升原材料工业,加快淘汰工艺技术落后、产品质量差、安全隐患大、能源资源消耗高、环境污染严重的落后产能。

(三)建设现代装备制造及高新技术产业基地

装备制造业是工业中的"母机",高新技术产业则是未来发展的"制高点"。中原经济区装备制造业发展基础较好,河南省生产能力位居全国第7位,其中输变电装备、大型矿山设备、农业机械、大型空分设备、轴承等领域主导产品技术水平全国先进,高新技术产业在超硬材料、电子信息材料方面形成了比较优势。中原经济区加强现代装备制造业及高新技术产业基地建设,应当坚持"高端、高质、高效"战略取向,按照符合产业政策、具有一定发展基础和资源优势的要求,规划布局一批重大装备本地化、高新技术产业化项目。

1. 提升装备制造业的整体实力

发挥中原经济区重大技术装备、交通设备制造业的优势,以核心技术、关键技术研发为着力点,增加对包括成套设备、工程设备、农业机械、汽车制造在内的一些产业的研发投入,增强自主创新、系统集成能力,提高企业的科技创新水平和核心竞争力,扩大国内市场占有率。以加强重大项目建设为重点,在资金投入、基础设施建设、土地使用等方面给予优先扶持,推进装备制造生产规模化、专业化。以发展现代制造服务业为新亮点,支持装备制造骨干企业在工程承包、系统集成、设备租赁、提供解决方案、再制造等方面开展增值服务,逐步实现由生产型制造向服务型制造转变。

2. 加快发展高新技术产业

作为中原经济区的主体,河南省 2008 年高新技术产业增加值仅占全部工业增加值的 3.6%,2009 年高新技术企业利润仅增长 2.8%,科技资源不足、产业规模较小、竞争力不强的矛盾依然突出。面对新的发展机遇,中原经济区应着力发展生物制药、电子信息、新能源、新材料等产业,推动企业联合重组,加强集成创新,加大产业链前端产品研发和后端推广应用支持力度,争取在创新药物、新型电池、节能环保、非金属功能材料等产业上实现突破,在新一轮竞争中占领制高点。进一步完善以专业孵化器和公共专业技术服务平台为核心的创业服务体系,发挥国家高新技术开发区和高技术产业基地的集聚、引领和辐射作用。

3. 改造传统制造业

利用高新技术和先进适用技术改造传统制造业是基地建设面临的一个重要任务。要加快对传统产业在技术装备、生产工艺和产品设计上的改造更新,应用现代生化技术,发展优质安全食品和绿色食品加工业;大力开发环保、节能、智能家电产品,提升电器制造业的竞争力;采用先进技术设备改造传统纺织服装业,鼓励发展高新技术纤维和生物质纤维;加强造纸原料基地建设,推进林纸一体化发展,加强污染治理,促进造纸产业可持续发展。

(四)建设综合交通运输枢纽

中原经济区位于我国东、中、西部三大地带的交界,也处于长三角、环渤海地区向内陆推进的要冲,全国主要的铁路、公路、航空、通讯网等在这里交会,是我国东西互动、南北交流的必经之地;国家《促进中部地区崛起规划》布局的"两横两纵"经济带中,就有"一横两纵"即陇海经济带、京广经济带和京九经济带贯穿这一区域。"交通活则满盘皆活",完善的交通体系有利于提高区域通达程度、降低区域运输和通讯成本,以更低廉的商务成本吸引更多的产业向中原经济区转移。因此,中原经济区在抓好"三个基地"建设的同时,还要着力构筑现代交通运输体系,建设承东启西、连南贯北的综合交通运输枢纽。

1. 推进公路、铁路、民航等多种交通方式一体化发展

加快客运专线、中原城市群城际铁路建设,形成覆盖全区、辐射周边、服务全国的现代铁路网;抓住国家把郑州新郑国家机场列入国家八大枢纽机场的机遇,实施航空交通优先发展战略;以提高互联互通能力为重点,建设功能完善、结构优化、内联外畅的公路网络;建立覆盖中心城市和油气管道主干线沿线部分县级城市的管道网络,实现石油、天然气的网络化、安全化供应。

2. 完善和提升以郑州为枢纽的"米"字形交通网络

形成以郑州为中心,包括高速公路、国道、省道干线公路和铁路、轻轨、航空在内的,对外联系通畅高效、区内联系快捷紧密、各种运输方式充分衔接的现代综合交通运输体系。以城际快速轨道交通和高速铁路、公路为纽带,实现以郑州为中心,半小时至一小时可以通达开封、洛阳、新乡、焦作、济源、平顶山、漯河等市;以高速公路、铁路为依托,形成以郑州为中心,两三个小时可以通达安阳、鹤壁、濮阳、三门峡、商丘、南阳、信阳、周口、驻马店、邯郸、长治、晋城、运城、徐州、菏泽、襄樊、淮北、阜阳、宿州、亳州等城市的快速交通网络。[①]

3. 推进现代物流设施建设

编制中原经济区现代物流业发展规划,立足河南,以郑州为中心,构建以

---

① 参见吴海峰:《关于中原经济区发展布局的思考》,"科学发展与区域转型"学术研讨会论文集,2010年9月。

郑汴新区为核心的集运输、仓储、加工、包装、配送、园区交易、商贸批发等于一体的高效快捷的现代物流体系；鼓励大型专业批发市场和物流企业建立物流资源交易平台，引导生产企业和商贸企业推广供应链管理和智能化、自动化管理，积极发展电子商务和网上交易，统筹建设一批保税物流中心。

三、不断破解"四难"

"钱从哪里来、人往哪里去、民生怎么办、粮食怎么保"，这"四难"是传统发展方式形成的困局，也是科学发展绕不过去的坎儿；是加快经济发展方式转变的出发点和构建中原经济区关注的焦点，也是今后相当长时期需要重点思考和破解的难题。改革开放以来，中原经济区经济社会发展取得了长足进步，但是与东部沿海地区相比，人均水平、民生水平和工业化、城镇化水平都明显偏低，2008年，中原经济区人均GDP只有17000元左右，比全国平均水平低5000多元，只是全国平均水平的3/4；人均财政收入只有800余元，仅为全国平均水平的1/5多；第一产业占15%左右，比全国平均水平高出4个多百分点，第三产业只占30%左右，比全国平均水平约低10个百分点；城镇居民可支配收入12000余元，比全国平均水平低近3000元；农民人均纯收入是4300多元，比全国平均水平低近400元；城镇化率30%左右，不到全国平均水平的2/3。立足于人口多、底子薄、基础弱、发展不平衡、总体上还是欠发达区域的现实，着力解决资金、土地、农村富余劳动力、粮食增产、农民收入水平和保障水平等问题，是加快中原经济区发展的有效途径。

（一）不断破解"钱从哪里来"

发展需要钱，转变需要钱，调整需要钱，民生需要钱。实现中原经济区重大战略设想，聚集资金是首要任务，有了资金，才能建设项目、壮大企业、发展产业、保障民生，才有实力、能力为国家担当更大的责任。如何破解资金"瓶颈"约束，让"钱袋子"鼓起来？除了积极争取更多的中央专项配套资金，更关键的是要加强金融支持和依靠自身发展，通过金融促进发展，通过发展吸引更多资金,形成金融与经济发展的良性互动。

1. 完善金融服务体系

加快农村信用社改革,大力发展小额贷款公司、村镇银行等新型组织,继续推进银企合作,鼓励金融机构积极开展票据业务、出口退税账户托管贷款业务、保全仓库业务、应收账款质押贷款业务、保付代理业务等。支持金融机构针对中小企业、县域经济、产业转移、节能减排、"三农"发展,设计和提供配套信贷产品,不断满足企业需求,提高金融服务水平。

2. 拓宽融资渠道

不断开发新的融资方式,对城建、交通、能源、水利等大型基础设施项目,通过采用"建设—运营—移交"(BOT)、"转让—运营—移交"(TOT)等形式,推动基础设施项目建设和经营的产业化、市场化;鼓励公司和企业通过资本市场开展以资本经营运作为核心的联合、参股、控股、收购、兼并、拍卖、转让等活动;进一步拓展股票市场、债券市场、信托公司以及金融资产管理公司的融资功能。

3. 加大招商引资力度

解决"钱从哪里来",离不开招商引资。要把招商引资作为做大做强区域产业的"加速器"和"催化剂",把中原经济区的资源、市场、劳动力、区位等优势,通过资本链接转化为发展的新优势。大力吸引跨国公司、大集团设立生产基地、区域性总部、研发中心、采购中心、利润核算中心等,引进外资银行、保险公司以及现代物流等服务业项目,增强经济区的辐射力和影响力。开展产业集群招商,创造条件使外资踊跃投向先进制造业、高新技术产业、高效农业和循环经济产业,推动金融资源集聚。

4. 营造良好的金融环境

从某种意义上说,现代区域经济的竞争就是金融及金融资源的竞争,进而更是金融生态环境的竞争。要进一步密切政银、银企关系,切实加快建设社会诚信体系,尽快建立信用资源共享和失信惩戒机制,加强对金融从业人员的职业道德和业务素质的培训,以及对居民金融知识的普及,形成关心金融、支持金融、共同监督金融业健康有序发展的良好氛围,将中原经济区变为生产要素聚集的洼地、人才向往的高地、商务成本降低的盆地和经济效益提高的福地。

(二)不断破解"人往哪里去"

"人往哪里去",最突出的就是农村劳动力的转移就业问题。中原经济区是我国人口最为稠密的地区之一,丰富的人力资源为本地区经济发展提供了支撑,也为全国输出了充足的劳动力,但同时,这一地区也存在农村人口基数大、劳动力素质偏低、就业压力大等问题。就河南省而言,目前农村有4700多万劳动力,虽然已有2000万实现转移就业,但这些转移就业的农村劳动力还有不少没能扎根城市、实现稳定就业,仍有2700多万农村劳动力从事第一产业,其中有1200多万人需要转移,从远景规划来看,整个中原经济区最终将吸引近4000万人转移到城镇,如何化人口压力为人力资源动力,任务相当艰巨。

1. 大力发展职业教育

职业教育是现代国民教育体系的重要组成部分,是改变目前劳动者素质偏低和技能型人才紧缺的重要措施。要打造职业教育的专业特色和区域特色,不断提高职业教育的质量,努力改变职业教育是"低等教育"的偏见,通过职业教育或职业培训,让农村富余劳动力、城市下岗企业职工掌握一技之长,切实加强其岗位动手能力和实际操作能力,真正实现人口包袱向人力资源优势的转变。

2. 做大做强劳务输出

把劳务输出作为农民增收最现实、最直接、最快捷、最强劲的支柱产业来培育,逐步实现劳务机构网络化、供求基地化、中介多元化、服务全程化,不断提高劳务输出的组织化程度和维权水平,引导、培训农村富余劳动力走出田埂、走向城市,同时,大力实施"回归工程",吸引、鼓励能人返乡创业,逐步形成外出就业与返乡创业双向流动机制。

3. 以招商带动"家门口"就业

随着万达、富士康等企业大鳄进驻中原,意味着更多的务工人员将不用再过"候鸟式"的生活,能在家门口稳定就业。今后,中原经济区可以适当加大承接劳动密集型产业的力度,特别是那些占地少、用人多、无污染、科技含量高的产业,积极发展第三产业,努力增加就业岗位供应量。据有关资料统计,在河南近2000家外商投资企业中,直接从业人员达到41.6万人,与这些企业相配套、相关联的企业也提供了上百万个就业岗位。

4. 建立城乡一体化的劳动力市场

取消农民进城务工的各种"门槛",构筑城乡平等的社会保障体系,解除农民进城务工的后顾之忧,使农民轻装上"镇"就业安居;维护好农民工和失地农民的合法权益,实现城乡居民社会公平,变"候鸟型"农民工为"稳定型"城镇居民。

(三) 不断破解"民生怎么办"

保障和改善民生是落实科学发展观、促进社会和谐的内在要求,是经济发展的出发点和落脚点。构建中原经济区,就是要按照重在为民的要求,着眼于人民群众最直接、最现实、最关心的问题,从"小事"抓起,从"柴米油盐酱醋茶、衣食住行教医保"入手,千方百计扩大就业,逐步完善覆盖城乡惠及全民的社会保障体系,合理调节收入分配,完善社会公共服务,加快建设保障性安居工程,维护社会稳定,让老百姓切身感受到建设中原经济区带来的实惠,生活得更有尊严。只有解决好民生问题,经济的增长才是真正的增长,这也是构建中原经济区的目的所在。

(四) 不断破解"粮食怎么保"

当前及今后一个时期,我国粮食消费需求呈刚性增长,而耕地减少、水资源短缺、气候变化等因素对粮食生产的约束日益突出,粮食供求将长期处于偏紧状态。据国家有关部门测算,到2020年,全国必须再新增1000亿斤的粮食生产能力,才能确保届时14亿多人口的吃饭问题。站在全球化的角度来看,粮食早已经与美元、石油等经济战略武器紧紧捆绑在一起,可以说,谁拥有了充足的粮食,谁就拥有了世界经济体系的主导权。在某种程度上,粮食问题不仅是经济问题,也是社会问题,更是关系国家安危的政治问题。面对这个重大课题,作为传统农区和国家粮食生产基地,中原经济区责任重大。要加快改善粮食生产条件、落实支农惠农政策、稳定粮食播种面积、提高粮食生产的科技贡献率。

四、统筹城乡协调发展

统筹城乡发展是新世纪新阶段党中央作出的重大战略部署。统筹城乡发展的实质,就是要加快推进城乡一体化进程,破除城乡二元结构,形成以工哺农、以城带乡、城乡协调发展的新局面,让人民群众共享改革发展与现代文明成果。中原经济区是传统的农业区,农村人口比重大,城乡差距明显,是制约该区域形成城乡一体化发展新格局,促进中原地区崛起的重要因素。2009年,中原经济区的主体河南省城镇居民人均可支配收入14372元,农村居民人均纯收入4807元,前者是后者的2.99倍,差距较大。加快中原经济区建设,必须坚持统筹兼顾,加大工业反哺农业和城市支持农村力度,逐步改变城乡二元经济结构,缩小城乡发展差距,促进城乡协调发展,形成城乡经济社会一体化发展、共同繁荣的新格局。

(一)加快推进城乡一体化进程

城乡一体化是一项长期复杂的社会系统工程,关键在于改善城乡关系,目的是建立统筹城乡协调发展的推进机制,实质是消除城乡二元结构,加速城乡融合,使城乡共享现代物质文明与精神文明,实现共同繁荣和发展。中原经济区建设要围绕构建城乡经济社会发展一体化新格局的目标,尽快实现城乡规划、产业布局、基础设施建设、公共服务和社会管理的一体化。统筹布局和整合全省产业、城镇、交通、生态等各类空间要素,合理安排县域城镇建设、农田保护、产业集聚、村落分布、生态涵养等空间布局。积极推动城乡产业融合,推动城市资本、技术优势与农村资源优势结合,促进生产要素在城乡间合理流动,逐步形成分工合理、产业对接、联动发展的格局。健全城乡统一的生产要素市场,实现城乡资源共享和生产要素的优化配置,把公共资源更多地投向农村。统筹城乡基础设施建设,加快发展覆盖城乡的社会事业,促进公共设施向农村延伸、公共服务向农村覆盖,加快建立城乡统一的劳动力市场,构建城乡一体的公共服务体系,逐步实现城乡社会统筹管理和基本公共服务均等化。

(二)建立以工补农、以城带乡长效机制

进一步调整国民收入分配结构,按照总量持续增加、比例稳步提高的要求,建立健全财政支农资金稳定增长机制,不断增加对"三农"的财政投入,确保各级财政对农业的投入增长幅度高于财政经常性收入增长幅度,确保财政支出优先支持农业农村发展,预算内固定资产投资优先投向农业基础设施和农村民生工程。大幅度增加对农村公益性建设项目的投入,对病险水库除险加固、生态建设、农村饮用水安全、大中型灌区配套改造等公益性建设项目,取消县及县以下资金配套。完善财政转移支付制度,加大对困难地区财政转移支付力度,有效改善传统农区和产粮大县的财政状况。进一步深化农村金融体制改革,增加农业信贷投入,减少农村资金的非农化流失。落实好强农惠农支农政策,较大幅度地增加农业生产环节的补贴,充分调动广大农户和集体经济组织增加投入的积极性。大中城市要发挥对农村的辐射带动作用。鼓励各种社会力量开展与乡村结对帮扶,参与农村产业发展和公共设施建设。推进城市教育、医疗等优质公共资源服务农村,鼓励教师、医生和各类专业技术人才在城乡间轮转换岗,深化文化科技卫生"三下乡"活动,引导更多城市教师下乡支教、城市文化和科研机构到农村拓展服务、城市医师支援农村。充分发挥各民主党派、工商联、无党派人士和工青妇等群团组织在促进农业、农村发展中的作用。

(三)推进统筹城乡综合配套改革试验

深入推进鹤壁、济源、巩义、义马等地城乡一体化试点,加快户籍管理、社会保障制度改革,放宽中小城市、小城镇落户条件,逐步实现农民工在劳动报酬、子女就学、公共卫生、住房租购以及社会保障方面与城镇居民享有同等待遇;积极稳妥地开展以土地承包经营权置换社会保障、以宅基地置换城镇房产试点工作,促进在城镇稳定就业和居住的农民有序转变为城镇居民。积极推进新乡市省级统筹城乡发展试验区建设,积极探索以产业集聚区和新型农村社区建设为载体,协调推进社会主义新农村建设、县域经济发展和中原城市群都市区建设的新路子。扎实推进信阳市省级农村改革综合试验区建设,创新

农村土地流转、整合新农村建设资金、农村社会化服务体系、农村社会保障、创业人才回归、文化引领社会经济发展等体制机制。

(四)加快推进社会主义新农村建设

按照"生产发展、生活宽裕、乡风文明、村容整洁、管理民主"的要求,努力建设具有区域特色的富裕、民主、文明、和谐的社会主义新农村。加强农村基础设施建设。继续实施农村饮用水安全工程,逐步提高自来水入户率。完成农村电网改造续建配套工程,充分利用山区水电资源,搞好农村小水电建设。加强农村公路建设,所有行政村和部分自然村实现通水泥路(油路),大力发展农村客运市场,路、站、运同步发展,解决农民出行难问题。大力发展农村沼气,在适宜地区全面推进农村户用沼气建设,扶持养殖场(区)建设大中型沼气工程,推广沼气综合利用技术,加强沼气服务体系建设。积极推广使用太阳能和新型节能炉灶。大力发展农村通讯,充分利用各种农业信息网络平台,为农民提供及时快捷的信息服务。搞好给排水、垃圾集中处理设施建设和村庄、村际通道绿化工程,加强沟、河、渠绿化,改善农村环境卫生和村容村貌。在尊重农民意愿的基础上,按照集约用地的原则,统一规划,改造旧村镇,重点建设中心村,合理归并自然村,引导农村住宅建设适当集中,提高供排水、电力、道路、卫生等设施配套水平,提高农民生活水平。加快农村社会事业发展。优先发展农村教育事业,巩固提高农村九年义务教育,建立健全农村教育经费保障机制,进一步改善办学条件,加强农村教师队伍建设,鼓励大中专毕业生到农村任教,建立城市教育支持农村教育的机制。大力发展农村职业教育和成人教育,实施农民科技培训工程,培养有文化懂技术会经营、能适应分工分业发展要求的新型农民。积极发展农村卫生事业,完善农村卫生基础设施,加强农村卫生人才的培养,建立具有较高专业素质的农村卫生服务队伍。建立新型农村合作医疗制度,健全农村三级医疗卫生服务和医疗救助体系。加强农村体育场地设施建设和管理,开展适合农村特点的群众性体育活动。繁荣农村文化事业,实现自然村通广播电视,行政村建设文化活动室,乡镇建设综合文化站。积极探索建立农村居民基本养老保险制度。深入开展社会主义示范村建设,以点带面,推动全局,积极探索符合各地实际的新农村建设路子。

五、坚持发挥文化优势

博大精深、源远流长的中原文化,是中华文明长河的源头和主流,是中华民族优秀传统文化的传承与根脉之所在。中原地区地下文物、馆藏文物、历史文化名城、重点文物保护单位数量均居全国第一;考古学文化、中原历史文化、名人文化、红色文化等,博大精深;人文景观、山水景观,美不胜收;民间工艺、民俗文化,异彩纷呈。当今时代,文化越来越成为民族凝聚力和创造力的重要源泉,越来越成为综合实力竞争的重要因素。在构建中原经济区的战略规划中,必须高度重视文化在促进经济社会发展中的重要作用,充分发挥中原文化的独特优势,在继承、吸收传统文化精髓的基础上,创新文化表现形式,发展文化生产力,做大做强文化产业,努力建设全国文化改革发展试验区。

(一)加快文化资源整合

中原经济区虽然拥有文化资源优势,但存在严重的条块分割、行业分割和区域分割,造成许多具有开发潜力的文化资源开发低劣、保护不力、惨淡经营,还有大量资源干脆无人开发、白白浪费,文化资源在各种各样的分割中被消解,难以形成整体优势。如河南的许昌市、洛阳市、安阳市以及湖北的襄樊市都是三国时期的重镇,还有焦作市的温县以及邯郸市的永年县都是太极拳的发祥地,这些地区在文化资源的开发利用上都有不少动作,但是目前都处于各自为战的状态,没有形成规模效应和突出优势。因此,必须加快整合速度,加大整合力度,打破制约文化产业发展的体制束缚和行业壁垒,将历史的、潜在的、分散的优势,变成现实的、勃发的、综合的优势。对于具有广泛影响和重要价值的历史文化资源,要加强行政区之间的沟通和联动,促进政府层面的协作,由政府进行统一规划和资源整合,再借助市场之手调节各方利益,加快企业兼并重组,形成一批跨行业跨地区经营、有较强市场竞争力的骨干文化企业和企业集团,完成文化资源的强势整合。

(二)培育优势文化产业

重点发展传媒出版、文化旅游、武术健身、工艺美术和文博会展等优势产业。传媒出版业要积极发展传媒内容产业,注重原创节目、出版物的制作播映、出版发行和衍生产品的生产开发,改造传播模式,加快信息化、数字化、网络化建设,推动产业升级,努力建设国家重要的传媒出版产业基地。[①] 文化旅游业要进一步提升精品旅游的影响力,着力开发以古都、名寺、祖根、功夫为特色的文化观光、寻根朝觐旅游项目,大力发展文化旅游配套产业、关联产业,扩大中原文化旅游的规模和效益。武术健身产业要实现规模化、集约化经营,依托登封、温县、亳州、菏泽、永年等"武术之乡",做大做强武术健身的教育、培训、中介服务、用品开发等系列产业。工艺美术业要提高自主创新能力,加大市场开拓力度,进一步扩大工艺美术产业的生产规模和市场份额,同时大力保护、挖掘民间艺术,如禹州钧瓷、南阳玉雕、阜阳剪纸、淮北雕塑等。文博业要认真抓好以河南博物院、安阳中国文字博物馆等为主的博物馆藏品展览业,同时加大文物外展力度,大力发展文物复仿制业等相关产业;会展业要依托中原经济区的区位和资源优势,吸引国际性和全国性的大型会展、节会,打造全国会展基地。

(三)发展文化创意产业

与制造业不同,文化创意产业的运营成本低,制作过程不需要很多厂房、设备的投入,形式灵活,影响广泛,通过网络、影视、书本就能广泛传播,形成巨大的社会和经济价值。[②] 中原经济区文化底蕴深厚、消费前景广阔、交通条件便利,具备发展文化创意产业的基础条件和巨大潜力,经过近几年的探索,也取得了一些成绩。如《禅宗少林·音乐大典》就是以嵩山少林佛教禅宗文化为背景,采用现代科学技术而创造出来的创意性文化旅游项目,为中原文化旅游产业向文化创意产业转型提供了示范;以郑州小樱桃卡通公司为"领头羊"

---

① 参见中共河南省委、河南省人民政府:《河南省关于加快文化资源大省向文化强省跨越的若干意见》,2007年。
② 参见吴君:《文化创意产业在经济寒流中现出暖意》,2009年5月11日《中国知识产权报》。

的河南动漫业也得到了较快的发展。但是,总的来看,这种成功的范例还太少。"资源有限,而创意无限。"事实上,美国动画大片《花木兰》就是取材于河南的民间传说,科幻大片《侏罗纪公园》也是受到河南西峡恐龙蛋和云南禄丰侏罗纪恐龙化石资料的启发而创意成功的。他山之石,可以攻玉。中原文化不能只停留在"品美食、听戏曲、看功夫"上,要积极借鉴国内外发展文化创意产业的成功经验,用创新的思路和创意的理念指导文化产业的开发方向,实现历史文化资源的高水平转化。充分利用郑州、洛阳等城市文化机构、科研院所、高等院校和文化高端人才相对集中的优势,集中精兵强将联合攻关,破解文化创新力不足的"瓶颈"。尤其是在对经济社会发展具有较强支撑力和带动力的影视、传媒、演艺、动漫、网游的制作上,可以将神话传说、历史典故、民俗文化等元素注入其中,充分利用现有文化资源优势发展创意文化产业。建设创意产业企业孵化器,在税收、融资等方面给予创意产业优惠政策支持,积极鼓励创意企业与国际著名创意制作、经纪、营销机构开展交流合作。

(四)打造文化知名品牌

文化品牌是文化软实力的重要标志,一个地方的竞争力、吸引力很大程度上取决于文化的品牌效应。因此,中原经济区也要依托独特的文化资源,打造一批具有影响力的文化品牌。如以《大河报》、《梨园春》、《武林风》等为代表的现代传媒品牌,以《程婴救孤》、《风中少林》、《木兰诗篇》、《禅宗少林·音乐大典》等为代表的演艺品牌,以古都文化、武术文化、寻根文化、宗教文化等为代表的文化旅游品牌,以洛阳唐三彩、开封汴绣、阜阳剪纸、淮北雕塑等为代表的传统工艺美术品牌,以宝丰马街书会、濮阳周口杂技、邯郸皮影戏、宿州马戏等为代表的民间演艺品牌,以黄帝故里拜祖大典、中华姓氏文化节、国际华商文化节、中原文化行等为代表的文化活动品牌,充分挖掘品牌市场价值,开发衍生产品,形成产业链条,增强核心竞争力。在打造品牌的同时,也要加强知识产权保护。近年来,河南不少地市文化品牌频遭抢注,如愚公故里、少林寺、清明上河园、包公祠、天波杨府、魏都、建安、霸陵桥、春秋楼等等,十几个品牌均被外省企业或个人抢注。如今,越来越多的企业开始意识到技术、品牌、商业秘密等无形财产的巨大作用,而如何让这些无形资产逐步增值,就有赖于对知识产权的合理保护。

(五)建立和完善现代文化市场体系

要进一步打破条块分割、地区封锁、城乡分离的市场格局,构建统一、开放、竞争、有序的现代文化市场体系。发挥区位优势,尽快形成以郑州为中心的文化产品集散地,推动中西部地区出版物和文化产品大市场、大流通格局的形成。积极培育资金、人才、设备、技术和艺术设计等各类文化要素市场,加紧完善展览、咨询、版权、培训等各类文化服务市场,重点发展印刷品、电子产品、艺术品、工艺品等文化产品市场。完善现代流通体制,大力发展文化连锁经营、物流配送、电子商务和电影院线等现代流通组织形式,建立完善的文化产品现代市场营销系统,提升文化产品流通和消费领域的信息化水平。大力发展经纪、代理、策划、推介、评估、咨询、拍卖、产权交易等市场中介机构,为文化单位提供专业化、社会化的服务。大力培育居民文化消费意识。通过媒体等多种途径,宣传、倡导文化消费新观念,培养文化消费习惯,引导居民自觉进行文化消费。加快培育农村文化市场,逐步提高农民的文化素质和文化消费水平。

六、建设全国生态屏障

加快中原经济区建设,构筑区域生态安全体系,大力发展绿色经济和循环经济,建设全国生态文明示范区,促进人与自然和谐,形成经济发达、水清天蓝、山川秀美的生态区域,将对维护全国生态稳定和平衡提供重要支撑,也为广大下游地区生态环境改善和京津地区的供水安全提供重要保障。目前,由于中原经济区经济基础薄弱,环境承载能力有限,又处于工业化、城镇化加速发展的阶段,生态建设、环境保护的任务依然十分艰巨。

(一)加强生态保护和建设

坚持保护优先、开发有序,以控制不合理的资源开发活动为重点,强化对水源、土地、森林等自然资源的生态保护。限制开发重要水源保护地区、重要湿地和生态脆弱地区,禁止开发依法设立的各类自然保护区,引导超载人口逐步有序转移,建设国家区域性重要生态功能区。坚持以生态建设为主的林业发展战略,加快造林绿化步伐,大力培育、保护和合理利用森林资源。[①] 加强天然林保护、平原沙区综合治理、水土保持生态修复、山丘区退耕还林、黄河生态工程、南水北调中线绿化工程、太行山绿化等生态工程以及自然保护区、湿地保护区建设。坚持宜林则林、宜草则草原则,积极建设沿河、沿路生态保护带。有效保护生物多样性,防止外来物种侵害。按照谁开发谁保护、谁受益谁补偿的原则,加快建立生态补偿机制。加快实施平原绿化、人居生态环境建设工程,积极创建国家环境保护模范城市、生态园林城市、生态示范乡镇、环境优美乡镇,加快建设宜居区域。

(二) 加强环境治理和保护

坚持预防为主、综合治理,强化从源头上防治污染和保护生态,坚决改变先污染后治理、边治理边污染的状况。着力解决流域水污染、矿区环境污染、大气污染和农村面源污染等突出环境问题。继续加强长江、黄河、淮河、海河流域和南水北调中线工程水源地及沿线水污染防治。加强饮用水水源地的保护,控制入河污染物排放,加大城镇生活污水和垃圾收运处理设施建设,提高污水处理率和垃圾无害化处理率。加快工业污水处理与再生利用设施及电厂脱硫设施建设,淘汰落后工艺技术,依法关、停、并、转污染严重企业,加强重点污染区域治理。加强农村面源污染防治,引导农民合理使用化肥、农药,搞好畜禽养殖污染治理,特别要保护好饮用水源。严格执行国家大气污染物排放标准,努力改善区域空气环境质量。加强地质灾害防治、矿山环境恢复治理及城市地质、农业地质环境调查评价。健全环境监管体制,完善环境监测体系,提高环境监管能力。大力发展节能环保产业。加大环保执法力度,严格执行排放总量控制、点源浓度控制、排放许可和环境影响评价制度。探索并推行污控指标有偿调剂使用制度。加强环保宣传,增强全社会的环保意识。

[①] 参见河南省人民政府:《河南林业生态省建设规划》,2007年。

(三)注重资源综合利用

坚持资源开发与节约并重,按照减量化、再利用、资源化的原则,以节能、节水、节地、节材和资源综合利用为重点,提高资源利用效率,大力发展循环经济。严格控制城乡建设用地总规模,科学合理安排村庄建设用地和宅基地,提高土地节约集约利用水平。大力实施农业节水工程,重点抓好火力发电、石油化工、钢铁、纺织、造纸、食品等高耗水行业节水。制定循环经济规划,搞好循环经济试点和示范推广工作,推动煤炭、建材、电力、冶金、化工等重点行业的资源综合利用,加快建设循环型城市和循环型工业生态园区、农业生态园区,构建全方位的循环经济体系。强力推行清洁生产,实施清洁生产审核,建设一批清洁生产企业。推进技术进步,加快资源节约新技术、新产品、新材料的开发和推广应用,实施一批示范工程。严格市场准入,控制高耗能、高耗水、高耗材产业的发展。完善再生资源回收利用体系,推进资源综合利用和循环利用。强化节约意识,提倡全民勤俭节约。制定党政机关节约制度,带头厉行节约。完善促进资源节约的法律法规和政策,建立资源节约和资源循环利用评价指标体系。综合运用法律、行政、经济、科技等手段,逐步形成节约型经济增长方式和消费模式。

(四)健全生态环境保护机制

建立政府主导、市场推进、公众参与的环境保护新机制,是建设生态屏障的必要保障。[①] 政府应做好生态环境保护的规划、监督和管理,制定和完善生态建设的相关计划,建立一套完整、严密、可操作的法律综合体系,建设一支素质高、责任心强、公正廉洁的执法队伍,促进生态保护的法律化、制度化。引入价值观念和市场机制,建立健全生态环境再生产的经济补偿和相关激励政策,通过税收和环境产权的手段明确人与自然的关系、企业与自然的关系,配合宣传教育提高公众和企业的环保意识和契约意识,抑制生态环境资源的过度消

---

① 参见吴海峰:《加强南水北调、城镇环境保护和绿地系统建设》,"探索环境保护新道路 推动河南生态省建设"高峰论坛论文集,2010年6月4日。

耗、污染和破坏。进一步明确公民环境权,完善公民参与生态建设和环境保护制度,修改决策程序,使公众在决策过程中有必要的充分参与环节,建立公众评比的环境法律救济制度,在生态环境影响评价中赋予公民听证权和监督权,充分调动公众参与生态环境保护的积极性。

七、做大做强中原城市群

中原城市群是全国城镇规划体系提出的重点发展城市群之一,是河南省实施中心城市带动战略、快速推进城镇化进程、加快中原崛起的重要战略举措。中原城市群与中原经济区是核心与腹地的关系,中原城市群作为核心区和增长极,在中原经济区建设中具有示范和辐射作用。可以说,构建中原经济区,中原城市群是基石。要抓住中央实施中部崛起规划的重要机遇,加快中原城市群建设,创新发展机制,优化空间结构,整合区域资源,完善城市功能,壮大优势产业,加速人口和产业集聚,提升中原城市群整体竞争力。

(一)优化中原城市群布局

统筹"郑汴新区"规划建设,加快体制机制创新,强化产业支撑,推动"郑州新区"和"开封新区"加快发展,经过5—10年的努力,将"郑汴新区"建设成为现代产业集聚区、城乡一体发展的现代复合型新城区、综合改革核心试验区、对外开放示范区、环境优美宜居区和为全省乃至中西部地区服务的区域服务中心。加快高速铁路、高速公路和机场等综合交通体系建设,打造以郑州为中心的中原城市群"半小时"和"一小时"交通圈,形成以郑汴一体化区域为核心层、半小时交通圈区域为紧密层、一小时交通圈内城市为辐射层,合理分工、功能互补、向心发展、协调推进、共同繁荣的"一极两圈三层"城乡统筹发展新格局。

(二)培育四条经济发展带

经济带的特点是通过发达而便捷的运输,把资源开发、商品生产、劳动服务和流通等基地连成一线,大大缩短空间距离并节省时间和降低成本,使其在区域发展中发挥辐射和带动作用。① 考虑到中原经济区和中部崛起的宏观背景,经济带的培育已经不能仅仅局限于中原城市群之内,要努力让经济带增宽加长,形成以中原城市群现有9个城市为重要节点、覆盖中原经济区多个城市、纵横交错的网络结构,实现以中原城市群各城市的发展辐射带动其他城市,同时,也通过沿经济带各城市之间的分工协作、优势互补,支撑中原城市群进一步发展壮大。

一是在郑汴洛城市工业走廊的基础上重点建设沿陇海经济带。除了郑州、开封、洛阳,还包括徐州、商丘、三门峡等节点城市,按照整体规划、点轴结合、分层推进的思路,以郑州、洛阳两市作为产业、技术、资金、人才等要素高势能的辐射源,壮大高新技术、能源原材料、先进制造业、生态文化旅游、汽车及其零配件等产业。二是以新郑漯产业带为基础加快发展沿京广经济带。除了新乡、郑州、许昌、漯河4市,积极将邯郸、安阳、鹤壁、驻马店、信阳等节点城市融入进来,重点发展食品加工、高新技术、轻纺、新型材料、生物医药等产业。三是发展沿焦枝铁路和公路经济带。以焦作、济源、洛阳、平顶山为中心环节,北接晋城、长治,南连南阳、襄樊,该经济带涉及山西、河南、湖北三省,沿线矿产资源非常丰富,要积极发展以能源、原材料工业、重化工业、汽车工业为主的产业。四是培育沿京九交通线经济带。以菏泽、濮阳、新乡、开封、阜阳、亳州、信阳为支点城市。与其他几条经济带相比,目前该产业带发展基础较为薄弱,新乡和开封还难以形成辐射带动能力。但是从长远看,可以依托便利的交通条件,加快能源基地和农副产品加工基地建设,同时,积极承接东部沿海地区的产业转移。可见,通过这四条经济带的培育和发展,未来中原城市群的范围,不仅会覆盖全省区域,还将辐射到山西、山东、安徽的部分地区,有望形成中原经济区内各区域之间的优势互补、相互融合、竞相发展的格局。

(三)加快中原城市群"三化"示范区建设

以加快新型城镇化为引领,带动城镇化、工业化、农业现代化协调发展。

---

① 参见吴海峰:《关于中原经济区发展布局的思考》,"科学发展与区域转型"学术研讨会论文集,2010年9月。

优化空间布局,推动产业和人口向城镇集聚,增强经济发展内生动力,推进城乡基本公共服务均等化,促进城镇化、工业化与农业现代化相协调,城市发展与农村发展相协调,将中原城市群初步建成我国内陆重点开发地区科学发展先行区、宜居宜业复合型城镇密集区、全国重要的现代农业产业基地、重要的先进制造业基地、现代化综合交通枢纽和中西部地区经济发展核心增长极。

(四)推动中原城市群交通一体、产业链接、资源共享、生态共建

推动交通一体,形成城市群基本"骨架"。立足于巩固和提升中原城市群交通枢纽地位,以高速化、网络化、一体化为目标,着力构建以郑州为中心,以客运专线为骨架、城际轨道交通为支撑的"半小时交通圈"和"1小时交通圈",形成多种运输方式高效衔接的现代综合交通网络。推动产业对接,夯实城市群发展基础。按照科学发展、跨越发展的要求,大力实施中心城市带动战略,以产促城、以城带乡、产城融合,加快推进复合型紧凑型中心城市建设,着力做大做强主导产业,促进资源共享、环境共建,形成核心层、紧密层、辐射层分工协作、互动发展新格局,全面提升城市群综合竞争力。推动资源共享,实现城市群服务联通。打破各自为政的行政壁垒,坚决消除相互设卡的市场障碍,积极探索资源要素跨区域有偿使用的新途径,优化内部各种生产要素的配置,促进各种要素自由流动,塑造城市群整体发展优势。探索建立区域统一的基础设施和教育、医疗等公共服务共建、共营、共享。推动生态共建、环保同治,提高城市群资源环境承载能力。围绕实现城市群全面协调可持续发展,协调区域经济发展和环境保护,积极推进区域生态共建、污染同治,探索集约发展、循环发展和生态发展新模式。

八、努力构建和谐中原

构建以人为本的社会事业支撑体系,建设和谐中原是实现中原经济区繁荣发展的基本任务,要按照重在为民的要求,坚持着力民生、着力民心,从人民群众最直接、最现实、最关心的问题入手,加快完善社会公共服务,妥善处理好各方面的利益关系,努力构建和谐中原。

(一)千方百计扩大就业

就业是民生之本、发展之要、和谐之基。要坚持把扩大就业摆在经济社会发展更加突出的重要位置,积极实施扩大就业的发展战略,努力扩大就业规模,改善就业结构,形成覆盖城乡的就业公共服务体系,努力实现经济增长与扩大就业的良性互动。

1. 实施更加积极的就业政策

深入贯彻《就业促进法》和《河南省就业促进条例》,按照劳动者自主择业、市场调节就业、政府促进就业的方针,强化政府职责,完善促进就业的政策体系,鼓励服务业、中小企业、非公有制经济更多吸纳就业,努力控制失业规模。统筹抓好高校毕业生就业、城镇新增劳动力就业、农业富余劳动力转移就业和失业人员再就业工作。

2. 多渠道开发就业岗位

抓住东部产业转移的机遇,主动承接东部产业转移,壮大产业规模,努力扩大吸纳就业能力,吸引外出务工人员来河南省就业。抓住城镇化快速推进的机遇,大力发展服务业、中小企业、非公有制经济,努力增加就业岗位;大力开发公益性就业岗位,实施公益性岗位安置计划,安置就业困难人员。大力开展创建充分就业社区活动,扶持灵活就业。

3. 促进以创业带动就业

发挥创业就业的倍增效应,加快形成政策扶持、创业培训、创业服务"三位一体"的工作机制,努力创造更多的就业岗位。加大政策扶持创业力度,进一步落实税费减免政策,放宽创业领域和准入条件,改善创业环境,降低创业成本和创业门槛;强化创业服务,健全完善创业服务指导体系,大力开展创业指导、创业培训、小额担保贷款等一条龙创业服务。大力开展创业促进活动,推动创业孵化园区建设,开展创建创业型城市活动,推广各类有效的创业(培训)模式,带动全民创业深入开展。

4. 建立健全就业服务体系

坚持统筹城乡就业,充分发挥市场机制的基础性作用,加快建设统一规范的人力资源市场,进一步打破城乡分割、身份分割和地区分割,促进城乡劳动者就业机会更加均等、就业结构更加优化、就业环境更加宽松、就业保障更加健全、就业岗位更加稳定。规范劳动用工制度,保障劳动者合法权益。

(二)完善医疗卫生服务体系

构建覆盖城乡的公共卫生服务体系,提高人民群众健康保障水平。高度重视人民群众身体健康和生命安全,坚持医疗卫生事业的公益性质,强化政府责任和投入,创新体制机制,鼓励社会参与,建立覆盖城乡居民的基本医疗卫生制度,不断提高全民健康水平,实现人人享有基本医疗卫生服务的目标。

1. 完善公共卫生服务体系

建立健全疾病预防控制、健康教育、妇幼保健、精神卫生、应急救治、采供血、卫生监督和计划生育等专业公共卫生服务网络,完善以基层医疗卫生服务网络为基础的医疗服务体系的公共卫生服务功能,加强对严重威胁人民健康的传染病、慢性病、地方病、职业病和出生缺陷等疾病的监测与预防控制,提高公共卫生服务水平。

2. 大力发展农村医疗卫生服务体系

进一步健全以县级医院为龙头、乡镇卫生院和村卫生室为基础的农村医疗卫生服务网络,积极推进农村医疗卫生基础设施和能力建设。大力改善农村医疗卫生条件。建立城市医院对口支援农村医疗卫生工作的制度,帮助农村卫生机构提高医疗水平和服务能力,使农民基本实现"小病不出村、大病不出县"。

3. 加快建立新型城市医疗卫生服务体系

优化配置城市医疗卫生资源,加快构建以社区卫生服务为基础的城市卫生服务体系。完善社区卫生服务功能,提供疾病预防控制等公共卫生服务、一般常见病及多发病的初级诊疗服务、慢性病管理和康复服务。采取增强服务能力、降低收费标准、提高报销比例等综合措施,引导一般诊疗下沉到基层,逐步实现社区首诊、分级医疗和双向转诊。城市新建和改建居民小区要实现社区卫生服务设施与居民住宅同步建设、同步启用。加强区域性医疗中心和城市综合性医院、专科医院建设。进一步提升城市综合医院和专科医院科研、医疗水平,扩大三甲医院队伍,扩充优质医疗卫生资源;加强中医临床研究基地和中医院建设,充分发挥中医药在防治重大传染病和疑难疾病方面的作用,满足人民群众多层次、多样化的医疗卫生需求。

4. 深入推进医药卫生体制改革

重点抓好基本医疗保障制度建设,初步建立国家基本药物制度,健全基层卫生服务体系,促进基本公共卫生服务均等化和公立医院改革试点等改革任务。扩大基本医疗保障覆盖面,稳步提高保障水平。加强药品质量和价格监管,严格治理医疗乱收费,减轻群众医药费负担。鼓励和引导社会资本发展医疗卫生事业。转变基层医疗卫生机构和公立医院运行机制,完善分配激励制度,构建和谐的医患关系。

(三)加快教育事业发展

百年大计,教育为本。从现在起到2020年,是河南省全面建设小康社会、加快实现中原崛起的关键时期,同时,也面临着工业化、城镇化、农业现代化协调发展,以及科技、人口、资源、环境压力与调整经济结构、转变发展方式等诸多问题。必须加快教育事业发展,提高人口素质,建设人力资源强省。

1. 促进义务教育均衡发展

坚持均衡配置义务教育资源,加快缩小城乡差距,建立城乡一体化的义务教育发展机制。落实新增教育经费主要用于农村义务教育的政策,抓好农村中小学寄宿制学校建设和校舍安全工程,优先满足留守儿童的住宿和学习需求。适应加快城镇化发展对义务教育的需要,加大城镇义务教育学校投资和建设力度,改善城镇薄弱学校办学条件,全面提高城镇义务教育质量。采取有效措施保障经济困难学生和进城务工人员子女平等接受义务教育,让更多的学生公平地享受到优质教育资源。

2. 大力发展职业技术教育

加强职业教育基础能力建设,提升职业教育办学水平,推动职业教育向规模化、特色化、品牌化发展,促进职业教育与市场需求、劳动就业紧密结合。提高专门职业技能型人才的社会地位和待遇,增进职业教育吸引力。积极吸引重点企业参股职业教育集团,促进校企之间资源共享、优势互补。大力发展农村职业教育,建立农村实用人才培训和劳动力转移培训长效机制。充分发挥国家职业教育改革实验区先行先试的功能,创新职业教育体制机制和人才培养模式。

3. 做大做强做优高等教育

积极扩大高等教育规模,保持高等学校数量和在校生规模适度增长,加快缩小与全国平均水平的差距。在积极培育和建立一批省属重点大学的基础上,倾力打造郑州大学和河南大学,使其成为有较大影响力、国内一流、国际知名的综合型高水平大学;把河南农业大学、河南科技大学、河南理工大学、河南师范大学、河南工业大学、河南财经政法大学建设成为各具特色优势、国内一流的名牌大学。

4. 高度重视学前教育、高中阶段教育和特殊教育

引导学前教育健康发展,建立政府主导、社会参与、公办民办并举的学前教育办园体制。稳定普通高中教育规模,推进多样、灵活、开放办学。关心和支持特殊教育,加强特殊教育学校建设工程,完善特殊教育体系,确保残疾少年儿童享受国民义务教育。有条件的地区,要逐步实现高中教育向县城集聚,初中教育向乡镇集聚,小学教育向中心村集聚。在大中城市化进程中,要科学规划教育资源布局,逐步推进和建成高职教育园区、高等教育园区、合作办学园区等现代教育新格局。

(四)完善覆盖城乡惠及全民的社会保障体系

按照广覆盖、保基本、多层次、可持续的原则,逐步建立社会保险、社会救助、社会福利、慈善事业相衔接的覆盖城乡居民的社会保障体系。

1. 着力健全社会保险制度体系

加快建立新型农村社会养老保险制度,完善被征地农民养老保障制度;完善城镇养老保险制度,探索推进事业单位养老保险改革;建立健全统筹城乡、保障基本医疗、满足多层次需要的医疗保障体系;完善失业、工伤、生育保险制度;逐步建立覆盖城乡退休人员的社会化管理服务体系。着力解决城乡之间和地区之间的制度衔接和关系转移问题。

2. 扩大社会保障覆盖范围

以非公有制经济从业人员、农民工、灵活就业人员、城镇居民为重点，做好扩面征缴工作，全面扩大社会保险覆盖面，力争到2020年，养老保险、医疗保险基本覆盖城乡全体居民。

3. 进一步提高社会保障能力

加强各项社会保险费征缴力度，努力做到应收尽收。建立健全社会保障待遇调整机制，稳步提高社会保障水平。着力强化社会保障基金监管，确保基金安全完整；着力加强社会保险经办能力建设，不断提升管理服务水平，努力实现对社保对象"记录一生、跟踪一生、服务一生、保障一生"的管理服务目标。

4. 完善各项社会救助体系

完善城乡居民最低生活保障制度和农村"五保"供养、特困户救助、灾民救助、流浪乞讨人员救助等制度。健全社会保障性住房、廉租房制度，切实解决城市低收入家庭住房困难。完善和落实优抚安置政策。发展以扶老、助残、救孤、济困为重点的社会福利事业。倡导和鼓励全社会关心支持残疾人事业。发展慈善事业，增强全社会慈善意识。

（五）提高城乡居民收入

稳妥推进收入分配制度改革，正确处理好公平和效率的关系，统筹机关和企事业单位工资收入分配工作，推动形成合理有序的收入分配格局，提高城乡居民收入。

1. 建立健全收入分配的激励和约束机制

坚持和完善以按劳分配为主体、多种分配形式并存的分配制度，健全劳动、资本、技术、管理等生产要素按贡献参与收入分配的制度，创造条件让更多群众拥有财产性收入，初次分配和再分配都要处理好效率和公平的关系，再分配更加注重公平。逐步提高居民收入在国民收入分配中的比重，提高劳动报酬在初次分配中的比重。稳步推进收入分配制度改革，建立与经济社会发展和财政收入增长同步、与企事业单位绩效相协调的收入分配调整机制，不断提高城乡居民收入，努力达到全国平均收入水平。稳步扩大中等收入群体比重，保护劳动者合法收入,有效调节过高收入。

2. 努力缩小收入差距

积极扭转和逐步缩小城乡收入差距。采用行之有效的措施,多渠道增加农民收入,不断提高农村居民的收入水平。建立以工促农、以城带乡长效机制,加大财政对农村的转移支付力度。通过实施有差别的区域经济政策和加大财政对传统农区、经济欠发达地区的转移支付力度,逐步缩小地区收入差距。采取经济手段和法律手段、必要的行政手段,调节部门和行业间的收入分配差距。

3. 逐步提高最低工资标准和中低收入群体收入水平

依据经济社会发展和财政收入状况,逐步提高最低工资标准,逐步提高企业退休人员基本养老金、部分优抚对象待遇和城乡居民最低生活保障水平。努力提高中低收入群体收入水平,着力解决低收入群体和特殊困难群体的医疗和子女就学就业等问题。加大对低收入阶层的教育和培训投入。

4. 完善国有企事业单位收入分配规则和监管机制,加强垄断行业收入监管

推进事业单位分配制度改革,完善国有企事业单位收入分配规则和监管机制。深化垄断行业收入分配制度改革,完善对垄断行业工资总额和工资水平的双重调控政策。严格规范国有企业、金融机构经营管理人员特别是高管的收入,完善监管办法。强化个人所得税征管,规范收入分配秩序,取缔非法收入。加强公共资源和公共资产监管,防止公共权益流失。

第十一章 河南省建设中原经济区的战略重点

构建"一个载体、三个体系"是河南省加快经济发展方式转变的具体抓手和基本途径,也是河南省建设中原经济区的战略重点。近年来,"一个载体、三个体系"建设全面推进,在应对国际金融危机中起到了关键作用,有力推动了河南经济发展方式的转变。河南省建设中原经济区无疑使"一个载体、三个体系"建设面临新的机遇,也提出了更高的要求,未来一段时期河南省必须在更高层面上加快"一个载体、三个体系"建设,使"一个载体、三个体系"成为中原经济区的重要支撑。

一、建立现代产业体系

现代产业体系包括现代农业、战略支撑产业、战略性新兴产业、现代服务业、基础设施和基础产业五个方面,按照"竞争力最强、成长性最好、关联度最高"的原则选择发展重点,促进三次产业在更高水平上协调发展。近年来,河南省在推进现代产业体系建设上做了大量扎实的工作,取得了明显的成效,产业结构调整步伐加快,向产业链高端环节攀升取得新进展,产业核心竞争力不断增强,符合省情的现代产业体系基本框架正在成形,但是,与中原经济区的宏伟建设目标相比,尚存在着不小的差距。

(一)现代产业体系建设成效显著

1. 现代产业体系建设的总体战略已经确立

在全国各地提出建设现代产业体系战略的情况下,河南明确提出了"一个载体、三个体系"的发展思路,把现代产业体系建设同构建现代城镇体系和构建自主创新体系纳为一体,以上发展思路基本奠定了构建全省现代产业体系的总体战略,河南省最终要建立一个既与世界接轨又具有河南特色的现代产业体系,即三次产业相互协调,工业化、城镇化与信息化相互促进,资源、科技、文化、人才互为支撑,以创新、开放、集聚、生态为主要特征的现代产业体系。

2. 现代产业体系的整体框架逐步明确

2009年9月河南省出台十大产业调整振兴规划,涉及化工、电子信息、生物、有色金属、汽车、装备制造、纺织、钢铁、轻工、食品等,确定了各个产业未来几年的发展目标及推进方式,除此之外,畜牧、花卉苗木、生物、新能源、电动汽车、电子信息、物流、旅游、文化、金融、航空、铁路等专项规划也已明确,努力按照成长性最好、关联度最高、竞争力最强的原则,重新规划特色主导产业,培育壮大战略支撑产业。河南现代产业体系主要规划的编制完成,标志着河南现代产业体系的整体框架已经明确。

3. 现代产业体系建设中的薄弱环节得到增强

与发达地区相比,当前河南省产业体系的薄弱环节在于产业链不完整、核心价值环节缺失以及产业附加值低,进入2009年以来,凭借金融危机冲击下沿海地区产业转移的大好机遇,河南省大力推进产业承接,出台了《关于积极承接产业转移加快开放型经济发展的指导意见》,推出了一系列扶持政策,鼓励承接产业转移,省财政安排5000万元专项资金,用于对产业集聚区承接产业转移项目的奖励,在省内外陆续举办了一系列承接产业转移洽谈会及各种产业对接会,如河南—香港行业对接会,在广州市举办的河南省承接台资企业转移洽谈会,在郑州召开的河南省承接纺织服装玩具产业转移洽谈会等,通过积极承接产业转移,一批高附加值、高端产业项目入驻河南,提高了河南产业的附加值与核心竞争力,强化了河南省现代产业体系的薄弱环节。

4. 现代产业体系建设的项目支撑能力得到强化

项目是产业的载体,以重大项目建设为抓手,河南省进一步夯实了产业发展的微观基础,抓住国家推出经济刺激方案、加强基础建设的历史机遇,在2009年初提出了"8511"投资促进计划,即在农林水利、交通、能源、城镇建设、自主创新、产业升级、节能减排、社会事业等8大领域,开工建设500个以上超亿元的重大项目,带动新开工项目总投资规模超过1万亿元,完成城镇固定资产投资超过1万亿元,以此为契机,加快推进了一批基础产业、基础设施领域重点项目及重大工业结构调整项目的建设,这批重大项目的推进,将为未来和河南省现代产业体系建设打下一个良好的微观基础。

(二)现代产业体系建设中存在的问题

1. 传统产业结构对构建现代产业体系的制约仍然很大

河南省大力推进现代产业体系建设以来,产业结构有了一定的变化,但仍然没有摆脱以传统产业为主的基本结构,产业分工处于国际产业链中低端,产业发展方式比较粗放,而且这种结构体系会在一定时期内长期存在,并成为制约全省现代产业体系建设的客观因素。过于依托自身资源禀赋,河南省历史上形成了资源原材料产业比重较大、高新技术产业和服务业比重较小的产业结构,在经济上升时期,能源资源需求旺盛,经济发展往往能够受益,但在经济下行时期,危机冲击由产业链末端向上游传导并最终沉淀和反映到能源原材料等产业上,使得产业结构的缺陷问题凸显出来。当前这种传统产业结构体系是不可持续的,如何利用危机形成的"倒逼"机制,以制造业和服务业为主体的第四次产业转移浪潮为契机,充分发挥政府政策和市场机制的"双驱动力"作用,加快产业结构调整,都是在构建现代产业体系的过程中需要详加考量的重要内容。

2. 以系统转变方式推进现代产业体系建设存在较大难度

建设现代产业体系是加快转变经济发展方式,推动产业优化升级,提高产业核心竞争力的根本途径。但是对于如何从主要依靠微观机制优势向主要依靠综合创新优势转变,从主要依靠低成本传统行业向高技术、高附加值先进制造业转变,从现有的小规模块状布点逐步向高层次的规模型集中布局转变,从比较粗放的经营方式向更加注重经济质量、资源利用及生态的经营方式转变,从主要依靠内生资源向充分利用国内外资源转变等问题,仍然缺乏先进的经验和有效的破解方法,构建现代产业体系的系统难度较大。推进现代产业体系建设,必须在理论和实践上对此加以深入研究,解决这些系统问题也需要更高的智慧和更大的耐心。

3. 产业同构造成过度竞争对建设现代产业体系有不利影响

根据长三角的发展经验来看,在构建现代产业体系过程中区域内往往存在相当严重的产业同构现象。由于发展初期产业布局缺乏区域统筹协调机制,有些产业在多个城市成为主导产业或支柱产业,产业没有实现错位发展、互补发展、差异化发展,常常导致无序竞争的现象,这一点河南省最为明显,在以外延扩张为特征的粗放型增长模式主导下,河南省区域现代产业体系的特色不明显,趋同的产业结构,对河南省构建现代产业体系是一个严峻的考验。从客观上看,产业同构已经导致了区域之间的产业互补性弱,跨地区的产业分工合作难以展开,区域整体产业优势难以形成,很容易造成争夺资源、争夺市场、争夺外资项目的恶性竞争,那么,如何发掘自身产业优势,突出产业特色,也是当前中原经济区构建具有地方特色的现代产业体系所必须面对的问题之一。

4. 相关配套支撑系统的不完善对现代产业体系建设有较大限制

推进现代产业体系建设是一个系统工程,需要与之相匹配的技术、人才、资金和发展环境等要件的支撑。河南现代产业发展的一个突出问题就是基础创新能力不足,缺乏创新氛围和创新平台,优秀创新人才少,基础学科的研究投入少,产学研合作不畅。除此之外,在投融资平台、信息共享平台、人力资源开发平台和物流平台等产业发展支撑平台建设上相对滞后,成为制约河南现代产业体系建设的短板。另外,在规范市场秩序、营造诚信环境、提高政府服务意识和服务水平、建立完善的社会保障服务体系、加大对自然生态环境破坏的执法力度等方面也有待进一步加以完善和提高,从而营造出良好的产业发展环境。

(三)中原经济区框架下建设现代产业体系的战略重点

1. 以创新理念突破传统产业体系的"路径依赖",规划设计可持续发展的现代产业体系蓝图

中原经济区涵盖了河南省及周边省份部分区域,区域内的产业错位发展与有序竞争面临着新的形势,与其他经济区的竞争与合作提高到了新的层面,需要在产业体系规划与产业发展理念上进行创新,以突破传统产业体系的束缚。所谓突破传统产业体系的"路径依赖",就是要突破传统产业体系对我们的观念束缚,突破"干我们熟悉的"、"干我们会干的"、"干我们能干的"产业发展习惯。传统产业体系的"路径依赖"把河南省的产业围困在产业链的上游和价值链的低端,产业发展版图被长久固定在狭窄的空间。建设现代产业体系就是一次大突围,突出重围就要以产业规划和产业体系规划设计为突破口,按照创新的规划设计理念,统一规划设计出产业可持续发展、可不断扩大的中原经济区现代产业体系建设蓝图,中原经济区现代产业体系建设蓝图也应该是可根据产业发展新动向调整的动态蓝图。

2. 借助当前金融危机背景下传统产业体系的瓦解以及产业转移提速,加快推进产业转型升级

中原经济区的提出适逢国际金融危机的冲击并未退去以及中国经济深刻转型的关键时刻,为现代产业体系构建提供了新的机遇,这场国际金融危机的强烈冲击是对全球所有产业和河南省现有产业的检验和遴选,从中我们可以看出某一产业的优势和缺陷。未来一段时期的现代产业体系建设,要借助金融危机的影响,毫不留情地展开产业结构调整,瓦解传统产业体系,加快传统产业体系向现代产业体系转变。一方面坚决淘汰落后产能、关停或改造"三高一低"企业,另一方面按照河南现代产业体系的"3+2"产业主体框架要求,引进具有"三高两低一自主"(高科技含量、高附加值、高投资密度,低耗能、低污染,有较强的自主创新能力)特征的新产业项目或企业。加快形成产业链完整、高附加值环节比重明显提高的现代产业体系。

3. 在充分挖掘传统比较优势与加快培育新的动态比较优势的基础上，建设突出中原经济区特色的现代产业体系

要想又好又快地建设现代产业体系，一要依托中原经济区的物产资源优势，推动农林牧渔产品和矿产加工产业向专业化、精深化、高科技化的高附加值转化，提升传统产业层次，加快产业转型。二要依托人力资源优势，加快劳动密集型与技术密集型结合产业、劳动密集型与服务型结合产业的发展，快速发展现代生产服务业。三要依托地理区位优势，加快商贸、物流、会展、信息、金融等现代服务业和加工组装产业的发展。四要依托人文资源优势，加快发展基于厚重的人文、历史资源、具有行业优势的文化产业，全面发展旅游、文化、创意等产业，提升层次。另外还要积极培育新的动态比较优势，现代产业分工已经逐步深入到产品内分工阶段，规模效益明显，产业集聚会产生累计循环效应，推动一个区域逐步做大做强新兴产业，中原经济区地处连接东西的核心地带，具有承接产业转移的先天优势，培育动态比较优势与发展新的产业支撑优势明显，一定要抓住机遇，加快发展步伐。

4. 拓展传统优势产业的升级空间，依托重工业优势打造强大的制造业发展平台

中原经济区总体上讲是一个重工业比重大的经济体，这是我们的比较优势，金融危机冲击下美国等发达经济体都在谋划通过再工业化寻求向制造业的回归，作为一个大国经济体，中国的产业转型将表现为与韩国、中国台湾甚至日本等经济体不一样的特点，保持一个强大的制造业平台是中国产业升级的基础，珠三角的再重工业化也促使我们要重新谋划重工业的发展，否则我们将在新一轮重工业布局中被"边缘化"。中原经济区在能源、原材料以及装备制造业等重工业上具有一定的产业基础，比较缺乏的是附加值，往价值链高端环节攀升空间巨大，更要发挥好重工业的优势，在有色金属、装备制造、钢铁、化工等优势产业领域加大研发投入，突破一批关键技术，培育一批新产业与新产品，延伸产业链条，提高加工度与附加值，大力推动传统优势产业向现代制造业转变。利用高新技术、先进适用技术、信息化技术改造提升机械装备、有色、建材等传统优势产业，促使传统制造业向高附加值制造业方向发展，加快产业升级，打造一个强大的制造业平台。制造业的转型升级，除了依靠科技创

新的附加值外,还依赖品牌、设计的附加值,这将为现代服务业提供广阔的发展空间和产业支撑,进而优化产业结构,构建新型产业体系。

5. 依托大型企业集团优化产业组织结构,打造更多的"蜂群型"产业集群

现代产业体系构建的主体是企业尤其是大型企业集团,中原经济区在国内产业区域分工中仍然处于弱势地位,其关键在于缺乏整合能力强的大型企业集团,也就弱化了核心企业在现代产业体系构建中的作用。中原经济区要加快现代产业体系建设步伐,提升产业水平和产业竞争力,就应该大力培育以"蜂王型"产业骨干企业为核心,以"蜜蜂型"企业为配套的"蜂群型"产业集群。一要培育更多在产业链中起领导和决定作用,并拥有较强核心技术或核心能力的"蜂王型"企业。二要培育大量"蜜蜂型"企业,在生产制造产业链中形成与"蜂王型"企业分工合作的配套企业群。三要培育"蜂王型"企业和大量"蜜蜂型"企业分工合作构成的"蜂群型"产业集群。这有利于建设产业组织更紧密的现代产业体系。

二、建立现代城镇体系

城镇化是中国当前及未来一段时期经济增长的一个主动力,而河南省较低的城镇化水平孕育着巨大的发展空间。根据省情探索一条适于河南省的新型城镇化道路,构建统筹协调的城乡支撑体系,破解二元经济结构矛盾,对于河南省经济社会发展意义重大。近年来,河南现代城镇体系建设扎实推进,"一极两圈三层"的城镇空间格局基本形成,但也存在城镇化率低、布局不合理等问题。建设中原经济区亟须加快现代城镇体系建设,形成层次分明、结构合理、功能互补、协调发展的现代城镇体系。

(一)现代城镇体系雏形初现

1. 现代城镇体系的总体框架基本形成

2010年6月《河南省城镇体系规划(2010—2020年)》通过了中国科学院、北京大学、建设部科技委等8个成员单位的技术评审,即将由国务院审批

后开始实施,现代城镇体系的总体框架基本形成,"一极两圈三层"建设稳步推进。郑汴新区建设迈上新台阶,"一极"即构建带动全省经济社会发展的核心增长极,就是"郑汴新区",由"郑州新区"和"开封新区"两个部分构成,涵盖中牟县,2010年8月国务院发布了《关于郑州市城市总体规划的批复》,原则同意《郑州市城市总体规划(2010—2020年)》,并指出河南省省会郑州是"我国中部地区重要的中心城市"。"两圈"即加快城市群轨道交通体系和高速铁路建设,在全省形成以郑州综合交通枢纽为中心的"半小时交通圈"和"一小时交通圈"。"三层"即中原城市群核心层、紧密层、辐射层。核心层指郑汴一体化区域,包括郑州、开封两市市区和"郑汴新区",紧密层包括洛阳、新乡、焦作、许昌、平顶山、漯河、济源等7市,辐射层包括南阳、鹤壁、濮阳、三门峡、安阳、商丘、信阳、周口、驻马店等周边9个省辖市。近年来,河南省大力推进"一极两圈三层"建设,目前总体格局已经基本形成。

2. 中原城市群建设成效显著

近几年,河南省持续推进中原城市群建设,相继出台了《中原城市群发展战略构想》、《中原城市群总体发展规划纲要(2006—2020)》,河南焦作新区、新乡平原新区、许昌新区同时获得"通行证",2009年郑州新区、开封新区、洛阳新区规划获批,河南六大城市新区规划蓝图一一呈现,规划建设的"郑汴新区"被河南省委、省政府列为"一号工程"。2010年8月国家发改委印发了《关于促进中部地区城市群发展的指导意见》,明确提出了中原城市群作为中部地区六大城市群之一。近几年中原城市群的经济增长速度一直高于全省平均水平,成为引领河南省经济发展的重要增长极,已经发展成为中部六大城市群的领跑者。

3. 城市结构进一步优化

河南省拥有较为完备的城市体系,大中小城市协调发展的现代城镇空间格局已经成形,包括国家区域性中心城市、地区中心城市、中小城市、小城镇、农村社区五个层次。郑州、洛阳进入全国特大城市行列,截止到2009年底,全省有设市城市38个(居全国第4位)、有17个省辖市、21个县级市(含省管济源市)、88个县城、50个区和904个建制镇,其中,特大城市2座,大城市7座,中等城市15座,全省城镇人口达到3758万人,占全国城镇人口总数的5.8%。

已形成了等级序列完整、层级结构分明、职能定位清晰、空间结构合理的大型中心城市、中小城市、小城镇各具特色、竞相发展的城镇体系。

4. 城镇基础设施建设取得明显进展

近年来,河南省大力实施"现代城镇体系建设工程",进一步强化城市基础设施建设,提高城市的承载能力,仅在2009年,河南就完成城建投资780亿元,同比增长66%,除了电力、电信、供水、供气等外,城市交通设施建设有重大突破。2009年国家发改委批准了《中原城市群城际轨道交通线网规划》,河南城际铁路有限公司在郑州正式成立,这标志着河南首批规划建设的总里程近500公里、投资600多亿元的中原城市群城际铁路建设正式拉开序幕,已经首批规划建设郑州至开封、郑州至焦作、郑州到新郑机场等总里程近500公里的7条城际线路,采用时速为200公里的动车组列车,总投资将超过600亿元,一个以郑州为中心的"米"字结构高速铁路网正在形成。郑西、郑渝、石武、郑焦专线以及郑州至济南和郑州经阜阳至合肥的两条专线目前正在进一步规划完善中。其中,郑焦铁路2009年底开工建设,郑渝铁路也于2010年开工。与此同时,已经开工建设的郑州地铁1号线,正在实施中的洛阳等城市的交通综合规划,也在迅速拉伸着城市框架。

(二)现代城镇体系建设中存在的主要问题

1. 大中城市数量少,中心城市规模优势不突出

河南省会郑州城市规模偏小、辐射带动作用不明显,在全国城镇体系中的等级地位不高;全省中等城市数量偏少,承上启下的节点作用不够突出;小城镇数量多,但规模小、功能不全,服务带动乡村地区发展的功能较弱;城镇间互补性不强,经济联系不够紧密。

2. 核心城市首位度较低,辐射带动能力不强

发达国家的城镇化实践表明,城镇化发展存在着"先聚集,再扩散"的一般规划,即在城镇化的初期和中期,人口首先向大中城市集中,然后再向周边地区扩展,形成都市区或大都市区。然而,河南省大城市发展却很不够,郑州作为河南城镇体系的核心城市,无论是从经济总量、质量、结构、环境,还是从地理位置、人才资源、城市功能等因素来看,都已具有核心增长极的一定条件

和基础,但是由于其首位度较低,经济实力较弱,集聚和辐射能力不强,导致其对全省城镇的辐射带动作用不明显。

3. 城镇化进程缓慢,城镇化水平偏低

目前,无论是与经济发达的沿海省份相比,还是与全国平均水平相比,河南城镇化进程滞后和城镇化水平较低的问题十分突出。2009年,河南省城镇化水平为37.7%,而同期全国平均水平为46.6%,落后了8.9个百分点。可以看出,河南城镇化率偏低,并且河南农业人口多,未来一段时期农村人口向城市人口转化的压力比较大,加之河南城市发展的公共服务能力仍然不强,对城镇承载力形成较大的挑战,提高城镇化水平牵涉到基础设施建设、公共服务能力建设以及教育、医疗、社会保障等一系列领域,这些均将增加提高城镇化率的难度。

4. 职能分工不尽合理,专业化职能不突出

由于受到地方利益的驱使,河南城镇体系中各城镇职能分工不尽合理,专业化职能不突出,产业同构和经济结构雷同现象比较严重,导致各城市之间对资源和产品销售市场的无序竞争,结果彼此制约,互补性差,经济联系弱,城镇体系处于一种松散状态,很大程度上制约了整个区域经济的发展和社会效益的提高。

5. 空间布局还有待优化

目前,河南省城镇体系初步形成了"一群、两心、三层、四带、五轴"的空间布局结构。但是随着经济社会的快速发展以及交通条件的改善,特别是高速铁路、高速公路、轻轨等的相继开工和建设,这种空间布局结构仍需进一步优化和调整。

(三)中原经济区框架下构建现代城镇体系的战略任务

从河南省情出发,按照合理分工、发挥优势、形成合力、协调发展的原则,建设"向心布局、集群发展、两规衔接、五个层次"的现代城镇体系。"向心布局",就是大力实施中心城市带动战略,在全省形成以郑州为中心的"一极两圈三层"的空间布局;"集群发展",就是全省18个省辖市构成中原城市群,省辖市以上中心城市实行集群、组团发展;"两规衔接",就是城镇体系规划和村

镇体系规划要有机衔接,为实现城乡统筹创造条件;"五个层次",就是尽快形成国家区域性中心城市、地区中心城市、中小城市、中心镇和新型农村社区协调发展、互促共进的现代城镇体系。

1. 提升郑州全国区域性中心城市地位

国务院刚刚批复的郑州市城市总体规划,将郑州定位为中部地区重要的中心城市、国家重要的综合交通枢纽。要认真组织实施这一总体规划,加快建设新区各组团,加快建设现代综合交通枢纽,全面提升环境质量,着力推进产业结构向高端发展,不断增强对中部地区的区域中心服务功能和对中原经济区的辐射带动能力。要加快推进郑汴新区规划建设,努力把郑汴新区打造成中原城市群核心增长极,2015年郑汴一体化区域城镇人口力争超过600万人,2020年达到800万至1000万人。要以交通一体为突破口,加快建设干线铁路、干线公路和城际轨道交通、城际快速客运通道、城际快速货运通道"两干三城"交通体系,积极推进产业链接、服务共享、生态共建,尽快实现开封、许昌、新乡、焦作、洛阳与郑州发展的对接,积极推进大郑州都市圈建设。

2. 推动省域中心城市加快发展

按照规模做大、实力做强、功能做优、环境做美的原则,发挥比较优势,加快发展,壮大各省辖市规模,增强聚集和辐射带动作用,使之成为各区域空间组织的核心。加强省辖市城市建设,优化空间布局,提升城市品位,强化中心市区的综合服务功能。促进中心城市各组团产业集聚发展、完善城市基本功能,形成相对独立的城市区。构筑各组团与中心城区的便捷交通联系,推动形成以中心城市为核心、周边小城市和中心镇为依托的城镇集群,使中心城市成为区域政治、经济、文化服务中心。要进一步增强洛阳全省副中心城市作用;其他省辖市城市要尽快进入大城市行列,基础条件好的要发展成为特大城市。

3. 以县城为重点加快发展中小城市

通过建设各具特色的产业集聚区,积极培育特色产业,壮大支柱产业,加强基础设施和社会服务设施建设,提升城镇功能和综合承载力。今后一个时期,力争使县城成为全省吸纳农村人口转移的主渠道。因为不仅农民在县城落户的成本比到大城市要低得多,而且人文环境相近,进城农民有较强的归属感。要把中小城市和县城发展作为推进城镇化的重点,提升规划建设标准,提高综合承载能力,促进农村人口就近转移。为此,每个县都要努力做到"三个一":建设好一个产业集聚区,培育一个超百亿的特色主导产业,形成一个人口规模超20万的城市,有条件的县城要努力向大城市发展。

4. 因地制宜发展中心镇

发挥小城镇连接城乡的关键节点作用,合理布局,适度发展。支持已经形成一定产业和人口规模、基础条件好的中心镇,通过加快专业园区建设,进一步提升发展质量,逐步发展成为10万人以上的小城市。支持具有资源和产业基础条件的特色镇,发展特色明显的矿产资源、农产品加工和文化旅游服务业,逐步做大城镇规模。引导不具备产业集聚条件的小城镇,逐步发展成为周边农村提供生产生活服务的社区中心。

5. 稳妥推进新型农村社区建设

积极推广新乡市建设农村社区服务中心的经验,按照"规划先行、就业为本、农民自愿、量力而行"的原则,在具备条件的农村通过"迁村并点",积极稳妥推进新型农村社区建设。加强水、电、路、电话、广播电视、互联网等基础设施建设,发展社会事业,以生产生活方式的改变,促进农民思想观念的转变,不断提高农民素质,增加农民收入。

三、建立自主创新体系

作为加快经济发展方式转变的核心环节,近几年,河南自主创新体系建设取得突破性进展,在自主创新体系五大层次上均有重大突破,即以企业为主体,以研发中心、重点实验室为载体,以重大科技专项为抓手,以高新技术产业集聚区为基地,以技术研发联盟创新机制,从而提升自主创新能力和核心竞争力,显著提高了科技进步对经济增长的拉动力。中原经济区建设无疑为构建自主创新体系提供了更广阔的产业、人才、要素及市场基础,将进一步加快自主创新体系建设。

(一)自主创新体系建设取得的主要成绩

1. 明确了自主创新体系建设的总体思路

2009年出台的《河南省自主创新体系建设和发展规划(2009—2020年)》,提出了明确的建设目标与重点任务,到2020年,河南省要基本形成要素完备、配置高效、协调发展、充满活力的自主创新体系。其核心是以企业为主体、市场为导向、产学研用紧密结合的技术创新体系。全社会研究开发投入占生产总值的比重达到2.5%;科技进步贡献率达到60%;高新技术产业增加值占工业增加值比重达到33%;年专利申请量超过3万件,发明专利授权量进入全国前10位;取得一大批在全国乃至国际上具有重大影响的科技成果;总体自主创新能力进入全国先进行列,完成建设创新型河南任务。2009年10月河南省委、省政府召开全省自主创新体系建设大会,安排部署全省自主创新体系建设工作,大力推动自主创新跨越发展战略深入实施。

2. 自主创新体系建设工程取得新突破

近几年,河南省自主创新体系建设明显提速,2009年重大科技专项实现重大突破,由郑煤机集团承担的重大科技专项"大采高可靠性液压支架及电液控制系统",开发出世界最大采高7米的液压支架,并攻克了电液控制系统,胡锦涛总书记批示"谨表祝贺"。"粮食丰产科技工程"实现万亩连片小麦、夏玉米一年两熟,平均亩产1548.6公斤,单产达到国内领先水平。华兰生物的"甲型H1N1流感疫苗"已向国家供应4000万人份,占全国总数的45%。高水平科技成果创历史新高,2009年河南省获国家科技进步特等奖1项,占全国总数的1/3;获国家科技进步一等奖3项,接近全国总数的1/6;获国家科技进步奖总数达到25项。高层次科技人才培养结出硕果,首批3位中原学者中的张改平、申长雨分别当选为中国工程院院士、中国科学院院士。企业技术创新实力大幅提高,河南省依托企业申报的"高压输变电装备"、"粮食加工机械"和"兽用药品"3个国家工程技术研究中心获得批准,占全国总数的1/9。2010年河南省申报的"矿山重型装备国家重点实验室"、"盾构及掘进技术国家重点实验室"、"先进耐火材料国家重点实验室"、"新型钎焊材料国家重点实验室"、"浮法玻璃技术国家重点实验室"成功入选新一批国家重点实验室建设计划名录。

3. 科技投入不断增大

河南省政府于2006年颁布《河南中长期科学和技术发展规划纲要(2006—2020年)》，重大科技专项正式启动实施。首批重大科技专项包括：主要农作物新品种选育、农副产品深加工、特高压输变电装备关键技术、有色金属深加工关键技术及装备、数字化装备关键技术、新型功能材料及制品关键技术等11项。近年来，河南省重大科技专项的政府支持力度不断加大，新启动的重大科技专项数量由开始的每年5到6项增加到18项，投入财政经费总额由5000万元提高到1.5亿元，引导企业新增研发投入8.87亿元，建设投入85.42亿元，年新增销售收入达到185.73亿元，2009年全年研究与试验发展(R&D)经费支出149亿元，比上年增长20.1%。通过一系列关键技术的突破，带动形成和壮大了一批新兴战略支撑产业。目前，河南省实施的重大科技专项主要围绕新型电力电气装备产业、硅—光伏产业、煤化工产业、生物及新医药产业、数字化装备产业、有色金属精深加工产业、新型功能材料及制品产业、光电产业、生物能源产业和节能环保技术产业。2009年全省实施的20项重大科技专项，使企业大大增强了自主创新能力和核心竞争力，在应对金融危机和促进经济转型升级中发挥了重要作用。

4. 自主创新能力明显提高

"十一五"以来，河南认真实施自主创新跨越发展战略，加快创新型河南建设，自主创新能力明显提高。"十一五"以来河南共获得国家科技奖励49项，其中国家科技进步一等奖3项，国家技术发明奖3项。截止到2009年12月底，河南省全年专利申请达19589件，位居国内第11位，在3种专利申请中，发明专利申请为4951件，占专利申请总量的25.3%，2009年河南省专利授权量实现了历史性突破，首次突破万件大关，达到11428件，位居国内第9位，在获得授权的3种专利中，发明专利为1130件，较上年同期增长69.2%，从总体上看，2009年专利申请和授权结构日渐合理，专利质量得到了进一步提升。创新主体不断壮大，截至2009年年底，全省共有国家级企业技术中心40个，省级企业技术中心521个，省重点实验室62个。年末共有国家级创新型试点企业14家，省级创新型试点企业140家，拥有科学研究与技术开发机构1900个,从事科技活动人员22.65万人。创新环境逐步优化,公布了一批地方性科技法规,制定了一系列促进自主创新的政策,出台了一批加快自主创新的重大措施。科技创新对经济发展的支撑作用进一步显现。

(二)构建自主创新体系的主要障碍

1. 全社会自主创新意识相对比较薄弱

由于河南的产业结构偏重,本土企业很难掌握前沿技术,技术改造与提升方面长期侧重于引进与模仿,加之自主创新体系建设并非一朝一夕之功,面临着较大的投资风险,造成全社会尤其是企业自主创新的意识与沿海相比比较薄弱,由于所处的发展阶段,地方政府抓经济发展主要着眼于扩大投资规模,缺乏依靠自主创新推动发展的自觉意识,政策引导上对自主创新缺少激励,不少企业单纯追求数量和速度,缺乏依靠自主创新实现可持续发展的意识和动力。社会也尚未形成鼓励创新、支持创新的意识和氛围,对创新重要性的认识有待提高。

2. 自主创新能力不强

虽然近几年科技投入连年增加,自主创新体系建设有所进步,但是从全国范围看,河南的自主创新能力仍然比较弱,2008年河南省高新技术产业占规模以上工业增加值的比重仅为19.2%,全省科技投入强度仅为0.77%,不到全国平均水平的一半,位居全国21位,中部地区倒数第1位,研究与试验发展经费支出占生产总值的比重只有0.8%,不足全国平均水平1.62%的一半,企业研发投入占销售收入的比重仅为0.83%,低于全国平均水平0.39个百分点,高技术产业增加值仅占工业增加值的3.8%,据国家科技部测算,2008年河南科技进步指数仅为37.4%,居全国第25位,专利申请量与授权量均不足广东、江苏等省的20%,全省大中型企业建有研发机构的仅为23%。能够解决河南省经济社会发展重大关键问题的高新技术和自主创新成果少,自主创新能力明显偏弱。

3. 自主创新的激励机制尚不完善

创新是一项创造性的工作,并且其社会效益大于私人效益,如果缺乏有效的激励机制,则创新主体的活力和动力不足。就目前河南的情况看,企业尚未真正成为技术创新主体,产学研紧密结合的机制尚未真正建立,科技创新管理的统筹协调不够,有限的科技资源没有得到优化配置,支持和鼓励创新的环境有待进一步优化,国家和省激励科技创新的政策有些没有得到很好落实,有利于培养、吸引、留住人才,支持创新人才脱颖而出的社会环境尚未形成。

4. 创新型人才较为缺乏

2009 年,河南省专业技术人才占全省总人口的 2.5%,低于全国 3.4% 的平均水平。高水平研发团队和领军人才缺乏,目前在河南工作的"两院"院士仅有 17 人,而周边的湖北、山东、陕西分别为 55 人、31 人和 37 人。河南省地处内陆,对于人才尤其是高新技术人才的吸引力与沿海城市相比较弱。吸引人才方面的政策也落后于沿海城市,即使与地处内地的四川、陕西相比,河南人才储备也没有优势,陕西科研单位有 1760 家、高等院校 50 多所,而目前河南省高新技术产业从业人数 23 万人,其中科技人员仅为 7.6 万人,无论从数量上,还是技术实力上,差距都是巨大的。

(三)中原经济区框架下构建自主创新体系的路径选择

1. 支持设立一批重点领域的产业技术联盟

当前,产业技术发展模式已经发生了巨大变化,引发了产业竞争格局的重新"洗牌",开放式创新成为企业加快提升创新能力的一个重要途径,国内外许多企业通过参与和创建各类产业联盟从中受益,其示范效应、扩散效应和联动效应也会带动更多企业自主创新能力的不断提升。可以说,产业联盟目前已成为一种重要的产业组织形式,它对区域产业发展、企业成长特别是高新技术企业的快速成长深具意义。河南已经建立了河南省超硬材料产业战略联盟、河南省电动汽车产业联盟等,取得了不俗的成绩。中原经济区跨越七省,该区域内资源禀赋与产业基础相近,技术合作空间巨大,创新体系建设需要在跨省层面加强合作,企业间的产业技术联盟在其中必然要发挥更大的作用,政府应出台一些优惠政策,推动跨省跨市的产业技术联盟设立,强化技术合作。

2. 积极培育一批高端创新人才

河南 2007 年启动实施的创新型科技人才队伍建设工程,目前已支持"中原学者"15 人,科技创新杰出人才 221 人,科技创新杰出青年 352 人,创新型科技团队67个,其中,已有2名"中原学者"分别当选中国科学院、中国工程院院士,16人获得国家科技进步奖,3人领衔的实验室被认定为国家重点实验室,可以说取得了较大成绩。未来一段时期,河南更要借助中原经济区这一战略平台,培养和引进一批具有国际先进水平或在国内得到广泛认可的技术领军人才、领军后备人才,带动形成一批创新团队,造就一支综合素质过硬、专业贡献重大、团队效应突出、引领作用明显的创新型科技人才队伍。形成一支在国内外有重要影响、思想道德素质过硬、学术技术水平领先、被业内广泛认可的科技领军人才队伍。这支队伍由四个层次的梯队组成,即:"两院"院士群体;15名以"两院"院士后备人才为主的"中原学者";100名左右覆盖各行各业的科技创新杰出人才;500名左右科技创新杰出青年人才。形成一批由"两院"院士和其他科技领军人才带领的100个左右的杰出科技创新团队。通过科技领军人才和科技创新团队的培养、带动,形成一支2万人左右的创新型科技人才骨干队伍。

3. 加快科技成果产业化进程

由于历史原因,河南省区域内缺少国家级的科研机构,学科布局与河南的整体科技需求有较大差距,要借助中原经济区这个高层次平台,吸引大型科研机构如中国科学院及各领域的国家级科研院所在河南设立成果转化基地,2010年4月在郑州揭牌的河南省中国科学院科技成果转移转化中心,同时揭牌的还有中国科学院河南矿产资源勘探研究示范基地,这是河南省搭建起的科技成果转移转化新平台,河南中心围绕河南重点领域和支柱产业,先期建立绿色化工、新材料、现代农业、生态环境、光机电和矿产资源探测装备研制与应用等6个分中心,累计实现向河南转移转化中科院科技成果200项以上。"十二五"期间,河南中心将再建立5个转移转化分中心,建立8—10个转移转化示范基地,逐步形成覆盖全省18个地市的科技成果转移转化体系,到"十二五"末,向河南省转移转化的中科院科技成果累计将达到500项以上。同时,要大力发展技术中介机构以及技术交易中心与产权交易中心,推进科研机构改制,加快产学研合作平台建设,使科技投入更加贴近市场,缩短科技成果产业化进程。

4. 构建适合中原经济区产业特点的自主创新体系

中原经济区地处内陆,资源特色与比较优势明显,产业结构特征突出,在产业内分工、产品内分工日趋发展的当今世界,区域自主创新体系建设并不是面面俱到,而是要发挥比较优势,依托主导产业,集中在重点领域里寻求技术突破,占领技术制高点。如在食品工业、有色金属、煤化工、粮食加工业等领域,河南及其周边地区已经成为全国最大的产业基地,具有雄厚的产业基础与技术积累,具有突破技术前沿的能力,应加快科研资源向这些产业领域倾斜,吸引全国乃至全球技术要素向中原经济区集聚。而对于本区域不具有优势的技术领域,如电子信息、汽车等,则应以吸引产业转移为主,关键科技资源要集中在产业链的某一具有比较优势的环节上,实现重点突破。河南有关部门有必要对中原经济区的产业特点、资源禀赋、技术积累、人才储备、市场空间等进行一次梳理,找准一批本区域具有优势的关键技术领域,加大投入力度,构建适合中原经济区产业特点的自主创新体系。

四、推进产业集聚区建设

作为建立现代产业体系、现代城镇体系和自主创新体系的重要载体以及转变经济发展方式的战略突破口,近年来,河南产业集聚区发展进入一个新的历史阶段,到2009年底,180个产业集聚区已经入驻企业1.4万家,2009年,全省产业集聚区实现营业收入12645亿元,工业增加值达到3200亿元,完成固定资产投资3884.7亿元,从业人员达272.78万人,2010年上半年,累计完成投资2090.4亿元,标准厂房完成投资114.1亿元,工业项目完成投资1445.7亿元。在金融危机冲击下产业集聚区保持着快速、健康发展的良好势头,中原经济区一方面将为产业集聚区建设注入新的动力与活力,另一方面也将加剧产业集聚区之间的竞争,如何突破行政区划观念,构建多赢格局,是中原经济区建设中面临的一个关键问题。

(一) 产业集聚区建设扎实推进

1. 生产要素集聚效应明显

当前,河南省180个产业集聚区初步完成了总体规划编制,产业集聚区用地规划全部纳入新一轮市县级土地利用总体规划范围,按照"节约、集约、循环、生态"的发展理念与"企业集中布局、产业集群发展、资源集约利用、功能集合构建"的"四集"根本要求,基础设施建设加快推进,2009年累计完成投资462亿元,2010年上半年全省产业集聚区基础设施投资461.7亿元,集聚区内道路、标准化厂房、水电气等建设有序展开,通过土地集中布局、项目集中规划、产业集聚发展、基础设施统一实施等措施,为土地集约利用、污染集中治理、社会服务共享、循环经济发展等创造前提条件,承载能力进一步增强,有效促进了各地生产要素的集聚,土地、劳动力、资本、技术等生产要素实现了重新配置,实现了"1+1>2"的优化效应,如沁阳的沁北工业集聚区,依靠太行山,实现了"工业出城、项目上山",直接节约耕地3000公顷,节约了大量的社会成本,降低了环境污染,为建设资源节约型、环境友好型发展模式提供了良好的示范,促进了区域经济的集约型发展。

2. 重大项目建设全面展开

经济发展方式转变需要高层次产业项目的强力支撑,为促进产业集聚区发展,政府部门出台了一系列优惠政策促进重大项目往集聚区集中,政策支撑有力促进了重大项目向产业集聚区的集中,2009年全省产业集聚区实际利用省外资金1200亿元,占全省的54.5%,中航洛阳锂离子电池、焦作光电产业园等一批对产业转型升级具有重大引领作用的标志性项目相继落地,新开工千万元以上项目2829个,投产项目1840个,在建项目2422个,完成主营业务收入超过9000亿元,2010年整体目标是力争完成投资4000亿元,实现营业收入超过11000亿元。2010年上半年,全省产业集聚区实际引进省外资金985.8亿元,引进项目1779个,为产业集聚区发展增添了新动力。产业集聚区重大项目建设的稳步推进,一大批传统产业技改、战略性新兴产业、自主创新等领域的项目建设顺利展开,投资结构得到优化,奠定了经济发展方式转变的微观基础。

3. 产业转型升级步伐明显加快

随着产业集聚区建设的全面展开,基础设施与软环境建设全面推进,产业集聚区成为承接产业转移的新平台,一大批高层次产业项目落地,变过去的"单一项目招商"为"链条整体招商",不仅注重引进龙头企业,也注重引进上下游产业配套项目,如中牟汽车产业园,目前已经有日产、海马和宏宇3家整车生产企业和20多家汽车零部件生产企业,汽车年产量达8.7万台,实现销售收入75亿元,初步形成中原汽车及零部件产业发展平台。目前各产业集聚区内部大、中、小企业配套合作的产业网络体系正在形成,落后产能淘汰步伐加快,产业结构优化升级明显提速,一批大型企业集团不断壮大,产业链竞争力显著增强,企业是经济发展方式转变的主体,逐步壮大的龙头企业将成为推进经济发展方式转变的主要推动力。

4. 人力资源支撑能力显著提高

人力资源素质不高是制约河南经济发展方式转变的关键制约因素之一,河南劳动力整体素质不高,劳动年龄人口中初中及以下学历占79.1%,2009年专业技术人才占全省总人口的2.5%,低于全国3.4%的平均水平。产业集聚区加大人才政策支持力度,省有关部门在引进高层次人才、设立科研工作站、吸引留学人员来豫创业等方面向产业集聚区予以重点倾斜,对产业集聚区引进的高层次和紧缺人才,由所在地政府在科研启动经费、岗位津贴以及级别待遇、住房补贴、家属随迁等方面实行优惠措施。两年来产业集聚区引进了一大批高素质人才,通过"干中学"、"用中学",技术工人素质稳步提升,如淮滨的江淮造船工业园,大力发展造船业,园区内直接从事船舶生产的产业工人达5500人,带动了原材料、电力、机械、轻工、商业、物流、社会服务等相关产业的发展,为社会提供劳动就业机会2万个以上,为产业规模扩张与转型升级储备了大量的人才,增强了经济发展的后劲。

(二)产业集聚区建设面临的关键制约因素

1. 主导产业选择趋同,错位发展格局尚不明朗

空间因素之所以对经济发展方式转变至关重要,主要体现在逐步形成区域间产业错位发展格局,促进生产力空间布局优化上。从这个视角看,河南产

业集聚区对经济发展方式转变的支撑力尚没有完全释放出来,虽然在产业集聚区建设中强调了发挥比较优势、突出地方特色的基本原则,但是,由于传统体制的约束,区域竞赛普遍存在,招商引资中的竞争甚至有增无减,主导产业选择趋同明显,很多产业集聚区都把食品、纺织、有色金属、化工、机械制造、汽车及零部件等产业列入支柱产业,在战略性新兴产业选择上又都把光伏产业、锂电池、生物制药等列入重点发展行业,一定程度上造成了区域比较优势与产业发展的错位,使得各产业集聚区的比较优势不能有效发挥出来,势必在未来一段时期造成过度投资、重复建设与恶性竞争,从而在传统发展方式上形成路径依赖。中原经济区提出后,河南经济社会发展面临的区域竞争将会呈现新的格局,各产业集聚区在招商引资、项目落地、政策优惠等方面的竞争将更加激烈,更需要在产业选择上做好规划。

2. 产业链不完整,产业分工合作体系远未形成

河南重工业比重较大,从某种程度上也是我们的优势,当前发达国家及沿海地区正在寻求向重工业的回归,我们就更应该发挥好这个比较优势。发挥重工业比较优势的一个主要路径就是延伸产业链条,提高产业附加值,打造龙头企业,形成在整条产业链上的竞争优势,主导国内区域产业分工与利润分配格局。当前,产业集聚区依托比较优势正在沿着这一路径加快发展步伐,但是目前尚没有形成完整的产业链条,加工链条短,附加值偏低,上游产业大、中下游产业小的格局仍然存在,产业集聚区实质上是企业堆积而非产业集聚,加之受条块分割的影响和不同行政区地方政府追求各自利益最大化的影响,各个地区产业发展往往自成体系,缺乏合理有效的分工协作,产业结构趋同现象较为严重。当前,除一些发展较为成熟的产业集聚区外,大多数产业集聚区内部企业间分工协作不够,关联度不高,产业互补性不强,产业分工合作体系远未形成,由此导致的竞争力弱、技术进步慢、知名品牌少等问题,在一段时期内仍将制约着河南经济发展方式的根本性转变。

3. 行政区划意识较强,经济区理念尚未深入人心

显而易见的是,当前产业集聚区建设仍然是各地方政府主导,行政区划特征明显,政府工作人员、企业家以及人民群众的行政区划意识短期内仍然难以消除。因此,当前产业集聚区发展的边界约束仍然存在,阻碍了生产要素的合

理流动,重大基础设施规划建设协调对接不够,公共资源配置分散,生态建设与环境保护协调性差,上游污染、下游治理现象客观存在,"看不见的墙"在产业集聚区之间、产业集聚区与周边区域之间无处不在,行政壁垒色彩比较浓厚。而纵观国内外区域合作案例,欧洲一体化成效显著,泛长三角、泛珠三角、环渤海湾、海西经济区等跨区域合作平台日益成熟。作为一个省域经济体,河南产业集聚区之间协调发展的格局尚未形成,联动发展的机制亟待完善,中原经济区突破了河南的行政边界,如何协调各区域之间的产业集聚区淡化行政区划观念,在合力打造中原经济区中实现多赢,努力构建建立在区域比较优势基础上的中原经济区发展格局,河南尚有许多工作要做。

4. 支撑网络体系不健全,推进机制尚不完善

虽然河南为加快产业集聚区建设已经出台了一系列政策措施,积累了一些经验,但是由于时间不长,加之近两年国际金融危机导致的国内外环境的剧烈变化,实际上包括政策体系、创新体系、人才支撑体系等在内的支撑网络体系还不健全,建设推进机制尚不完善,制约着产业集聚区建设的进一步展开。针对这一问题,2010年3月,河南省出台了《关于建立完善产业集聚区推进工作机制的通知》,进一步完善了产业集聚区发展联席会议制度,明确了各单位、各部门的责任分工,完善了省辖市、县(市)推进工作机制,并初步建立了考核评价机制,说明省委、省政府已经高度重视这一问题,但是,具体落实尚需时日,形成一套完善成熟的推进机制不能一蹴而就,还需要各级管理、服务部门共同努力,及时总结经验教训,根据实际情况调整政策措施,调动社会资本参与产业集聚区建设与经济发展方式转变的积极性,确保180个产业集聚区快速、健康发展,早日成为推进河南经济发展方式转变的有力支撑。

(三)中原经济区框架下加快产业集聚区建设的若干建议

1. 建立中原经济区产业集聚区发展协调机构

中原经济区以河南省为主体,延及周边省份部分相邻地区,区域之间如何协调难度很大,尤其是当前国内产业转移提速,中部地区成为重要的产业承接地,各区域均在大力招商引资,推进产业转型升级,区域竞争十分激烈。河南沿边区域产业集聚区与邻省产业集聚区地处同一区域,区位优势与资源优势

比较接近,竞争难以避免,如何引导产业集聚区之间有序竞争与合作,迫切需要建立一个中原经济区产业集聚区协调管理结构,定期召开会议,就产业定位、招商引资、要素流动等问题进行磋商,增强区域间的协调与沟通,建议成立一个涵盖中原经济区所有地级市的市级协调机构,并成立区域合作发展论坛,每年就有关中原经济区建设中的重大问题与前沿研究进行讨论,统一思路,共同发展。

2. 实行差别政策,引导有序竞争

两年来,产业集聚区发展取得了好的成绩,也反映出了一些问题,解决这些问题,需要进一步的政策创新与制度创新,由于各个产业集聚区所处的区位、拥有的资源、发展的阶段、面临的制约等均存在很大的不同,需要不同的政策措施,避免由于相互竞争降低入驻项目的质量,否则,河南180个产业集聚区以及周边省份的产业集聚区之间容易陷入新一轮的恶性竞争、重复建设中,短期内发展速度可能很快,但长期看可能会延续传统产业发展方式,不利于经济发展方式的转变。应根据不同情况,拿出一些支持产业转型升级的资金支持与政策优惠,促进产业转型,尤其是对于河南省沿边产业集聚区要出台合适的政策,引导他们与周边其他省的产业集聚区协同发展,构建双赢格局,做厚中原经济区的边界。

3. 创新考核方法,转变发展方式

以营业收入、建成面积、投资强度、税收等为主的考核方式在产业集聚区建设初期是可以的,但是发展到一定阶段后,必须适时转变到以质量指标为主的考核方式上来,要增加创新能力、单位工业增加值能耗以及研发投入、专利量等指标的权重。当前公布的《河南省产业集聚区发展考核指标体系指标单位权重》数量型指标明显偏重,营业收入(20%)、建成面积(20%)、投资强度(15%)、税收(15%)四项指标合计占70%,而两项环保指标各仅占5%,科技创新指标仅一项,权重也偏小(10%),应随着集聚区建设的进度适时调整,提高质量型指标的权重,也应补充进去一些新的指标如研发投入比重、专利量、技术人员比重等,以确保产业集聚区建设沿着正确的路径展开,尤其是在中原经济区这个大框架下,由数量型考核向质量型考核转变才能促进不同行政区划下的区域协调发展,引导各级政府部门逐步淡化行政区概念,早日形成经济区概念,使产业集聚区真正成为加快中原经济区发展方式转变的平台。

4. 出台产业发展指导目录,构建错位发展格局

根据中原经济区的比较优势与产业发展情况,尽快出台产业发展指导目录,限制一批传统产业、"两高一低"产业入驻产业集聚区,对于新兴产业项目、自主创新项目、产业链延伸项目、产业升级项目给予更大的支持。应根据区域资源优势、环境承载能力、主体功能规划、产业发展基础等情况,对不同产业集聚区的入驻项目进行审核与筛选,避免入驻项目偏离区域比较优势,遏制恶性竞争,促进同类产业项目向优势区域聚集,促进产业集聚区由企业堆积向产业集群转变,提高产业发展质量,建立产业发展协调机制,推进不同产业集聚区之间尤其是跨省之间的产业对接与优势互补,构建错位发展、深度合作的新格局,进一步优化中原经济区的产业布局。

第十二章 中原经济区经济发展方式转变

转变经济发展方式,是我们党总结近 30 年经济发展和改革开放的实践,在探索和把握经济发展规律的基础上提出的重要方针,也是从当前我国经济发展的实际出发,科学分析我国在新世纪、新阶段面临的新课题、新矛盾而提出的重大战略。把加快经济发展方式转变作为深入贯彻落实科学发展观的重要目标和战略举措,毫不动摇地加快中原经济区经济发展方式转变,不断提高经济发展的质量和效益,不断提高经济的国际竞争力和抗风险能力,对促进中原经济区经济又好又快发展,实现全面建设小康社会的奋斗目标,具有十分重要的意义。

一、经济增长方式与经济发展方式

从"转变经济增长方式"到"转变经济发展方式",体现了科学发展观的要求,反映了我们党对经济发展规律认识的又一次飞跃。目前,加快转变经济发展方式已经成为我国当前和今后很长一段时间内的重大战略任务。

(一)经济增长方式与经济发展方式的内涵

经济增长方式,通常指推动经济增长的各种生产要素分配、投入、组合和使用的方式。我们可以从不同角度划分经济增长方式,例如:按要素投入划分,分别有资本密集型、劳动密集型和技术密集型的经济增长方式;按增长主体功能作用划分,分别有政府导向型和市场导向型的经济增长方式;按市场供求内外部因素划分,有内需驱动型和外需拉动型的经济增长方式;从需求要素划分,有投资拉动型、消费推动型、出口带动型的经济增长方式;从数量与质量关系角度看,有外延粗放型和内涵集约型的经济增长方式。粗放型经济增长方式是指主要依靠增加资金、资源的投入来增加产品的数量,从而推动经济增长的方式。而集约型经济增长方式则是主要依靠科技进步和提高劳动者的素质来增加产品的数量和提高产品的质量,推动经济增长的方式。经济增长的结果或直接表现就是生产能力的扩大和物质财富的增加,经济增长的衡量指标通常是排除通货膨胀因素以后的国民生产总值或人均国民生产总值的增长(当然,也可以用实物产品产量的增长来表示)。

经济发展方式,通常指在一定的经济发展阶段、一定的经济发展战略和一定的经济体制下,实现经济发展的方法、途径和模式。经济发展的内涵比经济增长更广泛、深刻,它强调经济系统由小到大、由简单到复杂、由低级到高级的变化,是一个量变和质变相统一的概念,不仅包含生产要素投入变化,而且包括发展的动力、结构、质量、效率、就业、分配、消费、生态和环境等因素,涵盖生产力和生产关系、经济基础与上层建筑的各个方面。因此,经济发展方式除了包括经济增长方式所指的生产要素组合、配置方式外,也包括与之相协调的社会进步;既表现为数量和速度,更表现为质量和效益;既要以经济总量来衡量,也要以结构优化、区域协调、城乡同步、生态平衡、环境改善、教育发展、收入提高、分配公平、社会稳定等指标来衡量。评价经济发展方式的指标,不仅包括衡量经济增长的相关指标,如国内生产总值、固定资产投资、财政收入、进出口总额、社会消费品零售总额等等,还包括结构的变化、环境的变化、社会发展、民生改善等相关指标。

(二)中国从转变经济增长方式到转变经济发展方式的形成脉络

从转变经济增长方式到转变经济发展方式,标志着我国经济发展观的不断完善和内容的不断丰富。新中国成立初期,我们党就在探索如何把我国建设成为一个社会主义工业化强国。在改革开放之前已经提出了实现四个现代化的目标。改革开放以来,我们党十分重视经济发展方式问题。早在20世纪

80年代初,中央就明确提出转变经济增长方式思想。"九五"计划提出了实现经济体制和经济增长方式两个根本性转变的战略任务,要求实现经济增长方式从粗放型向集约型转变。"十五"计划又提出经济结构战略性调整要取得明显成效、经济增长的质量和效益要显著提高。党的十二大提出,把全部经济工作转到以提高经济效益为中心的轨道上来。党的十三大提出,经济发展要从粗放经营为主逐步转上集约经营为主的轨道。党的十四大提出,努力提高科技进步在经济增长中所占的含量,促进整个经济由粗放经营向集约经营转变。党的十四届五中全会明确提出,实现经济增长方式从粗放型向集约型的根本性转变。党的十五大、十六大对转变经济增长方式提出了进一步要求。

2007年6月,胡锦涛总书记在中央党校的重要讲话中第一次提出"转变经济发展方式,是在探索和把握我国经济发展规律的基础上提出的重要方针,也是从当前我国经济发展的实际出发提出的重大战略"。同年召开的十七大提出,"实现未来经济发展目标,关键要在加快转变经济发展方式、完善社会主义市场经济体制方面取得重大进展",把转变经济发展方式正式写入了党的报告。2010年2月,胡锦涛总书记在中央党校专题研讨班强调,转变经济发展方式关键是要在"加快"上下工夫、见实效,并提出了"加快推进经济结构调整、加快推进产业结构调整、加快推进自主创新、加快推进农业发展方式转变、加快推进生态文明建设、加快推进经济社会协调发展、加快发展文化产业、加快推进对外经济发展方式转变"八个方面的要求。

在我国经济发展的长期过程中,在经历了高速增长和转变经济增长方式的艰难后,提出经济发展方式的转变成为必然。从转变经济增长方式到提出转变经济发展方式,意味着我国更加重视经济发展的质量和效益,更加强调经济社会的和谐发展,更加注重增长成果的共享性,体现了我国经济发展理念的深化、发展道路的拓展。转变经济发展方式这一战略的提出,为我国经济又好又快和坚持与发展中国特色社会主义提供了方法论指导,使我们党关于经济社会发展的理论体系更加完备,意义更为重大和深远。

(三)经济增长方式与经济发展方式转变的关系

转变经济发展方式就是经济发展方法、途径和模式的转变。要切实实现转变经济发展方式,有必要认真厘清经济增长与经济发展方式转变的关系,以便在实际工作中把握重点,明确目标和方向。

历史唯物主义认为,经济增长与经济发展的关系是辩证的联系。经济增长与经济发展既有联系又有区别,经济增长指的是 GDP 或人均 GDP 的增加,强调的是量的增加。经济发展方式包含经济增长的内容,但不是简单地等同于经济增长概念。经济发展不仅仅包括更多的产出和量的增加,还包括经济结构的优化、生态环境的改善、发展成果的合理分配等内容,在这个基础上实现增长。经济发展更注重质的提高,是质和量的统一。区域经济增长是经济发展的基础和前提,没有经济增长就谈不上经济发展。经济发展是经济增长的目标,但是,经济增长并不必然带来经济发展。具体来说二者还是有递进性、发展性的区别。发展是积极的推动,更强调经济发展对社会的正向作用和影响,而经济增长方式更多地强调数字的量度,它对社会既可以产生正向作用也可能产生负向作用。从这方面来说,经济发展方式的表述较之经济增长方式的表述,正向作用更清晰更准确。转变经济发展方式由于更加注重经济社会综合协调发展的内涵,更全面更直接地体现了科学发展观的理念,体现了发展的耦合性、关联性、价值性和人文性的统一,其本质上就是要走全面协调可持续发展的道路。因此,转变经济发展方式是实现经济社会又好又快发展的根本保障,是对转变经济增长方式的新发展、新跨越。

经济增长并不必然带来经济发展,用"经济发展方式"代替"经济增长方式",更好地体现了以人为本的发展理念。在许多发展中国家,都出现过经济增长与发展的不成比例,甚至付出了极大代价,即"有增长无发展"。《1996年人类发展报告》的主题是讨论经济增长与人类发展的联系。该报告指出了5种有增长而无发展的情况:一是无业的增长(Jobless Growth)。经济增长的同时就业并不增加。例如,在巴基斯坦,1975—1992年,实际 GDP 每年增长 6.3%,而就业只增加 2.4%。更糟糕的是,加纳在 1986—1991 年,GDP 每年增长 4.8%,而就业反而减少了 13% 以上。二是无声的增长(Voiceless Growth)。民众参与和管理公共事务,自由地表达自己的意见和观点,是人类发展的一个重要方面。但是,经济增长并不始终伴随着民主和自由的扩大。三是无情的增长(Ruthless Growth),经济增长的同时绝大多数人的收入不增长。在很多发展中国家,尤其是拉丁美洲一些国家,虽然经济增长较快,但收入分配不平等反而更加严重了,增长的利益大部分落入了富人的腰包,而穷人的状况没有得到多少改善,有的反而日益恶化了,穷人的数目和比重甚至上升了。1970—1985年,全球收入增加了40%,而穷人的数目却增加了17%。1965—1980年,收入下降的人数为2亿,而在1980—1993年,这个人数已超过了10亿。四是无根的增长(Rootless Growth)。本土文化并未随经济增长而延续和发扬。在当今世界上,许多国家把传统文化看做现代化和发展的累赘,从而压制民族传统文化和少数民族文化。而且经济市场化、自由化和国际化的浪潮以及通讯和宣传媒介的迅猛发展也使先进国家的文化传统渗透到落后国家,结果导致本地文化被外来文化所掩没和同化。五是无未来的增长(Futureless Growth)。经济增长的同时生态、资源和环境负增长。现在不少国家在经济增长过程中,出现了毁坏森林,污染河流,毁灭生物多样性和耗竭自然资源。《1996年人类发展报告》突出强调了人类的发展不仅是经济的增长,而且是工作机会的增加和收入分配状况的改善,更是人的全面、可持续的发展。

单纯依赖推动经济增长方式转变不能解决经济社会发展中深层次矛盾和问题,我国经济长期持续增长必须依赖于经济发展方式的转变。内外需结构不平衡,国内需求结构不平衡,产业结构不合理,自主创新能力不强以及体制机制不健全等等,是我国转变增长方式提出多年而没有获得实质性进展的根本原因。经济增长的动力来自于投资、工业和出口的快速增长,而投资、工业的快速增长又必然带动消耗高、排放多的投资品生产的扩张及这些产业的投资扩张。而我国自主创新能力不强,工业和出口的快速增长又必然主要依靠附加值低而资源消耗多、污染排放多的贴牌生产方式来实现。这是支撑现阶段粗放型增长方式的机制。因此,单纯就转变增长方式做文章很难收到预期效果,必须直奔成因,从本源上抓好需求结构、产业结构等的调整,抓好自主创新能力的提高。如果实现了内外需结构平衡、产业结构优化、自主创新能力提高,消耗高污染严重的粗放型问题也就迎刃而解了。所以,用"发展方式"替代"增长方式",解决问题的针对性更强、现实指导意义更大。

但是,要强调的是,发展一定要以增长为基础,做大经济"蛋糕"始终是我们面临的首要任务。改革开放以来,中国在30年间年平均增长近10%,堪称人类历史上长期高增长的一个奇迹。作为增长的结果,中国的第一、二、三次产业结构发生了重大变化,已经从一个以农业为主导转变为以工业为主导的经济体;城市化水平大幅度提高,城乡关系发生了较大变化;经济社会由封闭转向高度开放;政治运行机制的公开性有所提高;等等。所有这些,都可归结于增长基础上的发展。历史唯物主义强调,生产力是社会发展的最终决定力量,生产关系以及上层建筑归根结底都是适应一定的生产力而产生、受生产力制约并且为生产力发展服务。大量历史事实也验证了经济增长即生产力发展的基础地位和决定性作用。

我们还应该看到,转变经济发展方式是一个比转变经济增长方式更丰富更艰难的系统工程,作为我国经济领域的一场深刻变革,关系改革开放和社会主义现代化建设全局,需要全国动员,采取综合措施,有计划地快速推进。

总之,对中原经济区来说,一方面,作为一个人口密度比较高、欠发达特征明显的地区,必须积极地扩大经济总量,保持经济快速增长。因为,没有一定的增长速度,经济发展中的问题如就业、贫困、社会保障、城乡以及区域经济发展不平衡等都难以解决,增长速度一旦掉下来,很多矛盾就会更加凸显甚至激化;没有一定的增长速度,全面建设小康社会的目标就会落空;没有一定的增长速度,社会主义的优越性就难以充分体现。但同时,另一方面,我们所要实现的增长速度是在显著提高经济增长质量、讲求效益前提下的增长速度,实现速度与效益的有机统一。

二、经济发展方式转变的必要性

要实现速度和效益的有机统一,努力走出一条既有较高发展速度又有较好效益的国民经济发展路子,决定了我们必须加快经济发展方式转变。

(一)是中原经济区保持经济持续快速增长势头的必然选择

国际金融危机使世界经济的需求结构发生了重大变化,发达国家需求的萎缩,以及国际贸易保护主义的抬头,导致全球贸易和投资增长短期内难以恢复到危机前的水平。而我国长期以来经济增长高度依赖国际市场,对外贸易顺差偏大、投资率偏高、消费率偏低的特征十分明显。中原经济区和全国相比,经济增长也存在内需和外需、投资和消费的失衡问题。以河南的数据为例,2009年,投资对经济增长的贡献率达到85.9%,比上年的33.7%上升了52.2个百分点,是经济增长最主要的拉动力;消费对经济增长的贡献率仅为22.7%,比上年的81.9%下降了59.2%;出口对河南经济增长的贡献率一直偏小,但是,河南的能源原材料工业受出口间接拉动的比重很大,这在金融危机期间河南经济增速急速下滑就是一个很好的例证。在外部环境和发展条件发生重大变化的情况下,靠高投资拉动经济增长的发展模式已经难以为继,中原经济区要保持经济持续较快发展势头,必须加快经济发展方式转变,立足扩大内需,积极寻求投资与消费的结合点,努力使经济增长从主要依靠投资拉动向依靠消费、投资、出口协调拉动转变,不断增强经济发展的内在动力和可持续性。

推进中原经济区建设,相关区域抱团发展,本身就是对区域经济发展模式的创新,有利于推动区域经济快速增长。首先,区域合作已经成为现代区域经济发展的新现象,应对经济全球化的重要对策就是遵循区域经济发展规律,推动区域经济一体化。通过和相邻地区建立合作机制,一方面,实现区域分工合作,可以直接降低生产成本;另一方面,整合区域资源,可以降低内部产业同构的恶性竞争,从而降低发展成本,在提高经济增长质量的同时,保持经济持续增长。其次,构建中原经济区并将其上升为国家发展战略,可以提高区域的影响力、竞争力,可以得到国家一定的政策支持,而且更容易吸引企业家的投资,这对提升中原地区的经济增长速度无疑是有利的。再次,建设中原经济区对扩大国内需求、培育国家新的增长极意义重大。中原经济区涵盖的人口在1.7亿人左右,加快推进中原经济区建设,有利于释放中原经济区潜在的投资需求和消费需求,拉动全国内需持续快速增长,并使中原经济区成为中国有影响力的经济增长极之一。

(二)是中原经济区实现可持续发展的迫切要求

当前,中原经济区经济发展与资源环境的矛盾日益突出。以河南为例,近年来虽然在建设资源节约型、环境友好型社会方面取得了比较好的成效,但由于受发展基础、发展阶段等多种因素制约,总体上经济发展方式仍然粗放,经济发展与人口、资源、环境的矛盾日益突出。作为全国第一人口大省,虽然不少自然资源总量位居全国前列,但人均资源占有水平相对不足,同时资源利用效率低下。河南省人均耕地只相当于全国平均水平的87.7%,人均水资源仅相当于全国平均水平的20%,铁矿石基本依赖进口和从其他省购进,石油已消耗2/3,天然气已消耗一半以上,铝土矿储量虽然居全国第2位,但是按目前消耗速度,仅能满足10—15年需要,即使是储量很大的煤炭资源,河南也从净流出省变为净输入省。2009年单位GDP能耗、单位工业增加值能耗分别比全国平均水平高7.3%、32.8%,二氧化硫排放量居全国第2位,化学需氧量居全国第7位。全省四大水系中属严重污染水质的河段占1/3左右。

实际上,不仅河南的资源环境问题日益突出,中原经济区的其他地区,如晋南、冀南、鲁西、苏北、皖北、鄂西北等,由于产业同构现象严重,发展水平和发展模式相似,资源环境问题是我们要面对的共性问题。如水资源问题已成为黄河中下游地区要共同面对的突出问题,一方面,黄河中下游水资源面临着量的匮乏,水资源供需矛盾的日趋尖锐,给中下游地区带来严重的水资源危机。而水资源短缺,迫使沿岸地下水严重超采,地下水位明显下降,又导致地面下沉等一系列新的环境问题,这不仅制约了国民经济的发展,还严重影响了人民群众的生活。另一方面,黄河水资源也面临着质的下降威胁,随着工业化和城市化的逐步发展,废污水的排放量大幅度增加,由于沿黄能源、有色金属及重化工基地的发展以及城市人口的增加,向黄河排污量已占到黄河径流总量的7%。先前水质污染主要发生在枯水季节,而目前,平水季节和丰水季节的水污染现象也在不断加重。严重的水污染加剧了水资源危机。水资源问题已成为制约黄河中下游流域经济发展的"瓶颈"。

在资源环境约束日益加剧的宏观背景下,再靠过去那种高消耗、高污染的粗放式增长方式来推动经济快速发展已难以为继。否则,我们的资源支撑不住,环境容纳不下,社会承受不起,经济发展也难于持续。我们必须更加积极主动地加快经济发展方式转变,通过转变经济发展方式,实现资源节约集约利用、保护生态环境,努力以较小的资源环境代价,获得更好质量的发展。

(三)是提升中原经济区综合竞争力的必然要求

转变经济发展方式是提升区域综合竞争能力的重要途径。我们正处于经济全球化和国内经济市场化转型的时代背景下,从历史经验看,每一次大的经济危机都是一次国家间、地区间、企业间实力和地位的重新调整和排位。决定经济发展成败的关键是看谁能跟上科技革命和新兴产业发展步伐,不断形成新的战略支点。当前,全国区域发展竞争日益激烈。各个省(市)都在为经济发展作战略规划,纷纷采取措施着力优化经济结构、推动经济转型升级、加快提升区域经济竞争力,把发展战略性新兴产业作为新一轮产业发展的重点,力图抢占未来发展新的制高点。

中原地区曾经是中华文明的重要发源地,但是,现在中原经济区的综合竞争力总体上还比较弱却是一个现实问题。河南是中原地区乃至整个中部地区的缩影,从河南的情况看,近年来,河南围绕全面建设小康社会、奋力实现中原崛起宏伟目标,抢抓机遇,加快发展,在区域经济发展中赢得了主动,主要经济指标居中部地区乃至全国前列。但是,河南总体上综合竞争力还比较弱,突出表现是全省城镇化水平低,经济结构特别是产业结构问题突出,自主创新能力弱。尽管全省产业体系已经比较完善,但三次产业及其内部结构仍不合理。2009年,河南三次产业结构为14.3:56.6:29.1,与全国平均水平相比,第一产业比重过高、第三产业比重过低,其中,第一产业高出全国3.7个百分点,第三产业低于全国13.5个百分点,第三产业比重在全国居各省市区最后一位。三次产业内部,农业偏向于传统种植业,比较效益低。工业占绝对比重的是能源原材料产业,位于产业链前端和价值链低端,附加值低下。高新技术产业增加值只占3.8%,产业规模均不大,优势不甚明显。研究与试验发展(R&D)经费支出149亿元,占全省国民生产总值的比重仅有0.8%,低于全国1.62%的平均水平,企业研发投入占产品销售收入的比重仅为0.83%,低于全国平均水平0.39个百分点。第三产业长期发展缓慢,特别是现代服务业滞后。2009年,全省交通运输、批发零售、住宿餐饮等三大传统服务行业占第三产业增加值的47%,高于全国平均水平9.4个百分点。但金融、信息服务、科技服务、商务与租赁服务等现代服务业仅占15.7%,低于全国平均水平7.6个百分点。

表 12-1　1980—2009 年河南省三次产业的结构状况

单位:%

年份	第一产业	第二产业	第三产业
1980	40.7	41.2	18.1
1990	34.9	35.5	29.6
2000	23.0	45.4	31.6
2005	17.9	52.1	30.0
2006	16.4	53.8	29.8
2007	14.8	55.2	30.0
2008	14.4	56.9	28.6
2009	14.3	56.6	29.1

资料来源:《河南统计年鉴(2010)》。

如果我们不通过推进转变发展方式求加快转变,积极调整经济结构、产业结构,提高自主创新能力,在发展战略性新兴产业中抢占一席之地,不着力培育区域竞争新优势,就会在新一轮的竞争发展中陷入被动局面。

(四)是实现国民收入分配合理化、促进社会和谐稳定的必然要求

中国经济多年高速增长的成果未能被社会各阶层共享,而是聚集在少数人手里,两极分化日趋严重。贫富差距的扩大,既与过于依赖要素投入的经济增长方式有关,亦受到经济社会体制中扭曲性因素的催化。改革开放以来,在处理经济增长和社会公平的关系时,压倒性的主流观点是"发展是硬道理"、"效率优先、兼顾公平"。在刺激经济快速增长的同时,一些本应该通过政府来体现社会公平的制度却没有建立。如果不采取措施解决社会贫富差距过大问题,社会矛盾很可能加剧甚至引起社会动荡。如菲律宾、阿根廷、墨西哥等国家,由于对贫富差距应对失当至今仍挣扎在原有的发展水平上。

建设中原经济区,从根本上说,就是为了增进中原人民的福祉,让人民群众过上更加幸福、更有尊严的生活。因此,加快发展社会事业、着力保障改善民生,提高城乡生活水平和质量,不仅是我们发展经济的最终目的,也是扩大内需的重要途径、是发展经济的根本动力,必须统筹兼顾,努力实现增投资、扩消费、惠民生一举多得。比如,要实现经济增长由主要依靠物质资源消耗向主要依靠科技进步、劳动者素质提高、管理创新转变,就必须发展科技、教育、文化、卫生、体育等社会事业,推动人力资源向人力资本转变。要实施扩大内需战略、推动经济良性循环,就必须加快调整国民收入分配格局,逐步提高居民收入在国民收入分配中的比重和劳动报酬在初次分配中的比重,提高社会保障的整体水平,有效提高居民消费能力。要为经济发展创造长期稳定的社会环境,就必须妥善协调和处理各方面利益关系,切实解决好人民群众最关心、最直接、最现实、最迫切需要解决的利益问题。如果社会事业、民生改善不能与经济发展相协调,那么不仅经济发展难以持续,社会和谐稳定也无法保证。因此,我们必须加快经济发展方式转变,切实把发展社会事业和改善民生作为贯彻落实科学发展观的重要任务,更加注重满足人民群众日益增长的物质文化需要,保持社会和谐稳定,努力实现全面建设小康社会的目标。如果不在保障和改善民生上下工夫,推动经济发展方式加快转变,不仅有悖于发展目的,难于扩大消费需求,而且难以实现社会和谐,甚至会影响社会稳定,最终经济也难以保持稳定增长。

(五)是适应全面建设小康社会奋斗目标的新要求

党的十六大提出了全面建设小康社会的宏伟目标,党的十七大在提出确保到2020年实现全面建成小康社会的奋斗目标的同时,对我国发展提出了新的更高要求。全面建设小康社会目标是一个涵盖政治、经济、社会、文化、科教和人民生活等的综合体系,要全面实现小康目标是相当不容易的。中原地区是传统农区,人口多,底子薄,科技文化相对落后,人民生活还不十分富裕,要实现小康目标无疑更加困难,任务更加艰巨。因此,就必须按照党的十七大提出的新要求,从根本上切实转变传统落后的发展方式,在优化结构、提高效益、降低消耗、保护环境的基础上,高质量实现翻两番的经济目标;以经济为基础,进一步实现民主、科教、文化、社会和人民生活等其他目标。

总之,加快经济发展方式转变是深入贯彻落实科学发展观的重要目标和战略举措,是当前和今后一个时期的首要任务,是"十二五"发展的主题。不加快转变经济发展方式,资源难以为继、环境难以为继、民生难以为继、发展难以为继。我们必须从中原经济区的实际出发,以"等不起"的紧迫感、"慢不得"的危机感、"坐不住"的责任感,进一步增强转变经济发展方式的主动性,真正做到在"加快"上下工夫,在"转变"上动真格,在"发展"上见实效,坚定不移地打好加快经济发展方式转变这场硬仗。

三、转变经济发展方式的方向

对中原经济区来说,转变经济发展方式,必须着力促进经济增长由主要依靠投资拉动向依靠消费、投资、出口协调拉动转变,由主要依靠第二产业带动向依靠第一、第二、第三产业协调带动转变,由主要依靠物质资源消耗向主要依靠科技进步、劳动力素质、管理创新转变。为此,要以增强内生需求动力、综合竞争力、可持续发展能力、经济社会协调发展能力为主攻方向。

(一)增强内生需求动力

市场需求是经济发展的基本动力。面对危机后的外需不振,中国着力扩大内需特别是居民消费需求,使巨大的回旋余地转化为广阔的发展空间。扩大国内需求是中国经济发展的基本立足点和长期战略方针,也是加快经济发展方式转变、调整经济结构的首要任务。[①] 目前,中原经济区消费拉动经济增长的作用较弱,造成这一局面的主要原因是人均收入水平还比较低、农村人口比重较大、收入分配结构不合理、城乡二元结构制约农村消费、民生和社会保障不健全等等。这也说明,以增强内生需求动力为主攻方向,扩大内生需求中原经济区大有作为。

1. 扩大就业,完善收入分配体制,提高居民消费能力

要把经济结构调整和扩大就业结合起来,大力发展服务业、劳动和知识密集型产业,支持中小企业和非公有制经济发展,鼓励非岗位就业,不断扩大就

[①] 参见李克强:《增强经济增长内生动力 促进发展方式加快转变——在中国发展高层论坛2010年会开幕式上的致辞》,《中国发展观察》2010年第4期。

业规模。加大职业培训力度,提高劳动者整体素质和就业能力,重点帮助有就业能力和愿望的就业困难人员和零就业家庭人员实现就业。要积极缩小收入差距,加快完善工资收入分配体制,推动建立企业职工工资正常增长机制,及时调整区域最低工资标准,加大对劳动力市场的调控与干预,不断完善劳动者利益保护法规并加大执行力度,以法律的手段并辅以行政指导等方式推动劳动者工资水平的合理增加,逐步提高居民收入在国民收入分配中的比重,提高劳动报酬在初次分配中的比重。加大财政、税收在收入初次分配和再分配中的调节作用,防止居民收入差距过大。要通过体制改革和政策扶持,促使落后地区、农村和城镇低收入群体不断增加收入,以提高实际购买力。

2. 健全社会保障制度,增强居民消费信心

要正确认识和处理完善社会保障体系与扩大居民消费的互动关系,坚持改善民生和扩大内需的内在统一,更加注重围绕社会保障和改善民生来谋划发展,把增加居民消费作为扩大内需的重点。要按照"广覆盖、保基本、多层次、可持续"的基本方针,加大公共财政的投入,加快完善社会保障体系,着力稳定居民支出预期,增强居民消费信心,解决全体劳动者在养老、疾病、失业、工伤等方面的后顾之忧,减少居民在养老、医疗、住房等方面的预防性储蓄。要全面扩大城镇职工养老保险、基本医疗保险,继续扩大企业养老、医疗、失业、工伤和生育保险的覆盖面,做好新型农村社会养老保险试点工作,加大对低收入群众帮扶救助力度,切实解决好失地农民生活保障问题,在就业、社保、教育、文化、医疗卫生等方面,提供基本公共服务。

3. 优化投资结构,培育新的消费热点

在居民基本生活需求得到较好保障后,将增加对各类非生活必需品和服务的支出。因此,要优化投资结构,积极寻求投资与消费的结合点,通过产业结构的升级换代,尽量满足消费需求日益升级的需要,努力实现增投资、扩消费、惠民生一举多得。要加快流通网络建设,方便居民消费。要加强市场监管,营造"放心、安心、舒心"的消费环境。要切实落实促进消费的各项政策措施,巩固扩大传统消费,积极培育和发展信息、旅游、文化、健身、培训、养老、家庭服务等新的消费热点,努力拓展消费空间,促进消费结构优化升级。

4. 拓展农村市场,扩大农村消费

必须看到,中原经济区有70%左右的人口在农村,扩大内需的最大潜力也在农村。要把全面繁荣农村经济、拓展农村市场、启动农民消费、扩大农村需求作为扩大内需的重点。一是要增加农民收入。全面落实强农惠农政策,促进农民持续增收。二是要深化农村商品流通市场改革。构建符合农村实际的流通模式,形成城乡之间双向流通、高效顺畅的流通网络。三是要围绕建设社会主义新农村,加大对包括农村基础设施建设在内的公共物品的投入,为农村市场的启动和农民消费能力的提升提供有利的消费环境。四是积极开展汽车、农用机具、教育等各类消费信贷服务,鼓励农民消费。

5. 积极稳妥地推进新型城镇化

城镇化是最大的内需所在,蕴涵着雄厚的发展潜力。中原经济区的特点之一是人多地少,粮食安全要求下保护耕地的任务十分艰巨,必须走新型城镇化道路。新型城镇化是指资源节约、环境友好、经济高效、文化繁荣、社会和谐、城乡互促共进、大中小城市和小城镇协调发展、个性鲜明的城镇化。其关键在于资源节约和城乡和谐发展。中原经济区应该在继续加强"三农"工作的基础上,统筹大中小城市和小城镇协调发展,快速提高城镇化发展水平。

(二) 提升区域综合竞争力

区域综合竞争力是指区域所具有的吸引、支配和转化资源,占领和控制市场,从而更多、更快、更好和可持续地创造物质和非物质财富,为其居民提供福利的能力。在经济全球化背景下,区域综合竞争力日益成为地区经济获取国际竞争优势的决定因素。区域综合竞争力不但直接影响经济增长速度的快慢,其本身还是衡量一个地区经济实力及经济发展潜力的重要指标。

1. 全面提升自主创新能力

我们必须紧紧抓住新一轮世界科技革命带来的战略机遇,更加注重自主创新,谋求经济长远发展主动权,形成长期竞争优势,为加快经济发展方式转变提供强有力的科技支撑。要充分发挥政府的主导作用,通过经济、行政、法律等手段优化创新环境。建设区域性科技创新体系,集聚创新资源。加大先进技术和关键技术的研究力度,建立面向产业、服务于企业的行业共性技术平台。积极推进产学研联合,集聚科技进步和自主创新的整体合力,切实把科技优势转化为产业优势和经济发展的优势。支持企业进行工艺技术和装备的研究开发,形成拥有自主知识产权的主导产品和专有技术。

2. 做强优势产业,增强优势产业参与国内外市场竞争的能力

以市场为导向,从全球高度制定产业竞争力发展战略,引导区域优势资源、要素向优势产业集聚,实现从现实的和潜在的比较优势到竞争优势的跃迁。要立足存量资产的优化重组,培育龙头企业。要加强产品质量、品牌、标准建设,提高产品抢占市场、引领市场的能力。优先扶持发展战略性新兴产业,使其成为未来的支柱产业。

3. 加快发展现代服务业,提高服务业的支撑力

现代服务业的发展程度反映了一个区域对生产要素和资源配置的控制支配能力,在一定意义上是制造业发展的导向。服务业具有消耗低、环境污染少、附加值高、吸纳就业能力强的特征。完善服务支撑体系,要优先发展现代服务业特别是生产性服务业,例如现代物流、金融保险、研发、中介服务等,促进现代制造业与服务业互动发展。

4. 突出区域产业特色优势,推进产业集聚

中原经济区内要避免产业同构带来的恶性竞争,立足要素禀赋,形成合理的产业分工和各具特色的区域经济。产业集聚不仅仅有助于形成规模经济、降低交易成本、提高效率,更重要的是能够改善创新、创业的条件,有利于新企业的形成。

5. 推动文化发展繁荣,提升区域软实力

当今时代,文化越来越成为民族凝聚力和创造力的重要源泉,越来越成为一个国家和地区核心竞争力的重要组成部分。中原地区是中华民族和华夏文明最重要的发源地,必须发挥这一优势,加快公共文化服务体系建设,大力发展文化产业,加快推进文化体制改革,推动文化发展繁荣,用文化软实力提升经济综合竞争力。

(三)增强可持续发展能力

中原经济区要按照建设资源节约型、环境友好型社会的要求,加快形成节

约能源资源和保护生态环境的体制机制,切实加强生态建设,加大环境保护力度,大力发展循环经济、低碳经济等,在全社会树立生态文明观念,全面增强区域可持续发展能力。

1. 加强能源资源节约和生态环境保护

坚持节约资源和保护环境的基本国策。把建设资源节约型、环境友好型社会放在工业化、现代化发展战略的突出位置,落实到每个单位、每个家庭。要毫不松懈地做好能源资源节约和生态环境保护工作,从战略上进一步加强环境保护,把生态环保作为保持经济平稳较快发展的重要举措,努力实现清洁发展、节约发展、低碳发展、安全发展和可持续发展。

2. 加快形成节约能源资源和保护生态环境的体制机制

要发挥市场的杠杆作用,建立经济社会发展与生态环境改善相互促进的良性循环机制。要加强规划和政策引导。将节约资源和保护环境作为编制实施各级经济和社会发展规划及各行业发展规划的重要原则。建立完善鼓励生产和使用节约资源和环保型产品的财政税收政策,扶持资源节约型、环境友好型企业发展。

3. 加强节约能源资源和保护生态环境的监管力度

建立并落实节约资源、保护环境的目标责任制和行政问责制。严格执行地区污染物排放总量控制及排污许可证制度。抓紧建立地区资源节约和生态环境保护绩效评价体系,开展绩效考评并实施目标责任管理,将考评结果纳入各级干部政绩考核体系。

(四)增强区域经济社会协调发展能力

城乡、区域、经济社会发展的不平衡是当前诸多问题的根源,这些问题恶化到一定程度,很可能成为经济发展的绊脚石。因此,统筹兼顾,协调发展,特别是统筹城乡发展,统筹区域发展,统筹经济社会发展,是解决当前经济社会发展中诸多问题必须遵循的基本原则。

1. 以新农村建设为契机,增强城乡协调发展能力

目前,中原经济区城乡差距较大,中心城市的辐射带动能力不强,统筹城乡发展任务繁重,亟待提高城乡统筹协调发展的水平。要以新农村建设为契

机,加大对农村基础教育和基础设施建设,建立全面覆盖、城乡衔接的社会保障体系,努力缩小城乡公共服务的差距;走新型城镇化道路,促使农民向中心村、小城镇、城市转移;建立城乡一体的市场体系;建立工农协调发展的产业分工体系;深化改革土地制度、户籍制度、劳动用工制度、财政税收制度等,着力形成有利于城乡协调发展的经济体制和政治体制。加强农村金融服务,创新农村政策性金融、商业性金融与农村信用社协作支持农村经济发展的有效模式。

2. 以中原经济区建设为契机,增强区域协调发展能力

充分发挥各地区比较优势,努力构建产业分工合理、区际发展融合互补的区域发展新格局。用新的思维和新的方式解决区域合作中出现的问题和困难,要跳出行政区划概念,加强不同行政区间在发展规划、基础设施、环境保护、市场准入、要素流动等方面的协调互动力度,尽快形成区域间相互促进、优势互补的互动机制。

3. 以健全社会保障为契机,增强经济社会协调发展能力

经济增长(发展)与社会发展之间是相互促进、相互协同的。经济增长的重要性固然不容忽视,但是,经济增长的作用并非至高无上的,社会有序发展也是经济持续增长的重要保证。随着经济的快速发展,教育、医疗、文化等社会事业已经不能满足人民的需求。上学难、看病难、农村文化生活贫乏以及交通拥堵、空气污染、饮用水不干净、群众办事难等等,都是人民群众反映强烈的现实问题。因此,应高度重视增强经济社会发展的协调性,切实加强和加快社会建设。加大对教育、公共卫生、公共文化和公共服务事业的投入力度,完善基本生活社会保障,为全社会各阶层编织生活安全网。

四、转变经济发展方式的重点

加快经济发展方式转变涉及经济社会发展的方方面面,从目前中原经济区的实际出发,我们必须突出抓好以下重点工作。

（一）加快优化投资结构，为经济结构调整打好基础

对中原经济区来说，经济发展方式问题的主要症结在于经济结构特别是产业结构的不合理，而经济结构形成和优化的基本前提是投资。因此，中原经济区必须重视优化投资结构，通过优化投资结构来优化产业结构、优化经济结构、加强社会薄弱环节建设。

1. 积极优化投资的产业结构

适度增加对农业、农村的投资比重，保持对第二产业投资的适度增长，加大对战略性新兴产业的投资力度，培育新的经济增长点，有效增加对第三产业的投资，适度增加对基础行业投资，加大对现代服务业的投资力度，适时推动非公有制企业参与投资社会需求大、发展潜力广阔的新兴服务业。

2. 以重大项目建设为依托，发挥政府和公共投资在优化投资结构中的推动作用

加快在建项目的建设进度，切实加强项目库建设，创新项目建设的方式方法，建立多元化融投资机制，注重以空间换时间、以资源换产业、以存量换增量，充分发挥后发优势，最大限度地集聚资金、技术、人才等要素，形成更多增长点，努力实现跨越发展。

3. 建立和完善民间资本投资快速增长机制

最大限度拓宽民间投资的领域和渠道，给予民营企业相应的支持政策，加大金融部门的信贷支持力度，切实解决民营经济的融资难题。发挥财政性资金对民间投资的引导和带动作用，以贴息、补助、杠杆基金等方式，引导带动民间投资。

4. 建立完善的有利于加快经济发展方式转变的投资机制

改革资源性要素和紧缺资源的价格形成机制，建立生态环境补偿机制，完善节能减排体制机制，深化投资体制改革，健全政府投资决策责任机制，加快财税金融等方面的体制改革，尽快建立健全体现科学发展观和转变经济发展方式要求的投资决策机制、政绩考核体系、干部选拔机制等。

（二）加快产业集聚区建设，优化空间布局

产业集聚区是新型工业化的先导区，准确把握产业集聚区内涵，按照"企

业(项目)集中布局,产业集群发展、资源集约利用、功能集合构建,人口向城镇转移",推动产业集聚区快速健康有序发展,加快中原经济区新型工业化建设步伐。

1. 以产业集聚区规划为抓手,合理构建中原经济区工业布局

把集聚区规划和土地利用总体规划、城市总体规划"三规合一",突出产业集聚区特色,通过发挥各地比较优势,进行互补式和错位式发展,培育板块经济,形成合理的区域工业经济结构,力争在中原经济区形成一个各具特色、优势互补、各展其长、竞相发展的工业发展格局。

2. 加快产业集聚区建设,形成产业集聚效应

坚持"大基地、大项目、大品牌"建设,以大企业集团为龙头,以产业链的构建为核心,围绕把规模做大,把水平做高,把成本、消耗、污染做低,强力推动优势产业技术改造升级,积极发展战略先导产业,强化相同产业的空间整合,加快建设集中度高、关联度大、竞争力强的支柱产业群。

3. 完善体制机制,构建政府服务平台

理顺产业集聚区管理体制,按照"小机构、大服务"模式建立产业集聚区管理机构,减少行政层次,强化公共服务能力,提高服务效率。建立完善产业集聚区发展的长效机制,建立要素"集聚机制",加快落实有利于促进产业集聚发展的相关政策,推动企业向产业集聚区集聚;建立自我"积累机制",落实税收超收返还政策,引进基础设施和服务项目市场建设机制,切实增强产业集聚区的自主发展能力;建立社会化"服务机制",实现区内企业原材料和零配件供应、物流和后勤服务设施等企业生产生活服务社会化;建立转型升级的"激励机制",设立转型升级标准,引导企业开展升级竞赛。

(三)推进产业结构优化升级,加快构建现代产业体系

要适应国际国内需求结构变化新趋势,优化三次产业结构,加快推动产业升级,壮大战略支撑产业,培育战略性新兴产业,强化战略基础产业,积极培育特色主导产业,推动产业链式发展,全面提升产业技术水平和竞争力,促进三次产业在更高水平上协调发展。

1. 优化三次产业结构,推进产业融合发展

推动农业向高效农业发展,工业向精深发展,加快服务业发展步伐,加快推进现代农业建设与农业资源深加工特别是建设新型产业基地结合起来,把促进工业由大变强与发展服务业特别是现代服务业结合起来,把发展服务业与提高第一、二产业层次特别是产业链条的前伸后延结合起来,把淘汰落后生产能力与抢占新兴产业制高点结合起来,促进三次产业在更高水平上协同发展、融合发展。

2. 加快推动产业转型升级

积极发展战略性新兴产业,明确发展方向,科学制定规划,加强体制创新,强化政策支持,加大资金投入,打造产业基地。利用高新技术、先进适用技术、信息化技术改造提升传统优势产业,促使传统制造业向高附加值制造业方向发展。

3. 强化战略基础产业

重点抓好高铁、航空、高速公路建设,适当发展管道运输,构筑中原经济区交通区位新优势;积极发展核电、风电、太阳能等新兴能源,构建清洁、高效、安全的能源体系;统筹推进水利基础设施,提高水资源保障能力。

4. 依托比较优势,积极培育特色主导产业,推动产业链式发展

依托农产品和矿产资源优势,推动农产品加工业和矿产加工产业向专业化、精深化、高科技化、高附加值转变;依托人力资源优势,加快劳动密集型与技术密集型结合产业、劳动密集型与服务型结合产业的发展,快速发展现代生产服务业;依托地理区位优势,加快商贸、物流、会展、信息、金融等现代服务业和加工组装产业的发展;依托人文资源优势,全面发展旅游、创意、文化产业。

(四)着力推进城镇化进程,构建现代城镇体系

加快推进城镇化是结构调整、转变发展方式的重要内容,是破解城乡二元结构,推进城乡协调发展的重要途径,也是增加投入、拉动消费、优化结构、改善民生的重要载体,对转变经济发展方式具有综合性、关键性、全局性意义。

1. 坚持中心城市带动战略,按照统筹城乡发展的要求,加快形成国家区域性中心城市、地区中心城市、中小城市、中心镇、农村社区层次分明、结构合理、功能互补、协调发展的现代城镇体系

要努力把郑州建成全国性区域中心城市。区域中心城市要进一步完善区域中心城市功能,扩张城市规模,努力发展成具有较强辐射带动能力的大城市。要选择一批基础条件好、发展潜力大的县城,尽快发展成为具有一定规模效应和集聚效应的中小城市。要把推进城镇化与新农村建设结合起来,实现良性互动、协调发展。

2. 更新城市发展理念,积极推进城市发展方式转变

用复合型城市理念进行城市建设,促进第一、二、三产业复合发展,促使经济功能、生态功能、宜居功能复合,城市与产业耦合发展,促进形成城市集群。推动城市由粗放型向紧凑型转变,把节地、节材、节水、节电等理念落实到城市规划管理的全过程,建立集约用地、高效用地机制,鼓励发展城市集合体、高层建筑等,为未来发展预留空间。

3. 创新体制机制,把符合条件的农业人口逐步转为城市市民

农民工已经成为产业工人的重要主体,要积极推进户籍管理制度改革,放宽落户条件,不断改善就业、居住、社会保障、子女就学等基本生活条件,建立城乡一体化的就业机制,推动城乡社会保障体系的衔接,使有条件、有意愿进城的农民有序转变为城镇居民,加快城镇化进程。

(五)加快技术进步,构建自主创新体系

加快技术进步、构建自主创新体系是加快经济发展方式转变的根本出路。我们必须紧紧抓住新一轮世界科技革命带来的战略机遇,更加注重自主创新,谋求经济长远发展主动权,形成长期竞争优势,为加快经济发展方式转变提供强有力的科技支撑。

1. 增强科技创新能力

坚持自主创新、重点跨越、支撑发展、引领未来的方针,增强共性、核心技术突破能力,促进科技成果向现实生产力转化。把科技进步与产业结构优化升级、改善民生紧密结合起来,增强原始创新、集成创新和引进消化吸收再创

新能力,在现代农业、装备制造、生态环保、能源资源、信息网络、新型材料、安全健康等领域取得新突破。

2. 完善科技创新体制机制

加快建立以企业为主体、市场为导向、产学研用相结合的技术创新体系,着力解决影响自主创新的体制机制障碍,促进产学研用紧密结合、政府与市场共同作用、科技与资本有效对接,集聚科技进步和自主创新的整体合力,切实把科技优势转化为产业优势和经济发展的优势。要着力提高企业自主创新能力,有效引导和支持创新要素向企业集聚,促进科技支撑与产业振兴、企业创新相结合,积极培育创新主体。企业要主动适应市场需求变化,调整产品结构,大力推进技术创新,努力成为研究开发投入的主体、技术创新活动的主体和创新成果应用的主体。

3. 实施人才强省战略

坚持服务发展、人才优先、以用为本、创新机制、高端引领、整体开发的指导方针,加强现代化建设需要的各类人才队伍建设,充分发挥国内人才作用,积极引进和用好海外高层次人才。营造尊重人才的社会环境、平等公开和竞争择优的制度环境,促进优秀人才脱颖而出。改进人才管理方式,落实国家重大人才政策,抓好重大人才工程,推动人才事业全面发展。

(六)加快对外开放步伐,积极承接产业转移

大力实施开放带动主战略,积极承接产业转移,推动利用国际国内两个市场、两种资源。通过扩大开放获得更多自然资源、人力资源、技术资源、市场资源,推动产业转型升级,加快发展方式转变。

1. 积极承接产业转移

制定承接产业转移目录,有选择地承接适合区域工业发展实际条件、有发展前景和长期竞争力的企业转移。在目录中要明确产业承接的方向、重点、产业准入标准和项目准入门槛。根据中原经济区发展的要求,积极承接先进制造、现代服务、服务外包等知识技术密集型产业,大力承接食品、纺织、服装、轻工、电子、医药、机械和装备制造等劳动密集型产业。在承接沿海企业整体搬迁时,鼓励企业同时更新技术、更新设备,实现产品升级换代。

2. 创新招商方式

建立集聚区专业招商队伍,发挥中介机构、民间商会的作用,采取专业招商、专题招商、集群招商、产业链招商等方式,组织形式多样的综合洽谈和专题对口洽谈等活动,不断完善产业链条,促进上下游企业协同发展。

3. 做好签约项目的后续跟踪服务

建立督促、检查、考核工作机制,督促各级政府及集聚区兑现承诺,提高签约项目履约率、资金到位率。

4. 积极扶持"走出去"

要坚持对内对外开放并重,"走出去"、"引进来"并举,积极利用国内外两个市场、两种资源,加快引进国内外资本、技术、人才、关键设备和紧缺资源能源等各类要素,支持具备条件的企业走出去,积极利用国外的资本、技术、人才和资源能源,拓展发展空间。

(七)加快推进资源节约和环境保护工作,努力实现可持续发展

集约节约利用资源、保护生态环境,既是加快转变经济发展方式的必然要求和重要着力点,又是拉动经济增长的重要途径。要把节能增效和生态环保作为加快发展方式转变的重要抓手,大力发展绿色经济、循环经济、低碳经济,加强土地、水、矿产资源等的集约节约利用,大力推进节能减排,加强生态建设,努力实现可持续发展。

1. 着力推进生态建设

加强生态林、自然保护区、水源涵养区、湿地、草地、水系等的环境保护及水土保持和土地荒漠化防治。逐步完善生态环境补偿机制。加强生物物种资源的保护,维护生物多样性和植物原生态,恢复和增强生态服务功能。加快道路林网和农田林网建设,因地制宜推进连片成片造林。

2. 加大环境保护力度

坚持预防为主、综合治理,强化从源头防治污染,严格执行环境保护标准和污染物排放总量控制制度,加快城市(镇)垃圾、污水集中处理设施建设,加大工业治污力度,加强农村环境保护,加大重点河流污染治理力度,完善生态环境监测预警和监督执法体系,实行严格的环保绩效考核、环境执法责任制和责任追究制度。

3. 推进资源集约节约利用

积极探索资源集约节约和持续利用的有效途径,大力推进土地节约集约利用,积极推进水资源节约集约利用水平,开展能源节约,大力发展新能源,加强资源综合利用,建立完善资源开发保护长效机制,推进土地、水、能源、矿产等的高效利用。

4. 大力发展循环经济和低碳经济

按照减量化、再利用、资源化的原则,有效利用财税、价格、投资政策等机制,鼓励企业积极发展循环经济,改进设备、工艺和生产流程,推行清洁生产。加大节能技术研发和推广,加强环境准入管理,推进清洁生产审核。完善绿色产品标识制度,大力推广能效标识产品,倡导公众绿色消费。

5. 在全社会树立生态文明观念,加强生态文化建设

综合运用多种手段,广泛、深入地宣传环境保护知识,宣传关于资源节约和环境保护的法律法规,提高公众参与生态文明建设的积极性,推动形成节约能源资源和保护生态环境的产业结构、消费模式,营造有利于生态文明建设的良好社会氛围。

(八)加快推动文化发展繁荣,不断提升软实力

加强文化建设直接关系到民族素质的提高,是增强区域凝聚力和创造力的重要源泉,是推动经济跨越式发展的重要力量。要充分发挥中原经济区文化资源优势,加快公共服务体系建设,大力推动文化产业发展,用文化凝聚人心和力量,为经济发展方式转变注入更多的文化内涵,提升发展的层次和水平。

1. 加快公共服务体系建设

构建覆盖全社会的公共文化服务体系,优先安排涉及群众切身利益的文化建设项目,抓好重点文化惠民工程,建设基本文化实施。建立各级财政投入和吸引社会力量参与的长效机制,加强文化遗产保护,扶持公益性文化事业,使公共文化服务体系建设工作可持续发展。

2. 大力推动文化产业发展

发展文化产业不但可以提升经济结构、产业结构和居民消费结构，而且可以扩大就业和创业，是推动经济发展方式转变的"绿色引擎"。要创新文化产业发展模式，推动"文化+科技"、"文化+金融"、"文化+旅游"等的融合，加快文化产业园区和基地建设，大力发展文化产业集群，培育一批骨干文化企业和文化集团，打造有影响力的区域文化品牌。同时，政府要创造有利于文化产业发展的政策软环境，在政府引导下发挥市场机制积极作用，培育骨干文化企业和战略投资者，鼓励和引导非公有制经济进入，发展新型文化业态，增强多元化供给能力，推动文化产业成为国民经济支柱性产业。

3. 推进文化创新

适应群众文化需求新变化新要求，弘扬主旋律，提倡多样化，使精神文化产品和社会文化生活更加丰富多彩。深化文化体制改革，创新文化生产和传播方式，解放和发展文化生产力，增强文化发展活力。

（九）加快推进公共服务能力建设，着力发展社会事业和改善民生

发展社会事业和改善民生，是实现发展成果由人民共享、促进社会和谐稳定的必然要求。要坚持以人为本，把发展社会事业和改善民生作为转变经济发展方式的重要内容和途径，切实解决好人民群众最关心、最直接、最现实的利益问题，不断提高人民群众的幸福指数。

1. 积极做好就业再就业工作

引导和促进劳动密集型企业、中小企业、民营经济、各种服务业加快发展，创造更多的就业岗位。积极鼓励和支持劳动者自主创业和自谋职业，促进以创业带动就业，推进各种形式的灵活就业。

2. 加快完善社会保障体系

加大财政对社会保障的投入力度，深化社会保障制度改革，建立覆盖城乡居民的社会保障体系，稳步提高社会保障水平，有序提升社会保障统筹层次。

3. 积极稳妥地推进医药卫生体制改革

认真落实医药卫生体制改革方案，加强基本公共卫生体系建设，促进基本公共卫生服务均等化，加快健全城乡基本医疗保障体系，改革和完善医药服务

体系,全面提高医药服务的效率和质量。

4. 加快提高教育现代化水平,为构建中原经济区提供人才和智力支撑

大力发展教育事业,合理配置教育资源,全面推进素质教育,更新教育观念,创新教育模式,推进教育改革,优化教育结构。积极发展职业教育特别是职业教育集团,创新办学体制、创新教学模式,大力开展订单培养和定向培养。要推进优质教育资源向农村倾斜,推进全省教育均衡发展,解决好困难家庭子女上学问题,努力促进教育公平。

5. 转变政府职能,切实提高公共服务能力

政府要进一步加强公共服务职能,加快建立覆盖全民的基本公共服务体系,推进就业、社会保障、教育、医疗卫生等基本公共服务均等化,建立健全安全生产长效机制,确保民生改善和大局稳定。要创新融资模式,利用社会资本加快社会事业发展。

(十)进一步改革创新,破解转变经济发展方式的体制机制障碍

改革创新是加快经济发展方式转变的根本动力。要坚持社会主义市场经济的改革方向,解放思想,着力破除制约发展方式转变的体制机制障碍,建立健全有利于经济发展方式转变的体制机制和政策体系。当前及今后一段时期,中原经济区要从以下几个方面着力推进。

1. 深化市场体制改革,增强微观经济主体转变经济发展方式的自发动力

着力营造公平有效的市场环境,加强环境资源市场制度建设,发展各类要素市场,完善反映市场供求关系、资源稀缺程度、环境损害成本的生产要素和资源价格形成机制,建立节能减排市场化运作机制,从根本上破解导致浪费资源、破坏环境的机制和制度性制约。

2. 建立全面、科学的政绩考核制度和升迁激励机制,提升地方政府推动经济发展方式转变的自发动力

制定符合以人为本、全面协调可持续的科学发展观要求的地方政府政绩考核指标和考核办法以及激励措施,并尽可能地形成规范化的政府官员政绩考核体系和升迁制度。

3. 加快政府职能转变和效能提升,提高政府推动转变经济发展方式的能力

积极发挥政府导向功能和监管,利用舆论、规划、政策等手段积极引导企业转型升级,提高指导和监管能力。完善政府服务体系,创新服务举措,提高服务效能。

4. 创新完善科技、财税、金融等相关体制,为转变经济发展方式提供优良的政策环境

深化科技体制改革,全面提升自主创新能力。完善省以下财政管理体制,积极推行省直管县财政管理改革,逐步建立财力向基层倾斜的机制,增强基层政府提供公共服务的能力。开展金融创新,完善融资担保机制,支持企业自主创新、节能减排、结构调整。

5. 加快构建区域合作机制,破解行政区划障碍

从统计、税收、转移支付、金融等方面着手,及时在政府层面、行业层面、企业层面形成多层次跨区域的合作机制,建立健全有利于总体目标与区域发展有机结合的利益协调机制,推动建立全国性或者区域性的市场、金融体系和资本市场,增强综合协调功能,提高政府对区域合作的协调和组织能力。

五、积极推动农业发展方式转变

2010年全国"两会"期间,胡锦涛总书记参加河南代表团审议并发表了重要讲话,强调要在转变农业发展方式上寻求新突破,在发展现代农业上取得新成效。这为新时期转变农业发展方式提出了新要求。作为农业大省的河南,近年来在转变农业发展方式上进行了卓有成效的探索,其在实践中的具体做法和遇到的挑战,对整个中原经济区进一步推动农业发展方式转变,具有重要的借鉴意义。

(一)河南转变农业发展方式的实践与成效

近年来,河南省围绕加快农业发展方式转变,千方百计稳定粮食生产,以

加快构建现代农业产业体系为支撑,着力统筹工农业发展,大力深化体制机制创新,取得了显著成效,尤其在应对国际金融危机冲击和严重自然灾害中,保持了农业、农村发展的良好态势,为经济平稳较快发展提供了基础支撑。

1. 以稳定粮食生产为基础,增强农业供给能力

2009年,河南遭遇了新中国成立以来罕见的冬春连旱及秋季大风暴雨等自然灾害的影响,农业生产形势十分严峻。在党中央、国务院的亲切关怀下,省委、省政府团结带领全省干部群众,迎难而上,奋力拼搏,通过实施保夏粮和秋粮丰收行动计划,建设抗旱应急灌溉工程和防汛除涝工程,新增有效灌溉面积1239万亩,新增排涝面积2400万亩,累计实施人工增雨作业面积28万平方公里,实行"百厅包百县",组织开展"万名科技人员包万村"活动,加强科学管理,落实减灾措施,在大灾之年再夺丰收,粮食总产量达到1078亿斤,连续4年超千亿斤,连续6年创新高,连续10年居全国第一位,在特殊年份为国家作出了特殊贡献。

2. 以构建现代农业产业体系为支撑,提高农业竞争力

加快推进农业科技创新和农业产业化经营,大力发展农业生物育种创新、资源节约型和环境友好型科技创新及其推广应用体系。2009年,全省规模以上龙头企业达6000多家,421家企业销售收入超亿元,食品工业销售收入达到3800多亿元,居全省工业行业之首,居全国同行业第二位,成为全省战危机、保增长的一大亮点。粮食、肉类、乳品精深加工能力分别达到3500万吨、807万吨、370万吨,肉制品、味精、面粉、方便面、挂面、面制速冻食品等产量均居全国首位,成为全国第一粮食加工转化大省、全国第一肉制品大省和全国最大的面粉及面制品、肉类和调味品的生产基地,形成了粮食制品、肉制品、乳制品、果蔬、油脂和休闲食品等六大农产品加工业体系,农产品加工业增加值已占工业增加值的1/4,成为全省第一大支柱产业。

3. 以统筹工农业发展为重点,提升对农业的反哺能力

自20世纪90年代初开始,河南坚持工农业互动协调,把加快工业化、城镇化、推进农业现代化作为加快发展的基本途径,探索"以农兴工、以工促农"的有效方式,在坚持以工业化为核心,促进产业素质和竞争力明显提升的同时,毫不动摇地坚持农业的基础地位,抓紧抓好粮食生产,大力发展现代农业,

实现了由传统农业大省向经济大省和新兴工业大省的历史性跨越,实现了工农业两大产业的双跃升,走出了不以削弱农业基础地位为代价的现代化路子,基本形成了工农业互动协调发展的新格局,提升了工业对农业的反哺能力。

4. 以深化改革创新为保障,增强农业发展方式转变的内生动力和能力

加快推进农业经营体制机制创新,稳步推进农村金融体制改革,积极发展各种类型的农民专业合作组织,加快建设覆盖全程、综合配套、便捷高效的农业社会化服务体系。成立了全国第一只农业产业投资基金——河南农业开发产业投资基金,专用于农业产业化发展;建立了省、市、县三级中小企业担保服务机构,担保体系得到明显加强;全省农民专业合作社目前已发展到10970家,覆盖了农、林、牧、渔、农机等各个领域;在信阳市、新乡市设立了省农村改革发展综合试验区和省统筹城乡发展试验区进行探索,取得了初步成效。

(二) 进一步转变农业发展方式面临新挑战

尽管目前河南省在转变农业发展方式上取得了明显成效,但必须看到,农业发展中仍然面临着的一些深层次矛盾和问题,而且,随着农业发展进入新的阶段,其对转变农业发展方式的要求也越来越高,因此,进一步大力推动农业发展方式转变的任务仍然非常紧迫。

1. 转变农业发展方式的任务更加艰巨,影响农村经济又好又快发展的一些深层次矛盾和问题还没有从根本上得到解决

一是农业生产的耕作方式比较粗放,规模化标准化水平不高,市场竞争力不强。二是农产品精深加工发展任务艰巨,龙头企业数量少、规模小、产业链条短,知名品牌少,竞争力和带动能力不强。三是农民组织化程度低,农业生产组织方式不适应现代农业发展需要,从总体看,农民合作组织的覆盖面窄、层次较低、服务内容单一,农民的组织化程度不高,应对市场和自然风险能力较弱。四是农业资源环境压力越来越大,人增、地减、水缺的趋势难以逆转,人均耕地只有1.08亩,为全国的80%左右,人均水资源量只有395.2立方米,不到全国的20%,依靠科技进步促进节约农业、集约农业发展的任务更加迫切。五是粮食比较效益低下,由于农资价格不断上涨和生产用工成本不断提高,2009年全省种粮纯收益每亩仅575元,农业对地方财政的直接贡献小,"粮食

大县、财政穷县"的现状比较普遍。2008年全省粮食产量在10亿斤以上的52个县(市、区)人均财政支出水平平均为655元,是全省平均水平的44.7%。

2. 转变农业发展方式的要求更加迫切,要进一步明确河南农业发展面临的新任务

一是河南粮食产量已处于高位,由于全省农业基础设施依然薄弱,抗御自然灾害的能力不强,在高起点上实现稳定增产的难度更大,全省中低产田占全部耕地面积的一半左右,高标准基本农田不足30%,有效灌溉面积占全部耕地面积的比重只有60%多,还有近40%的耕地"靠天收"。二是由于河南工业化、城镇化水平还不高,财力有限,投入水平与农业农村发展的要求还很不适应,还存在一些城乡二元分割的体制机制性障碍,资金、人才等要素不断向工业和城镇集聚,农业、农村发展"失血"现象还比较严重。三是传统的农业发展模式的弊端在国际金融危机冲击下暴露无遗,加快转变农业发展方式既是整个经济社会发展在现阶段对农业的要求,也是农业自身面临的一个重大挑战。因此,进一步大力推动农业发展方式转变的困难增加、任务紧迫,必须谋划新思路、寻求新突破。

(三)以新思路赢得转变农业发展方式的新成效

转变农业发展方式是转变经济发展方式的重要内容,关系到新形势下经济发展的全局。作为一项系统工程,中原经济区要在转变农业发展方式中寻求新突破、取得新成效,必须更加重视农业经济结构调整,更加重视提升农业科技水平,更加重视农产品市场体系建设,更加重视提高农业组织化程度,更加重视增强农业农村发展活力。

1. 更加重视农业经济结构调整

在扎实推进国家粮食战略工程、确保粮食生产的前提下,按照高产、优质、高效、生态、安全的要求,积极推进农业结构调整。在种植业内部,积极发展花卉园艺业和特色高效经济作物;在大农业内部,大力发展畜牧业特别是草食类畜牧养殖,加快推动优质畜产品生产加工基地、优势产业带和规模化养殖场建设;在农村经济内部,大力发展农产品精深加工业和农产品保鲜、储藏、冷链物流等服务业。按照保障粮食等主要农产品供给和发挥比较优势的要求,搞好

产业布局规划,科学确定区域农业发展重点,形成优势突出和特色鲜明的产业带,引导加工、流通、储运设施建设向优势产区聚集。

2. 更加重视提升农业科技水平

转变农业发展方式,就必须加快农业增长由追求数量的增加向注重质量效益的提高转变,加快农业效益由追求经济效益向经济、社会、生态效益相统一转变。因此,要加大科技创新和管理创新力度,加快推进农业科技创新和推广能力建设,力争在农业生产的关键领域和核心技术上不断实现重大突破,切实把农业科技的重点放在良种培育上,运用生物技术加大种植业、畜牧业、园艺及食用菌优良品种的培育和推广,努力推进良种产业化;加快发展农业机械化,突出解决好秸秆还田、玉米收割、水稻育插秧等技术问题;强化抗灾防灾、农业资源节约型和环境友好型以及农产品加工、储藏和保鲜等技术研发和推广。推进现代农业产业技术体系建设,抓紧建设乡镇或区域性农技推广等公共服务机构,积极发展多元化、社会化农技推广服务组织,整合农业行政、科研单位、大专院校等力量,加快农业科技成果转化。

3. 更加重视农产品市场体系建设

要积极培育和完善农产品物流主体,加强农产品物流的基础设施建设,支持重点农产品批发市场建设和升级改造,落实农产品批发市场用地等扶持政策,搭建农产品物流信息平台,发展农产品大市场大流通。在粮食主产区和优势特色农产品产区,重点建设一批设施先进、特色突出、功能完善、交易规范的农副产品批发市场,实现货畅其流。加大力度建设粮、棉、油、糖等大宗农产品仓储设施,完善鲜活农产品冷链物流体系,支持大型涉农企业投资建设农产品物流设施。加快发展农产品期货市场,逐步拓展交易品种,鼓励生产经营者运用期货交易机制规避市场风险。继续大力促进产销衔接,发展农业会展经济,全面推进"双百"市场工程和农超对接,支持农产品营销。加快培育农村经纪人、农产品运销专业户和农村各类流通中介组织,积极发展多元化市场流通主体。

4. 更加重视提高农业组织化程度

提高农业生产经营组织化程度,是转变农业发展方式的有力抓手,也是农业发展的必然方向。发展壮大农业龙头企业,支持龙头企业提高辐射带动能力,鼓励农业产业化龙头企业与农民专业合作组织建立稳定的合作联系,扶持建设标准化生产基地,建立农业产业化示范区。大力发展农民专业合作社,支持供销社、龙头企业、农业科技人员和农村经济能人创办或领办农民专业合作社,深入推进示范社建设行动,加快建设覆盖全程、综合配套、便捷高效的农业社会化服务体系,为推进农业专业化分工、规模化生产、集约化经营提供信息、技术、金融等全方位服务。积极培育发展专业协会,创新机制,规范管理,对服务能力强、民主管理好的合作社给予补助。鼓励和支持合作社向加工、流通等多领域发展,鼓励合作社创办龙头企业。发展多种形式的适度规模经营,稳定完善农村基本经营制度,在实践中不断修正一家一户的分散经营所暴露出的经营规模小、抵御风险能力低等问题。

5. 更加重视增强农业、农村发展活力

加快农村金融改革,深化农村综合改革,推进城镇化发展的制度创新,大力推动金融、人才等资源要素向农村配置,以外来资源要素激活存量资源要素,利用外力进一步拓展农业发展方式转变的空间。鼓励、引导、协调各类金融机构加大对农业产业化、农村经济结构调整、农民专业合作社、农户生产经营的信贷支持,确保涉农贷款增速不低于全部贷款增速,支持有条件的合作社兴办农村资金互助社。按照政府引导、政策支持、市场运作、农民自愿的原则,建立政策性农业保险体系,提高农业产业化经营风险防控水平。整合各类培训资金和力量,加大培育新型农民力度,鼓励更多优秀人才扎根农村干事创业。加快发展农机科技,进一步优化农业装备结构,通过增加大型农机具补贴等办法,积极提高农业机械化水平,推进农业专业化和规模化生产经营。

第十三章 中原经济区内生机制培育

社会经济发展系统的各组成部分必须运行有序、相互激励、迸发活力，才能形成共同推动跨越式发展的合力。作为一项跨越式发展的系统工程，建设中原经济区要实现良性运作，也需要有强有力的内生机制作支撑。这一机制，必须能够保障社会经济发展的主体具有发展活力和动力，具有快速发展的积极性。为此，必须准确把握中原经济区目前存在的深层次矛盾和问题，着力推进体制和机制创新，构建中原经济区加快发展的内生机制体系。

一、加快推进市场化进程

目前，中原经济区已形成相对成熟的商品市场，初具规模的要素市场，一个种类齐全、作用灵活的市场体系的框架已经形成，并正朝着统一的、开放的、竞争有序的、调控灵活的市场体系的目标模式迈进。但是，在市场化总体进程令人乐观的同时，也存在着不可忽视的问题：市场结构发展不平衡，尤其是要素市场的发育相对滞后；国有企业改革难以突破，企业行为的市场化程度不高；政府职能虽在改变，正在退出不该介入的微观经济领域，但适应市场的能力和程度仍需提升。进一步推进中原经济区市场化进程，必须在市场、企业和政府三个方面深化改革。

(一) 着力完善市场体系

1. 要继续完善产品市场

产品市场是前期市场化进程的排头兵,发育最快,程度最高,对整个经济市场化的贡献最大,已经告别"短缺"时代呈现显著的买方市场态势。然而,产品市场也存在着发展的不平衡,主要是服务产品的市场化程度较低,因此,今后产品市场深化的重点是服务产品市场。要加大公共服务产品市场化力度,特别是交通运输、民航、电信、电力、水电气供应等服务行业的市场化改革进程,由官办垄断向民办竞争的自由开放的市场机制过渡。同时,产品市场深化的策略要从政府推动为主转变为市场的自我完善为主,发挥市场在资源配置中的基础性作用,建立反映资源稀缺程度和市场供求关系的价格形成机制。

2. 要重点推进要素市场

目前,中原经济区要素市场的发展相对滞后,以河南为例,市场化程度目前仅为40%左右,是整个市场化进程的薄弱环节;而要素市场在整个市场体系中又处于基础和关键地位,是社会资源配置和经济发展的依托,因此,今后市场化改革的重点必须由产品市场转移到要素市场上来,与此相适应,价格改革的重心也应由商品价格转化到要素价格改革上来。要理顺煤、电、油、气、水、矿产等资源类产品价格关系,完善重要商品、服务、要素价格形成机制。加快多层次资本市场体系建设,显著提高直接融资比重。积极发展债券市场,稳步发展场外交易市场和期货市场。健全土地、资本、劳动力、技术、信息等要素市场,加快社会信用体系建设,完善市场法规和监管体制,规范市场秩序。

3. 要积极融入国际市场

中原经济区地处内陆,市场的对外开放度较低,以河南为例,目前的外贸依存度仅为6%。在全球经济一体化的格局下,市场的对外开放是大势所趋。今后中原经济区应积极扩大国际贸易,引进国际资本、技术和项目,在提高外贸依存度和资本依存度的同时,提高经济区内企业的综合素质。重点培养一批大型的、符合国际惯例、具有很强实力的跨国企业集团,走出国门,参与国际市场竞争,拓展国际生存空间,从而加快与国外市场接轨的步伐,提高市场的对外开放程度,带动经济区的整体发展。

(二)积极培育市场主体

1. 要继续深化国有企业改革

进一步深化国有企业改革要在结构调整和制度创新等方面有所突破。一是进一步调整国有经济布局和结构。坚持有所为有所不为,完善国有资本有进有退的机制,积极推动国有资本投向基础性、资源性行业和支柱产业、优势企业。鼓励和支持大型国有企业与境内外战略投资者合作,培育一批具有国内乃至国际竞争力的大型国有企业和企业集团,增强国有经济的控制力、影响力、带动力。二是推进企业股份制改造,调整和优化产权结构。要按照"归属清晰、权责明确、保护严格、流转顺畅"的现代产权制度要求,通过产权出让或增资扩股等形式,积极吸引国有资本、集体资本和非公有资本等参与国有企业的股份制改造,大力发展混合所有制经济,实现投资主体多元化。三是以建立现代企业制度为目标,规范法人治理结构。要明确企业股东会、董事会、监事会和经理层之间的权利、责任和利益关系,形成权责统一、运转协调、有效制衡的法人治理结构。四是加快主辅分离、辅业改制步伐,多种途径分离企业办社会职能,从而使企业真正精于主体,提高效益和竞争能力。

2. 要加快发展非公有制企业

一是进一步调整民间资本的市场准入政策,放宽非公有制企业的投资领域。认真贯彻鼓励、支持和引导非公有制经济发展的方针,允许非公有资本进入法律法规未禁入的所有行业和领域,并在投融资、税收、土地使用等方面与其他企业享受同等待遇,鼓励和支持非公有资本参与国有企业改制、改组、改造,鼓励和支持非公有制企业在商贸流通、金融服务、市政公用事业、政策性住房建设、基础产业和基础设施等的投资进入深度。二是引导个体、私营企业制度创新,提高管理水平和技术创新能力。加大政策扶持力度,完善民营经济服务体系,加快建设小企业创业基地、中小企业公共服务平台、特色大厦和特色园区。三是加大对非公有制经济的财税支持。对直接涉农的高风险中小金融机构和主要承担非公有制企业信贷扶持的银行业机构在税收政策上给予适当减免和优惠;对农民兴办的信用互助组织和行业协会的借贷业务,可减免各种赋税。四是加大对非公有制经济的信贷支持力度。支持民营中小企业上市融资,建立小企业授信风险补偿奖励机制,鼓励银行为中小企业融资,为民营企业发展创造良好的环境。

3. 要积极培育市场中介组织

中介组织是保证现代市场经济能够平稳高效运转的支持系统之一。市场中介服务提供的战略性投入要素,往往决定着企业的竞争优势,在提高企业长期竞争力过程中的重要性日益凸显,社会上对市场中介服务的需求也越来越大。加快和规范中介组织的发展,已经成为中原经济区建设过程中一个十分重要而紧迫的课题。一是有序发展各类中介组织,按市场化原则规范和发展各类行业协会、商会等自律性组织。二是要放宽社团和中介组织登记的限制,特别是协会准入的登记限制,使各类经济、技术、学术等方面的民间团体能得到充分发育。三是对中介组织要宽进严管,规范、提高中介组织的诚信水平。

(三)继续深化体制改革

1. 要深化投融资及财税体制改革

发展各类金融市场,形成多种所有制和多种经营形式、结构合理、功能完善、高效安全的现代金融体系。大力发展金融服务业,提高银行业、证券业、保险业竞争力。大幅度简化、下放和取消现行的投资审批,将投融资决策的权力归还给企业。优化资本市场结构,多渠道提高直接融资比重。即使是一些基础设施和公益事业,也应在适宜于市场化经营的领域尝试市场化的投融资方式,各级政府应通过贴息的方式支持公益性项目建设。为推进投资主体的多元化和融资方式的多样化,除极个别的特殊领域之外,都要向国内外投资者开放。进一步完善投资核准和备案制度,规范政府投资行为。建立健全和严格实施市场准入制度,加强和改进对全社会投资的引导、调控和监管。深化农村信用社改革,做好新型农村金融机构和农业保险试点工作。深化财税体制改革,加快形成统一、规范、透明的财政转移支付制度,提高一般性转移支付规模和比例。加大对公共服务领域的投入,增强财政支出的公共性、合理性和均衡性。实行有利于科学发展的财税制度,建立健全资源有偿使用和生态环境补偿机制。

2. 要深化行政管理体制改革

继续推进政企分开、政资分开、政事分开、政府与市场中介组织分开,进一步减少和规范行政审批,切实把政府工作重点转到经济调节、市场监管、社会管理和公共服务上来。深化行政审批制度改革,削减或调整审批事项,加快审批速度。深化政府机构改革,优化组织结构,减少行政层级,理顺职责分工,推进电子政务,提高行政效率,降低行政成本,致力于效能政府建设。加大政府机构整合力度,探索实行职能有机统一的大部门体制。精简和规范各类议事协调机构及其办事机构。对现有政府机构进行普查和梳理,把职能相近、职责交叉的部门进行合并,致力建设小政府、大服务体制。全面推进依法行政,加快建设法治政府,建立健全科学民主决策机制和行政监督机制。大力推进政务公开,完善政务信息公开制度,保障人民群众更多的知情权、参与权和监督权。进一步健全对专业性、技术性较强的重大决策的专家论证、技术咨询和决策评估制度,对涉及群众利益的重大决策,都要进行公示和听证。建立决策失误责任追究制度和纠错改正机制。加快推进事业单位分类改革,发挥公益性事业单位在提供基本公共服务、保障群众基本权益方面的作用,使行政执法的事业单位更加注重履行社会管理和公共服务职能。

3. 要建立健全社会服务体系和机制

以改善民生为重点,加快建立公共服务体制,努力实现学有所教、劳有所得、病有所医、老有所养、住有所居的目标。完善义务教育体制,促进义务教育均衡发展,实现城乡义务教育全部免费。强化政府促进就业的公共服务职能,尽快建立多层次、多渠道的就业服务体系。坚持和完善按劳分配为主体、多种分配方式并存的分配制度,健全劳动、资本、技术、管理等生产要素按贡献参与分配的制度。着力提高低收入者收入,逐步提高扶贫标准和最低工资标准,建立企业职工工资正常增长机制和支付保障机制。建立覆盖城乡居民的公共卫生服务、医疗服务、医疗保障和药品供应保障,为群众提供安全、有效、方便、价廉的医疗卫生服务。加快建立覆盖城乡居民以基本养老、基本医疗、最低生活保障制度为重点的社会保障体系,保障人民基本生活。建立健全公共安全保障体系,加大力度切实解决生产、卫生、食品等公共安全方面的问题。

二、积极扩大消费需求

经济增长动力结构中,消费需求是最重要的增长动力。当前,中原经济区最终消费占 GDP 的比重已降到历史最低水平,以河南为例,2010 年前三季度最终消费占 GDP 的比重仅为 32.7%,其对经济增长的贡献率进一步下降。事实上,中原经济区面积 20 多万平方公里,人口超过 1.5 亿,潜在的消费需求非常巨大。在当前外需不振的情况下,充分挖掘消费需求的巨大潜力,对于实现中原崛起具有重要的现实意义。

(一) 增加居民可支配收入

1. 完善收入分配制度,提高劳动报酬占国民收入的比重

要优化收入分配结构,提高劳动者报酬在初次分配中的比重,确立均衡共享模式,提升居民消费能力。完善工资协商机制、工资支付保障机制和最低工资制度,完善有利于政府重视居民收入提高的政绩考核体系。结合部门特点和行业特性,建立健全不同部门、行业和地区职工工资增长与经济增长保持大体同步的机制。合理确定并不断提高农民工工资水平,切实解决农民工工资偏低问题,建立农民工工资支付保障制度。

2. 千方百计增加就业,建立扩大消费需求的长效机制

就业是民生之本,是收入的重要来源。要建立市场主导就业、政府促进就业、个人自谋职业相结合的长效机制。继续实施稳健财政政策,促进经济平稳较快发展,在经济发展中解决就业问题;完善财税优惠政策和加大再就业资金投入,大力扶持下岗失业人员再就业;支持开发公益性岗位,加强职业培训和就业服务体系建设;为各类所有制企业创造公平、开放、有序的财税环境,鼓励和扶持就业容量大的劳动密集型产业、服务业、中小企业和非公有制企业,提供更多的就业机会。

3. 加大财政支持"三农"力度,努力扩大农村消费

城乡差距是我国经济社会发展各方面不平衡和消费不足的集中表现,为此应逐步扩大公共财政的覆盖范围,让公共财政的"阳光"照耀农村。一是支持提高农业综合生产能力。按照农业经济发展规律,整合财政支农资金渠道,建立支农资金稳定增长机制,促进农业生产组织形式创新与产业化经营。二是支持建立提高农民素质的教育、培训机制。巩固和完善农村义务教育经费保障机制,大力发展面向农村的职业教育,提高农民转产转岗就业的能力。三是全面促进农村社会发展。加强农村基础设施、人居环境和公共事业建设,提高消费信心。四是支持全面推进农村综合改革。通过深化农村税费改革,建立防止农民负担反弹的长效机制。

4. 加大对低收入群体的转移支付力度

扩大城乡"低保"范围,调高最低工资标准和最低生活保障、失业保障、优抚对象生活补助标准等,继续提高企业退休人员基本养老金水平,切实保障低收入群体的基本生活。同时,要建立健全对低收入群体的长效补贴机制,完善补贴制度、补贴标准、补贴经费来源、补贴时间和补贴对象,把补贴制度长期化、规范化,使低收入群体能够共同分享改革和发展的成果。

(二)加大财政对公共服务和社会保障的投入

完善公共服务能够有效保障广大劳动者更好地分享经济增长的成果,降低因预期收入和预期支出风险而导致的预防性储蓄动机,改善居民消费储蓄决策,提高当期消费意愿,从而促进居民消费需求不断扩大。

1. 完善公共产品和服务的供给

目前,居民的储蓄在很大程度上是受到将来养老金发放以及医疗卫生和教育成本等不确定因素的影响,因此,消除这些不确定性并且提供更多的保障将会有效地促进个人消费。为此,要进一步调整财政支出结构,切实扩大公共服务投入规模。应较大幅度增加教育、医疗、社会保障、就业等公共服务领域财政支出规模,确保公共服务领域支出增速快于财政支出增速,实质性提高公共服务领域支出在财政总支出中的比重。创新基础设施领域融资机制,提高财政投资使用效益,削减财政资本性支出,并将其转换为公共服务领域支出,构建充满活力、特色明显、优势互补的居民消费、民生服务新格局。完善公共产品和服务的供给和管理,加大对紧密关联民生的公共产品和服务的投入,对促进社会公平,提高中低收入群体的消费倾向,有着重要的意义。

2. 建立完善的社会保障制度

当前制约居民消费的突出矛盾之一,即保障制度不健全,公平和效率没有有效统筹。最为突出的仍然是医疗、教育、养老、住房、失业五大保障体系。这种预期的上升导致居民储蓄倾向上升,消费倾向下降。在扩大内需的一揽子计划中,公共资源配置更加向教育、医疗卫生和社会保障领域倾斜。一是建立健全社会保障体系。完善城镇社会保障制度,逐步做实个人账户,扩大社会保障覆盖范围,提高社会保障的统筹层次;积极稳妥地推进农村社会保障制度建设,扩大新型农村合作医疗试点。二是增强对弱势群体的保障力度。加快特殊困难群众社会救助体系建设,完善救灾支持体系,鼓励公益捐赠和慈善事业发展,提高社会群体的心理承受能力。三是建立低收入居民的住房保障制度。重点是建立稳定的城镇廉租住房建设资金保障渠道,鼓励多渠道筹集廉租住房保障资金。

(三) 改善城乡居民的消费环境

1. 建立统一开放竞争有序的流通网络

中原经济区各类商品市场数量庞大,但功能不够健全,影响流通效率。一是要疏通农产品流通渠道,重点培育大型批发市场的价格发现、信息传导、仓储物流等功能,加强产地中小型批发市场和预冷设施建设,开展"农(民)超(市)对接"等试点。二是要规范生产资料和工业消费品批发体系,根据不同商品的生产和消费特点,探索综合批发与专业批发、买断经营与代理代销、配送和扩大期货交易等模式,积极拓展仓储、物流以及融资等延伸服务,满足生产企业和零售商的需求。三是在城乡继续发展连锁经营,逐步提高统一配送的比重,为广大消费者提供放心、安全、便利、实惠的商品和服务。四是大力推进电子商务消费方式,不断增加商品品种和交易规模,不断提升经营比重。针对网上交易特点,要会同有关部门创造条件和加强监管。

2. 规范消费信贷,培育和巩固信用消费增长点

信用消费是国际上比较成熟的一种流通方式,可以提前实现潜在消费需求,扩大消费规模,也有利于加速流通企业资金周转。改善城乡居民的消费环

境,需要在加快个人诚信体系建设、严密控制风险的基础上,规范发展消费信贷,发挥消费信贷对普通大众家庭的支持力度,激发城乡中低收入阶层的购买能力。鼓励银行扩大消费信贷范围,增加消费信贷资金,扩大现有消费信贷产品,开发新的消费信贷产品;继续加大助学贷款发放力度;在小城镇开办个人住房按揭贷款、二手房贷款及汽车消费信贷业务;向农民自建房提供贷款,为农村住房提供消费信贷;为农民购买交通通讯等生产生活两用型产品、家用电脑等耐用消费品、农机具等大件产品提供消费信贷。

3. 改善农村消费环境,降低农村居民的消费成本

要结合新农村建设,改善农村消费环境,首先要加快推进农村自来水、电气化、道路网化,消除落后地区特别是山区由于电力供应不足、交通不便、信息不畅等对家电和电子产品消费的障碍,为家电和电子产品大规模、低成本进入农村居民家庭创造条件。同时,要加强农村商贸流通和消费市场体系建设,继续鼓励社区商业以及连锁商业下乡的发展,扎实搞好"万村千乡"市场工程,在连锁商业下乡试点的基础上,通过降低营业税,进一步加大对农村商业网点连锁经营、农资物流配送等项目的支持力度,引导鼓励城市大型商贸流通企业经营网络向农村延伸,利用其品牌、技术、配送体系和人才培训等优势,采取直营、加盟等灵活方式,开办村镇超市、便利店,降低农村市场流通成本和农村居民的消费成本。

三、着力增强自主创新能力

增强创新能力,是主动应对全球金融危机、提高区域竞争能力的根本要求,是推动发展方式转变、实现科学发展的基本途径,是实现跨越发展、推动中原崛起的战略性举措,是建设创新型河南的重要保障。

(一)制定科技发展战略和信息决策机制

1. 制定引导区域创新能力的创新战略

引导企业加快经济转型升级,实现从跟踪模仿为主向自主创新为主的转

变,妥善处理引进技术与自主创新之间的关系,加强对引进技术的消化吸收和自主创新力度;加大政府对企业的支持力度,整合政府创新资源,形成扶持自主创新的合力,在政府采购、财税政策、风险投资、知识产权等方面形成有益机制;聚焦自主创新的方向和重点,通过区域重大科技计划确定战略性、前瞻性技术领域,有针对性地加大科技创新力度,提高关键行业和关键领域的自主创新能力,并带动其他行业和领域自主创新能力的提高。

2. 形成区域科技创新体系

建立区域科技创新体系,要求企业大力开发具有自主知识产权的关键技术、核心技术和专有技术,真正成为创新主体。发挥企业在创新活动的执行、创新资源的配置、创新制度的建立等方面的主体作用,对高等院校、科研机构、企业及中介机构等从整体上进行合理布局,形成对科技发展的全方位和持久性的激励和支持,对重大科技项目开展联合攻关。同时区域科技创新体系在科技发展和经济进步中的主力军作用,从宏观和整体上控制本地科技发展的规模和速度,并通过政府补贴、设立技术标准和特别开发区、开办孵化器等经济政策和产业政策制定科技创新政策,对科技创新活动进行支持。

3. 建设高层信息决策机制

高层领导的创新倾向是影响自主创新的重要因素,担任政府科技创新决策的领导应该具备创新主动性和前瞻性的企业家素质。建立由区域最高领导挂帅的高层次的科技领导体制,成立专门的技术委员会,由多方高级权威组成区域科技决策班子,实施民主决策机制。

(二)积极建设和完善研发机制

1. 加大研发投入

健全研发机构,加强研发经费投入,是增强企业自主创新能力,促进科技成果转化的最大推动力量。加大政府对自主创新的投入力度、完善企业研发机构建设、设立高新技术产业专项补助资金、对经认定的国家级和省市级技术研究开发机构与国家工程中心、国家重点实验室等给予资助。同时要逐步实现研究资金来源的多元化,让企业成为应用性研究的投资主体。

2. 重视预先研发

政府要重视预先研究,对基础研究和应用性研究的投入要有所侧重,把基础研究作为创新的根本,作为保持创新区域技术优势的源泉,作为后发地区突破技术封锁、实现跨越式发展的重要途径。对于大型的、结构复杂、靠相关单位的大协作进行研制或由多个分系统组成的项目,更要重视预先研究,加大对先期技术开发,科学地验证新思路、新技术、新理论的可行性、实用性和经济性,减小研制的风险,缩短研制的周期。

3. 强调创造性研发

随着创新活动的日益系统化以及在管理领域的不断延伸,新的企业模式必须转向强调人作为创新主体的创新管理模式,充分调动更多员工更广泛地参与到创新研发活动中,将个体与团队创新结合、企业家创新与研发人员创新结合、社会影响因素与人的因素相结合,通过新产品开发、工艺改进、降低成本、结构重组、运用新的管理方法等活动,以转化成可实现企业价值增加或价值创造的成果。

(三)营造具有创新氛围的组织机制

1. 加强创新人才队伍建设

企业要建立健全科学合理的人才资源管理和开发体制,培养具有创新精神、对科学技术有执著追求的、能进行国际交往的新型创新人才,形成鼓励提高创新能力和效率的机制;完善客观和公正的评价体系和激励机制,制定和实施对各类人才具有强大吸引力的政策,建立地方海外高层次人才信息管理系统,不断完善人才引进、培养、使用有效机制,为提高企业自主创新能力奠定坚实的人才基础。

2. 努力创造宽松的创新环境

人才是自主创新的主要因素,因此,企业为人才创造宽松的创新环境和自由的研究氛围非常重要。企业应该提供能够让科研人员专心于研究事业的心情舒畅、气氛宽松、管理灵活的科研环境;对研究成败提供很大的自由度,让有创新能力的人不带有功利思想,不急于求成,不怕研究失败,能更加自由地进行科学探索和技术发明;鼓励并激发创新性的工作方式及团队合作;为员工的发明创造提供优厚的物质奖励和精神生活。

3. 树立弘扬企业家精神的社会价值观

作为其基础的区域自主创新力的持续生成和不断增强是不能仅仅依靠部分企业家和科学家的独立开发和偶然创新的,必须将"自主创新"泛化为全民的共同价值理念;激发敢于冒险和追求成功的进取心,倡导风险偏好和成功欲望,形成大众性的自主创新氛围。

(四)形成有利于自主创新的产学研协同机制

1. 形成以企业为主导的产学研协同的科研产业链

企业在产学研合作中发挥着主导性的作用,高校和科研院所则是重要依托,政府、企业、高校、科研院所四者的互动,成为推动自主创新的有效形式。

2. 促进产学研协同实现优势互补

在技术创新的过程中,生产企业、高等院校和科研院所应该构成一个协调发展的协同,更有效地促进技术创新和科研成果的转化。加强产学研协同,就要利用各方的优势,对各方的工作进行协调、管理,在资源共享、优势互补的基础上,实现各方的经济利益与战略目标。

3. 推动产学研协同成果转化

建立良好的产学研协同创新成果转化机制,建立区域科学技术的推广机构,还可以在新产品售卖出现销售问题时由政府加强购买,以促使创新成果迅速应用于实践,创造社会价值并为创新主体带来利益,激发创新的积极性。

四、加快发展县域经济

当前,我国总体上已进入以工促农、以城带乡的发展阶段,进入加快改造传统农业、走中国特色农业现代化道路的关键时刻,进入着力破除城乡二元结构、形成城乡经济社会发展一体化新格局的重要时期。就中原经济区而言,经济社会发展、区域发展、城乡发展不平衡的问题还比较突出,特别是农村经济社会发展仍然滞后。为此,大力发展工业化和城镇化,推动县域经济发展,是解决"三农"问题的战略举措,是搭建产业发展平台的重要载体,也是拉动投资消费,应对当前国际金融危机的迫切要求。

(一)加速工业化进程,促进产业结构优化升级

"十二五"时期,是中原经济区重要的战略机遇期,各县(市)要合理确定三次产业结构的比例关系,把非农产业作为县域产业发展的主要方向。第一产业要提升层次,第二产业要提速增效,第三产业要加快发展,加速推进农业产业化和工业化进程,通过农业产业化着力解决农民问题,通过农村工业化着力解决农业问题。要充分重视加强县域经济中三次产业间的内在联系,进一步提高三次产业之间的关联度,形成相互促进、共同提高的良性循环格局。

1. 加快农业产业化进程,推进农村经济结构调整

加快农业产业化进程,推进农村经济结构的调整,增加农民收入,是县域经济的基础和着力点。从整体上看,目前中原经济区农业产业化水平还不高,与现代农业还有较大差距。应当把推进农业产业化经营作为经济工作的一个重点,落实好有关政策,找准主攻方向,加大扶持力度。要加快培育有竞争优势和带动力强的龙头企业,把农业开发的文章做足做好,努力提高农产品加工的精度和深度。大力提高农业生产的组织化程度,继续发展多样化的利益联结机制,加强农产品基地建设,发展农村专业合作经济组织,发挥行业协会的作用,努力扩大农业产业化经营组织带动农户的面。加大农业科技创新和技术推广的力度,引导龙头企业走产学研相结合的路子或自办研发机构,构建农业科技创新的主体;继续加大对农业科技的投入,为农业产业化发展提供必要的资金支持。

2. 积极发展工业,壮大县域经济实力

以工业化为突破口,带动农业产业化、城镇化共同发展,是县域经济发展过程中不可逾越的阶段,也是县域增强发展后劲,增加财政收入,解决农村劳动力转移的关键所在。通过发展工业促农业、围绕农业上工业,将大大提高工业与农业之间的关联度,拉长农业深加工产业链,变农产品资源优势为经济发展优势。当然,也不是说所有县(市)、县域所有乡、村都有条件或者都要大办工业。发展县域工业,必须坚持因地制宜、适当集中,切忌遍地开花、盲目布

点、重复建设。关键是要按照分类指导原则,合理调整生产力布局,集聚工业资源,整合工业园区。特别是要重点扶持地理区位好,有一定经济基础,地处交通要道等"关节点"上的县(市);鼓励有条件的山区县(市),在城关和中心镇集中发展1—2个工业园区,鼓励企业向工业园区集中,鼓励县(市)、重点乡镇联合创办工业园区,发挥集群效应,壮大园区经济。

3. 鼓励民间投资,壮大县域经济发展主体

县域经济主体是农业、乡镇企业、县属国有企业或集体企业、个私经济等。从发展趋势看,农业经济将相对稳定,县属企业随着改革的深入逐步淡出,个私经济在县域经济中的作用将日益凸显。因此,要把鼓励民间投资作为一项长期政策,并做好政策上的引导工作。鼓励和引导民间资金利用县域农业资源优势,从事农业综合开发和农业产业化经营,重点发展食品工业。引导民营企业"以退为进",从高能耗、低效益、重污染的领域中退出,发展具有技术支撑的高效农业和农产品深加工、精加工企业;从缺乏市场竞争力的大路、低质产业产品中退出,发展特色经济和高技术含量、高附加值的产品。鼓励各类股份制银行、商业银行、城乡信用社、信托投资公司等通过增资扩股,吸引更多的民间资本进入。

(二)加快城镇化步伐,促进城乡经济协调发展

工业化与城市化是互为依存、相互促进的,工业化是城市化的经济内容和发展的原动力,城市化是工业化的载体和空间落实。同时,增加农民收入,最终只有依靠加快农业劳动力向非农产业转移、农村居民向城镇居民转变,通过减少农民数量才能达到富裕农民的目的。因此,在推进工业化的同时加快城镇化进程,也应成为县域经济的重头戏。

要以县城和中心镇为依托,加速推进县域城镇化。郑州、洛阳等城市密集区周边的"城郊型"县(市),要着力融入城市经济,以提高城市化水平为重点,"扩容提质",加快推进城乡一体化进程;地处交通要道、有一定工业基础和城关依托的"区域中心型"县(市),要以推进工业化和城镇化为动力,做大做强县城和中心镇,增强城市对农村的集聚和带动能力;山区或边远欠发达县(市),要集中有限力量发展"大城关",引导生产要素向城关集聚,通过扩大规

模,提高档次,完善功能,增强其经济辐射力与带动力,使之成为欠发达县(市)的发展极和增长点。各县(市)应当依托现有基础,认真规划建设好县城和以县城为中心的城镇圈,有计划地扩容,增加人口,壮大县域经济规模。

要发挥政策引导功能,加快农村城镇化进程。推进农村城镇化的进程,关键是政策引导,即制定并实施有利于加快城镇化进程的各项政策,并扫清有碍城镇化进程的种种制度性障碍。中原经济区农村城镇化必须建立在市场化的基础之上。这意味着从本质而言城镇化是市场化经济逐步深化的自然演进,而不单纯是政府行为,但政府的宏观政策导向仍然具有决定性的作用。对此,具体提出以下建议:第一,改革城镇户籍管理制度。户口至今仍是障碍农民落户城镇的重要因素。县城在这方面可以先行一步,实行"无门槛"的城镇自由定居政策,这也是加快县域民营经济发展的必要条件。第二,制定鼓励农民向城镇投资和无歧视性的就业政策。第三,建立社会保障机制。农民落户城镇,即使城镇无就业歧视,也不可能消除失业现象,同时,还有养老、医疗等问题。因此,完善的社会保障机制对于解除农民落户城镇的后顾之忧至关重要。为了加快农村城镇化进程,应该采取一些过渡性的变通政策,最终的出路还是要尽快建立起全面覆盖、城乡一体的社会保障体系。

(三)加快体制机制创新,增强县域经济发展的保障能力

1. 创新县域经济管理体制

发展县域经济需要体制和机制创新,为县域经济创造宽松的环境,增强发展的活力。一是扩大县级经济管理权限。省和其所设区市两级都应当按照"决策权力下放,管理重心下移"要求,下决心简政放权,把现有部分审批权限直接"放权"给县(市),赋予县(市)更大的工作自主权和决策权。二是建立扩权的动态机制和保障机制。扩权的根本目的在于"激活",为此可以考虑建立扩权的动态机制和激励机制,根据县(市)经济发展的具体情况,适时增加扩权县(市)的数量。同时,完善配套政策和监督机制,使省、设区市有关部门的权力能够真正"下放",县(市)能够"接权"并有效"行使"权力,保证下放权限的落实。

2. 完善县域经济发展绩效评价机制

依据区域主体功能定位,不同的县资源环境承载能力、集聚人口容量的能力以及发展经济的潜力均不同,发展的内涵和要求就应该不同,因而对不同国土空间功能区的县,应施以不同的绩效评价和政绩考核标准:对优化开发区域,要强化经济结构、资源消耗、自主创新等的评价;对重点开发区域,要综合评价经济增长、质量效益、工业化和城镇化水平;对限制开发区域,要突出生态环境保护的评价,弱化工业化城镇化水平的评价;对禁止开发区域,主要评价生态环境保护。可先对农业县和工业县分开考核,对农业大县的主要评价指标由经济总量增长转向农业发展上。

3. 建立县域经济发展的扶持机制

当前,中原经济区县域经济发展极其不平衡,以河南为例,在全省108个县市中,GDP和财政收入最高的巩义市分别是最低县的12倍和13倍,中原城市群的大部分县(市)发展水平远远高于黄淮地区县(市)。为改变这种状况,迫切需要完善县域经济发展的扶持机制。一是积极完善帮扶机制。完善经济强县(市)与经济欠发达县(市)对口帮扶机制;调整充实省领导和省直部门与山区经济欠发达县(市)的定点挂钩扶持。二是对部分欠发达县(市)应主要实行政策倾斜。按照"多予、少取、放活、促发展"的思路,在省级财力允许的限度内,尽可能加大对后进县的转移支付力度。

4. 建立县级财政稳定增长机制

从1993年开始河南县级财力占全省比重呈逐年下降趋势,财政收支矛盾突出,县级财政困难面扩大。妥善解决这一问题,关键是要健全财政体制,调整省、市、县的财权和事权分配格局,大力培养财源,建立鼓励发展的激励机制。为此,需要进一步完善省对县(市)财政体制。新的省对县(市)财政体制,应当朝着有利涵养县域税源方向发展。在已经出台的财政体制微调的基础上,积极探索建立"省管县"的财政体制,减少财政管理级次,提高财政资源的配置效率。省对县的财政体制不仅要合理确定县级财政收支内容和基数,还要有必要的激励机制和制约机制,提高县级在财政增量的分配比例,以充分调动基层政府和财政部门开拓财源、增收节支的积极性。

5. 建立农村资金有效回流机制

积极盘活、整合现有存量金融资源,通过改革实现存量机构的功能增进,建立和完善"国有商业银行＋农村信用社＋政策性金融＋其他非银行金融机构"的县域金融服务体系。国有商业银行要减少管理层次,改进授权授信操作模式,扩大县支行信贷权限,建立合理的奖惩机制,调动基层信贷人员贷款的积极性。积极开拓适应中小企业和县域经济特点的信贷品种、融资产品,建立和完善适合中小企业特点的评级和授信制度。有条件的地方要积极探索发展村镇银行、资金互助社小额贷款公司等新型农村金融机构。农村信用社要进一步明晰产权关系,完善法人治理结构,积极推广农户小额信用贷款、农户联保贷款,切实有效地解决农村发展生产的资金困难。城市商业银行也要积极探索向县(市)延伸开展业务。

五、大力发展民营经济

作为经济发展最具生命力的一个重要组成部分,民营经济已经成为支撑和推动我国经济增长的重要力量,鼓励、支持、引导非公有制经济发展,符合经济社会发展的规律和趋势。近年来,河南民营经济快速发展,对全省经济增长的贡献率超过60%,已经成为支撑河南经济发展和中原崛起的重要力量。同时,也要看到,河南省民营经济发展的总体水平还不高,企业规模比较小,自主创新能力和市场竞争力比较弱。大力发展民营经济,支持民营企业做大做强,对于构建中原经济区具有重要的支撑作用。

(一)切实加强对民营经济发展的领导

要大力破除限制观念、歧视观念、干预观念,树立发展观念、平等观念、服务观念,切实增强加快民营经济发展的紧迫感。

1. 将民营经济发展纳入中原经济区总体发展纲要

各级政府在制定"十二五"规划时,要把民营经济发展作为一个重要部分进行科学规划。

2. 进一步明确发展民营经济的指导思想

坚持政治平等、政策公平、法律保护、放手发展的方针,清除一切妨碍民营经济发展的思想观念、体制弊端、政策规定和不合时宜的做法,努力营造全社会崇尚创业的良好氛围,使民营企业在政治上有荣誉、社会上有地位、发展上有作为、经济上有实惠,促进民营企业在短时间内的跨越式发展,实现总量上规模、结构上档次、质量上水平、管理上台阶,尽快形成一批机制灵活、技术先进、管理有序、效益良好的民营企业集群。

3. 切实加强对民营经济发展工作的领导

各地政府应成立主要领导挂帅的发展民营经济工作领导小组,建立领导小组成员联席会议制度,设立权威的工作机构,定期听取民营企业家的意见,研究制定民营经济发展规划和政策,协调解决民营经济发展中存在的突出问题,督促有关部门切实履行各自的职责,为民营经济发展提供强有力的组织保障。

4. 为民营经济发展营造良好的舆论氛围

可通过在报刊、电视、广播等新闻媒体上开辟专栏或开办专题节目等形式,加大对民营经济发展的宣传力度,广泛宣传民营经济的重要地位和作用,宣传优秀民营企业和优秀民营企业家的重要贡献,大力倡导创新创业思想,使"创业光荣、发展有功"的理念深入人心,从而在全社会形成一个有利于民营经济公平竞争、健康发展的舆论环境。

(二)积极营造民营经济优良的发展环境

政府及其职能部门要努力优化政务环境。

1. 进一步转变政府职能

要从全能政府转变为依法行政的有限政府,从权力政府转变为以保障公民权利、提供良好公共产品和公共服务为己任的责任政府;建立促进民营经济发展的目标考核机制,全面推行"以人为本、责任到人、服务到户、监管到位"的人性化管理方针,切实把经济管理职能转到主要为市场主体服务和创造良好的发展环境上来,不断提高办事效率;政府在制定和出台政策时,要着力破除部门性失权、个人性失利的狭隘观念;着力打破一些条条框框,着眼于长远利益和整体利益,主动放弃一些眼前和局部的利益。

2. 继续深化行政审批制度改革

要针对目前项目审批限制多、环节多、时间长,且不透明的问题,依法明确界定行政审批权设立的范围、权限和程序,进一步减少行政审批事项。凡可以由市场调节的事项坚决取消行政审批;对确需保留的行政审批事项,要简化程序,明确责任。

3. 严格规范收费行为

要编制准确、完整、合法、权威的行政事业性收费项目目录,印发给每一个个体工商户、私营企业和执收单位及相关监督部门,并定期开展专项检查;要结合综合改革执法试点,改变一些行政执法部门"收费养人,养人收费"的状况。

4. 切实加大依法维护民营企业合法权益的力度

工商、物价部门要严厉打击欺行霸市、哄抢物品等行为;税务部门要依法治税,对偷税漏税等违法行为严肃处理;审计、技术监督等部门要充分发挥职能作用,严格执法;法院对受理有关民营企业的案件要限时审理结案,要加大涉及民营企业案件的执行力度。同时要把党委的纪律监督、人大的法律监督、政协的民主监督和新闻媒体的舆论监督以及群众监督结合起来,形成完善有力的监督体系,加大对破坏经济发展软环境、侵害民营企业合法权益现象的查处力度,维护公开、公平、公正的市场竞争秩序,努力营造一个让投资者生活舒心、投资放心、发展安心的创业环境。

(三)继续放宽民营资本市场准入

尽快废除或修改不合理的规定与做法,消除体制障碍,为民营经济发展创造平等的竞争机会。

1. 放宽民营资本的投资领域

要建立和完善对民营资本开放投资领域的市场化、社会化运作机制,编制"鼓励、允许、限制、禁止"民营经济市场准入产业目录,全面放宽对投资人的限制;对国家未禁入的领域,一律向民资开放,如收费公路、桥梁和隧道的建设、经营,城市供水厂、供排水管网、污水和垃圾处理厂及环境污染治理设施的建设、经营,金融、电信、保险行业,进出口商品检验、鉴定、认证公司等,都应向民资开放;按照招标投标法必须进行公开招标的项目,符合条件的民营企业应享有平等的投标竞标权;政府从有稳定收益的城市基础设施项目和部分社会事业项目中退出,鼓励民资进入;要按照"谁投资、谁决策、谁收益、谁承担风险"的原则,真正落实投资人的决策权。

2. 降低市场准入和经营的门槛

要改革企业注册方式,简化前置审批和登记手续,降低市场准入门槛,可探索适当降低私营有限责任公司注册要求,允许注册资金逐步到位,限期补足;对民营科技型、农副产品加工型、下岗失业人员创办私营企业等,条件欠缺的,给予一定时限完善,先发给临时营业执照,实行预备期管理;清理、修订现行民营投资的地方和行业管理规定,实行对各种所有制企业统一规范的投资、建设和运营管理办法,如在投融资、税收、土地使用和对外贸易等方面,探索使民营企业享受"三资"企业和国有企业同等待遇。

3. 积极鼓励和支持民营经济参与国企改革

鼓励民营企业通过收购、承包、租赁、合资、合作、参股等方式和途径,参与国有企业、集体企业的产权改革,迅速取得规模经济效益,降低生产经营成本,提高市场竞争力;支持自然人、私营业主等以长期租赁经营方式搞活公有制中小企业。

(四)大力扶持民营企业做大做强

针对民营企业融资难,发展举步维艰的实际,实行放水养鱼,采取多种优惠政策予以扶持。

1. 充分发挥产业政策的导向作用,优先鼓励科技型、外向型、商贸物流型民营企业快速发展

要定期发布产业导向目录,鼓励和引导民营经济向生产型、科技型、外向型发展;坚持对民营科技企业实行减免税和所得税返还政策,解决民营企业研究开发费用在增值税中的抵扣问题;有关部门要把民营科技项目列入重点服务对象,建立完善的科技孵化体系,筛选一批技术含量高、市场前景好的项目给予技术和资金支持;民营企业兴办中试基地、工业性实验基地、工程技术中

心等科研、开发机构,享受国家相关优惠政策。

2. 重视和加强民营经济园区的建设

建立具有专业特点的民营经济园区、大学科技园、海外学子创业园,广泛吸引资金、技术、人才,使其成为民营企业创新创业的园地;对创立了国家级、省级、市级技术中心的民营企业,视情给予一次性奖励。

3. 大力扶持骨干民营企业迅速做大做强

对实力较强、科技含量较高、产品对路、规模较大、前景看好的龙头民营企业,进行重点扶持,促其充分发挥优势,尽快上规模、上档次、上水平。

4. 切实推进名牌发展战略

可考虑对一些主业突出,创出了国家级、省级和市级品牌,市场竞争力强的企业,通过重奖的办法促其不断壮大发展。

5. 创造条件帮助民营企业解决融资难问题

要切实加大财政、金融和税收对民营经济发展的支持力度,以多种方式拓宽民营企业的融资渠道。要充分发挥产业发展基金和科技三项费用对民营经济发展的支持作用,还可考虑由财政提供一定的资本金,设立民营经济发展专项基金,用来支持优质民营企业的发展。支持具备条件的民营企业到国内外证券市场发行股票、债券筹措资金,支持区内上市公司与民营企业通过参股、控股、资产置换等资本营运方式进行嫁接,盘活上市公司资产存量,促进民营经济发展。

(五)着力完善民营经济发展的社会服务体系

政府在履行市场监管职能时,要把重点放在建立健全社会信用体系和培育完善的社会化服务体系上。

1. 大力加强信用制度建设

目前国家商务部已提出建立中小企业信用担保体系的基本思路,上海市正在通过建立起本市小企业唯一的标识码,建立小企业的经营信用、资本信用、质量信用、完税信用、个人行为信用等方面的资信档案,健全小企业的信用制度,对此我们可积极借鉴和推广;要大力发展相关中介机构为营运主体的信用记录、信用采集、信用公示、信用担保以及失信追究、风险防范的信用服务体系,教育引导民营企业诚信守法经营。

2. 加快建立完善省市县三级政策型支持民营经济发展的信用担保体系

政府不仅可以根据自身财力出资参与建立担保机构,扶持支持民营经济,还可鼓励社会发展商业型、互助型信用担保机构,支持行业投资机构与金融机构联合成立担保组织,支持社会团体、企业群体共同出资设立担保机构,支持具备条件的民营企业独立成立担保机构,探索建立在政府的监管和引导下,以专业担保机构为主体,以市场化运行为基础的多种资金来源、多种组织形式参与、多层次结构的信用担保体系,为民营经济发展提供担保服务。

3. 充分发挥工商联在密切政府与民营经济人士联系中的桥梁和纽带作用

各级工商联要积极为民营企业发展提供人才、信息、技术、市场开拓、法律援助等多方面服务,积极反映民营经济人士的意见,为党和政府推进民营经济发展出主意、当参谋。

4. 充分发挥各种民间经济组织的作用

随着市场经济的发展,各种民间经济组织大量涌现。这些组织如个体私营经济协会、商会、行会和其他中介机构等,在经济发展中起着积极作用,构建多主体、多层次、全方位的社会化服务体系,组织社会力量为民营经济提供专业化服务。

5. 积极引导民营企业建立现代企业制度

采取分类指导、正确引导、逐步推进的方法,引导较大规模的民营企业加快制度创新,逐步将集权式家族管理体制转变为现代企业法人治理结构;加强对民营业主的"致富思源、富而思进"教育,增强民营业主的社会责任感,激发他们克服小富即安、急功近利、贪图享乐、不思进取的思想,树立进一步创业的壮志和理想。

六、进一步推进垄断行业改革

加快垄断行业的改革,推进市场化进程,是建立市场经济体制过程中必然要遇到的一个重要课题。这些年来,尽管我们在推动垄断行业改革、特别是在破除垄断体制方面采取了一系列举措,但这方面的问题依然突出。如何深化垄断行业的体制改革、进而推动垄断行业本身的改革,是摆在我们面前一项紧迫的任务。结合国内外经验及中原经济区的实际情况,应从以下几方面着手:

(一)对垄断加以区分,实行分类改革

1. 区分行政垄断与自然垄断

行政性垄断是指政府滥用行政权力,排除、限制或妨碍企业之间的合法竞争。我国的行政垄断又往往和经济体制、经济安全紧密联系在一起。总的来说,这些垄断都是应当加以反对和打破的,但打破这种垄断则有一个时机选择问题,应根据改革开放的进程以及经济安全的需要逐步加以打破。具体来说,打破行政垄断的前提条件首先是实行政企分开,隔断政府与企业的连带关系,使企业真正成为市场竞争的主体。然后有两条路径选择:一种是拆分,将一个行业性的总公司分解成两个或两个以上的公司,然后对其内部业务进行重组;另一种是对两个或两个以上的行业性公司的业务进行重组。借鉴世界行政垄断行业改革的普遍经验,实行行业环节或项目的分离。如电力行业实行发电、输电、配电分离,铁道、航空实行网运分离,城市生活用天然气实行产(井)、运(管道运输系统)、销(配送)分离,城市管道供水、供热实行厂网分离,等等。

放宽行政垄断行业中竞争性业务的市场准入,同时,把自然垄断性业务作为政府监管的重点。自然垄断是由于某些行业生产的规模经济效益需要在一个很大的产量范围内和相应的巨大的资本设备的生产运行水平上才能得到充分的体现,以至于整个行业的产量只有由一个企业来生产时才有可能达到这样的生产规模。其特点决定了不能简单用分拆等方法来解决问题,而只能对其加以管制。然而根据世界各国的做法来看,对传统的自然垄断行业放松管制是一个趋势。这是因为自然垄断行业是有可能变化的,过去被认为具有自然垄断特征的行业,由于技术等因素的变化,现在变成了竞争性行业。一个比较常见的例子是电信业,原来被看做是自然垄断行业,但随着光缆技术的发展和通信卫星的出现,有线电视网络、无线通讯网络迅速发展起来,形成了新的通信系统和方式,改变了有线通信公司对电信业的独家垄断。放松或解除管

制的关键是让新企业进入该行业,形成有序的竞争局面。这些行业要逐步对民间资本开放,也要有限度地对外资开放。

2. 区分垄断行业的非垄断性业务

这在传统的自然垄断行业中有较明显的体现。大部分自然垄断行业是通过物理网络将生产者和消费者连接起来的,连接网络投入了高昂的固定成本,巨额的固定成本是规模经济产生的主要原因,也是潜在竞争者的进入壁垒。但是部分产业链却有可能具有竞争性的特征。比如电网公司是垄断性的,而电厂企业却是充满竞争。此时,应该对垄断性业务和非垄断性业务进行区分,对于自然垄断性业务采取在政府控制下垄断经营的方式,在满足社会需要的前提下实现"规模经济";在非垄断性业务领域引入竞争机制,促使企业提高效率、降低成本。

(二)理顺产权关系,建立现代企业制度

推进垄断行业改革必须与对国有企业进行规范的公司制改造、建立现代企业制度紧密结合起来进行。这些行业要按照建立现代企业制度的要求,把大多数国有大型企业改组成股权多元化的股份公司,有条件的企业要尽快整体上市。要严格按照《公司法》的相关规定设立股东大会、董事会、监事会,明确各自的权利和责任,处理好相互的关系,建立起规范的法人治理结构,通过人事制度、分配制度等改革,建立有效的高层人员的激励与约束机制。大型企业集团,必须理顺内部的产权关系、人事关系和财务关系,形成规范的母子公司体制和管理方法。同时通过引进外资和民间资本等,加快多种形式的产权制度改革。

(三)加快推进垄断行业分配体制改革

理顺收入分配关系,建立公平分配制度,逐步缓解地区和部分社会成员收入差距扩大趋势,是当前分配体制改革的主要任务之一。垄断行业尚未建立有效的工资形成机制和工资增长机制,普遍存在职工收入水平偏高、工资收入水平增长过快、工资外收入水平居高不下、垄断福利问题严重等现象。近年来,垄断行业与其他行业收入差距过大的问题已引起了人们越来越多的诟病,

成为威胁和谐社会稳定的不利因素。以河南为例,2009年河南电力、电信、金融、保险、水电气供应、烟草等行业职工的平均工资是其他行业的2—3倍,加上福利待遇,实际收入差距可能在5—10倍。因此,必须加强对垄断行业收入分配的监管,特别是对工资福利过高、增长过快行业职工收入的调控。政府应制定工资指导线使垄断行业职工工资保持社会平均工资中等偏上的水平。对一定时期内仍然存在的行政性垄断行业,要通过征收资源税、环境补偿税、特许经营费等手段将行政性垄断所得收归国有,调节垄断行业的过高收入;对留归企业的垄断收益,政府要严格监督管理;对某些自然垄断性行业实行高于一般行业的税率,将其获得的超额利润收归国有。

(四)推进投资主体的多元化

垄断行业改革的最终目标之一,是要逐步实现垄断行业的投资主体多元化,这将对打破垄断、引入竞争、提高效率、降低成本、优化资源配置,构建政府监管下的政企分开、公平竞争、开放有序、健康发展的市场体系产生重要作用。要充分发挥个体、私营等非公有经济的重要作用,放宽国内民间资本的市场准入领域,有步骤地允许民间资本进入相关领域,实现公平竞争。各种所有制经济将在垄断行业的市场竞争中发挥各自优势相互竞争、共同发展。实践中,在一些领域,虽然名义上向民间资本开放了,但是,由于"玻璃门"和政策棚架现象的存在,民营经济的进入实际上仍有较高的壁垒。因此,应该认真贯彻落实《国务院关于鼓励和引导民间投资健康发展的若干意见》,为民营经济创造公平的竞争环境。同时也应该认识到,垄断行业改革不是简单地实现私有化,而是在引入竞争机制的同时,加强对这些行业经营情况的监督和管理,以保证为社会提供更好的服务。

(五)加快相关法律立法进程,建立独立监管体系

要尽快制定和完善相关法律法规,明确规定和约束垄断行业中政府参与的依据、具体的参与形式、监督机制、退出机制以及相关的权利和义务。将垄断行业改革纳入法制化轨道。建立独立的专门监管机构,其职能、管制方式、决策过程要有法律授权,提高管制机构的透明度和公众参与程度,实行规范的

听证制度等。关于管制垄断行业政府参与的专门立法应该实现以下目标:第一,各个管制垄断行业的政府参与要有法可依,其目的和方式都应该是在法律规定范围内的,且要通过必要的审定程序。第二,各个管制垄断行业的政府参与行为要明确规定有效的监督机制,赋予特定组织和群体抗议、申诉的权利,并规定有效的程序保证这种权利的主张。第三,要对各个管制垄断行业的政府参与规定相应的义务和责任,对于政府的不当行为要制定合理的处置条款。

七、加快构建开放型经济体系

中原经济区作为内陆欠发达地区,长期以来开放型经济发展严重滞后。以河南为例,目前外向型经济突出表现为"三低",即外贸依存度低、出口总量低、出口商品层面低。2009年,河南出口总值仅73.46亿美元,在GDP中的比重仅为4.7%,低于全国平均水平40.1个百分点,低于广东、山东101.3和23.2个百分点,就是与中部的广西、安徽和湖北相比,也分别低6.6、5.9和4.4个百分点。大力实施开放带动战略,充分利用国际国内两种资源、两个市场,以承接产业转移和优化生产要素配置为着力点,积极参与国际国内分工与合作,努力提高利用外资水平,扩大对外贸易规模,加快"走出去"步伐,构建内外互动、互利共赢、安全高效的开放型经济体系,为实现中原经济区建设提供强有力的支撑。

(一)积极有效利用外资

紧紧围绕产业转型升级,在高端制造业、现代服务业、现代农业、新能源和节能环保等方面加大引进力度,坚持以项目为中心,在引资的同时更加突出技术、管理和人才的引进,更好地发挥外资在调整产业结构中的积极作用,积极引进投资规模大、科技含量高、带动作用强的项目,鼓励外资企业开展技术创新,增强配套能力,延伸产业链。

1. 加强招商引资载体建设

依托郑汴新区和中原城市群发展,大力吸引国内外资金、技术、人才等生产要素聚集,打造中原地区利用外资的核心区域。把产业集聚区作为承接产业转移的主平台,明确产业定位,完善基础设施,着力引进产业关联度高、辐射带动能力强的龙头项目,带动相关产业链式或集群式转移,培育形成一批产值超千亿元的产业集聚区。加快城市复合型新区建设,按照产业、生态、宜居等功能定位,搭建招商引资平台,吸引国内外先进制造业、生态农业、现代服务业等高质量、高层次项目进驻。

2. 优化利用外资结构

围绕构建现代产业体系,在战略支撑产业、战略新兴产业、现代农业、现代服务业、公用基础设施等重点领域,加强与世界500强、行业前50强企业的战略合作,谋划重大合作项目,调整优化利用外资结构,推动产业转型升级。重点支持外资投向装备制造、汽车及零部件、有色金属、化工、食品、纺织服装等优势产业和信息、生物、新材料、新能源、节能环保等新兴产业;引导外资进入农、林、牧、渔等领域,开展优质畜产品生产加工、特色高效农产品生产、农业高新技术产业开发、中低产田改造和农业基础设施建设;鼓励外资进入现代物流、金融、文化、旅游、科技、信息等服务业领域,吸引国内外知名公司在豫建立地区总部、研发中心、结算中心、营销中心等。打破行业垄断和市场准入限制,支持外资参与基础设施建设和公用事业发展。

3. 创新招商引资方式

坚持政府引导与企业主导相结合,更加突出企业在招商引资中的主体地位,构建市场化、专业化、社会化的招商体系。充分发挥中介机构、行业协会、民间商会的作用,开展委托招商、代理招商、以商招商、节会招商、专题招商等模式;依托产业集群优势,积极引进上下游配套生产经营企业,拉长产业链条,开展产业链招商;采取产(股)权转让、增资扩股、合资合作、技术引进等方式,引进战略投资者,参与企业重组改造。

4. 优化外商投资环境

推进行政审批制度改革,简化审批程序,规范审批行为,全面推行外商投资项目无偿代理制和联审联批制。制定完善的引资政策,优化土地、环境、电力等重要资源配置,保障重大招商项目落地。提高劳动力素质,提供人力资源支撑。规范建筑市场、土地市场、产权市场、资本市场和各类中介服务机构,完善出入境、居留、医疗、教育等服务。健全招商引资项目跟踪服务机制,保护外来投资者合法权益。

(二)提高对外贸易规模与水平

稳定传统市场、开拓新兴市场,实施以质取胜和品牌带动战略,加快调整进出口结构,转变外贸经营方式,扩大对外贸易规模,促进对外贸易快速发展。

1. 积极扩大进出口规模

加大海外市场开拓力度,巩固和深度开发欧盟、美国、东盟、日本、韩国等传统市场,积极开拓中东、非洲、拉美、澳洲、俄罗斯、印度等新兴市场。大力发展加工贸易,建设出口贸易加工区,完善配套政策措施,搭建与日韩、港台和沿海地区的贸易合作平台,积极承接加工贸易业务。依托产业集聚区和煤化工、有色金属、食品工业、装备制造、汽车及零部件产业、高新技术等优势产业,引进出口主导型投资企业,扩大出口贸易规模。支持铁矿石、橡胶及制品、汽车关键零部件等重要商品进口,扩大进口贸易规模。

2. 优化进出口结构

实施科技兴贸战略和机电产品出口推进计划,提高机电产品和高新技术产品的科技含量,扩大出口规模和比重,力争"十二五"期间赶上或超过全国平均水平。扩大传统优势产品出口,支持轻纺、服装等劳动密集型产品出口,支持特色农产品、文化产品出口。充分利用国家鼓励进口的政策措施,推动成套设备、关键零部件、资源和原材料等急需商品进口,服务河南省经济社会发展。

3. 转变外贸经营模式

深化外经贸体制改革,推进外贸出口主体多元化。鼓励企业通过自建、合作、并购等方式,建立海外营销网络。支持企业参与国家对外援建,扩大河南省设备和技术出口。鼓励企业进入跨国公司全球采购系统。支持企业发展电子商务。积极发展服务贸易,促进对外贸易从货物贸易为主向货物贸易与服务贸易并重转变。大力发展信息和软件服务外包,支持郑州、洛阳等有条件的大中城市建设服务外包基地。推行外贸代理制,促进外贸企业和生产企业合作共赢。

4. 加快外贸基础设施建设

把口岸建设作为发展开放型经济的重要抓手,大力发展集装箱"无水港"和国际"航空港",构建连接世界、辐射中西部的现代口岸体系。依托郑州铁路集装箱中心站,加快建设区域性国际货物集散中心。依托以新郑机场为龙头,洛阳、南阳、信阳等机场为节点的航空网络,建设全国重要的枢纽航空口岸。加强河南省一类口岸、各口岸作业区与沿海港口的战略合作,实现优势互补、协调联动,推动公、铁、空、海等多式联运发展。支持保税加工区、保税物流园区建设,加快建设电子口岸,建立"大通关"协调机制,推动河南省对外进出口贸易发展。

(三)加快实施"走出去"战略

充分利用国际市场和资源,以优势产业、产能过剩产业为重点,以大型企业集团为主体,积极开展境外投资和跨国经营,培育发展具有国际品牌的跨国公司。

1. 推动优势企业对外投资

鼓励企业采取直接投资、合资、并购等方式开展跨国经营。鼓励地质勘查、钢铁、有色等行业参与境外合作开发,建立资源供应基地。支持金龙铜管、宇通集团等龙头企业在境外建立生产基地和营销网络。引导电力、煤炭、钢铁、建材、纺织等产能过剩行业扩大对外投资。

2. 扩大对外承包工程

支持石油、建筑、电力、地质勘探等领域有实力的企业,采用BOT、租赁、承包等方式,开展对外工程承包。鼓励企业承揽技术含量高、能够带动设备和技术出口的大型工程项目。支持企业争取国家援外资金、出口买方(卖方)信贷、商业贷款以及国际金融机构资金承揽总承包项目。鼓励生产制造、设计咨询、施工安装、经贸等企业强强联合,以项目为载体参与国际竞标。争取深度开发发展中国家市场的同时,在发达国家工程承包市场实现突破。

3. 大力发展对外劳务合作

加强外派劳务输出基地建设,探索职业技术教育与外派劳务相结合的途径,推动河南省外派劳务扩大规模、提升层次、打造品牌。在巩固日、韩等传统劳务市场的基础上，积极开拓欧美、澳洲等发达国家和新兴劳务市场。加强外派劳务市场监管，保护劳务人员合法权益。

(四) 全面推进区域经济合作

以承接产业转移、加强与央企合作、引进技术和人才等为重点，拓宽合作渠道，优化投资环境，加强国内区域经济合作，推动河南外向型经济发展。

1. 积极承接东部沿海地区产业转移

加大对沿海地区招商引资力度，探索产业转移联盟和"飞地招商"模式，吸引纺织服装、电子、食品、轻工等劳动密集型产业转移。通过举办各类经贸洽谈会、经济技术合作洽谈会，以及大型食品、花卉、玉雕、文化、旅游等节庆会展，组织开展招商引资活动，有重点、有选择地开展项目推介，引进特色产业和优质资本。依托以农产品、矿产、能源和劳动力资源为特色的产业园区建设，积极参与垂直分工，形成与沿海地区优势互补、互动发展的良好格局。

2. 加强与港台地区合作

以文化交流为纽带，加强与香港贸易发展局、澳门中华总商会、台海两岸企业家商务文化联谊会等机构合作，建立完善交流合作机制，举办经常性专题招商活动，搭建商贸合作平台。着力推动郑州、洛阳、新乡、焦作等市6个香港、台湾工业园建设，尽快扩规模、上水平。

3. 深化与中西部地区合作

发挥区位交通优势，加强与中西部地区交通设施、市场体系的对接，加强旅游、物流、劳动力、绿色农产品通道和口岸大通关等方面合作，建设一体化区域市场。充分利用中博会、西洽会等经贸合作平台，促进要素流动和信息共享。加强电力、煤炭、天然气、油品供应和运输等领域的合作。合理利用水资源，推进生态环保共建，共同推动黄河、淮河流域协调快速发展。

4. 加强与中央企业的合作

进一步巩固和扩大与央企合作成果，拓展合作发展空间。重点在铁路、城际交通、核电、电网、石化、煤化工、电动汽车、装备机械、粮食加工、现代物流、金融、文化、旅游等领域，加强与中央企业的战略合作，充分发挥央企资金实力雄厚、技术管理先进、产业层次较高、海内外市场广阔的优势，加快河南省产业结构升级和经济发展方式转变步伐,为经济社会发展注入强劲动力。

八、推进体制机制创新与软环境建设

优化发展软环境,必须按照科学发展观的要求,坚持用改革与创新的思路,推进体制与机制创新,努力在解放思想上有新突破,在转变职能上有新举措,在服务水平上有新提高,在推进各项工作上有新成效,为中原经济区又好又快发展营造良好的发展环境。

(一)建立各尽其职的责任机制

目前,中原经济区的软环境建设与发达地区相比,与又好又快发展的形势要求相比,与投资者、经营者和人民群众的愿望相比,还存在一定的差距,突出表现在发展不够平衡、工作不够深入等问题。这些问题的存在,与一些领导干部的责任意识不强不无关系。因此,抓软环境建设,必须切实强化各级部门及其工作人员的责任意识。一要明确党委和政府的责任。要从实现中原经济区快速发展的全局高度,来认识加强软环境建设的极端重要性和紧迫性,真正把软环境建设纳入到各级党委、政府的重要日程,锲而不舍地抓下去。二要明确各部门责任。要树立全局观念,真正从狭隘的部门功利主义的盲区中解放出来,在想问题、办事情、作决策过程中,不能局限于部门利益、局部利益,从根本上解决"部门权力化、权力利益化、利益个人化"问题。三要明确具体人员责任。各级领导干部、部门工作人员特别是执纪执法人员,要培养服务意识,切实把加强软环境建设作为落实科学发展观的重要内容;要树立大局意识,自觉地把履行职责放到经济发展这个大局中来认识和把握;要树立正确的权力观,实现好、维护好、发展好群众的根本利益。

(二)建立高效通畅的运行机制

制度建设是检验一个地区软环境建设水平和实际成果的重要标准。在制度建设上,应注重把握好制度的制定和执行两个环节。制度要有用、管用,真正体现公正、透明、客观、严密的原则,具有可操作性。制度的执行必须一视同仁,坚持制度面前人人平等。结合中原经济区软环境建设的现状,应重点加强五个方面的制度规范。①在体制方面,要转变工作方式,处理好管理与服务、监督与保护的关系,切实发挥社会管理和公共服务职能。②在政策方面,要保证优惠政策的实用性、系统性和稳定性,能够让投资者真正得到实惠,形成本地的比较优势,避免政策之间的矛盾,消除投资者后顾之忧。③在管理方面,继续深化行政审批制度改革,减少行政审批人员的自由裁量权力,增强行政审批透明度。④在政务方面,继续推行政务公开,进一步增加公开事项。⑤在服务方面,继续推行首问责任制、首办负责制和服务承诺制;继续实行"一条龙审批、一站式办公",实行"阳光"作业,推进行政审批提速。

(三)建立科学合理的监督机制

软环境建设,仅仅依靠人的自觉是不能够持久的,必须加强相应的监督。过去我们不是没有软环境建设的相关规定,但在执行上还不是很到位,原因之一就在于因为缺乏监督或监督力度不够,许多制度和措施没有真正落到实处,往往是一阵风,或者是仅仅体现在口头上。要加强软环境建设,就必须建立有效的监督机制。其一,构建畅通有序的诉求受理机制。构建多层面、全覆盖、快速反应的诉求体系,畅通诉求渠道,及时受理、答复民众诉求问题。其二,建立健全社会监督机制。通过聘请社会各界人士作为软环境建设监督员,对各地区、各单位软环境建设情况进行监督;充分发挥新闻媒体的监督作用,对那些损害发展环境、破坏城市形象以及各种不文明、不道德的反面典型进行公开曝光。其三,建立科学的考评机制。建立和完善科学的评价体系,将本单位、本部门、本行业开展软环境建设工作中的领导重视程度、履行职责情况、优质服务工作、制度建设情况及整改承诺情况等五个方面内容作为评议重点,严格评议标准,实行一票否决,并充分运用好评议结果,真正实现以评促纠、以评促建。

(四)强化执行有力的组织保障机制

提高服务经济发展软环境建设的能力,是纪检监察机关适应市场经济体制的基本要求。各级纪检监察机关应进一步增强服务地方经济发展的主动性,自觉把党风廉政建设与经济建设结合起来,把反腐倡廉与改革、发展、稳定结合起来,把履行纪检监察的职能作用与软环境建设结合起来,切实发挥纪检监察部门的组织协调作用,保证软环境建设各项任务的顺利完成。其一,强化思想教育,坚决破除影响软环境建设的思想障碍。重点加强对领导干部树立正确科学发展观的教育,坚决制止"形象工程"和"政绩工程",牢固树立抓好软环境是天职、抓不好软环境是失职的责任意识。加强对行政执法机关、司法机关和经济管理部门及其工作人员职业道德和责任意识教育,树立正确的发展理念、执政理念、管理理念和执法理念。其二,强化案件查处,主动为经济发展排清障碍。明确查办案件的重点,重点查办违反行政审批制度、财政管理体制的案件;推诿扯皮、办事拖拉、向企业乱收费、乱摊派、乱罚款的案件;在项目建设上贪污受贿、挪用公款等违纪违法案件及为黑恶势力充当"保护伞"案件。对社会上欺行霸市、蓄意阻挠等恶意破坏软环境的行为,及时督促有关职能部门有效运用经济、法律等手段,坚决予以打击。其三,强化保护职能,调动和凝聚一切有益于经济发展的积极因素。保护广大党员干部干事创业的积极性,把由于经验不足造成的失误与失职渎职严格区分开来;要保护企业的合法权益,减轻企业负担,排除企业生产经营中的各种障碍;要保护广大群众的切身利益,对侵害群众利益的坚决查处。

第十四章 中原经济区一体化发展

一体化是指多个原来相互独立的国家或区域,通过某种方式逐步结合成为一个单一实体的过程。一体化过程既涉及经济,也涉及政治、法律和文化,或整个社会的融合,是政治、经济、法律、社会、文化的一种全面互动的过程。由于中原经济区是沿海产业向内陆扩散的转换点,是一个枢纽,一个带动各方的发动引擎,同时中原经济区是一个人口比较密集的板块,也是一个产业比较综合的板块,又是连接东西南北的一个板块。中原经济区的一体化发展,既是中原经济区内各区域协调发展的内在需要,也是全国实施区域总体发展战略的客观要求。

一、中原地区区域合作的历程与经验

随着我国改革开放步伐的加快和市场经济的推进,全国各地区逐渐认识到加强区域合作、建立一体化市场的重要性。"八五"以来,全国共形成了100余个区域合作组织,但大多数区域合作组织的组织制度建设处于松散型、低层次上,其中仅有1/3处于活跃状态。为了促进区域经济的蓬勃发展,中原地区也先后建立了不同层面、涵盖不同区域的合作机制。

(一)中原地区区域合作组织的建立和发展

1980年出台的《国务院关于推动经济联合的暂行规定》,对区域合作做出了明确的制度安排,在政策的鼓励和支持下,区域合作机制日趋完善。这个时期,中原经济区区域合作主要包括中原地区经济技术协调会、淮海经济区和黄河经济协作区。

1. 中原地区经济技术协调会

中原地区经济技术协调会成立于1985年9月,是当时的邯郸市市长白录堂和新乡市市长刘仲轩倡议,并协商兄弟地、市同意,在平等自愿基础上成立的,历经20年风雨,包括山西、山东、河南、河北四省接壤区13个地(县级)市组成,包括山西省的长治、晋城,河北省的邯郸、邢台,山东省的聊城、菏泽、临清,河南省的新乡、安阳、焦作、濮阳、鹤壁、济源。中原地区经济技术协调会是自愿参加、跨地区、开放性的区域性经济联合组织。"中原经济区联络处"是经济区唯一的常设办事机构,办公地点设在邯郸市,干部由邯郸市选派管理,其主要任务是负责处理日常工作,牵头筹备各种活动和会议,收集传递信息,组织协调包括各市联合协作项目在内的多种事项的落实,搞好服务等。各成员市联席会议的职能主要有,交流各成员市经济和社会发展情况和经济经验,相互借鉴,相互促进,商讨本经济区发展中共同关心的问题,就有关问题做出相关的决议,并共同遵守和执行,组织协调经济区内外多行业、多形式、多层次、多方位的联合协作,组织各方面力量,调动各方面积极因素,实现人际资源共享,加快开发和合理利用本区域资源,变资源优势为经济优势。同时,组织本经济区经济和社会发展战略方面的研究和论证,协调本经济区产业结构调整,促进区域经济健康、快速、持续发展。实行合格产品无条件准入制,建设"绿色通道",推进区域性乃至全国性大市场的形成和发展,并以经济区的名义向中央、国务院及有关方面反映情况,争取项目和政策支持。

2. 淮海经济区

淮海经济区1986年成立,由鲁南的泰安、莱芜、济宁、菏泽、临沂、日照、枣庄,苏北的徐州、淮安、连云港、盐城、宿迁,豫东的开封、商丘、周口,皖北的淮北、蚌埠、亳州、阜阳、宿州20个地级城市及所辖范围组成,面积17.8万平方公里。淮海经济区联络处是淮海经济区的常设工作机构,在各成员市的一致同意下设在徐州市,并委托徐州市政府管理。淮海经济区联络处下设淮海经济区发展研究中心、经联处办公室、淮海经济区信息中心等工作部门。成立以来,经济区各成员市不断创新合作机制,通过共建合作载体,总结交流各地发展的新经验,扩大人才交流,研究区域合作的新思路,推出区域发展的新举措,促进了淮海经济区的科学发展、和谐发展,取得了令人瞩目的成就。在2010年淮海经济区核心区城市市长会议上,形成了《关于加快淮海经济区核心区一体化建设的意见》,通过了《2010年淮海经济区核心区一体化建设重点工作方案》和《淮海经济区核心区一体化建设合作与发展协调机制(试行)》,进一步完善了淮海经济区的制度建设。

3. 黄河经济协作区

黄河经济协作区成立于1988年,是以黄河为纽带形成的区域性经济联合组织,由山东、河南、山西、陕西、内蒙古、宁夏、甘肃、青海、新疆、新疆生产建设兵团和黄河水利委员会等9省区11方组成,其土地面积和人口分别约占全国的1/2和1/4。协作区具有许多区域上的独特优势——工业基础坚实,发展后劲显著。协作区在机械、化工、冶炼、纺织等产业有相当规模,原油产量和煤炭产量均占全国比重一半左右,是我国重要的能源、重化工工业基地。

黄河经济协作区每年召开一次省区负责人会议,主要任务是制定联合协作规划,组织交流联合协作经验,讨论研究事关协作区发展全局的重大问题,探索市场经济条件下加强联合协作的途径和方式,提出促进各方改革开放和经济建设中带有共性的政策、措施,协调联合协作中出现的各种关系。各方可以相互设立办事机构,鼓励协作区内各方所属市、地、县(市)跨省区组建区域性经济合作组织。办事机构所在地省区要为办事机构的业务活动和日常生活提供方便。

黄河经济协作区的合作机制主要包括:联合建设跨省区基础设施,各方应当统一行动,共同上报协作区内重大基础设施项目,请求国家支持。毗邻方应当加强协调,统一标准,按照属地原则,各自负责接壤处基础设施中未竣工工程的建设。各方资源相互开放,鼓励利益主体跨省区勘查,开发利用各种资源,对取得资源勘查权的,应当优先取得资源开发、利用权,并保护利益主体的勘查权、开发权不受侵犯。建立灾害互防互助制度,共同研究防治重大自然灾害的办法,共同治理协作区内的带有共性的重大自然灾害。一方因地震、洪涝、干旱等自然灾害遭受重大经济损失的,其他方应当提供经济援助。坚持对口支援(扶贫)制度,鼓励协作区内东部对中西部地区、沿海地区对内地进行各种物资技术支援及相互间开展多形式、多层次、多渠道、多元化的经济联合协作。支持到对口支援(扶贫)方兴建名优产品生产基地、培训人才、输送生产技术和技术人才。实行污染物排放总量控制制度,联合制定跨省区的重点区域环境综合整治、重点行业和重点污染源限期治理计划,相互配合、监督计划的实施。联合开展黄河流域的综合治理,按照上下游兼顾、统一规划、标本兼治的原则,合理开发利用黄河水资源,进行水土保持、防洪安全、引黄灌溉等全流域开发与整治,重点是中上游水土流失治理和下游地区防沙治沙工作。开展生态工程建设,优化黄河流域的生态环境。统筹开发黄河旅游资源,共同编制或分段编制跨省区的精品旅游线路,建立旅游线路网络体系,争取纳入国家对外旅游宣传促销规划,作为国家级旅游线路向海内外市场推出;共同或分段制作对外宣传品,通过参加旅游交易会或举办有关活动等途径,联合开拓国内外主要客源市场。鼓励和支持企业间通过兼并、联合、收购等多种形式进行资产重组,形成各具特色的优势产业和支柱产业。联合限制高消耗、高污染和其他不符合国家产业政策的落后产品,淘汰落后生产设备。

(二)区域竞争与合作新趋势下中原地区区域合作的新探索

进入新世纪以后,区域竞争要素、竞争模式、竞争手段和竞争理念发生了变化。特别是近两年来,先后有14个区域规划上升为国家战略,区域合作与竞争呈现出新的趋势。在此背景下,中原地区区域合作也进行了一些新探索。

1. 上升为国家战略的区域规划特征分析

近两年来,先后有14个区域规划上升为国家战略。按照区域规划参与主体数目分类,可分为单一主体型和复合主体型。单一主体型包括鄱阳湖生态经济区、皖江城市带、海南国际旅游岛建设、甘肃省循环经济示范区、武汉城市圈、江苏沿海地区、辽宁沿海经济带、黄河三角洲经济区、珠江三角洲地区;复合主体型包括中国图们江区域、关中—天水经济区、成渝经济区、海峡西岸经济区、长江三角洲地区。

按照发展型和提升型的分类,东部的珠江三角洲地区、江苏沿海地区、长江三角洲地区、辽宁沿海经济带属于提升型。如辽宁沿海经济带发展规划中提出,到 2012 年,空间布局和产业结构进一步优化,地区生产总值和财政收入增长速度超过全国沿海地区平均水平,人均地区生产总值超过 50000 元。广大中西部地区的区域发展规划则属于发展型。

按此分类,中原经济区涉及到多省,发展目标主要是力争人均指标超过全国平均水平,提前实现全面建设小康社会的奋斗目标;经济发展方式转变实现重大突破,基本实现工业化;经济、文化、社会、生态全面发展,成为畅通、宜居、创新、文化、绿色、和谐的新中原;区域竞争力和影响力显著提升,经济社会发展走在中西部地区前列;"腹地效应"进一步凸显,在中国经济发展中的战略地位得到显著提升,成为全国转型升级高地、内陆经济增长高地、内陆开放高地、人才高地,在加快河南发展、支撑中部崛起、强化东中西联动、服务全国大局中发挥更大作用。因此,中原经济区作为区域规划,其合理定位是复合功能、复合主体和发展型的经济合作区域。

2. 区域合作与竞争的新特征

总的来看,当前区域合作与竞争呈现出一些新的趋势,主要体现在:

一是区域竞争要素的变化。在传统区域竞争要素中,资源禀赋、地理区位、政治因素为主要构成部分,单一的竞争要素就可以使区域在全国格局中占据有利地位。但是,在市场全球化、生产全球化和资源全球化的背景下,区域竞争不仅仅是针对要素资源的直接争夺,已经演变发展成为受多种因素制约和影响的复合系统。其中,除原有的资源环境、基础设施等构成要素外,完善的金融市场体系、发达的金融服务业、强大的科技创新能力、有效的企业制度、成熟的市场制度、合理的监管制度和健全的法制环境、绿色生态以及经济活动的聚集形成的规模经济、范围经济、X 效率,这些日益成为维系区域比较优势和竞争优势的关键因素。

二是区域竞争模式的变化。在改革开放后的一个时期内,区域竞争可以概括为是以"让利竞争"为主的模式,地区之间竞相出让好处或利益给投资商的一种竞争方式。这种好处或利益包括:以低于成本的价格出让土地、减免所得税、增值税地方留成部分先征后返、高耗能企业的电价补贴、免除应交的各种规费。从区域竞争的阶段和层次看,"让利竞争"与企业的削价竞争相似,是一种初级的、低层次的竞争模式。按照新时期科学发展观的要求,区域竞争的模式将向新型的"服务竞争"模式转型,特别是沿海发达地区已经成为率先转型的典范。区域之间的竞争从招商引资的让利竞争向改善综合环境的"服务竞争"转变,是中国区域竞争不断深化、走向成熟的趋势和要求。

三是区域竞争手段的变化。原有的区域竞争手段一般包括鼓励类和限制类两个方面的措施。在鼓励类方面,主要是实施土地、税收、租金、水电等优惠政策,以争取外商及区外投资者进入,并采取"待遇留人、事业留人、感情留人"等措施,吸引并留住各类专业技术和管理人才。在限制类方面,则主要通过设置一定的技术标准或政策壁垒,限制外地产品、外协件以及建筑、商贸等服务型企业的进入,以保护本地产品和服务市场(以往还有采取封关设卡限制紧俏物资和原材料流出,以及利用户籍和档案管理限制专业技术人才流出等做法)。但是近两年,从国务院已经批复的区域经济发展规划来看,在我国新的区域经济版图逐渐成形的同时,也反映出区域竞争手段开始向区域的主题竞争、文化竞争、功能竞争、载体竞争的转变。

四是区域竞争理念的变化。区域竞争载体的变化主要是区域竞争政府化发展的产物。在中国现有区域竞争中,各行政区政府围绕改善投资环境,吸引可流动的生产要素而展开竞争,目的在于通过吸引资本、劳动和其他生产要素以及争取上级特殊政策以尽可能提高本行政区内居民的福利和人均收入。在政府主导的行政区竞争格局下,地方政府试图通过改善基础设施、强化城市集聚和辐射能力、承接产业转移、提高文化软实力支撑的措施来打造区域竞争的新载体,借以形成差别化的竞争手段,明确自身定位,在国家区域发展规划部署中寻求突破,将发展理念、发展模式、发展路径印在区域发展的名片上。

3. 区域竞争与合作新趋势下中原经济区一体化发展的探索

在区域竞争与合作的新趋势下,中原经济区一体化发展也进行了一些有益的探索,如晋陕豫黄河"金三角"经济区。2010年,运城市、临汾市、渭南市和三门峡市组成晋陕豫黄河"金三角"经济区。这4个市分别位于山西西南部、陕西东部、河南西北部,除了地域上的接近性,它们在经济上所处的落后地位也很相似。在西部大开发和中部崛起战略的大背景下,黄河"金三角"区域的发展诉求日益强烈。经过漫长的探索,现在,他们找到了一个发展的突破口:4市抱团突围。特别是随着豫晋陕黄河"金三角"地区大交通运输网的逐步形成,特别是郑(州)西(安)高速铁路的开通,三个城市的协作领域将日益扩大,合作程度将不断加深。

黄河"金三角"试验区最重要的区域协调发展目标是"六个统一":统一规划,区域生产力布局和经济社会发展规划由国家层面编制;统一产业政策准入门槛和政府政策执行标准;统一社会公共服务基础设施建设,如通信、供(输)电、交通运输等网络建设;统一组建社会中介服务组织,如行业协会、担保公司、技术政策咨询服务公司等;统一环境治理和监管,提高环境承载能力;统一资源配置,提升资源承载能力,实现可持续发展,希望为中西部地区,尤其是中西部接合带,探出一条新路,寻求一种发展模式,促进带动中西部的整体发展。

(三)中原地区区域合作的基本经验

区域合作组织的建立和运行,推动了区域合作的纵深发展,取得了具有长远意义的积极成效,特别是在一定程度上打破了行政分割的体制性顽症,促进了区域经济的发展。总体来看,中原地区推进区域合作的历史经验,主要在于三个方面:

1. 合作区域多是历史自然形成的经济区域

山水相连、习俗相似、道路相接、商旅相通,自古以来区域内就保持和延续着密切的人际交往、经济贸易、文化往来和社会联系。从地域认同基础看,各个地区都是存在历史较长。新中国成立以来,某些城市之间也在较长时间内存在一定的行政隶属关系。长期存在的密切行政联系所产生的直接影响是:无论是历史上和计划经济时代,还是现阶段具有中国特色的市场经济体制的条件下,这些地市之间都存在着密切的经济联系、社会联系,这是立足于全省、着眼于中部构建经济区或协作区的基础条件。

2. 率先成立制度性的协调推进机构

建立了由政府主导,包括战略研究、政策指导、组织协调、监督执行在内的推进机构,定期不定期地开展协调会议,有重点地推进经济、社会、文化、科技、基础设施等项工作的协调和衔接。如黄河经济协作区联合建设跨省区基础设施、建立灾害互防互助制度、坚持对口支援(扶贫)制度、共同编制或分段编制跨省区的精品旅游线路、建立旅游线路网络体系、实行污染物排放总量控制制度等。

3. 积极争取国家政策扶持

区域合作组织成立之前和成立之后,都积极要求国家在资金、政策、舆论等方面给予明确的支持。如淮海经济区区域合作与发展事业受到国家领导人的关注。成立之初,在时任中顾委委员、著名经济学家于光远的倡导下,苏鲁豫皖接壤地区城市在北京举行了经济社会发展战略讨论会,成立了淮海经济区。原国家计委在1989年60期简报中专门介绍淮海经济区的工作情况。费孝通曾四次参加淮海经济区市长(专员)会议,在北京主持召开区域发展战略研讨会,并结合区域合作的实际,向江泽民总书记提出了五点建议。国家计委在给费老的复函汇报中肯定了淮海经济区是全国百余个区域经济合作组织中发展比较好的,并将淮海经济区确定为国家计委、经贸委重点联系和指导的经济协作组织。2005年5月,国家统计局权威发布了题为《淮海经济区发展新突破,GDP总量超万亿》的统计报告。2006年11月,国家商务部主办的《国际商报》通版刊登了淮海经济区发展研究中心苏汪撰写的《淮海经济区发展优势与对策》,引起了社会的广泛关注。

二、深化中原城市群的合作与共赢

中原经济区的一体化发展,迫切要求把中原城市群作为推进城镇化的主体形态,创新发展机制,优化空间结构,整合区域资源,完善城市功能,壮大优势产业,加速人口和产业集聚。

(一)中原城市群合作与发展的基础

1. 经济社会发展基础良好

中原城市群地区已经形成了机械、纺织、食品、化工、能源、煤炭、电力等工业为主的传统优势产业和综合发展的多门类工业体系,生物制药、有色金属、电子信息、大型客车、输变电设备、矿山机械、化学纤维以及装备制造等产品也在全国占有重要的地位。目前,整个区域工业化水平较高,产业结构趋于合理。虽然与武汉都市圈、山东半岛城市群、皖江城市带、沈阳经济区相比,存在中心城市实力弱,城镇化率低,产业结构重型化特征明显等问题,但作为以城镇密集为主要特征的城市—区域系统,中原城市群的经济密度达到1799.3万元/平方公里,分别高于武汉都市圈、皖江城市带、沈阳经济区的1201.1万元/平方公里、765.5万元/平方公里和1159.4万元/平方公里,仅低于山东半岛城市群的2743.5万元/平方公里。由此可见,中原城市群将是我国城市群发展战略格局中的重要一环。

2. 城镇历史文化底蕴浓厚

中原城市群地区是我国古文明的发源地之一,是我国最早出现城市的地区之一,也是历史上城市分布最为密集的区域。我国八大古都中有3座(洛阳、开封、郑州)坐落于此。此外,洛阳是丝绸之路的起点,印度高僧迦叶摩腾和竺法兰更是体现了洛阳开放的文化气度。开封的宋朝盛世,漯河的贾湖遗址,许昌的钧瓷文化和曹魏文化,平顶山的应国文化,新乡的卫文化,焦作的太极文化,济源的"愚公移山"精神等文化资源都在中原城市群区域内荟萃闪耀。在经济全球化和竞争区域化趋势下,生产要素的流动能力大大增强,区域之间的竞争异常激烈,使得城镇只有塑造良好的品位和综合形象,才能更有效地吸引生产要素集聚。深厚的历史文化底蕴,使中原城市群区域内城镇在精神活动、管理活动、经济活动、形象塑造、品牌营销等环节上,易于形成一个有机的主题文化组织体系和价值链条,从而有利于整个城市群形成鲜明的主题文化和共同的地域观念,增强文化对城市群发展的支撑能力。

3. 城镇等级和空间结构合理

城市群的形成发展,依赖于群内城市之间以及城市和区域之间的空间相互作用强度的不断增强,而城镇等级规模结构的合理性和空间分布的科学性,是影响城市群内聚力和发展力的主要因素。合理的城镇职能分工和空间分布,将提高交通网络功能,促进城市群的快速发展。中原城市群作为我国中部城镇最为密集的地区,拥有特大城市2座,大城市4座,中等城市2座,小城市15座,镇371个,形成了大、中、小城市以及建制镇在内的城市体系,城镇密度高达72.7个/万平方公里,且距离中心城市郑州大都在150公里以内。从城市可达性看,郑州到其余8个城市的交通总里程为896公里,是城市群内所有城市可达性最强的城市(见表14-1)。可以说,郑州作为中原城市群的中心城市,不仅是经济发展的需要,更是城镇空间组织优化的客观要求。相比较而言,作为山东半岛城市群的中心城市,济南到其他7个城市的交通总里程为1994公里,青岛超过2000公里。郑州作为中心城市,和其他城市群中心城市相比,区位居中、交通发达,对群内城市的作用强度更大、影响范围更广。

表14-1 中原城市群9城市之间公路距离及可达性分析(单位:公里)

	郑州市区	洛阳市区	开封市区	新乡市区	焦作市区	平顶山市区	许昌市区	漯河市区	济源市区
郑州市区	0	144	67	69	93	159	92	146	126
洛阳市区	144	0	198	187	116	196	228	285	64
开封市区	67	198	0	128	142	214	150	205	206
新乡市区	69	187	128	0	62	234	167	220	131
焦作市区	93	116	142	62	0	247	184	322	68
平顶山市区	159	196	214	234	247	0	64	119	248
许昌市区	92	228	150	167	184	64	0	54	218
漯河市区	146	285	205	220	322	119	54	0	271
济源市区	126	64	206	131	68	248	218	271	0
可达性	896	1418	1310	1198	1234	1481	1157	1622	1332

4. 城市经济层次性强

从经济总量上看,中原城市群9个城市可以划分为3个层次。郑州生产总值在3000亿元以上,洛阳、平顶山、焦作、许昌、新乡在1000亿—3000亿元,开封、漯河、济源在1000亿元以下。从产业结构上看,各城市有各自的特点,人均生产总值、三次产业和主要工业行业的区域差异系数并不大,有利于产业整合、资源整合,从而可以在形成若干经济协作区的基础上,建立合理的产业分工,促进城市网络体系形成,成为中原崛起的龙头和中部崛起的支撑。

5. 区域交通优势明显

中原城市群和其他城市群相比,其区域优势不具备唯一性,但是由于其位于全国铁路网、高速公路网、国道省道网的中枢,特别是随着高速铁路的发展,决定了中原城市群必将成为我国交通干线的必经之路,尤其是华北、华东、华中通向西北的要冲和咽喉。群内大中城市多沿京广线、陇海线、焦柳线分布,郑州和洛阳分别位于铁路大动脉的交叉点上,其余大中城市和小城镇也多分布于国道、省道等主要交通干线附近,尤其是发展基础较好的小城镇,周围更是有多条交通干线通过。同时,区域内城际铁路、城际公路等快速交通的发展,使得高密度城镇之间、城镇与腹地之间的联系将更加紧密,通勤时间大大缩短,有望率先形成半小时经济圈和生活圈。

(二)加快中原城市群的整合发展

1. 优化中原城市群城市布局

按照统筹规划、合理布局、完善功能、以大带小的原则,遵循城市发展客观规律,以大城市为依托,以中小城市为重点,科学规划中原城市群各城市功能定位和产业布局,加强城镇间的内在联系,促进大、中、小城市和小城镇协调发展。一是特大城市用组团方式进行空间布局和功能定位,中心城区要不断完善金融、现代物流、科教文化、各类中介服务等高层次服务功能,每个组团要发展合理的人口规模、产业功能和基本的服务功能,从而形成中心城区与各组团有机分散又功能互补、紧密联系的发展格局。二是强化中小城市产业功能。一方面要进一步解放思想,转变观念,放宽条件,放开领域,放活主体,强化服务,完善政策,不断优化发展环境,繁荣民营经济;另一方面要抓住经济全球化和世界经济格局调整、国际国内产业转移的战略机遇,进一步改善投资环境,完善政策服务体系,创新招商方式,积极承接产业转移。三是增强小城镇公共服务和居住功能。改善其基础设施、发展社会事业,一方面使其通过疏散人口、转移功能、承接产业等形式与大城市进行互动,另一方面使其成为开展农业产业化经营和社会化服务的中心,吸纳农村地区第二、三产业及农村人口集聚,成为"以城带乡"过程中大中城市辐射农村的重要节点,充分发挥其在一定区域内沟通城乡联系、协调城乡发展的纽带作用,带动广大农村地区的经济社会发展,实现城乡统筹。

2. 加快中原城市群"三化"互动协调发展

一是以新型工业化为突破口带动城镇化,促进农业现代化。大力发展信息化与工业化融合产生的新兴产业,促进产业结构优化升级,不断提升产业结构层次,节约资源,减少污染,也为中原城市群城镇化提供坚实的产业载体。二是以特色城镇化为枢纽加快农业现代化,支撑新型工业化。特色的城镇化实际上就是不牺牲农业又支撑工业的城镇化道路,特色城镇化不仅通过转移农村人口为农业现代化提供前提条件,也通过拉大城市框架完善城市设施为新型工业化提供载体,因而成为"三化"互动协调发展的枢纽和结合点。三是以农业现代化为保障提升新型工业化,稳定特色城镇化。加快农业现代化,提高农业的市场化水平,加大对农用机械设备以及农产品物流服务、农业企业的金融、咨询、法律等服务需求,能够有效拓展工业、服务业向更高级化发展的空间,从而加快新型工业化进程;为工业发展提供更高品质的原材料,保障工业发展的基础;提高农业生产效率,为城市第二、三产业发展提供劳动力保障;为城市居民提供更多的高质量食品保障,缩小城乡差距,为工业化和城镇化发展提供稳定的社会环境条件。

3. 加快郑汴新区建设,培育核心增长极

郑汴新区规划建设的重点可以放在三个方面:一是以快速交通线路为基础,进行城镇和产业空间规划布局。充分考虑快速交通运输方式将引发的时空收敛效应、等级联系效应和节点集聚效应,合理规划建设郑汴新区快速交通网络,在交通线路布局的基础上,按照功能分区和组团发展的原则,科学布局中小城市和小城镇,加快发展原有基础较好的中小城镇,促进新城区节点有机生长。二是加快"五区一中心"建设。加快推进先进生产要素向园区集聚,争取"十二五"期间加大招商力度,布局更多更大的项目,重点发展现代服务业、高新技术产业、现代农业,引领全省现代产业体系建设,使之成为中西部最大的产业集聚区。按照"复合城市"理念和紧凑型城市模式进行开发,建设既有城市又有农村,第一、二、三产业复合,经济、人居、生态、交通功能复合的现代复合新区。加快统筹城乡协调发展,率先推行城乡一体、公共资源共享等综合配套改革,深入推进公交、电信同城,使之成为全省城乡统筹改革发展的先行区。进一步深化郑汴新区的对外开放,大力引进战略投资者,使之成为全省对外开放的主平台和承接高水平产业转移的主导区。重视生态环境保护和建设,增强人口集聚功能,使之成为环境优美、宜居宜业的新城区。发挥郑州新区的综合交通枢纽优势,强化物流、信息、金融、会展、教育、商务等现代服务功能,使之成为全省乃至中西部地区经济社会发展的服务中心。三是积极推进一体化,实现全区全方位无缝对接。在交通方面,形成同城一体的交通格局;在产业合作方面,形成产业发展一体化格局;在社会公共资源共享方面,深入开展金融、文化、教育、电信等公共服务设施的共建共享;在生态和环境保护方面,使之逐步成为可持续发展的节约型新区。

4. 健全机制,有力有序推进中原城市群一体化发展

一是创新产业协同发展机制。科学制定产业布局综合规划,为产业对接提供政策导向。建立利益平衡机制,对参与城市群产业分工合作中积极服务大局的城市,通过多种途径给予必要的支持和奖励,使其各有所得、共赢发展。建立企业对话机制,搭建企业交流研讨平台,通过直接对话,找准利益的交会点、发展的契合点,推动产业融合发展、一体发展。二是创新设施服务联通机制。建立共建机制,打破区域界限,建立中原城市群设施服务共建组织体制、责任体系和工作机制,探索设施服务建设的途径和办法,形成中原城市群设施服务共同规划、共同筹资、共同建设的格局。建立共营机制,积极创新设施服务经营运作模式,做到共同管理、共同经营、共同受益,让公共设施、公共服务发挥出最大效益。建立共享机制,大力推进中原城市群教育、科技、文化、旅游、金融、电信等公共服务对接,逐步形成资源共享、功能互补的一体化发展新格局。三是创新要素高效配置机制。建立畅通机制,认真清理现行政策规定,消除各地对人才、资本、资源跨地区流动的限制和市场准入等方面的歧视政策,为企业发展提供平等竞争的机会和条件,促进商品和要素自由流动。建设市场体系,完善区域市场一体化制度,推动市场统一开放、高度融合,让资金流、技术流、人员流、产品流等在市场中自由地选择和运作,以大市场促进中原城市群的大融合。四是创新沟通协调工作机制。建立联席会议和高层论坛制度,定期就有关重大问题进行沟通,研究出台促进中原城市群发展的政策措施,解决涉及全局发展的重大问题,形成共同建设、共同发展的合力。完善沟通联络机制,定期召开城市之间协调会议,探讨共同关心的话题,协调各方利益,使之成为城市之间交流互动、求同存异、解决问题与合作共赢的平台。建立信息反馈机制,注重收集社会对城市群发展的意见和建议,汇集专家和群众智慧,为中原城市群发展献计献策。

三、加快黄淮地区发展

黄淮四市是指位于黄河以南、淮河流域的商丘、信阳、周口、驻马店四个省辖市,总人口占河南省的36%,耕地面积占河南省的40%,主要农产品产量占河南省的40%以上,在河南经济社会发展全局中的地位十分重要。同时,由于发展起点、环境、条件等多种因素的影响,黄淮地区经济发展相对滞后,是典型的农业大区、粮食大区、工业小区、财政穷区,在河南省区域经济发展的大格局中属经济欠发达地区。近年来,该地区经济总量占河南省的比重不断缩小,与其他地区的发展差距不断拉大,已成为实现中原崛起的"木桶短板",严重制约着河南经济发展的大局。因此,加快黄淮四市经济发展,实现河南省区域经济协调发展,对于保持河南经济的良好发展态势,实现由经济大省向经济强省的跨越,进而推进中原经济区建设起着至关重要的作用。

(一)加快城镇化进程,推进城乡一体化

加强规划引导。按照城市发展转型升级要求,准确定位城市规模、内涵和功能,丰富城市的文化内涵,突出历史文化特色,提升城市的品位。科学构筑城镇体系。继续坚持区域性中心城市、县城和小城镇协调并进的方针,实施中心城市带动战略,增强县城建设的带动作用,积极发展小城镇。强化产业支撑。依据城镇优势搞好产业定位,引导企业向城镇产业基地集聚,共享城镇资源。加强基础设施建设。从完善城镇功能、改善人居环境入手,加强"城中村"治理和老城区改造,盘活城市闲置土地资源,拓展城市发展空间。建立健全长效机制。充分发挥市场机制在资源配置中的基础性作用,突破制约城镇化发展的体制机制障碍,加快推进城乡一体化进程。

(二)夯实基础,推进现代农业建设

加大财政支持力度,集中农业综合开发资金重点支持粮食生产潜力较大

的县(市)改造中低产田、建设高标准农田,将省财政集中的新增建设用地土地有偿使用费,重点用于黄淮四市基本农田建设、土地整治和耕地开发。争取国家政策扶持,建设国家商品粮、棉基地,争取国家扩大对粮食主产县的奖励规模,加大省畜牧业重点县(市)扶持资金支持范围和力度,建设一批标准化的大型畜禽养殖小区,积极发展畜产品加工业,着力建设以优质小麦为主的优质粮食生产加工基地、优质畜产品生产加工基地、特色农产品生产加工基地和优质林产品生产加工基地。充分利用政策优势,创新农村土地流转模式,着力构建农业产业体系,推进农业集约化、规模化经营;探索以财政参股、贴息等方式扶持农业产业化龙头企业,积极推动农业产业化龙头企业上规模、上档次;承接高等院校及职业技术学院的对口合作,发挥知识、技术、信息优势,以建设职业教育培训基地为依托,在培育有文化、懂技术、会经营的新型农民的同时,加大农村劳动力就业培训力度,培养技能型、高层次的劳务输出队伍。

(三)突出重点,加快工业发展

采用贴息、补助、申报专项资金或基金等方式,重点扶持符合国家产业政策和区域污染物减排要求、技术含量较高的项目,特别是对带动黄淮四市农副产品精深加工业发展和扩大就业作用大的项目。依托高等院校、科研机构,积极建设科研开发基地和科技示范区,推动科技成果的推广和应用,提高产业发展的科技含量和质量。鼓励、支持省内外大型企业在黄淮四市投资设立子公司、重组或并购现有企业,提升企业的竞争力。加强经营管理人才队伍建设,加快完善现代企业制度,健全公司治理机制,提高经营决策的水平,促进现代企业和企业家队伍快速成长壮大。

(四)完善配套,加快发展第三产业

积极发展物流、金融等现代服务业,为新型工业化提供强有力的支撑。大力建设区域物流枢纽、综合物流园区、专业物流市场和农产品市场体系,加强公共物流信息平台建设,培育农产品、棉纺、食品、邮政等行业物流,支持大型物流企业集团发展第三方物流,提高农区现代物流发展水平。加快城市信用社改制步伐,着力创建民间小额信贷组织、行业信用担保协会、农民互助担保

协会和村镇银行,为加快农村工业化提供资金支持。着力成立企业贷款担保中心,提高贷款担保能力,大力培育上市企业和发行企业债券,扩大直接融资规模。

(五)集约开发,加强循环经济建设

加强经济手段和技术手段的结合,推动工业集聚发展,引导黄淮四市盘活存量土地,集约、节约用地,合理开发和节约使用各类自然资源,重视新能源和可再生能源的开发利用,大力发展循环经济,提高环境的承载能力。要以生态和环境成本最小化、资源消耗减量化、循环利用和成本内生为原则,严格限制能源消耗高、资源浪费大、污染严重的产业的发展,大力扶持"质量效益型、科技先导型、资源节约型"产业发展,建立绿色工业产业制度,积极推广清洁生产,用绿色技术改造传统工业产业体系,促进黄淮四市工业产业制度和产业结构变革,增强工业发展的持续能力。同时,逐步完善法制建设,增强全民环保意识,全面推进生态环境保护和治理,实现可持续发展。

(六)扩大开放,优化经济发展环境

实现黄淮四市新型工业化的跨越式推进,必须克服"等、靠、要"的依赖心理,破除墨守成规的消极思想,打破封闭保守狭隘的内陆观念,摒弃小进即满的小农意识,扩大对外开放,优化发展环境,大力实施开放带动主战略,努力形成全方位、多层次、宽领域、内外融通的大开放格局。要改善基础设施条件,加快道路、电力等基础建设步伐,加快城镇化进程,为积极承接国际、国内产业转移,大力引进省外、国外的资金、技术、人才等生产要素,推进工业集聚发展,提供更大的发展空间。同时,要切实推进政府管理体制改革,把经济管理职能转到主要为市场主体服务和创造良好发展环境上,转到履行社会管理和公共服务上,努力建设法治政府、服务政府、责任政府和效能政府,营造"亲商、富商、安商"的良好氛围,大力规范市场秩序,培育市场主体,加快国有企业的股份制改造步伐,鼓励和支持非公有制经济大发展、快发展,上规模、上水平。

四、促进中原经济区城乡协调发展

以转变发展方式为主线,以体制机制创新为动力,加快产业集聚区建设,突出发展特色经济,大力发展民营经济,着力增强县域经济综合竞争力,实现农民增收、财政增长、实力增强,形成城乡协调发展的良好格局,为中原经济区城乡协调发展奠定坚实基础。

(一)加快产业集聚区建设,加快推进县域工业发展

按照"四集一转"的要求,进一步加强规划引导,加强产业集聚区基础设施和公共服务设施,完善"集聚机制、积累机制、服务机制和激励机制",优化要素配置,降低生产成本,提高经济效益,引导企业和资金、人才等要素向产业集聚区集聚;推动县域工业结构调整,推动产品结构由低向高、产业链条由短向长、创新能力由弱向强转变,在做大总量的同时,着力提高工业经济的质量和效益。依据本地优势,按照竞争力最强、成长性最好、关联度最高的原则,积极培育特色主导产业,大力发展物流、技术咨询、研发设计、中介服务等行业。抓住当前产业转移由我国沿海发达地区向中西部延伸、东部产业向内地转移的机遇,积极承接产业转移,把发展配套经济和劳动密集型产业作为主攻方向,鼓励外来资金投向先进制造业、现代农业、特色产业和现代服务业,建设县域生产制造基地和农产品加工业基地。创新招商引资方式,充分发挥企业、中介组织的主体作用,大力开展专业招商、集群招商、区域招商、产业链招商和对口招商等多种形式的招商引资活动,提高招商水平和质量。

(二)加快县域城镇化步伐,增强县域经济发展的带动力

按照城市总体规划、土地利用总体规划、产业集聚区规划"三规合一"的原则,科学编制和完善县城和镇总体规划以及近期建设规划。强化城镇发展的产业支撑,以产业集聚区为载体,引导各类生产要素向城镇集中,促进城镇建设和产业耦合发展。坚持统一规划、适度超前,突出重点、配套建设,以人为

本、讲求实效的原则,加快推进市政公用基础设施建设,重点抓好公共交通、水电气暖、科教文卫和商贸物流等基础设施建设,并推动市政设施向乡镇和农村社区延伸,大幅度提升城镇综合服务功能。改革现行户籍管理体制,完善城镇社保制度,推动农民就近转移。积极探索农民以宅基地置换小城镇规划区内商品住房和土地承包权置换城市社保的有效办法,鼓励长期在城镇经商、务工的农民用宅基地在城镇换房。

(三)深化管理体制改革,增强县域经济发展动力

开展省直管县试点。赋予试点县与省辖市相同的经济社会管理权限,积极探索符合河南省实际的省直管县模式。全面推行扩权强县改革。赋予省直管试点县以外的其他县(市)省辖市级经济管理权限和部分社会管理权限。除国家法律、法规明确规定由省、市行使的管理权限,其他一律下放县(市)管理,全面实现省对县(市)项目、资金、计划、信息直达,减少中间环节,降低行政成本。建立省直部门与县(市)对口部门联系制度,提高对口部门业务工作水平,理顺省、市和县(市)事权,建立相互协调运转的机制。合理划分省、市、县三级财政的收入范围和支出责任。

(四)加大统筹城乡发展的力度

坚持统筹兼顾,加大工业反哺农业和城市支持农村力度,逐步改变城乡二元经济结构,缩小城乡发展差距,促进城乡协调发展,形成城乡经济社会一体化发展、共同繁荣的新格局。要协调推进工业化、城镇化和农业现代化,加快建立以工促农、以城带乡长效机制,促进公共资源在城乡之间均衡配置、生产要素在城乡之间自由流动,推动城乡经济社会发展融合,使农民获得平等的教育、就业、公共服务和社会保障等权益,提高农民的社会地位,让农民平等参与现代化进程,共享改革发展成果。为此,要建立健全包括财政、金融、产业、就业、土地、户籍等方面政策在内的配套完善的政策支撑体系,在推进城乡发展规划、产业布局、基础设施、公共服务一体化等方面取得突破,推动形成城乡良性互动、协调共进的良好局面。要大力推动资源要素向农村配置,加快推进城乡基本公共服务均等化,协调推进城镇化和新农村建设,促进城乡协调发展和

共同繁荣。

五、推进中原经济区跨省区域合作

中原经济区跨省区域合作的战略目标是通过开展双边、多边及多层次、多形式、多领域的合作,通过地区之间、行业之间、企业之间的联合与协作,促进生产要素的优化组合和生产力布局、产业结构调整的合理化,努力实现资源共享。

(一)编制和完善中原经济区发展规划

中原经济区作为一个多功能、复合主体的发展型区域合作组织,其发展规划的制定是整合区域资源、加快区域发展的基本前提。中原经济区的发展规划,既要包括产业体系、城镇体系、自主创新体系,也要包括各类社会事业、重大基础设施建设等专项规划。区域协调发展规划编制完成后,以该规划为指导,以各专业部门为主,共同研究编制区域交通、旅游等专项规划。通过规划引导,促进生产要素合理流动,实现资源有效利用和环境生态安全。中原经济区总体规划及相关区域专项规划,要本着各地统筹、合理布局、节约土地、集约发展、环境和谐、结构开放、标准适度的原则,改善生态环境,促进资源、能源节约和综合利用,保护耕地等自然资源和历史文化遗产,保持地方特色和传统风貌,防止污染和其他公害,符合区域人口发展、国防建设、防灾减灾和公共卫生、公共安全的需要。

(二)构建统一的中原经济区市场体系

建立统一有序、产城融合的商品市场体系。积极推进专业市场建设与产业集群发展、商品市场与物流配送中心建设、外贸发展与内贸发展的紧密结合,建设发展一批各具特色的跨省区域共同市场,促进人流、物流、资金流、信息流的畅通流动。着力打造郑州国际采购中心和交易中心,依托"欧亚大陆桥"、郑州出口加工区、河南 B 型保税物流中心和铁路、航空一类口岸,积极构建"大通关"平台,逐步建立面向中亚、俄罗斯和美、日及欧洲地区的国际贸易平台。提升中心城市的市场服务功能和辐射力,深入挖掘中原经济区产业、产品优势,加快发展业态先进、集聚辐射力强、发展潜力大的大宗商品集散市场和各类专业市场。重点加强郑州期货、粮食和小商品交易市场,冀南、豫北地区生产资料市场,晋东能源产品交易市场,豫东、豫南、皖北等农产品市场,豫西、豫西南、鄂北工业品市场建设。推动现实交易与虚拟交易共同发展,提升区域中心城市的商品集聚辐射能力,形成中原地区优势互补、各具特色、产市互动的区域性市场体系。加快交易方式升级,推广连锁经营、物流配送、电子商务等新型流通方式,支持骨干市场完善网上磋商、网上竞价、电子结算、交易分析与监控等系统,提高中原地区市场整体流通效率。

构建共赢互利、高效有序的要素市场体系。依托中心城市和交通信息设施,加快建设以郑州、洛阳和徐州为中心的要素市场,促进区域资本、土地、人才、技术、产权等各类专业市场和特色市场的合理布局,加速生产要素向大中城市、优势产业和产业集聚区集聚,提升区域人口、产业承载能力。统筹推动地方商业银行改制重组,加快组建中原银行,建立统一、互联、高效、安全的区域金融服务平台。构建统一的中原经济区企业信用信息数据库,完善跨区信贷机制,推进省际、城际互投融资,形成安全稳定、规范有序的金融生态环境。营造人才"柔性流动"的政策环境,统一规范人才职业资格培训和认证工作,建立健全人才吸引机制、人才评估体系和激励机制,建设中原人才市场的公共服务平台,打造全国人力资源高地。制定完善产权交易政策,积极开展区域技术合作交流,统一规范产权交易行为,强化知识产权保护,构建覆盖多种经济成分和多层次的中原地区产权交易市场和网络化交易平台。加强与区域内外行业协会与会展机构的交流合作,举办具有产业特色和地方特色的常设性会展,促进信息、技术交流,建成区域内一体、辐射中西部地区的市场服务网络,提升区域综合影响力。

统筹市场监管、优化市场环境。健全区域内政府间沟通磋商机制,合作编制实施中原地区市场体系建设发展规划。进一步打破行政性垄断和地区封锁,对地方性政策法规进行梳理和整合,统一市场准入、地方标准等规范,探索制订适应区域一体化的市场政策措施。完善行政执法、行业自律、舆论监督、群众参与相结合的市场监管体系。加快社会信用体系建设,建立和完善以组织机构代码和身份证号码等为基础的实名制信用信息体系,探索适度开放的信用服务市场。建立健全企业信用警示、惩戒以及信用预警机制,营造诚实守信的社会环境。规范市场经济秩序,健全产品质量监管机制,建立稳定规范的政策和法制环境。

(三) 加快整合中原经济区产业体系

以创建中原地区多个跨省界"产业经济协作区"为载体,不断完善区域经济合作机制和合作规划,创新合作模式和合作方式,搭建产业合作平台,促进产业合作链接,形成中原地区产业布局合理、结构优化、层次较高,各区域产业互动、协调发展的良好格局。

1. 推进工业合作链接

中原城市群以能源原材料基地、现代装备及高技术产业基地建设为重点,加快发展先进制造业和战略性支撑产业,强化与周边省份的产业联系,发挥引领带动作用,转变发展方式,实现转型升级。豫北等地区,要发挥煤铁油气资源优势,以煤炭、油气等能源合理开发利用为纽带,调整产业结构,延伸产业链条,重点发展钢铁、有色、化工、装备制造、建材等产业,联合打造全国重要的重化工基地。其中,焦作等地区以煤炭等能源合理利用为纽带,重点探索资源型城市转型发展之路;濮阳等地区以油气资源开发利用为纽带,重点探索资源加工工业发展之路。豫东等地区,以食品加工和能源产业发展为纽带,加强产业联系,主动承接东部发达地区产业转移,重点发展食品、煤化工、纺织等优势产业,大力培育高端煤化工和农产品精深加工龙头企业,建设特色资源产品生产加工基地,探索多省交会的传统农区加速工业化、城镇化发展之路。南阳等地区,进一步发挥产业综合基础较好的优势,整合提升汽车及零部件工业,纺织、医药、光电子等优势产业,加强两地经济技术联系,加快工业化步伐,促进产业集聚发展,形成全国重要的医药、纺织、光电和汽车及零部件产业基地。

2. 推进农业合作链接

发挥中原经济区的传统农业优势,豫东、豫南、豫北地区分别与周边省份市县合作,加快推进农业现代化进程。提高中原地区粮食综合生产能力,合力建设全国最重要的粮食生产核心区,保障国家粮食安全。根据相邻地区的产业特点,有效整合资源,联合组建一批水稻、小麦和玉米等合作联社,实现各地产销衔接。共同组建一批跨省的农业科技示范园、农业合作基地,开展农业技术合作,实现优势互补。

3. 推进服务业合作链接

以产业结构优化升级为主要目标,加强服务业跨省合作,促进中原地区服务业加快发展。重点加强商贸物流业合作链接,充分发挥中原地区承东启西、联南通北的区位交通优势,以一体化的交通、通信等基础设施建设为重要支撑,加强河南与晋鲁苏皖鄂十一市商贸物流合作,共同建立中原地区商贸物流绿色通道及有效合作机制。重点加强旅游产业合作链接,充分发挥中原文化的纽带作用,整合文化旅游资源,推进河南与陕西、山西、河北、山东、安徽、湖北等周边省份的合作。建立中原城市旅游圈,加强旅游圈内旅游开发建设规划的衔接与协调,相互输送客源,实施联合营销,共同推出富有特色、连接经济区各市主要景区景点的精品旅游线路,联合打造中原旅游品牌,逐步形成大融合、大开发、大市场、大发展的格局。

(四)联合扩大对外开发

借助中部地区建设沿长江、陇海、京广和京九"两纵两横"经济带的契机,加强与东部沿海、港澳台和中西部其他地区的经济合作。打造贸易大通道,搭建对内、对外开放平台,积极承接产业转移,形成内外联动、优势互补、协调发展的区域合作新格局。

1. 促进与东部沿海地区呼应对接

充分发挥沿陇海线欧亚大陆桥及京广、京九铁路大动脉的内外联通作用,进一步加强面向长三角、珠三角、环渤海和海峡西岸等的市场开拓和招商引资,主动承接沿海产业转移。依托农产品资源、矿产资源、能源资源和劳动力资源等综合优势,加快建设一批以承接沿海产业转移为特色的产业集聚区,积极参与垂直分工,主动接受沿海地区的辐射和带动。推进产业水平分工,形成与沿海地区优势互补、互动发展的格局。加强粮食生产区与沿海销售区的合作,建立长期稳定的供销合作关系。

2. 密切与港澳台地区的交流与合作

以文化交流为纽带,广泛团结港澳台胞,与香港贸易发展局、澳门中华总商会、台海两岸企业家商务文化联谊会等机构合作,组建常态化的招商引资服务机构。经常举办大型专题定向招商活动,搭建企业家商务合作平台,建设台商工业园和港商工业园,不断提高引进港澳台企业的效果。

3. 深化与中西部其他地区的合作

发挥中原地区承东启西、联南通北的区位交通优势,加强与中部其他地区交通设施、市场体系等对接,深化劳动力市场、旅游市场、现代物流、绿色农产品通道和口岸大通关等方面的合作,着力建设一体化区域市场,共同推动"三个基地、一个枢纽"建设。充分利用"中博会"、"中部论坛"、"西洽会"和"西博会"等经贸合作平台,促进要素流动和信息共享,实现中西部联动发展。加强与中西部毗邻地区合作,联合开展电力、煤炭、天然气、油品供应和运输,合理利用水资源,推进生态环保共建等,共同推动黄河、淮河流域的协调发展。

六、构建中原经济区区域合作机制

在区域竞争的新趋势下,加快推进中原经济区建设,将其打造成为中部区域经济合作的新载体,是支撑中部崛起、完善全国区域发展格局的重大战略选择。但是,中原经济区要实现由"虚"到"实"、由"河南一省提出"到"多省认同推进"的历史性跨越,必须在政府、行业、企业三个层次上建立刚性的行政型的跨区行政组织和柔性的协商型的非行政组织。

(一)构建政府合作机制

在政府层面,形成"省级政府明确任务、联络办公室协调、专项办公室推进、联席会议落实"的政府合作机制。1980年出台的《国务院关于推动经济联合的暂行规定》就是一个具有较高强制力的制度安排,但这一制度安排是在计划体制的背景下出台的。考虑到目前市场机制的发育情况,政府协商的方式应该有较大的改变。根据我国区域经济合作与发展的特点,可以考虑借鉴国际经济合作及经济一体化的经验来启动和深化区域经济合作。由中原经济区涉及到的六省党政主要负责人在磋商中确定的区域合作重点,明确工作任务,由联络办公室负责综合协调,专项合作工作办公室负责对共同确定的重大专项合作问题进行研究,提出实施方案,并加以监督实施,以此将高层领导磋商确定的重大问题协调、落实。在省级政府明确重点任务的基础上,联络办公室、专项合作办公室和中原经济区各市定期举行联席会议,贯彻落实重大生产力布局、重要资源开发、生态保护和建设、资源整合与共享等项决议。同时,由中原经济区涉及到省级政府邀请相关专家组织专家咨询委员会,参与各项区域发展政策的制定,对发展决策进行评议,对各项政策的执行情况提出质疑,必要时由专家委员会负责组织各省市科研、统计等部门编制中原经济区发展年鉴,为省级政府提供决策依据。

(二)构建行业性跨区域共建共享合作机制

在行业层面,形成有关职能部门牵头组织沟通协商的行业性跨区域共建共享合作机制。中原经济区各市的职能部门,要贯彻落实省级领导沟通协商确定的区域合作重点,围绕共同关心的跨区域重大事项,相应建立行业性的联席会议或联络制度,通过多种形式的沟通、协商、协调达成共识,然后付诸实施,逐步形成行业性跨区域的共建共享合作机制。特别是要根据中原经济区构建现代产业体系的要求,充分发挥比较优势,在装备制造、汽车及零部件、有色金属、化工、食品、纺织服装以及现代农业、旅游等优势服务业领域,借鉴旅游部门编制的跨区域旅游一体化发展规划,在统一旅游标识、统一对外宣传和旅游投诉异地处理等方面的经验,充分发挥社会中介组织的协调作用,强化利益主体的自律与协调,加快建立跨区域同业、行业协会,协调企业在中原经济区内的竞争,通过自治和自律的方式规范企业行为,倡导企业间良性竞争,达到区域内行业资源优化配置的目的。另外,由行业协会承担区域行业内相关标准、资格认证和质量检测方面的统一制定和执行工作,提高效率,降低成本。

(三)构建行业合作为基础、企业自主参与的区域合作机制

在企业层面,形成行业合作为基础、企业自主参与的区域合作机制。在各

级政府的积极推动下,中原经济区各级政府充分发挥企业在区域合作中的主体作用,以重大项目为抓手,引导企业运用市场机制在产业、技术和资本等方面自我决策、自主参与,引导企业之间在重大项目上积极开展多领域、深层次的经济技术合作,切实把政府的战略意图落实到企业层面。先期开展工业、农业、基础设施、旅游等行业的合作项目,并逐步延伸到科技、教育、人才、卫生等社会公共领域。

第十五章 与相关经济区(圈)的互动与合作

　　任何一个区域都不是孤立存在的,而是整体发展的有机组成部分,其发展离不开周边地区乃至更广大地区的支持。中原经济区周边分布着长三角经济圈、京津冀都市圈、山东半岛蓝色经济区、关中—天水经济区、武汉城市圈以及晋陕豫黄河"金三角"等六个或大或小的经济区(圈),它们与中原经济区空间相邻,经济、文化等联系较为密切,如何与这些经济区(圈)实现合作共赢,协调发展,是推进中原经济区快速健康发展的又一重要内容。只有准确把握中原经济区的自身定位,明确自身在整个体系中的位置,发挥优势,取长补短,借力壮大自身,才能使中原经济区实现科学跨越式发展,成为中国区域经济发展新的增长极。

一、相关经济区(圈)概况

(一)长三角经济圈

　　2010年5月,国务院正式批准实施长三角区域规划。按照此规划,长三角经济圈由原来的上海、南京、苏州、宁波、杭州、绍兴、台州、湖州、舟山、嘉兴、无锡、常州、镇江、南通、扬州、泰州等16个城市扩大为上海市、江苏省、浙江省二省一市。这一地区区位条件优越,自然禀赋优良,经济基础雄厚,体制比较完善,城镇体系完整,科教文化发达,已成为全国发展基础最好、体制环境最优、整体竞争力最强的地区之一,在我国社会主义现代化建设全局中具有十分重要的战略地位。当前,长三角经济圈面临着提高自主创新能力、缓解资源环境约束、着力推进改革攻坚等方面的繁重任务,正处于转型升级的关键时期,其未来发展的方向是调整经济增长结构,优先发展现代服务业及高新技术产业,同时为中西部经济发展让路。

长三角区域规划给出的战略定位是:亚太地区重要的国际门户、全球重要的现代服务业和先进制造业中心、具有较强国际竞争力的世界级城市群。

——亚太地区重要的国际门户。是要围绕上海国际经济、金融、贸易和航运中心建设,打造在亚太乃至全球有重要影响力的国际金融服务体系、国际商务服务体系、国际物流网络体系,提高开放型经济水平,在我国参与全球合作与对外交流中发挥主体作用。

——全球重要的现代服务业和先进制造业中心。是要围绕培育区域性综合服务功能,加快发展金融、物流、信息、研发等面向生产的服务业,努力形成以服务业为主的产业结构,建设一批主体功能突出、辐射带动能力强的现代服务业集聚区。加快区域创新体系建设,大力提升自主创新能力,发展循环经济,促进产业升级,提升制造业的层次和水平,打造若干规模和水平居国际前列的先进制造产业集群。

——具有较强国际竞争力的世界级城市群。是要发挥上海的龙头作用,努力提升南京、苏州、无锡、杭州、宁波等区域性中心城市国际化水平,走新型城市化道路,全面加快现代化、一体化进程,形成以特大城市与大城市为主体,中小城市和小城镇共同发展的网络化城镇体系,成为我国最具活力和国际竞争力的世界级城市群。

根据这样的战略定位,规划强调长三角经济圈要重点发展三大产业:现代服务业(重点包括金融、地产、航运)、先进的制造业及战略性新兴产业(信息技术、新材料、生物医药、节能减排与环保产业等)。其发展目标是在保持原有优势的基础上,成为中国率先实现新型工业化的先行区域、中国产业升级和自主创新的基地、沿海和长江经济带的产业带动和辐射源、服务长江中下游乃至全国的现代服务业集聚区、发展循环经济体系的示范区。

(二)京津冀都市圈

京津冀都市圈按照"8+2"的模式制定,地域范围涵盖北京、天津两个直辖市和河北省的石家庄、秦皇岛、唐山、廊坊、保定、沧州、张家口、承德等8个地市。据了解,即将出台的京津冀都市圈区域规划对三地未来发展方向有明确定位,其中北京和天津各有其定位。

北京城市功能定位是国家首都、国际城市、文化名城、宜居城市。重点发展第三产业,以交通运输及邮电通信业、金融保险业、房地产业和批发零售及餐饮业为主。同时,充分发挥大学、科研机构林立,人才高度密集的优势,与高新技术产业园区、大型企业相结合,积极发展高新产业,以发展高端服务业为主,逐步向外转移低端制造业。

天津城市的功能定位是国际港口城市、北方经济中心和宜居生态城市。主要发展航空航天、石油化工、装备制造、电子信息、生物医药、新能源新材料、国防科技和轻工纺织等先进制造业和现代物流、现代商贸、金融保险、中介服务等现代服务业,并适当发展大运量的临港重化工业。

(三)关中—天水经济区

关中—天水经济区包括陕西省的西安、铜川、宝鸡、咸阳、渭南、杨凌、商洛(部分区县)和甘肃省天水所辖行政区域。经济区地处亚欧大陆桥中心,多条铁路、公路、航线、管线在此交会,是全国交通、信息大通道的重要枢纽和西部地区连通东中部地区的重要门户,战略区位重要;拥有国家级和省级开发区21个、高新技术产业孵化基地5个和大学科技园区3个,是国家国防军工基地、综合性高新技术产业基地和重要装备制造业聚集地,工业基础良好;拥有80多所高等院校、100多个国家级和省级重点科研院所、100多万科技人才,科教综合实力居全国前列;是华夏文明重要发祥地,著名的丝绸之路源头和羲皇故里,也是13个王朝古都所在地,拥有大量珍贵的历史文化遗产和丰富的人文自然资源。根据国家发展和改革委员会制定的关中—天水经济区发展规划,经济区战略定位为:

——全国内陆型经济开发开放战略高地。优化对外开放格局,创新区域合作机制,拓展对外开放空间,提升对外开放水平。

——统筹科技资源改革示范基地。推进科技创新体制改革,加快产学研一体化,统筹军民科技互动发展,促进科教优势向经济优势转化,为建设创新型国家探索新路径。

——全国先进制造业重要基地。以装备制造业和高技术产业为重点,打造航空航天、机械制造等若干规模和水平居世界前列的先进制造业集群,培育具有国际竞争力的企业和知名品牌。

——全国现代农业高技术产业基地。以杨凌国家级农业高新技术产业示范区为依托,发展新型农业生产方式,建设现代农业技术推广服务平台。

——彰显华夏文明的历史文化基地。充分发挥历史文化资源集聚优势,建设国际文化交流平台,打造一批具有世界影响的历史文化旅游品牌,展现和弘扬中华优秀传统文化。

(四)武汉城市圈

武汉城市圈是以武汉市为中心,由武汉及周边100公里范围内的黄石、鄂州、孝感、黄冈、咸宁、仙桃、天门、潜江共9市构成的区域经济联合体。该圈域地处我国经济腹地,承东启西、连南接北,除极为便捷的公路、铁路、航空运输之外,还有黄金水道长江纵贯本区,能与上海形成江海联运大格局,经济基础较好,环境及自然条件优越,科教实力雄厚,是湖北省人口、产业、城市最为密集的地区,也是我国中部最具发展潜力和活力的城市密集地区之一。

2007年,国家发展和改革委员会印发了《关于批准武汉城市圈和长株潭城市群为全国资源节约型和环境友好型社会建设综合配套改革试验区的通知》(发改经体〔2007〕3428号)。武汉城市圈由此被确定为全国资源节约型和环境友好型社会(即"两型"社会)建设综合改革配套试验区,其主要任务和主要目标分别是:

——主要任务。围绕"两型"社会建设的要求,综合配套改革试验的根本任务集中体现"三个着力":着力转变经济发展方式,增强区域综合实力和可持续发展能力;着力推进综合性制度创新,构建促进资源节约和环境友好的体制机制;着力推进城乡协调发展,走新型工业化、城市化发展道路。重点推进资源节约、环境保护、科技、产业结构优化升级、统筹城乡发展和节约集约用地等六个方面的体制机制创新,配套推进财税金融、对内对外开放和行政管理等三个方面的体制机制创新,为"两型"社会建设提供有效的支撑平台和制度保障。

——主要目标。按照中央关于"两型"社会建设的总体战略部署,创新体制机制,增强可持续发展能力,实现区域经济一体化,把武汉城市圈建设成为全国宜居的生态城市圈,重要的先进制造业基地、高新技术产业基地、优质农产品生产加工基地、现代服务业中心和综合交通运输枢纽,成为与沿海三大城市群相呼应、与周边城市群相对接的充满活力的区域性经济中心,成为全国"两型"社会建设的典型示范区。

(五) 山东半岛蓝色经济区

山东半岛蓝色经济区以山东省沿海七市(青岛、烟台、威海、潍坊、日照、东营和滨州)为依托,着力优化涉海生产力布局,在黄河三角洲着力打造沿海高效生态产业带,在胶东半岛着力打造沿海高端产业带,以日照钢铁精品基地为重点构建鲁南临港产业带。围绕这三个特色产业带,形成青岛—潍坊—日照、烟台—威海、东营—滨州三个城镇组群。

山东半岛蓝色经济区的战略定位是:黄河流域出海大通道经济引擎、环渤海经济圈南部隆起带、贯通东北老工业基地与长三角经济区的枢纽、中日韩自由贸易先行区。

山东半岛蓝色经济区城镇的发展目标被明确为:面向日韩开拓国际市场,拓展广大西部内陆腹地。其中,青岛将被培育成国家级中心城市,成为山东省和黄河流域经济社会发展的"龙头"城市;烟台、威海、日照、潍坊、东营和滨州等区域中心城市的地位和作用将被强化,成为蓝色经济区发展的重要战略节点。依据区域产业布局、城镇发展现状等因素,经济区域内七大中心城市各自确定了未来主要发展方向和区域定位:到 2020 年,作为龙头城市,青岛将成为我国东部沿海区域经济中心、现代化服务中心、文化中心,国家海洋科研及海洋产业开发中心,国家重要的现代化制造业及高新技术产业基地,东北亚国际航运中心,国家重要的区域性航空港,国际滨海旅游度假胜地;烟台将成为重要的制造业基地和港口城市,区域性金融、贸易、服务中心,全国重要的旅游度假胜地;威海将被打造成为中韩经济带的桥头堡;日照将借助新亚欧大陆桥东方桥头堡和鲁南城市带出海门户,成为我国东南沿海重要的临海产业基地;潍坊的城市职能将重点倾斜海洋化工以及现代制造业;东营以石油化工为基础,成为山东省重要的工业城市,以及具有生态特色的中心城市;滨州则要成为鲁北地区机械制造、纺织、印染为主的现代产业基地和工商中心。

(六)晋陕豫黄河"金三角"区域协调发展综合试验区

晋陕豫黄河"金三角"包括河南省的三门峡市、陕西省的渭南市、山西省的运城市和临汾市。该区域位于黄河中游,地处我国中部、西部结合带,是华北、西北、中原的结合部,也是山西、陕西、河南三省的接壤地区,还处在陇海经济带中段,与中原经济区及关中—天水经济区在空间上又相互契合。能源、矿产、特色农业和旅游资源十分丰富,相关产业已形成一定规模,为共同打造我国重要的能源、原材料、特色农产品生产加工基地和精品旅游目的地及文化产业集聚地,奠定了良好基础。

在20世纪80年代改革开放的大背景下,山西运城、河南三门峡和陕西渭南三地市于1986年成立了"晋陕豫黄河三角经济协作区"。经过20多年的区域合作实践,"黄河金三角经济协作区"在共同编制发展规划、建立合作机制、共建基础设施、产业合作等方面取得了较为显著的成效,积累了丰富的经验。目前,在有关各方的支持下,晋陕豫黄河"金三角"四市提出了争取设立国家区域协调发展综合试验区的目标和构想,以整合区位优势、资源禀赋优势、产业基础优势、人文环境优势和市场辐射优势为基点,以搭建合作平台、创新合作模式、协调区域关系为突破口,以机制创新、体制创新和技术创新为动力,努力把晋陕豫黄河"金三角"区域建设成为全国区域协调发展的改革试验先行区。

二、互动合作的基础条件

(一)资源基础

中原经济区与相关经济区(圈)有着互惠互利的资源基础。例如,长三角经济总量位居全国各区域第一,且资本、技术等生产要素丰富,高素质的管理人才众多,但能源、矿产、土地等不可再生资源严重匮乏,导致了该地区的资源供给矛盾。从2002年开始的煤荒、电荒、地荒等问题,正困扰着长三角经济圈。中原经济区的农业和矿产资源相对丰富,并且具有人力和土地等优势,但在资本、技术、管理和人才方面却相对匮乏。不同的资源禀赋,为区域间的互动与合作奠定了物质基础。又如,京津冀都市圈、山东半岛蓝色经济区和长三角经济圈都拥有优越的港口资源和条件,在综合交通基础设施的有力保障和支撑下,中原经济区能够借助这些港口资源,更有效地实现对外开放和发展;而中原经济区可以作为腹地,为港口提供货源,提升沿海港口竞争力。因此,中原经济区与这几个沿海经济区(圈)之间在港口和腹地的互动发展方面,有着广阔的合作空间和前景。再如,京津冀都市圈、长三角经济圈、关中—天水经济区和武汉城市圈都拥有丰富的科教资源,中原经济区在这方面的资源相对较少,可以通过各种互动合作借助这些"外脑"来发展,同时这些"外脑"也可以此拓展自身的发展空间。

(二)发展阶段差异

梯度推移理论认为,任何国家或地区都处在一定的经济技术梯度上。世界上出现的新产业、新产品、新技术,都会由其自身的生命周期决定,而且随着时间的推移由高梯度区向低梯度区转移。长三角经济圈处于我国区域经济发展的第一梯队,当前经济发展已经由量的扩张阶段,进入到了质的提升与量的扩张共同推进的阶段,其未来发展的方向是调整经济增长结构,优先发展现代服务业及高新技术产业,同时为中西部经济发展让路。中原经济区的发展步伐晚于长三角经济圈,目前仍处于重点扩张经济总量阶段,二者在经济发展阶段和产业结构上的差异,使得两者在原料、技术人员、市场份额和产业布局上各有各的空间,这为两地的区域分工和协作奠定了基础。而长三角经济圈等发达先进地区经济发展的扩张冲动和对中原经济区的示范作用,也为二者互动合作带来了动力。此外,京津冀都市圈,其发展情况在某些方面与长三角经济圈相近,与中原经济区的互动合作也存在着同样的基础。

(三)市场潜力

从市场来看,中原经济区与周边相关经济区(圈),特别是沿海的京津冀都市圈、山东半岛蓝色经济区和长三角经济圈开展互动与合作的潜力亦十分巨大。以长三角经济圈为例,其核心城市上海的市场潜力,不仅表现在自身经济的容量上,更为重要的是体现在它作为国内国外两个市场的枢纽功能上。随着城市功能的转变和"四个中心"(航运、经济、金融和贸易中心)地位的确立,上海将逐步建设成为国内外资金流、商品流、技术流、信息流的集散地和交会枢纽,率先成为国内最大的市场化资源配置中心,辐射长江流域,服务全国。所以,对中原经济区而言,上海是走向全国市场和世界市场的重要途径。另一方面,中原经济区地处我国经济腹地,具有承东启西、连南接北的区位优势,面积广阔,人口众多,其市场容量具有较大规模,在全国也有相当影响,这种影响在中部地区更为明显,可谓潜力巨大,是长三角经济圈拓展内需空间的重要战略场所。二者具有互补性,合作前景看好。

(四)地缘联系

中原经济区与关中—天水经济区、山东半岛蓝色经济区和晋陕豫黄河"金三角"同属黄河流域,其间又有陇海铁路线和高速公路干线将这三大经济区连带长三角经济圈贯穿为一体,为整个流域经济的开放架起桥梁,并填补国家空间发展战略的空白。中原经济区与京津冀都市圈和武汉城市圈则由京广、京九铁路和京港澳高速公路以及即将贯通南北的高速铁路等交通大动脉串联在一起,是纵贯我国南北经济增长轴的重要组成部分。地缘上的紧密联系,是中原经济区和周边经济区(圈)互动合作发展的又一基础条件。

(五)国家战略导向

中共中央在十六届三中全会提出要统筹区域发展、形成促进区域经济协调发展机制的战略部署,并明确指出区域经济协调发展是保证我国国民经济快速健康发展的必要条件,也是社会主义市场经济建设的一个重要的政策目标。在之后的"十一五"期间,国家一直致力于促进区域协调发展,形成合理的区域发展格局,这也仍将是"十二五"时期全国区域发展的战略导向。由此可以看出,当前我国的区域经济发展战略导向已经出现了转变:不再是以某一个地区为重点,各区域之间不再有先后、主次之分,而是处于平等的地位;各地区的发展不再是孤立的,而是通过合理分工、优势互补,形成紧密的社会、经济联系;任何地区的发展都不是以牺牲其他地区的利益为代价的,而是通过良性的互动使得各地区都能有所收获,实现自身进一步的发展;各地区的发展虽不是要达到同一水平,但都是根据自身条件及所处的发展阶段,各自有着不同的目标。在这一导向下,区域间协调发展将成为我国区域经济发展的主旋律,地区之间的互动合作发展在这一大背景下正在逐步展开。这样的战略背景,更有助于中原经济区与相关经济区(圈)开展互动与合作。

三、互动合作的主体及其功能定位

互动合作主体的明确,是经济区(圈)之间开展互动合作的首要问题。互动合作之所以难以落到实处并取得实效,一个最重要原因就是主体模糊和不统一,利益主体、规划主体、决策主体和操作主体不一致。区域经济的发展并不由单一主体或其单一行为所推动,而是多个主体的各种行为共同作用的结果。跨地区互动合作的主体基本上可分为三类:一是政府;二是企业;三是非政府组织。[①] 然而,它们又是代表不同利益的主体。其中政府是地区整体利益的代表和相对独立的行为主体,推进互动合作的目的主要在于增进本地区的整体利益以及互动地区之间的共同利益;企业之间的互动合作,则旨在实现互动企业利益的最大化;非政府组织之间的互动合作,旨在实现互动组织的利益最大化。因此,它们在地区互动合作发展中的地位和作用也有所不同。

以作用和效能而言,政府是区域互动合作发展中最有效的协调主体,欧盟各国合作发展的成功经验,清楚地表明了这一点。民间或半官方的组织,如跨地区的商会和行业协会等,具有一定的协调作用,但它们对政府的行为以及该

---

① 参见葛立成等:《长三角地区联动发展新思路研究》,《浙江学刊》2004年第3期。

商会、协会之外的其他组织,难以形成约束。企业是市场组织构架的微观基础,也不可能完全承担区域协调的功能。所以,在现阶段条件下,只有政府才是最有效的协调主体。政府的决策和调控,不仅对本地的发展具有重大影响,而且也直接关系到跨行政区划、跨行政层级的利益协调。离开了政府的这种协调,全面、有效的互动合作是难以实现的。

但是,在中原经济区与相关经济区(圈)互动合作中,还必须注意政府的越位、错位和缺位问题,这是影响企业或非政府组织互动合作的突出问题。投资的流向和产业的选择是资源市场配置、企业自主选择和竞争的结果,政府的越位和错位只会增加交易成本,降低经济效益。同时,政府在为企业提供服务和创造良好发展环境方面不同程度的缺位,也会严重阻碍互动发展的进程。另外,规范区域竞争行为,降低区域竞争成本,也必须通过政府间的互动合作才能实现。企业之间有竞争,政府之间也有竞争。这种竞争既有正当的行为,也可能有不正当的行为;既有正面效应,也可能有负面效应。地方保护主义和不计成本的招商引资等恶性竞争,不仅造成了资源浪费,而且扰乱了竞争秩序。而规范区域竞争行为,降低区域竞争成本,都离不开政府间的协调与合作。

综合以上的分析,我们可以看到,中原经济区与相关经济区(圈)开展互动合作,政府、企业和非政府组织都应该成为互动合作的主体,但又应各有偏重、各有所为。特别是除政府作用以外,如何按照市场规律,注意发挥非政府组织对企业各种活动的协调作用十分重要。同时,在我国目前市场机制还不够健全的情况下,需要进一步转变政府职能,建立适应市场经济要求的职能体系,维护市场秩序,并把规划和政策导向同市场机制结合起来,通过引导、服务和监管,为企业提供服务和创造良好的发展环境,促进区域互动和协调发展。

四、深化互动合作的总体思路

中原经济区与相关经济区(圈)开展互动合作,要适应建立社会主义市场经济体制的要求和新的对外开放的环境,充分考虑国内外市场需求的变化,按照市场经济规律和科学的方法,遵循优势互补、互惠互利、讲求实效和共同发展的原则,立足于各自的实际情况,以市场为导向和动力,以政府联合推进为依托,先从条件最成熟的领域入手,然后由浅入深地实施全方位、多层次、宽领域的合作联动。

(一) 以市场为导向,大力加强企业间的合作

在计划经济体制下,区域经济合作的特点是政府占主导地位。其运作机制通常是:中央政府通过统一财税将各地财力集中起来,然后经过周密计划,组建国有企业,落实到目标地区,再以计划调拨的方式抽调其他经济要素到目标地区的指定企业里。实践已经证明,这种方式的经济效率往往难以尽如人意。随着我国市场经济体制的逐步确立,区域间的互动合作不再是由行政指令控制,而是建立在优势互补和对利益的共同追求基础上的一种战略行动。因此互动合作的开展,必然需要从市场的角度充分挖掘合作的基础。市场导向具有内在地冲破区域分割、实现区域资源和产业优化配置的功能,在这其中,作为市场经济活动的主体,企业也必将成为实施区域经济合作和联动发展的主体。对于企业来说,组合何处何种资源,完全由市场信号尤其是价格信号来决定,企业出于资本增值动机和适应市场需求,会加以合理选择。所以,以市场为导向,加强企业间的合作,是促进区域互动合作发展的重要途径。

(二) 以政府联合推进为依托,优化互动合作的环境

政府应当从对微观经济领域和一般竞争性领域的直接干预中退出。改革开放以来的实践已经证明,在这些领域中,市场配置资源的能力远远高于政府。因此要大力减少对微观项目的行政审批和微观事务的具体管理。这种不合理、低效率的审批和管理制度,已成为影响地区联动和竞争能力的一个严重问题。按照中央精神,适应 WTO 规则的要求,集中解决政府干预过多、权力过大的问题,加快由"无限政府"、"全能政府"向"有限政府"、"法治政府"的过渡,是经济区(圈)互动合作的首要任务。当然,政府的退出应当是一种共同的退出,因为,如果有的地方政府退出,而有的地方政府继续充当"运动员"的角色,必然会导致新的不公平竞争。政府的任务是要着眼于更好地体现

"发起者"、"服务员"、"协调员"和"监督员"的角色。政府机构的各个层面,从决策部门、实施部门、监督部门和服务部门,都应纳入推进互动合作发展"服务一体化"的框架体系内,在创造良好的互动合作环境和纠正市场失效两方面发挥作用。

(三) 由浅入深、循序渐进地开展互动合作

区域间的互动合作不可能一步到位,需要有一个双方逐步认识和磨合的过程,因此会是一个由浅入深、由简单到复杂的渐进过程。先从有基础的领域入手,再逐步拓展互动合作的范围和深度,最终实现全方位、多层次、宽领域的合作联动与协调发展。

其一,从单一领域、具体项目合作开始,逐步转向多领域合作。具体可以首先从投资办厂等生产性合作项目开始,然后逐步拓展到技术管理、市场拓展、教育培训、咨询信息以及金融等各种生产性服务领域,从而实现资金、人才、技术和信息等双向流动,互补和联动发展。

其二,从单个企业之间的协作逐步转向产业整体联动型的合作。以产业联动发展为主线,推动生产要素双向流动,推进跨地区产业结构的战略性调整和升级,从而形成合理的产业分工和协作体系。

其三,从短期项目合作逐渐过渡到长期资产纽带型合作互动。通过兼并、收购、参股、控股、合资合作等方式,促进资产跨地区的流动和优化组合,拓展资源优化配置的空间,提高资源优化配置效率。为此,要通过资产向优势企业和名牌产品集中,形成一批跨地区、实力强、技术水平高、经济效益好、有发展前途的龙头企业,壮大区域整体经济实力,迅速提高参与国际经济竞争的水平。

(四) 从松散的合作逐渐向紧密有序的联动发展推进

市场经济体制下的互动合作发展不能搞行政命令式的"拉郎配",因此在起步阶段区域间的互动合作主要表现为个别企业在个别项目上的合作。随着互动的深入,必然会出现各种矛盾和问题,这就需要制定统一的规划和形成完善的协调管理机制,来规范和约束各互动主体的行为,从而形成紧密有序的区

域联动发展格局。并且,这种规划和协调管理机制不是从一开始就能形成,而必然是在互动发展的实践中逐步摸索出来,并将在未来的实践中继续得到改进。

五、深化互动合作的重点领域

按照上述的总体思路,依据中原经济区与周边相关经济区(圈)的实际情况,本书认为中原经济区与周边相关经济区(圈)互动合作可以首先从以下几方面着手,进而构筑经济联动发展新格局。

(一)构建对接交通物流网络

交通物流领域的交流与合作,既是区域互动合作发展的重要领域,也是区域互动合作发展的助推器。因此,中原经济区与周边经济区(圈)的互动合作,首先要依托现有交通资源,搞好交通规划,加强对接,协调中原经济区与周边经济区(圈)的铁路、公路、水运、航空等多种现代化运输方式,最终组成高效便捷的交通运输网络。在此基础上,各经济区(圈)应加快物流领域的交流与合作,按照"政府引导、市场导向、企业运作"的原则,以公路、铁路主枢纽建设为依托,以货运信息网络为纽带,健全货运站网络系统,构筑物流服务平台,促进传统运输方式向专业化、信息化、标准化的现代物流转变。与此同时,借助天津、上海、青岛、日照、连云港等各大港口实现与海外的畅通,如此既有利于中原经济区进出口业务的拓展,又支持了港口发展。

(二)实施产业空间转移

产业跨地区转移是发达地区保持竞争力和进行产业结构调整的客观需要。而产业转移往往伴随着大量的资本、技术、设备及其他无形要素的整体转移,因此欠发达地区能够通过承接产业转移迅速积累起相对稀缺的生产要素,为区域经济的跨越发展创造条件。长三角经济圈作为我国发达地区,未来的发展重点是调整经济增长结构,优先发展现代服务业及高新技术产业,同时为中西部经济发展让路,这为中原经济区承接其产业转移创造了良好机遇。对于中原经济区而言,要紧密结合区域内产业的优势和未来发展方向,充分考虑生态成本和经济成本,有选择、有重点地承接长三角等发达地区的产业转移,以夯实产业基础、提升产业层次,实现区域经济跨越式发展。

(三)共同开发资源

中原经济区自然资源富集,尤其是各种矿产和农副产品资源储量和产量都很大,但资金短缺、开发力量薄弱,导致这些资源尚未得到更有效合理的开发与利用。中原经济区可以积极引进长三角、京津冀经济圈等发达地区的资金和先进工艺技术,合作实施资源开发和深加工,把资源优势转化为产业优势,从卖资源转变为卖产品,拉长本地产业链条、提升产业层次。而长三角、京津冀经济圈等发达地区的企业,亦能够借助这样的方式有效降低成本,更好地拓展内地广大市场。

(四)接轨现代服务业

中原经济区周边这几大经济区(圈),科教资源十分丰富,像北京、天津、上海、南京、杭州、武汉、西安等城市是全国重要的高等教育和科研基地,人才高度密集。而北京、上海作为全国的核心城市,现代服务业特别是其中的生产性服务业已经较为发达,上海有比较完备的金融市场体系、金融机构体系和金融业务体系,有先进的现代航运基础设施网络,未来的功能定位是成为全球重要的现代服务业中心;北京生产性服务业发展强劲,以生产性服务业为主导的经济格局已经形成,其中金融服务、信息服务、科技研发服务、商务服务等行业发展尤为突出,未来的功能定位也是以发展高端服务业为主。这些恰是中原经济区的弱项所在,中原经济区应当积极采取接受辐射、资源共享等方式,大力开展与这些地区的科技交流与合作,加快现代服务业接轨,积极吸引北京、上海、天津等城市的金融、物流、信息咨询、教育培训、商务服务等行业到中原经济区来开办分支机构,共享服务资源。而对于这些地区和城市而言,发展现代服务业,亦需要广阔的经济腹地作为支撑,双方互惠互利,合作前景广阔。

(五)合作推进旅游文化产业发展

中原经济区与周边经济区(圈)空间相邻,在历史文化、地理文化、古国文化、古都文化、军事文化、生态文化、交通文化、旅游文化等资源上都有共生、同一的领域,同时也互为重要的旅游客源市场,再加上沿海发达地区在旅游文化开发利用方面的先进经验,这些都为中原经济区与周边经济区(圈)共同推进旅游文化产业发展,提供了坚实的资源基础和广阔的合作平台。以旅游业为例,合作推进区域旅游业可以分阶段进行,第一阶段应是共同协调规划和开发各地的旅游资源,突破现有范围,联手共建旅游圈,并突出重点和特色,相互推荐和宣传区域内的特色旅游景点;第二阶段应把无障碍旅游推进到合作领域;第三阶段可以是共同开发旅游景点,合作建设旅游基础设施、旅游度假区,联手共建一批符合现代休闲、娱乐需求的休闲、生态旅游景区等。

(六)联合共建基础设施项目

在当前市场经济日趋发育的情况下,中原经济区除极少数重大高新技术和基础设施项目由国家投资兴建外,其余都需要通过各种渠道吸引社会资本。作为欠发达地区,中原经济区建设资金尚不充足,而长三角、京津冀经济圈等发达地区经过多年的快速发展,已经集聚了大量的金融资本和产业资本,另外还有大量的民间游资需要寻求出路。如果能够引导这些资本投入中原经济区建设,既可以解决其基础设施建设过程中的资金不足问题,又可以为这些发达地区的资本寻找到新的投资渠道。同时,这些发达地区还有着设计、施工和管理等方面的经验和优势,可以充分利用这一有利时机,参与重大基础设施项目的建设和管理,与中原经济区携手联建一批能够产生较好经济效益和社会效益的重大基础设施项目,互取所需、合作共赢。

(七)推进中原经济区所有制改革

非公有制经济是区域经济发展具有活力的重要制度性因素。中原经济区非公有经济比重较低,民营经济还不够活跃,经济发展的活力不足,国企改革改制和市场体系建设的任务都还十分艰巨。因此,调整产权结构,进一步深化国有企业改革,积极推进投资主体多元化,大力发展非公有制经济特别是民营经济,是中原经济区经济崛起的重要环节之一。但是中原经济区在发展非公有制经济中存在不少问题,如束缚先进生产力发展的体制性障碍等问题还比较严重,政府职能转变步伐不够快,"等、靠、要"等妨碍发展的思想观念还有着一定的影响力,创业氛围还待培养,企业经营管理人才、创业人才和民营企业家更是比较缺乏,等等。而长三角经济圈等发达地区有着国企改革和民营经济蓬勃发展的经验,因此可积极开展在该领域的合作。例如,长三角等发达地区的民营企业可以通过到中原经济区投资,进行跨地区、跨行业、跨所有制的联合,形成一批上规模、上档次、上水平的民营企业集团,为中原经济区民营经济的发展发挥示范推动作用。同时,也可以对中原经济区国有企业进行并购重组和结构调整,利用原有资产存量,激发国有企业的经济活力。

(八)探索政府层面的协作与联动

以我国的现实国情而言,行政区政府对区域互动合作发展仍然有着深刻的影响。因此,必须加强政府层面上的协作与联动,这是中原经济区与周边经济区(圈)互动合作发展顺利推进的重要保障。但是要在政府联动、资源共享、利益分配等问题上形成有效的合作协调机制,不是一蹴而就的事情,需要在实践中不断探索和尝试。国家将在晋陕豫黄河"金三角"设立"区域协调发展综合试验区",探索省际边缘区协调发展的机制和对策。该经济区处于三省交界处,仅包括四市,范围较小,利于各类政策的争取和运用,同时它又是中原经济区和关中—天水经济区之间的过渡地带,与两大经济区相互牵连,因此这一地区的合作经验对于指导中原经济区同周边经济区(圈)开展区域合作具有十分重要的现实意义和实践价值。对此,河南应当高度重视,大力支持这一地区作为先导区,开展试验并及时总结经验,以在中原经济区的建设发展及其与周边经济区(圈)互动合作中加以推广。

六、深化互动合作的方式途径

(一)营造良好的互动合作发展环境

市场是要素流动和优化配置的基本手段。因此,区域市场发育程度的差距,是影响区域互动合作顺利展开的重要因素。要促进中原经济区与相关经济区(圈)的互动发展,必须加快推进中原经济区的市场化进程,着力构建以诚信为本、公平竞争的市场环境和宽松的发展氛围,缩小与长三角经济圈等发达地区市场化水平的差距。一方面,中原经济区要按照WTO规则和转变政府职能的要求,学习借鉴发达地区的经验,进一步强化政府服务意识,改进政府服务方式,提高政府管理水平和办事效率。另一方面,中原经济区和相关经济区(圈)要采取联合行动,增强区域之间政策的公开性和透明度,在政策和制度方面,加强行政协调,营造互动合作发展的良好环境。

(二)建立广泛的信息交流平台

利用现代信息技术特别是互联网技术,积极建立中原经济区和相关经济区(圈)之间的信息服务网络,及时收集相关信息,通过强化沟通联系,为政府、企业和非政府组织这些互动合作的主体建立信息交流、合作洽谈的活动服务平台,包括政策平台、信息平台和项目平台等,为主体决策提供信息、咨询等服务,形成推进区域合作与互动的有效载体。

(三)制定和实施专项规划对接

区域发展规划的制定决定着区域的发展方向和发展重点。在中原经济区与相关经济区(圈)的互动中,各地政府应加强协同与合作,在协调各地区区域发展规划的基础上,由制定相互衔接的专项规划入手,如交通规划、旅游规划、环保规划等,逐步促进区域联动协调发展。在规划编制中,应建立相应的法规,以保证规划的权威性和约束力。

(四)构建多形式、多层次的协商框架

中原经济区与相关经济区(圈)开展互动合作,需要构建多形式、多层次的协商框架,并规范协商程序,扩大协商范围,充实协商内容。具体设想是:第一,由于牵涉面过广,从目前来看,中原经济区与相关经济区(圈)之间的互动,尚不能形成规范的讨论与协商制度,采用有约束力的协调方式。所以,在起步阶段,应当主要采用对话协商方式,定期进行高级别领导的互访和发展思路的对接,然后再逐步深入。第二,建立具有广泛代表性的互动发展咨询委员会,及时捕捉机遇、调动资源,推进区域联动发展。该委员会的成员组成除各地政府代表之外,还应包括工商企业、非政府组织和专家学者等多个层面的代表,对区域组织结构、经济政策、社会政策等涉及跨地区发展的重大决策进行审议。委员会还应有对政府决策的建议权,政府则有义务在规定的期限内予以公开回应,以形成有效的互动。第三,鼓励建立各类半官方及民间的跨区域合作组织,多方面推进互动合作发展。例如,建立区域性联合商会和行业协会,大企业联合会和经济联合体、企业联谊会、产权交易联合中心和证券交易分中心等。

第十六章 中原经济区建设的保障体系

建设中原经济区,促进中原崛起,是促进我国经济持续发展和区域协调发展的战略选择,是落实中央促进中部地区崛起规划的重大举措,是加快转变经济发展方式的积极实践,具有十分重大的意义。中原经济区建设涉及经济、社会的各个方面,必须从综合交通、人力资源、资源环保、改革创新、公共服务、和谐社会建设等方面出发,构建中原经济区建设的保障体系,以保障中原经济区建设的顺利推进。

一、加强现代化综合交通体系建设

河南省位于我国内陆腹地,具有承东启西、连南通北的区位优势,是中国多方向跨区域运输的交通要冲和多种交通运输网络交会的枢纽地区,承担着全国跨区域客货运输的重要任务,在全国现代综合运输体系和物流体系中具有重要地位。加快构建河南现代化综合交通体系,建设畅通中原,对完善国家综合交通体系,促进中原经济区建设发展具有全局性关键意义。今后一个时期,河南将以枢纽设施和综合运输通道建设为重点,优化各种交通方式资源配置,统筹各种交通方式协调发展,构建以郑州全国综合交通枢纽为核心,以民航为先导,干线铁路和高速公路为骨架,区域铁路和一般干线公路为补充,省内各中心城市快速通达,网络完善、衔接高效、覆盖全省、辐射周边、服务全国的现代综合交通体系,全面提升河南省综合交通运输基础设施对全国的服务保障能力。

(一) 坚持民航优先发展战略

推进郑州国际航空枢纽建设,加快构建以郑州机场为中心,洛阳、南阳、商丘、明港、鲁山、豫北、周口等机场为辅助,干支协调、客货并举的民用机场体系和中枢航线网络,打造全省对外开放的重要平台和融入全球经济的重要通道。

1. 建设郑州机场国际大型复合型交通枢纽

加快郑州机场跑道、航站楼、综合交通换乘中心、大型机场货运场站等基础设施建设。增加航线,拓展郑州机场服务范围。加大政策扶持力度,支持郑州机场开辟通往国内中小型机场的支线航班,建成国内最大的中转换乘航运中心;加大航线开发力度,支持郑州机场开拓国际航运市场,构建国际国内航线、干支航线紧密衔接的枢纽网络;充分利用郑州的交通区位优势,积极引进新的货运航空公司,开辟货运航线,加快航空物流发展,建成中部地区货运空地集散枢纽。

2. 加快中小机场发展

改造提升洛阳、南阳机场,完善客货运设施,争取达到干线机场服务水平。将洛阳机场建成豫西地区主要的旅游机场、郑州航空枢纽的备降机场和全国主要的飞行训练基地,将南阳机场建成以服务豫西南地区为主的重要支线机场和飞行训练辅助机场。加快明港、商丘军民合用机场建设,争取鲁山、豫北、周口等机场列入国家规划并尽快开工建设,将其建成郑州机场客货集散的辅助机场。

3. 加快发展通用航空

制定河南通用航空发展规划,对河南支线机场及各省辖市发展通用航空的条件进行认真研究,合理布局。在政策导向和决策上对通用航空给予应有的重视,引导资金、人才投入通用航空产业。理顺市场机制,规范行业发展,促进河南通用航空企业迅速做大做强。

(二) 建设现代化铁路运输网络

将铁路建设作为河南实现跨越式发展和率先崛起的战略突破口,强力推进客运专线、城际铁路、干线铁路及主要客货枢纽建设,进一步巩固和强化郑州铁路中心枢纽地位,实现"客运高速化、货运重载化、区域城际化、路网系统化",为构建河南现代城镇体系、提升区域综合竞争优势提供有力支撑。

1. 全面加快中原城市群城际铁路网建设

尽快构建中原城市群城际铁路网,形成以郑州为中心的中原城市群"半小时"交通圈。以郑州为中心建设辐射洛阳、开封、平顶山、许昌、漯河、新乡、焦作和济源8市,连接新乡、焦作、济源、洛阳、平顶山5市的半环形线路,形成"放射线+半环"的线网构架,预留辐射其他省辖市的衔接线网。

2. 重点推进客运专线建设

依托客运专线网络形成以郑州为中心、快速通达全省各中心城市的"1小时"交通圈和衔接周边省会城市的"2小时"交通圈。强力推进石家庄至武汉客运专线、郑州至徐州客运专线工程建设,加快构建郑州客运专线"十"字通道;争取商丘至杭州、郑州至重庆客运专线尽快开工,争取郑州至济南、郑州至合肥、郑州至太原客运专线列入国家规划,完善客运专线网络。

3. 加快大能力货运通道建设

进一步完善全省大能力铁路通道网络,全面提升铁路通道运输能力。加快晋豫鲁铁路通道和宁西铁路增建二线工程建设,尽快缓解河南能源运输紧张状况;建设运城至三门峡至十堰铁路,形成河南豫西地区纵向运输大通道;建设三门峡至平顶山铁路,与孟平—漯阜铁路共同构成横贯全省,实现与华东便捷联系的铁路通道;适时启动月山至随州铁路建设,缓解焦柳、京广铁路运输压力。

4. 完善区域铁路网络

建设兰考至菏泽、新密至永城、禹州经许昌至亳州至永城铁路、南阳至商丘至济宁、开封至潢川铁路、濮阳至菏泽、洛阳至侯马等铁路项目,提高河南路网运输调度灵活性,扩大路网覆盖面,强化与周边地区的便捷联系。

(三)完善覆盖城乡的公路网络

以打通中原地区对外通道和区域内省际通道、提升主干道通行能力为重点,加快国家高速路网、国省干线公路等级提升工程建设。疏通干线公路省际断头路,完善连接各县城、重要旅游区、重大产业基地的高速公路连接线,建成以高速公路网和一级公路网为骨架的高密度、网络化的高效便捷公路运输体系。

1. 进一步完善高速公路网

加快在建高速公路建设,构建形成河南省"六纵、八横、六通道"高速公路网,实现所有县市通高速,路网通行能力和服务水平得到全面提升,继续保持全国领先地位。省会郑州与各县市、与周边外省市、各重要城市之间形成布局合理、快速便捷的"中原大通道",以适应中部地区崛起和全国经济社会发展对高速公路网的运输需求。

2. 改造提升干线公路

改造提升国道主干线,加强干线公路养护维修,加快"卡脖子"路段升级改造,确保国省干线公路畅通。以中原城市群为重点,加快低等级路段改造和中原城市群之间快速连接道路的建设,促进中原城市群交通一体化进程。统筹安排沿黄河经济通道和南太行快速通道的规划建设,全面提升干线路网等级,提高道路服务水平。加大养护投入,提升管养水平。建立规范合理的养护管理体制。

3. 加强农村公路建设

以"乡乡连、县县畅"工程为重点,加强县乡道路建设,抓好通村公路建设养管工作。逐步对县道进行改造,进一步提高农村公路的通达深度和县乡公路的网络化水平,加强县乡道危桥改造,逐步实现"乡联县畅、路通桥畅"。继续完善通村公路,抓好农村公路管养工作,进一步提高农村公路通达深度和技术标准。建成与干线公路相匹配,适应农村经济社会发展需要的农村公路网络和运输体系。

(四)构建以郑州为中心的综合交通枢纽体系

加强公路、铁路、民航、水运及城市交通的衔接,重点建设综合交通枢纽,实现客运"零换乘"和货运"无缝衔接",提高运输效率。

1. 加快郑州全国性综合交通枢纽建设

以铁路、民航综合交通枢纽建设为重点,优化客运专线、城际铁路、公路、航空、地铁、城市道路等运输方式的规划布局和资源配置,改善交通设施条件,强化各种交通方式高效衔接,最大限度地发挥路网功能,提高运输效率和服务水平,把郑州建成交通基础设施完备、相关配套设施健全,多种交通运输方式立体交会、高效衔接,多个枢纽站点布局合理、分工明确、内捷外畅的全国性交通枢纽城市。

2. 推进区域性综合交通枢纽建设

结合机场、客运专线、国家公路运输枢纽建设和既有场站改造,合理规划布局全省各类场站。以洛阳、南阳、商丘、信阳等地公路、铁路、民航机场建设为重点,加强铁路、公路、航空、水运及城市交通等运输方式间的高效衔接与快捷转换;对既有铁路车站进行改造,强化客运专线、既有铁路之间的衔接;建设洛阳、开封、新乡、商丘等国家公路运输枢纽城市的场站,继续推进市、县、乡公路场站建设;铁路、公路场站与机场建设统筹设计,加强各类场站的互联互通。加强区域性综合交通枢纽与郑州综合交通枢纽的对接,共同形成功能完善、衔接高效、集疏方便的综合交通枢纽体系。

(五)构建智能化快速城市交通体系

与城镇化进程相呼应,同步规划建设轨道交通,加快提高城市交通智能化管理水平,提升城市交通运输效率,构建适应全省城镇发展需要的快速城市交通体系。

1. 加快城市轨道交通建设

加快郑州、洛阳等城市轨道交通建设,加快郑州市6条轨道交通线路建设,积极构建城区"三横两纵一环"的棋盘放射状线网结构,与郑州—开封线、郑州—机场线、郑州—洛阳线,构建城镇密集区的轨道交通线网。实现城市轨道交通的规划与城市发展规划相结合,构建合理的轨道线路布局。实现轨道线路间、站点内的换乘通道合理性,轨道交通系统与公共交通系统、铁路、民航等整体协调。利用各种轨道交通间的独立性与互补性,让各种轨道交通得到有机的协调发展。

2. 积极推动交通智能系统的应用

应用信息、通信、计算机、控制等先进技术对传统交通运输系统进行改造和整合,加强人、车、路之间的联系和互动,提高交通管理水平和交通系统运行效率。以构建智能交通体系为重点,加快城市交通智能化进程,以交通智能化促进全省交通资源整合、出行需求规范、通行能力和服务水平提升,力争建成全国智能交通示范区。

3. 全面提高城市交通管理水平

区域中心城市注重规划提高交通地下、地上空间的利用效率,建设城市地下通道或高架道路。提高交通系统使用效能,创建良好的道路交通秩序。提升道路交通组织水平,优化交通流运行质量,最大限度地提高路网的通行能力和效率。实施"公交优先"的城市交通发展策略。发展绿色交通,采取综合措施构建和谐的绿色交通体系,缓解交通拥挤,降低交通污染,促进城市与交通可持续发展。加强交通法制建设,完善法规体系,进一步规范城市交通的运行秩序。

二、加强人力资源开发与利用

中原经济区劳动力资源十分丰富,该区域仅占用了全国约1/32的国土面积,却承载了全国约1/8的人口,是我国人口最为稠密的地区之一。丰富的人力资源不仅能为本地区经济发展提供支撑,而且为全国输出充足的劳动力。同时,这一地区也存在农村人口基数大、劳动力素质偏低、就业压力大等问题。因此,要坚持人力资源是第一资源的发展理念,实施以人力资本提高为核心的劳动力资源二次开发,以国家职业教育改革试验区建设为抓手,大力发展职业教育,加强系统性技能培训、农村转移劳动力技能培训、城镇就业人员岗位培训和失业人员再就业培训,培育形成一批以技能型、实用型为特色的区域劳动力品牌。加强人力资源开发,把沉重的人口负担转化为人力资源优势,构筑服务中原经济区建设和全国经济社会发展大局的人才高地。

(一)全面发展教育事业

教育是民族振兴、社会进步的基石,是提高国民素质、促进人的全面发展的根本途径。必须牢固树立科学发展观,大力推进"科教强省"和"人才强省"战略,坚持把教育摆在优先发展的位置,坚持以育人为根本,以改革创新为动力,以促进公平为重点,以提高质量为核心,全面实施素质教育,提高教育现代化水平,建设人力资源强省。

1. 全面发展教育事业

把优先发展教育作为促进人的全面发展、提高人力资源素质和提升人力资本价值的核心途径,促进各级各类教育全面、协调、健康发展。积极推进义务教育均衡发展,促进教育资源配置的合理化、均衡化,高水平、高质量,普及九年义务教育。以就业为导向,大力发展职业教育。推进职业教育从政府直接管理向宏观引导、从计划培养向市场驱动、从传统的升学导向向就业导向转变,更好地面向社会、面向市场办学。坚持规模与质量并重,加快发展高等教育。继续扩大高等教育规模,进一步优化高等教育结构,争取建设一至两所全国重点大学。高度重视学前教育、高中阶段教育和特殊教育。

2. 培养高素质的教师队伍

创新教育教学管理体制,改革专业技术职务聘任制,建立优秀教师脱颖而出的机制。改进教师考评机制,建立教师转岗和退出机制,完善教师流动机制。增加教师岗位编制,扩大教师队伍规模,适应课程改革、素质教育和大班额教学对教师的需要。制定教师培养培训规划,加强教师培养培训,努力造就一支师德高尚、业务精湛、结构合理、充满活力的高素质教师队伍。

3. 继续加大财政投入力度

要建立健全教育投入增长机制,保障学校办学经费的稳定来源和增长。完善以政府投入为主、社会捐资、学校自筹等多渠道筹集教育经费的体制。大幅度增加教育投入,保证年度教育经费在全省财政支出中所占比例逐年有计划增长。坚持改革投资体制与推进多元办学方式的有机结合,大力支持民办教育依法办学,完善非义务教育阶段培养成本分担机制,通过吸引金融资本、民间资本、利用外资和社会捐资等多渠道增加教育投入。

(二)积极培养各类人才

以培养和造就规模宏大、结构优化、布局合理、素质优良的人才队伍为目标，以大中型企业、科研单位和高等院校为平台，突出培养造就创新型科技人才，大力开发重点领域急需紧缺专门人才。紧紧围绕加快转变经济发展方式、提高自主创新能力、建设创新型河南的实际需要，努力造就一批具有较强创新能力、为经济社会发展贡献突出、在国内外具有较强影响力的科学家、科技领军人才、工程师和高水平创新团队。调整优化高等院校学科专业设置，在装备制造、信息技术、生物技术、新材料、能源资源、现代交通运输、农业科技、金融财会、国际商务、生态环境保护以及教育、医疗卫生、政法、宣传、文化等经济和社会发展重点领域，造就数量充足、整体素质显著提高的专业技术人才队伍。统筹各类人才队伍建设，大力推进党政干部队伍、企业经营管理人才队伍、专业技术人才队伍、高技能人才队伍、农村实用人才队伍和社会工作者人才队伍建设。

(三)营造人才发展的良好环境

坚持尊重劳动、尊重知识、尊重人才、尊重创造，统筹经济社会发展和人才发展，努力提高人才工作领导水平和管理水平，完善政府宏观管理、市场有效配置、单位自主用人、人才自主择业的人才管理体制，使人才在激烈的竞争中充分施展才华，脱颖而出，做到人尽其才，才尽其用。做到用事业凝聚人才，用实践造就人才，用机制激励人才，用法制保障人才。注重在实践中发现人才、培养人才，构建人人能够成才、人人得到发展的人才培养开发机制。建立科学化、社会化的人才评价发现机制。坚持实施更加开放的人才政策，大力吸引海外和省外高层次人才到河南工作。建立健全吸引海外高层次人才、海外留学人员到河南创业、就业的政策体系，加强国外引智工作力度。

(四)建立和完善人才市场体系

树立开放型人才工作思维，坚持促进人才流动的工作方针。加强政府在人才流动方面的推进、引导和监督作用，深化人才管理体制改革，进一步破除影响人才流动的体制性障碍，制定和完善充分发挥市场在配置人才资源方面基础性作用的政策体制，形成管好用活人才、充分发挥人才聪明才智的政策导向。进一步建立和完善人力资源市场体系，健全专业化、行业性人才市场，培育专业化人才服务体系,鼓励做大做强人才服务市场主体。坚持以重大产业、重要企业和重点项目的人才需要为纽带,促进人才合理流动和人才资源优化配置。鼓励支持重点企业、重点院校、重要科研单位形成产学研联盟。针对河南农业和农村人口大省实际,鼓励高校毕业生到农村工作,鼓励城市企业管理人才以及教学、医疗等方面人才到农村开展定期轮岗服务,完善通过人才流动促进城乡协调发展的政策体系。

三、进一步深化改革创新

改革是推动经济社会发展的强大动力。加快中原经济区建设,涉及宏观到微观领域的方方面面,关键是形成和完善有利于加快发展的体制和机制。要坚持市场化改革方向,正确处理改革、发展、稳定的关系,大胆探索,先行先试,加快重点领域和关键环节改革,着力构建充满活力、富有效率、更加开放、有利于科学发展的体制机制,为中原经济区建设发展增强动力和活力。

(一)推进农村综合改革

稳定和完善农村基本经营制度,确保农村现有土地承包经营关系稳定和长久不变。健全土地承包经营权流转市场,促进耕地相对集中,发展适度规模经营。严格执行耕地先补后占、占补平衡的制度,鼓励对空心村等宜农土地后备资源进行开发和复耕,确保基本农田总量不减少、用途不改变、质量有提高,保证粮食生产能力稳定提高。加快开展农村集体土地所有权、农村建设用地使用权、土地承包经营权确权登记,建立健全城乡建设用地增减挂钩的体制机制,设立土地交易所,开展土地实物交易和指标交易,逐步形成城乡统一的建设用地市场。加快农业经营体制机制创新,推进农业规模化、集约化、产业化发展,培育适度规模的现代化家庭农场,实现农业发展方式根本性转变。健全农业投入保障制度,鼓励和引导各种社会资本投资现代农业。创新农业风险防范机制,加快建立地方农业政策性保险体系,扩大政策性农业保险补贴范围,探索建立政府主导、市场运作的政策性农业再保险机制,分散农业巨灾风险。统筹城乡规划、产业布局、公共服务、劳动力就业、社会管理,建立以城带乡、以工促农的长效机制,促进公共资源在城乡之间合理配置、生产要素在城乡之间自由流动,实现城乡经济社会一体化发展。加快农村综合改革发展综合试验区、统筹城乡发展试验区、城乡一体化试点市建设,率先实现城乡一体化发展。深化乡镇机构改革,着力增强乡镇政府社会管理和公共服务职能。

(二)深化行政管理体制改革

加快转变政府职能,理顺政府与市场、政府与社会的关系,全面实现政企分开、政资分开、政事分开以及政府与中介组织分开,强化政府的经济调节、市场监管、社会管理和公共服务职责,构建责任政府和服务型政府。深化政府机构改革,积极稳妥推进省直管县改革,减少行政层级,提高运作水平。深化行政审批制度改革,减少行政审批事项,创新行政审批方式,简化和规范审批程序,提高行政审批效率。完善政府决策机制和决策程序,健全重大事项决策的专家咨询、社会公示和听证制度,建立决策评估、跟踪、反馈和责任追究制度,实现依法决策、科学决策和民主决策。创新行政管理方式,推行电子政务,优化管理流程,打造"电子政府"。加强政务公开,保障公众对公共事务的知情权、参与权、表达权和监督权,创造条件让人民更好地了解政府、监督政府。积极推进公务员管理制度改革,实施公务员分类管理和聘任制,探索实行公务员能进能出、能上能下的管理体制。深化事业单位管理制度改革,将承担行政职能的事业单位转为行政机构,将从事生产经营活动的事业单位转制为企业,从事公益性服务的事业单位进一步规范发展。加强法治政府建设,规范政府行政行为和有关责任人行为,严格执行行政问责制度,全面推进依法行政。

(三)推进国有企业改革

加快调整国有经济布局和结构,按照有进有退、合理流动的原则,推动国有资产向市场不能有效配置资源的经济社会领域集中。创新国有资产运营和监管模式,确保国有资产保值增值。健全完善现代企业制度,形成权责统一、运转协调、制衡有效的企业法人治理结构。加快国有企业股份制改革,积极引进央企、外资和鼓励民间资本参与国企改组改制,大力发展混合所有制经济。

以省管国有企业为重点,积极开展外向型重组,培育一批体制机制好、动力活力足、核心竞争力强、行业领先的大型企业集团。加快国有企业收入分配制度改革,建立健全国有企业职工薪酬的激励约束机制。全面深化国有企业领导人聘用制度改革,推进国有企业经营管理人才职业化、市场化、国际化,努力建设一支业务精通、品德优秀、清正廉洁、群众公认的优秀国有企业经营管理人才队伍。

(四)深化财政金融体制改革

加快推进财政体制改革。健全省与市县之间事权与财力相匹配的体制,按照受益范围和成本效率的原则合理明确省与市县的事权和支出责任,进一步理顺省与市县的分配关系。优化转移支付结构,形成统一、规范、透明的财政转移支付制度。按照"明确责任、奖补结合、分步实施"的基本原则,逐步建立县级基本财力保障机制,增强基层政府提供服务能力。建立财力差异调控机制,强化省级财政调节市县财力差异的责任。优化财政支出结构,按照"广覆盖、保基本、多层次、可持续"的原则,稳步推进民生保障体系建设,建立健全保障和改善民生的长效机制。不断促进财政资源配置向城镇倾斜,为农村人口向城镇转移提供公共服务保障。建立公共财政预算、国有资本经营预算、政府性基金预算、社会保障预算有机衔接、完整的政府预算体系。在省、市、县全面建立规范的部门预算、国库集中收付、政府采购、财政监督、绩效考评、预算公开等管理制度,确立预算编制、执行和监督相互协调、相互制衡的新机制,提高财政管理绩效。

深化金融体制改革。一是提升金融服务,促进产业结构调整。解决经济结构不优的矛盾,既需要提升产业装备水平,在存量上下大功夫;也需要利用招商引资等方式,在增量上做足文章。鉴于此,必须加强金融政策与产业政策协调配合,加大对战略性新兴产业、产业转移和节能减排等方面的支持。二是创新金融产品,支持城乡统筹发展。要大力创新利用信贷、债券、信托等融资方式,推进城镇化和中原城市群建设。扩大有效抵质押物范围,完善风险分散补偿机制,大力发展新型农村金融组织。三是完善金融体系,推动金融资源集聚。要加快引进各种金融机构在河南省设立分支机构和功能中心,推动省内现有金融机构向市、县延伸,发展金融中介服务组织,进一步完善河南省期货和产权交易市场。四是优化金融环境,努力实现经济金融良性互动发展。从某种意义上说,现代区域经济的竞争就是金融及金融资源的竞争,进而更是金融生态环境的竞争。因此,必须为经济金融协调发展创造良好环境。

(五)深化投资体制改革

进一步确立企业的投资主体地位,完善投资核准、备案制,缩减核准范围,简化核准环节。合理界定政府投资范围,改进政府投资项目决策机制,通过规划、政策、信息发布和市场准入,以有限的政府资金引导和调节社会投资方向。有效整合利用全省国有资源、资本、资产、资金等生产要素,推进地方政府投融资体系建设和规范化发展,不断拓宽投融资渠道,提高政府经济调控水平。深化城市公用事业改革,建立多元化的投资机制和规范高效的运营机制,逐步放开公用事业的建设和运营市场。全面推行政府投资项目"代建制"。创新公用事业监管模式,构建政府、公众和社会三方共同参与、有机结合的监管评价体系。健全完善社会投资政策体系,全面落实国家支持民间投资的各项措施,拓宽民间投资的领域和范围。

(六)完善现代市场体系

发挥市场配置资源的基础性作用,打破行业垄断和地区封锁,完善市场竞争机制,健全市场监管体系。加快发展资本、产权、技术、土地和劳动力等要素市场,形成完善的现货、期货和远期交易市场体系。积极推进资源价格形成机制改革,改革资源税费制度。加快劳动就业改革,破解人力资源流动的体制障碍,建立城乡统一开放、规范有序的人力资源市场。深入推进流通体制改革,鼓励流通主体重组合并,培育壮大新型流通组织和大型流通企业,大力发展电子商务、连锁经营、物流配送等现代流通方式。规范发展产权交易,建立区域性产权交易市场。加快中介机构、行业协会与政府脱钩,大力发展专业化市场中介服务机构,规范发展行业协会、商会等自律性组织。加快推进社会信用体系建设,建立健全企业和个人信用征集体系,研究制定征信制度、信用监督制度和失信惩戒制度,强化信用监督体系建设。

四、加强资源节约和环境保护

中原经济区地跨海河、淮河、黄河、长江四大流域,是淮河、海河的源头和南水北调中线工程的水源地。处于中国南北气候过渡带,伏牛山、大别山—桐柏山、太行山三大山脉和黄河湿地对于涵养生态、调节气候、保护生物多样性具有非常重要的作用。加快中原经济区建设,必须要按照建设生态文明的要求,坚持开发与保护并重、节约与利用并举,以生态省建设为核心,加强资源节约集约利用,大力发展循环经济和绿色经济,加大环境保护力度,努力建设资源节约型、环境友好型社会,全面增强区域可持续发展能力,建设绿色经济发达、居住环境优美、资源永续利用、生态环境良好、人与自然和谐发展的绿色中原。

(一)全面推进节能减排

坚持源头控制与存量挖潜相结合,通过结构调整、工程建设和管理创新等,实现节能减排。

1. 坚持从源头上落实节能减排

严格执行固定资产投资项目节能评估审查和环境影响评价制度,提高节能环保市场准入门槛,新上项目节能环保指标必须达到国内先进水平。加快淘汰落后产能和高耗能、高污染的工艺、技术和设备,推广应用先进适用节能减排新技术、新产品、新装备,提高企业技术装备水平。落实限制高耗能、高排放产品出口的各项政策。在招商引资和承接产业转移过程中,禁止引进高耗能、高排放和产能过剩行业低水平重复建设项目。

2. 加强重点领域节能减排

实施强制性清洁生产审核,落实清洁生产方案,实现污染防治由末端治理为主的被动治理方式向生产全过程污染物减量化为主的主动治理方式转变。加强高耗能、高排放行业节能减排技术改造,组织实施节能减排重点工程。加强建筑节能,加快既有建筑节能改造,因地制宜推广应用太阳能、风能和地热能等可再生能源,加强农村建筑节能标准化建设,推进农村节能省地住宅产业化。发展绿色运输方式,减少运输过程中能源浪费和污染排放。鼓励节能环保型小排量轿车,限制高油耗、大排量轿车。公共机构要在节能减排中发挥模范带头作用。

3. 强化节能减排监督考核

完善污染处理设施在线监测监控措施,有效控制二氧化硫和化学需氧量等主要污染物排放总量。健全落后产能退出和淘汰机制。加强用电需求管理,建立节电管理长效机制。完善节能减排统计、监测和考核体系,强化节能减排目标责任制,加强节能减排监督检查和行政执法。

(二)大力发展循环经济

按照减量化、再利用、资源化原则,促进经济发展方式向低投入、低消耗、低排放和高效益转变,努力建设全国循环经济发展示范省。

1. 着力提升循环经济发展水平

抓好资源开发、资源消耗、废弃物产生、再生资源利用和社会消费等关键环节,构建资源循环利用体系。打造有色、煤炭、非金属、农业和再生资源等循环产业链,积极培育再生资源利用产业、机电再制造产业和节能环保产业等循环经济新兴产业,加快壮大循环经济规模。以冶金、建材、火电、煤炭、食品、造纸等行业为重点,延长产业链条,提高资源利用效率。鼓励现有工业企业向园区转移,引导新建工业项目向园区布局,实现集聚生产、集中治污、集约发展。

2. 加强废旧资源综合利用

加强资源综合利用和再生利用,推进废金属、废纸、废塑料、废旧轮胎、废弃电子电器产品、废旧机电产品、废弃包装物等的回收处理,实施"城市矿山"工程,建立和完善再生资源回收利用体系,实现废旧物资"分散回收、集中处理、综合利用"。推进农业秸秆肥料化、饲料化、原料化和能源化利用,发展户用沼气和规模化畜禽养殖场沼气工程,支持建设一批重点生态农业示范园区,形成以秸秆综合利用和沼气为纽带的农业循环经济产业链。

3. 健全循环经济发展激励机制

加快推进循环经济试点建设,扩大循环经济试点,创新循环经济发展模式,形成一批各具特色的循环经济示范区和示范企业。加快循环经济法规和标准体系建设,完善循环经济相关政策措施,有效利用财税、价格、投融资等机制,促进循环经济加快发展。

(三)促进自然资源合理开发利用与保护

加强土地、水、矿产等重要资源的管理,实行有限开发、有序开发,加强重要矿产资源整合,推进资源资产化,努力提高资源对中原经济区建设的保障程度。

1. 节约和集约利用土地

实行最严格的耕地保护制度,加强土地整理、复垦和土地后备资源的开发,确保2020年全省耕地面积稳定在789万公顷以上,基本农田保护面积稳定在678万公顷以上。规范整合农村建设用地,开展城乡建设用地增减挂钩,完善农村土地流转机制。

2. 合理利用和节约水资源

合理调整产业结构布局,优化水资源配置。依法淘汰电力、钢铁等高耗水行业耗水超标的落后工艺、设备和产品,推广高效工业节水和循环利用技术,减少结构性耗水。加强城市污水再生利用设施建设。积极发展替代水源,搞好雨水综合利用。严格控制地下水开采。提高农业灌溉水有效利用系数。搞好水资源供需预测,统筹安排城市用水、农业用水和生态用水,提高水资源的综合利用效率。加强水资源梯级利用、循环利用,推行阶梯式水价和季节性水价,建设节水型社会。

3. 加强矿产资源开发和保护

加大能源和重要矿产资源勘查力度,实施矿产资源"走出去"战略,提高矿产资源保障能力。推行煤炭、铝土矿等重要资源整合,提高资源利用效率。加强技术攻关,推广先进技术工艺,实现煤、铝、钼、金、石油、天然气、天然碱、萤石、耐火黏土等河南省优势资源的保护性开发和高效利用。坚持在保护中开发、在开发中保护的方针,搞好矿山生态环境的保护。健全资源有偿使用制度和合理补偿机制。严格矿业准入标准,建立矿业权交易制度,打击非法开采、乱采滥挖行为,整治矿产资源开发秩序。

(四)加强环境保护和生态建设

坚持"预防为主、保护优先,综合治理、突出重点"的原则,实施更加严格有力的措施,降低污染物排放总量,加强重点领域、重点区域综合治理,实施生态保护工程,努力改善生态质量,维护生态安全,提高环境综合承载能力。

1. 加强污染防治和综合治理

有效控制水污染,继续实施重点流域环境综合整治。加强大气污染综合治理,加快重点行业脱硫设施建设,确保稳定运行。实施燃煤电厂氮氧化物治理试点示范工程。实施城市大气污染综合治理,提高城市空气质量。强化固体废物的控制与管理,提高垃圾无害化处理率和可利用物质的综合利用率。加强农村面源污染治理,完善"村收集、镇转运、县处理"的建制镇垃圾处理体制。防止重污染企业和落后生产能力向农村转移。

2. 加快生态恢复和生态建设

实施水土流失综合治理,提高生态涵养能力。加强南水北调中线工程国家级生态功能保护区和河南省淮河源国家级生态功能保护区的保护。加强国家级黄河湿地自然保护区等重点湿地的恢复与保护,改善湿地生态环境。加强城市绿化,逐步改善城市生态环境质量。加强资源性区域生态恢复和生态重建。加强农村生态环境建设,建立可持续发展的农村生态系统。加强植树造林,增加森林碳汇。调整生态功能保护区内的产业结构,发展生态友好型产业。按照谁开发谁保护、谁受益谁补偿的原则,加快建设生态补偿机制。

3. 积极推进重点生态工程建设

结合国家和河南省生态功能区划,在江河源头区、重点水源涵养区、水土保持重点区、江河洪水调蓄区、防风固沙区等地区建立生态功能保护区,实施黄河生态建设工程、南水北调中线绿化工程、豫西山地生态建设工程、南太行绿化工程、平原防护林工程、沙化土地治理工程、环城防护林工程、矿山生态修复工程等八大工程,尽快恢复与重建生态功能。

(五)积极推进低碳经济发展模式

低碳经济是一种以低能耗、低污染、低排放为特点的发展模式,是以低碳产业、低碳技术、低碳能源、低碳生活、低碳管理、低碳城市等为表征的经济形态,是人类社会继农业文明、工业文明之后的又一次重大进步。发展低碳经济,不仅是一场大规模的环境革命,更是一场深刻的经济变革。要全面实施应对气候变化国家方案,大力推进低碳经济发展模式,加快构建以低碳排放为特征的工业、建筑、交通体系,不断增强减缓和适应气候变化的能力。

1. 加快建设以低碳排放为特征的产业体系

调整优化产业结构,加快传统产业升级改造,大力发展高新技术产业,积极推进低碳科技服务业、旅游业等现代服务业发展,努力构筑低投入、高产出、低消耗、少排放、能循环、可持续的低碳产业体系。加快用低碳技术改造提升有色、钢铁、煤炭、电力、建材、化工、造纸、纺织等高碳排放产业,积极发展低碳装备制造业。完善机动车尾气排放控制标准,加强公共交通设施的技术改造和更新,发展新型能源交通工具,控制交通运输业碳排放过快增长。扩大环境友好、可再生利用的低碳建筑材料应用比例,建设以低碳为特征的建筑体系。

2. 加强低碳技术开发和推广

加快减缓和适应气候变化领域重大技术的研发和示范,提高常规能源、新能源和可再生能源开发和利用技术的自主创新能力,以技术创新和产业升级实现经济社会向低碳化发展。实施煤的清洁高效开发和利用技术,加快发展可再生能源技术,加快智能电网建设,鼓励开发清洁发展机制项目。加强生物固碳、土壤固碳和物理固碳技术研究与推广。加强气候变化基础科研工作和区域合作。

3. 增强应对气候变化的能力

加强对各类极端天气与气候事件的监测、预警、预报,完善气象灾害应急体制机制,科学防范和应对极端天气与气候灾害及其衍生灾害。逐步建立碳排放统计和监测体系,建立和完善碳交易市场和管理机制。落实支持低碳产业发展的产业政策、财税政策、信贷政策、投资政策,形成有利于积极应对气候变化的政策导向和体制机制。加强低碳教育和宣传,引导全社会形成低碳生产方式和消费模式,建设低碳生态文明。

五、加强政府公共服务能力建设

建设服务型政府,提高政府公共服务能力,既是坚持党的全心全意为人民服务宗旨的根本要求,也是加快行政管理体制改革、加强政府自身建设的重要任务。要深入推进"两转两提",加快转变政府职能,加快转变工作作风,进一步提高政府行政效能,进一步提高公务员素质,大力推进政府自身改革和建设,完善社会事务管理,进一步优化发展环境,为人民群众提供方便、快捷、优质、高效的公共服务。

(一)加快政府职能转变

抓好经济调节,立足于提高经济运行质量和可持续发展能力,运用必要和适度的经济手段以及法律手段对经济运行实施有效调节,促进经济又好又快发展。搞好社会管理,加快推进政企、政资、政事、政府与市场中介组织分开,把该管的公益事务、科技、教育、医疗卫生、文化事业管好;同时发挥好政府的主导作用,把不该由政府管理的事项转移出去,实行公民自我管理和社区自治有机结合,引导市场主体、事业单位、社会组织各自的职能履行到位。加强市场监管,完善行政执法、行业自律、舆论监督、群众参与相结合的市场监管体系,进一步清理、减少行政审批事项,完善"一个窗口对外"的审批工作机制;加大力度整顿和规范市场经济秩序,尤其是对偷税、骗税、商业欺诈、违反财经纪律等行为和假冒伪劣商品坚决予以严厉打击。提高服务水平,坚持以人为本、执政为民,把维护人民群众的根本利益作为改革的出发点和落脚点,重点支持教育、卫生、社会保障为主的社会公共事业和群众急需的社会公益性基础设施建设,努力为人民群众提供方便、快捷、优质、高效的公共服务。

(二)加快政府作风转变

政府工作涉及方方面面,直接面对人民群众,作风好坏直接关系党和政府在群众中的威信和形象。各级政府班子和部门领导,全面加强和改进思想作风、工作作风、领导作风和生活作风,以良好的精神状态和过硬的作风,履行好肩负的神圣职责,完成好各项工作任务。为此,要坚持解放思想、实事求是,大力弘扬求真务实的作风;要坚持全心全意为人民服务的宗旨,树立执政为民理念,增强服务意识,甘当人民公仆;要增强职业道德观念,爱岗敬业,忠于职守,按照职责要求完成好各项任务。

(三)积极推进政府管理创新

加快政府职能和作风转变,就必须适应形势需要,大力推进政府管理创新,加快实现由经验决策向科学决策转变,由"人治"向"法治"转变,由主要依靠行政手段向更多地运用经济手段和法律手段转变。首先,推进决策科学化、民主化。各级政府部门掌握大量的公共权力和公共资源,必须实行科学民主决策,防止决策失误给国家和人民利益造成严重损失,力求少走弯路,避免大的失误。其次,加快建设法治政府。各级政府和部门特别是领导干部要认真学习法律知识,带头维护宪法和法律的权威,严格依照法定权限和程序行使权力、履行职责、接受监督。再次,坚持发挥市场作用与政府调控相结合。政府要加强和改善宏观调控,坚持市场调节与政府调控相结合,着力克服经济运行中的不稳定、不健康因素,促进经济平稳较快发展。

(四)加强公务员队伍建设

公务员队伍是政府行政行为的具体实施者,其素质状况直接影响政府形象和工作效率。必须采取有力措施,提高公务员队伍整体素质,努力建设一支政治坚定、业务精湛、作风过硬、人民满意的公务员队伍。首先,要提高思想政治水平。把思想政治素质放在提高公务员素质的首要位置,用中国特色社会主义理论体系武装头脑,引导广大公务员加深对科学发展观科学内涵、精神实质和根本要求的理解,不断增强贯彻落实科学发展观的自觉性和坚定性。其次,提高业务能力。提高公务员培训工作的针对性和有效性,不断提高广大公务员善于学习、善于调查研究、善于自主创新的本领,提高公共行政、公共管理、公共服务的本领,提高组织群众、宣传群众、服务群众的本领,提高依法行政、依法办事的本领。再次,健全激励约束机制。健全公务员管理的法规和制度体系,增强公务员管理工作依法行政的权威性。

(五)进一步优化发展环境

营造激励发展的政策环境,用足用好各项政策,及时清理、废止或修订不利于中原经济区发展、不适应市场经济发展的政策;围绕中原经济区建设的各项重大举措,适时研究出台有针对性的配套政策;及时跟踪政策的实施情况,不断完善各项政策。营造公正文明的法制环境,加强和改进地方立法工作,完善政府规章和行政措施,加快形成与社会主义市场经济体制相适应的地方性法规体系;规范行政执法行为,强化行政执法监督,确保行政机关依法行政;加快法律服务体系建设,逐步完善法律服务市场。营造积极向上的人文环境,进一步抓好精神文明建设,以提高市民素质为根本,深入开展公民道德教育;加强对中原经济区建设的宣传,形成共谋发展的舆论环境。

六、加强和谐社会建设

构建社会主义和谐社会既是全面建设小康社会的重要内容,也是全面建设小康社会的重要条件。按照全面建设小康社会的新要求,以扩大规模、提升质量、促进公平、提高效率为重点,加强以改善民生为重点的社会建设,提高社会管理能力,创新社会管理机制,切实维护社会和谐稳定,努力形成全体人民各尽所能、各得其所而又和谐相处的社会环境。

(一)完善就业和社会保障制度

1. 努力扩大就业

要重点解决高校毕业生、农民工和就业困难群体的就业问题。规范劳动力市场秩序,充分发挥市场的就业引导作用;继续实施和完善鼓励企业增加就业、加强培训的税收、信贷等优惠政策。强化政府促进就业的公共服务职能,健全就业服务体系,加快建立政府扶助、社会参与的职业技能培训机制。完善就业援助制度,加大对就业困难人员特别是"4050"人员和零就业家庭的就业援助力度。

2. 健全社会保障体系

完善城镇职工基本养老保险和失业、工伤、基本医疗、生育保险制度。推进机关事业单位养老保险制度改革。建立社会保障投入增长机制,增加财政的社会保障投入,逐步做实个人账户。认真解决进城务工人员社会保障问题,探索失地农民社会保障办法,在有条件的地方积极探索建立农村最低生活保障制度。完善优抚保障机制和社会救助体系,积极发展社会救济、社会福利、优抚安置和慈善事业,加大对弱势群体和低收入人群的帮扶力度。

(二)加强和谐文化建设

中原地区是中华文明的主要发祥地和中华民族的血脉之根,全球华人前100个大姓中有78个源自中原。在中原这个区域内,历史文化资源丰富,孕育和产生的众多思想学说积淀升华,铸就了中国传统文化的灵魂,深刻影响着中华民族精神的形成。要充分发挥历史文化资源的集聚优势,继承弘扬优秀传统文化,进一步发挥中原文化的影响力、支撑力和带动力,提升文化软实力,为中原经济区建设提供有力的和谐文化支撑。

1. 加强思想道德建设

树立社会主义核心价值观,大力弘扬以爱国主义为核心的民族精神和以改革创新为核心的时代精神,形成良好的社会风尚,建立诚信河南的良好形象,为中原崛起提供强大的精神动力和牢固的思想道德保障。

2. 全面繁荣文化事业

着眼于促进人的全面发展,满足人民群众日益增长的精神文化需求,发挥历史文化资源丰厚的优势,加快建立覆盖全社会的公共文化服务体系,全面繁荣文化事业,促进文化发展和经济发展相协调。

3. 培育壮大文化产业

加快转变文化产业发展方式,进一步解放和发展文化生产力,大力培育市场主体,不断扩大文化产业规模。通过培育和发展重点文化产业,促进文化产业集聚发展、融合发展,确保文化产业总体实力和核心竞争力大大增强,成为河南举足轻重的支柱产业。

4. 加大文化资源开发力度

充分发挥河南中华文明重要发祥地的独特优势,加强历史文化资源的保护和利用,深入挖掘河南文化内涵,打造知名文化品牌,多渠道、多视角、多方位、多层次展示河南历史文化风采,增强河南历史文化的吸引力、感染力,全面提升河南文化的影响力。

(三)完善社会管理

创新社会管理体制,提高社会管理水平,形成党委领导、政府负责、社会协同、公众参与的社会管理格局。

1. 创新社会管理体制,大力培育发展社会组织

整合社会管理资源,增强基层自治功能。健全社会组织建设和管理,积极培育各类服务性民间组织。营造和谐稳定的投资平台,大力引导社会资金流入公益性事业。鼓励社会组织和企业参与提供公共服务,形成多元化的公共服务供给模式,提高公共服务的能力和效率。简化社会组织注册办法,积极培育志愿服务队伍。

2. 推进和谐社区、和谐村镇建设

扎实推进城乡社区建设及和谐村镇建设,完善综合服务功能,健全基层党组织领导的社区民主管理和村民自治制度。引入激励机制,充分调动社区民主管理和村民自治的积极性。加强政策宣传和指导,使社区民主管理和村民自治观念深入人心。

3. 完善信访维稳工作机制和突发事件应急管理机制

健全党和政府主导的维护群众权益机制,拓宽民意表达渠道,及时反馈社情民意。加强和改进信访工作,加强矛盾纠纷排查调处,推进人民调解、行政调解和司法调解有机结合。建立突发事件预警机制,定期进行突发事件应急演练。建立信息交流平台,积极吸纳社会各界对应急处理的意见和建议,优化突发事件应急管理机制。

4. 建立健全安全生产长效机制,加大安全生产监督力度

完善安全生产相关法律法规,建立安全生产法制秩序。加大安全生产在资金、人才和科技方面的投入,强化"安全发展"理念,坚持"安全第一、预防为

主、综合治理"的方针,进一步落实安全生产责任制,深化专项整治,加大安全生产投入,强化监督管理,坚决遏制重、特大安全生产事故发生。

(四)加强民主法治建设

坚持党的领导、人民当家作主和依法治国有机统一,健全完善社会主义民主法制,保障人民在政治、经济、文化、社会等方面的权益,引导公民依法行使权利、履行义务,逐步实现中国特色社会主义民主政治的制度化、规范化和程序化。积极推进科学立法、民主立法,创新立法工作机制,提高立法质量。全面推进依法行政,建立权责明确、行为规范、监督有效、保障有力的执法体制,加快推行行政指导,严格依照法定权限和程序行使权力、履行职责,努力做到严格执法、文明执法、公正执法。加强对权力的监督制约,坚持对人民代表大会及其常委会负责并报告工作,自觉接受人大法律监督和工作监督,执行人大的决定、决议。重视发挥新闻舆论和社会公众的监督作用。推进"平安河南"建设。落实维护社会稳定的目标管理责任制,坚持标本兼治,从源头上消除不稳定因素。进一步加强社会治安综合治理工作,依法打击各种违法犯罪活动。建立公共突发事件预警处置机制,进一步做好预测、预警、预案工作,确保出现情况时,做到责任、措施明晰,应对及时有效。

参 考 资 料

1. 刘玉、冯建:《中国经济地理:变化中的区域格局》,首都经济贸易大学出版社2008年版。

2. 秦尊文:《华中金三角:中国经济增长第四核》,《企业导报》2003年第12期。

3. 李靖宇、殿松:《关于东北地区造就中国第四大经济增长极的对策创意》,《决策咨询通讯》2004年第2期。

4. 江浩:《对我国区域经济发展战略的思考》,《中共合肥市委党校学报》2004年第4期。

5. 赵锋:《对我国十个"五年计划"中区域经济发展战略思想变迁的思考》,《西北民族大学学报(哲学社会科学版)》2004年第4期。

6. 陈映:《我国宏观区域经济发展战略的历史演变》,《求索》2004年第9期。

7. 任军:《增长极理论的演进及其对我国区域经济协调发展的启示》,《内蒙古民族大学学报(社会科学版)》2005年第4期。

8. 秦尊文:《中部地区的战略定位:中国经济增长的第四核》,《郑州航空工业管理学院学报》2005年第6期。

9. 严清华、吴传清:《汉三角区域增长极与中部崛起》,《学习与实践》2005年第10期。

10. 兰肇华:《我国非均衡区域协调发展战略的理论选择》,《理论月刊》2005年第11期。

11. 叶飞文:《海峡经济区:中国经济第四增长极的形成与发展构想》,《发展研究》2006年第8期。

12. 童中贤:《中国经济第四增长极构建及对比分析》,《求索》2008年第7期。

13. 林喜庆:《角逐"中国经济第四增长极"研究——对各竞争主体的SWOT分析》,《重庆大学学报(社会科学版)》2009年第1期。

14. 王泽强:《改革开放以来我国区域发展战略回顾及展望——基于效率与公平的分析视角》,《中共宁波市委党校学报》2009年第2期。

15. 张深溪:《改革开放以来我国区域经济发展战略的回顾与思考》,《学习论坛》2009年第2期。

16. 任军卜、范达:《论中西部增长极战略布局及其政策选择》,《改革与战略》2009年第7期。

17. 周运清、吴淑凤:《双重增长极与长江流域有序发展研究》,《中南民族学报(人文社会科学版)》2009年第7期。

18. 王玉珍:《三十年来我国区域发展战略政策沿革》,《四川行政学院学报》2009年第3期。

19. 徐晖:《从我国区域经济发展战略的演变看西部大开发》,《湖南教育学院学报》2000年第6期。

20. 刘新智:《开放型区域经济发展理论研究》,长春:东北师范大学博士学位论文,2006年。

21. 王琴海:《转型期区域非均衡协调发展的机制及其构建制度创新》,西安:西北大学博士学位论文,2006年。

22. 刘荣添:《冲突与协调:中国区域经济发展差异的计量研究》,厦门市:华侨大学博士学位论文,2006年。

23. 喻新安、陈明星:《中原崛起目标的提出与深化》,《中州学刊》2010年第3期。

24. 喻新安:《建设中原经济区若干问题研究》,《中州学刊》2010年第5期。

25. 喻新安:《转型崛起:河南的必然选择与理性决断》,《黄河科技大学学报》2010年第3期。

26. 孔丽频:《各地资源优势将面临重新定位》,2010年9月13日《中国改革报》。

27. 江浩:《论中国区域经济发展战略的演进和布局调整》,《合肥工业大学学报(社会科学版)》,2005年第3期。

28. 河南省人民政府:《河南省自主创新体系建设和发展规划(2009—2020年)》,2009年。

29. 国家统计局:《2010中国统计年鉴》,中国统计出版社2010年版。

30. 河南省统计局、国家统计局河南调查总队:《2010河南统计年鉴》,中国统计出版社2010年版。

31. 河南省人民政府:《河南省中长期科学和技术发展规划纲要(2006—2020年)》,2006年。

32. 河南省人民政府:《河南中长期教育改革和发展规划纲要(2010—2020)》,2010年。

33. 河南省人民政府:《河南省中长期人才发展规划纲要(2010—2020年)》,2010年。

34. 宋华茹:《人才强省进行时——近年来河南省人才工作回眸》,2009年9月15日《河南日报》。

35. 河南省统计网:《新中国60年河南科技创新助推经济大发展》,2009年9月。

36. 河南省统计网:《新中国60年河南教育事业在变革中前进》,2009年9月。

37. 河南省统计网:《新中国60年河南对外经济蓬勃发展》,2009年9月。

38. 吴海峰:《用工业化城镇化推进新农村建设》,《农村经济》2006年第6期。

39. 陈雪枫:《认清形势 积极行动 在中原经济区建设中勇担重任》,2010年9月4日《河南煤业化工报》。

40. 王建国、完世伟、赵苏阳:《河南城乡区域协调发展研究》,河南人民出版社2009年版。

41. 刘国新、汪继福：《以制度创新推进城市化健康发展》，《理论前沿》2009年第2期。

42. 国家发展和改革委员会：《促进中部地区崛起规划》，2009年。

43. 工业和信息化部：《促进中部地区原材料工业结构调整和优化升级方案》，2009年12月11日。

44. 吴海峰：《关于中原经济区发展布局的思考》，"科学发展与区域转型"学术研讨会论文集，2010年9月。

45. 中共河南省委、河南省人民政府：《河南省关于加快文化资源大省向文化强省跨越的若干意见》，2007年。

46. 吴君：《文化创意产业在经济寒流中现出暖意》，《中国知识产权报》2009年5月11日。

47. 河南省人民政府：《河南林业生态省建设规划》，2007年。

48. 吴海峰：《加强南水北调、城镇环境保护和绿地系统建设》，《"探索环境保护新道路　推动河南生态省建设"高峰论坛论文集》，2010年6月4日。

49. 吴海峰：《关于中原经济区发展布局的思考》，"科学发展与区域转型"学术研讨会论文集，2010年9月。

50. 张卓元：《以改革促进经济转型和发展方式转变》，《政策》2010年第3期。

51. 安体富、蒋震：《加快资源税改革有利于转变经济发展方式》，2008年3月19日《中国税务报》。

52. 刘相、朱健：《完善转变经济发展方式的体制机制》，2007年8月10日《人民日报》。

53. 陈朝伦、刘林国：《努力克服经济发展方式转变的"最大障碍"》，2010年3月11日《贵州日报》。

54. 王一鸣：《加快推进经济发展方式的"三个转变"》，《宏观经济管理》2008年第1期。

55. 张玉台：《转变经济发展方式实现又好又快发展》，《政策》2007年第10期。

56. 杨欢进：《论转变经济发展方式》，《河北经贸大学学报》2008年第1

期。

57. 王正伟:《转变经济发展方式推进新型工业化》,2007年8月20日《人民日报》。

58. 李克强:《增强经济增长内生动力 促进发展方式加快转变——在中国发展高层论坛2010年会开幕式上的致辞》,《中国发展观察》2010年第4期。

59. 郭庚茂:《关于加快转变经济发展方式,促进河南经济社会又好又快发展的调研报告》,2009年1月9日《河南日报》。

60. 喻新安、陈明星:《转变农业发展方式要有新思路》,2010年5月24日《经济日报》。

61. 陈耀:《新时期中国区域竞争态势及其转型》,2005年6月17日《中国经济时报》。

62. 程显煜、戴宾等:《成都经济圈合作互动机制研究》,《四川大学成都科学发展研究院2008年度招标课题》,2009年。

63. 王发曾、刘静玉等:《中原城市群整合发展研究》,科学出版社2007年版。

64. 刘勇:《关于制定"十二五"时期城乡区域协调发展战略的若干建议》,《中国发展观察》2009年第8期。

65. 国家发展改革委:《长江三角洲地区区域规划》,2010年5月。

66. 国家发展改革委:《关中—天水经济区发展规划》,2009年6月。

67. 葛立成等:《长三角地区联动发展新思路研究》,《浙江学刊》2004年第3期。

68. 徐三朋:《加强黄河三角洲与周边经济区关系的研究》,《中国石油大学学报(社会科学版)》2009年第3期。

69. 刘小康:《"行政区经济"概念再探讨》,《中国行政管理》2010年第3期。

70. 柏程豫:《大武汉与长三角城市圈联动发展研究》,华东师范大学硕士学位论文,2005年。

71. 阮汝红:《东陇海经济区与长三角地区联动发展研究》,华东师范大学硕士学位论文,2008年。

72. 彭岚兰:《成渝经济区与长三角联动发展的机制和对策研究》,华东师范大学硕士学位论文,2005年。

后　　记

新中国成立以来,随着我国区域发展战略的不断调整,区域布局不断完善优化。当前,长江三角洲、珠江三角洲、环渤海经济圈和海峡西岸经济区已经连成一线,基本形成了完善的东部沿海经济布局,而中西部地区经济布局还有待进一步调整和完善。

自 2003 年河南省提出实现中原崛起以来,河南经济社会发展总体上呈现出好的态势、好的趋势、好的气势,已站在了一个新的历史起点上。以河南为主体,建设中原经济区,是对中原崛起战略的持续、延伸、拓展、深化,是充分发挥河南的比较优势,加快实现中原崛起,促进中部崛起,支撑全国经济社会发展大局的战略谋划,具有十分重要的意义。

本书用全局的眼光、系统的思维和区域经济的理念,在深刻阐释建设中原经济区的时代背景、构建基础和重要意义的基础上,系统研究了建设中原经济区的目标定位、战略支撑、战略任务和战略重点,同时对中原经济区内部一体化发展,以及与相关经济区(圈)的互动与合作进行了深入探讨,并提出了建设中原经济区的保障体系,以期为中原经济区的建设和发展提供理论和决策参考。

本书为河南省社会科学院区域经济重点学科重点著作,获河南省社会科学院出版资助。本书由中国区域经济学会副理事长、河南省社会科学院副院长、首席研究员喻新安同志担任主编。喻新安同志提出了本书的基本框架和基本思路,主持讨论确定全书的写作提纲,组织协调撰写工作,修改审定了全部书稿。河南省社会科学院副研究员陈明星、研究员王建国、副研究员郭小燕同志担任副主编,协助主编做了大量工作。参与本书撰稿的同志有(以章节为序):引言,喻新安;第一章,杨兰桥、喻新安;第二章,陈明星;第三章、第四章,左雯;第五章、第八章,王建国;第六章,喻新安;第七章,完世伟、林园春;第九章,郭小燕、喻新安;第十章,苗洁;第十一章,赵西三;第十二章,林凤霞;第十三章,唐晓旺;第十四章,王新涛;第十五章,柏程豫;第十六章,郭小燕。

著名经济学家、国务院发展研究中心原主任王梦奎同志百忙中为本书作序,在此特别致谢!

建设中原经济区从酝酿、论证,到被广泛认可,形成决策,时间不长,我们的研究还是粗浅的、初步的。由于水平所限,书中的不足之处、浅薄粗陋之处在所难免,敬请广大读者批评指正。

作　者

2010 年 12 月